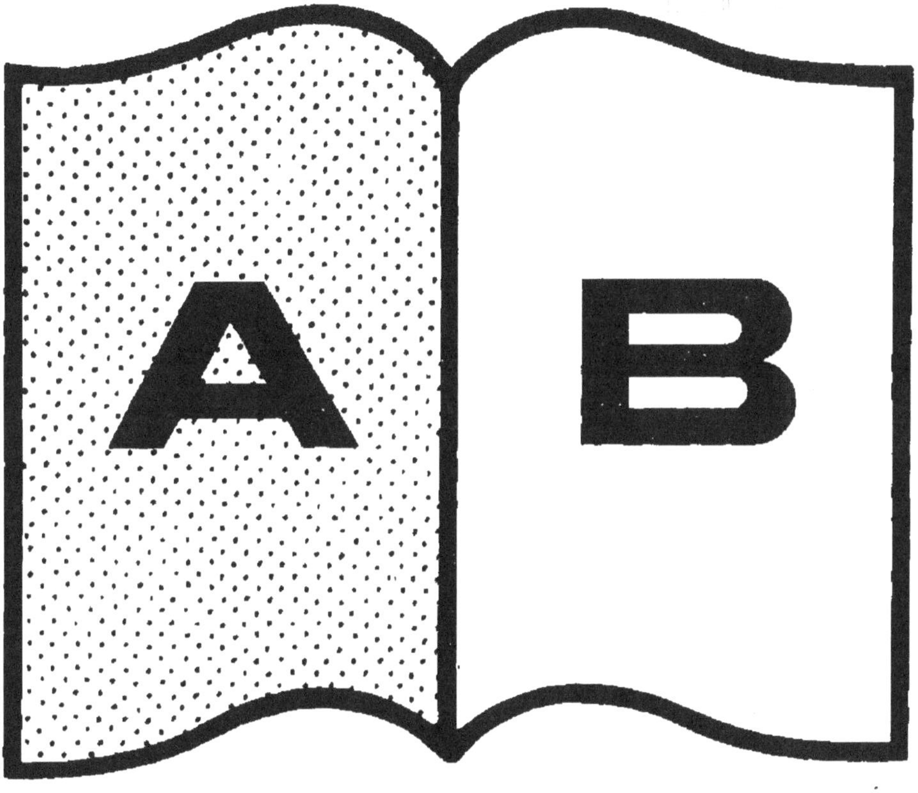

Contraste insuffisant

NF Z 43-120-14

58529

RÉPERTOIRE

DE LA

LITTÉRATURE

ANCIENNE ET MODERNE.

IMPRIMERIE DE E. POCHARD,
RUE DU POT-DE-FER, N° 14.

RÉPERTOIRE
DE LA
LITTÉRATURE
ANCIENNE ET MODERNE,

CONTENANT :

1° LE LYCÉE DE LA HARPE, LES ÉLÉMENTS DE LITTÉRATURE DE MARMONTEL, UN CHOIX D'ARTICLES LITTÉRAIRES DE ROLLIN, VOLTAIRE, BATTEUX, etc.;

2° DES NOTICES BIOGRAPHIQUES SUR LES PRINCIPAUX AUTEURS ANCIENS ET MODERNES, AVEC DES JUGEMENTS PAR NOS MEILLEURS CRITIQUES, TELS QUE :

D'Alembert, *Batteux*, *Bernardin de Saint-Pierre*; *Blair*, *Boileau*, *Chénier*, *Delille*, *Diderot*, *Fénelon*, *Fontanes*, *Ginguené*, *La Bruyère*, *La Fontaine*, *Marmontel*, *Maury*, *Montaigne*, *Montesquieu*, *Palissot*, *Rollin*, *J.-B. Rousseau*, *J.-J. Rousseau*, *Thomas*, *Vauvenargues*, *Voltaire*, etc.;

Et MM. Amar, Andrieux, Anger, Burnouf, Buttura, Chateaubriand, Dussault, Duviquet, Feletz, Gaillard, Le Clerc, Lemercier, Patin, Villemain, etc. ;

3° DES MORCEAUX CHOISIS AVEC DES NOTES

TOME CINQUIÈME.

A PARIS,
CHEZ CASTEL DE COURVAL, LIBRAIRE-ÉDITEUR,

RUE DE RICHELIEU, N° 87.

M DCCC XXIV.

RÉPERTOIRE

DE LA

LITTÉRATURE

ANCIENNE ET MODERNE.

BOILEAU DESPRÉAUX (Nicolas). Celui qui était destiné à porter si loin la gloire du Parnasse français, et, suivant l'expression du sage et profond Vauvenargues, à éclairer tout son siècle, Nicolas Boileau, fils de Gilles Boileau, greffier de la grand-chambre, naquit le 1er novembre 1636, à Crône, petit village près de Villeneuve-Saint-George, où son père avait une maison de campagne. Un petit pré, situé au bout du jardin, le fit surnommer Despréaux, pour le distinguer de ses deux frères, Gilles et Jacques Boileau; circonstance qui eût dû suffire pour avertir de leur erreur les biographes qui ont hésité sur le véritable lieu de sa naissance, et l'ont indifféremment placé à Paris ou à Crône. Un pauvre bourg des environs de Mantoue *a immortalisé son nom dans l'histoire, pour avoir vu naître Vir-

* Andes, aujourd'hui Petrla

gile : ne disputons point au petit village de Crône la gloire d'avoir donné Boileau à la France. L'erreur ou l'incertitude des biographes a résulté de ce que les titres qui constataient la naissance de Boileau à Crône, ayant disparu dans l'incendie qui consuma la presque totalité de ce village, il ne resta plus d'autre preuve légale que les registres de famille, où le père de notre poète consignait la naissance de chacun de ses enfants. Il y a eu également confusion dans les époques, mais par la faute de Despréaux, qui, peut-être incertain lui-même de l'année et du jour où il était né, ou se croyant lié par la réponse qu'il avait faite au roi *, persista toute sa vie à se dire plus jeune d'un an, qu'il n'était en effet.

Ses premières années n'eurent rien de remarquable ; et d'Alembert le félicite d'avoir été le contraire de *ces petits prodiges* de l'enfance, qui souvent sont à peine des *hommes ordinaires* dans l'âge mûr; esprits avortés que la nature abandonne, comme si elle ne se sentait pas la force de les achever. Pesant et taciturne, il était si loin d'annoncer ce qu'il serait un jour, que son père en tirait, par comparaison avec ses autres frères, cet horoscope, peu flatteur pour l'amour-propre paternel, mais bien démenti par l'évènement, que Colin (Nicolas) serait un *bon garçon, qui ne dirait jamais de mal de personne*. Dongois, son beau-frère, n'en augu-

---

* Le roi lui avait demandé la date de sa naissance : « Sire, répondit Boi-
« leau, je suis venu au monde une année avant Votre Majesté, pour annon-
« cer les merveilles de son règne. »

rait pas mieux quelques années plus tard, et condamnait à n'être jamais *qu'un sot* l'un des hommes qui eut le plus d'esprit, puisqu'il connut le mieux en quoi consiste *le bon esprit.*

Despréaux fit ses premières études au collège d'Harcourt (aujourd'hui collège royal de Saint-Louis), et il y achevait à peine sa quatrième, lorsqu'il fut attaqué de la pierre. Il fallut le tailler, et l'opération, très mal faite, suivant L. Racine, lui laissa, pour le reste de sa vie, de douloureux souvenirs de cette époque. Boileau ne tarda pas à reprendre le cours de ses études, et il entra en troisième au collége de Beauvais, où son bonheur l'adressa à un de ces hommes précieux pour l'enseignement, qui savent distinguer dans un jeune élève le germe du vrai talent, des vaines apparences auxquelles il est si facile et si dangereux quelquefois de se méprendre. Sévin, professeur de Boileau, reconnut bientôt en lui de rares dispositions pour la poésie, et prédit, sans balancer, l'avenir brillant qui l'attendait dans cette carrière. Encouragé par l'horoscope, et merveilleusement secondé par la nature, le jeune disciple s'abandonna tout entier à son penchant, ne s'occupa plus que de vers et de romans, et commença, au collège même, une tragédie dont il avait retenu, et citait encore, long-temps après, ces trois hémistiches:

Géants, arrêtez-vous !
Gardez pour l'ennemi la fureur de vos coups !

qu'il opposait hardiment aux meilleurs de Boyer: ce n'était pas élever bien haut les prétentions de l'amour-propre. La famille de Boileau ne vit pas sans inquiétude se développer en lui le goût et le talent de la poésie; « elle en pâlit, dit-il,

.... Et vit en frémissant
« Dans la poudre du greffe un poète naissant. »

Gilles Boileau, son frère aîné, qui se mêlait aussi de vers, trouva sur-tout fort impertinent que *ce petit drôle s'avisât* d'en faire; et le *poète naissant* fut condamné à l'étude du droit, et même reçu avocat, le 4 décembre 1656. Mais il manifesta bientôt si peu de dispositions, ou plutôt tant de répugnance pour le barreau, que l'on ne s'obstina pas plus long-temps. Le praticien disgracié passa donc des bancs de l'École de Droit sur ceux de la Sorbonne : nouvelle tentative, qui ne réussit pas mieux que la première, mais procura au poète théologien un bénéfice, le prieuré de Saint-Paterne, qui lui rapportait huit cents livres de rente, dont il jouit huit ou neuf ans. Bien convaincu à cette époque de la nullité de sa vocation pour l'état ecclésiastique, il remit le bénéfice entre les mains du collateur; et, après avoir calculé ce qu'il lui avait valu pendant le temps qu'il l'avait possédé, il fit distribuer cette somme aux pauvres, et principalement à ceux du lieu même. « Rare exemple, dit L. Racine, donné par un poète « accusé d'aimer l'argent ! » Cette restitution eut, suivant d'autres biographes, une destination différente : elle servit à doter une personne qu'il avait aimée, et qui se faisait religieuse. Peu importe, au surplus, l'emploi de la somme : le premier mérite consiste ici dans la noblesse du procédé

Devenu, par la mort de son père, maître absolu
de ses goûts, de ses actions et de sa modique fortune, Boileau ne songea plus qu'à suivre la route
que lui traçait son génie. Parmi les poètes qui avaient
fait l'étude et les délices de ses premières années,
il paraît que l'instinct l'avait sur-tout dirigé vers les
satiriques, et qu'Horace, Perse et Juvénal, l'avertirent les premiers de son talent. La société du malin
Furetière, grand admirateur, mais imitateur médiocre de Regnier, acheva de déterminer sa vocation
pour le genre dangereux, mais nécessaire alors, de
la satire littéraire. On applaudissait, il est vrai, aux
chefs-d'œuvre de Corneille, aux premières pièces de
Molière; mais Chapelain était encore l'oracle de
la littérature; l'Académie portait le deuil de Voiture,
et Cotin était une espèce d'autorité. Que de motifs
pour enflammer la bile satirique d'un jeune poète,
qui, né avec un esprit juste, un tact sûr et délicat,
et un fond intarissable de haine pour les sots, se
sentait le courage et les moyens de tenter la réforme
du Parnasse français, et d'achever ce que Molière
avait si glorieusement commencé quelques années
auparavant! Mais en frappant d'un ridicule éternel
l'abus de l'esprit et le jargon des ruelles, ce grand
homme n'avait attaqué que les effets, sans remonter
à la cause du mal; et, quoiqu'il eût forcé pour un
temps *les Précieuses à se cacher*, les progrès du
mauvais goût n'en étaient pas moins sensibles, et la
décadence des lettres moins prochaine. Voilà ce que
n'ont point assez considéré, ce me semble, ceux qui,
défenseurs beaucoup trop officieux des Pelletier et

des Cotin, ont, plus d'un siècle après, essayé de renouveler le tumulte excité sur le Parnasse à l'apparition des premières satires de Boileau, et de réhabiliter des noms ou des ouvrages à jamais proscrits. Voltaire appelle quelque part[*] les Satires de Boileau *les fautes de sa jeunesse*, et le félicite de les avoir couvertes par le mérite de ses belles Épîtres et de son admirable *Art poétique*. Mais le *mérite* de ses ouvrages, en effet *admirables*, eût-il été reconnu d'un siècle perverti par les doctrines des détracteurs des anciens? Le charme continu d'une versification constamment pure, harmonieuse, eût à peine effleuré des oreilles accoutumées aux sons rauques et discordants des versificateurs alors en réputation; de quel prix eût été pour les admirateurs de Scudery et de Chapelain cette puissance de raison qui donne un si grand caractère aux ouvrages de Boileau, et à leur auteur un rang si distingué parmi les poètes? Il fallait donc commencer par désabuser le siècle, si complètement trompé sur les véritables objets de son admiration, et chasser l'usurpation de toutes les avenues du trône où allait s'asseoir enfin la légitimité poétique et littéraire.

Telle fut l'heureuse révolution opérée par les Satires de Boileau; révolution qui ne lui attira que les ennemis auxquels il devait s'attendre, mais qui lui procura d'illustres appuis sur lesquels il était loin de compter, et qu'il réconcilia avec la satire, par l'estime même que leur inspirait le poète satirique.

[*] *Mémoire sur la Satire.*

A peine la bonne route fut-elle indiquée, que tous les bons esprits s'empressèrent de la suivre. Le premier qui s'y fit remarquer fut le jeune Racine, dont on jouait alors l'*Alexandre*. Malgré la distance, déjà sensible, qui sépare cette pièce des *Frères ennemis*, Racine avait beaucoup à profiter encore dans les conseils de Boileau, et l'on ne tarda pas à s'en apercevoir. L'amitié la plus constante unit ces deux grands poètes, qui s'éclairaient, s'encourageaient, se consolaient mutuellement, et doublaient ainsi la force qu'ils opposaient de concert aux attaques souvent réitérées de la médiocrité jalouse. Quand Racine doutait presque lui-même du mérite d'*Athalie*: « Je m'y connais, disait Boileau, « le public y reviendra. » Et lorsque Boileau, rebuté par les nombreuses critiques qu'essuyait sa satire *contre les femmes*, se repentait de l'avoir faite, son ami le rassurait, en lui disant: « L'orage passera. » Cette liaison, si respectable en elle-même, et qui eut peut-être sur nos destinées littéraires plus d'influence que l'on ne croit, n'avait cependant pas son principe dans la conformité d'humeurs : peu de caractères ont été, au contraire, plus opposés que ceux de Racine et de Boileau; mais la droiture du cœur et la justesse de l'esprit étaient de part et d'autre les mêmes ; et l'indulgence réciproque faisait le reste.

C'est sur-tout à la cour que ce contraste ressortait de la manière la plus frappante. Brusque, tranchant, incapable de taire ou de déguiser sa pensée, Boileau ne faisait pas grace à ce *misérable Scarron*, en présence même de madame de Maintenon; et Racine, tremblant, déconcerté, lui disait en sortant : « Je ne pourrai donc plus paraître à la cour « avec vous! » Boileau convenait de ses torts, et y retombait à la première occasion. Louis XIV lui-même n'était pas à l'abri de sa franchise; mais il lui donnait alors un tour délicat qui la faisait agréablement passer. Le roi lui montrant un jour quelques vers qu'il s'était amusé à faire : « Sire, dit le « poète consulté, rien n'est impossible à Votre Ma- « jesté; elle a voulu faire de mauvais vers, et elle y « a parfaitement réussi. » Le duc de La Feuillade donnait de grands éloges à un méchant sonnet de Charleval, et alléguait en faveur de son jugement, celui du roi et de la dauphine. « Le roi, dit l'in- « flexible Boileau, s'entend à merveille à prendre « des villes; madame la dauphine est une princesse « accomplie; mais je crois me connaître en vers un « peu mieux qu'eux. » Indigné de l'insolence du poète, le duc s'empresse de porter ce propos au roi, qui lui répond : « Ah! pour cela, Despréaux a « bien raison. »

Constamment étranger aux disputes qui agitaient alors, et pensèrent plus d'une fois compromettre les croyances religieuses, il resta l'ami de Port-Royal, et le défenseur de Pascal et du grand Arnauld, sans cesser d'estimer, pour cela, les jésuites les plus distingués par leurs lumières et la sagesse de leurs principes. Honnête homme, dans toute la force et l'étendue d'un mot si souvent prodigué, il mérita, de la part même de ses détracteurs, l'éloge

incontestable « d'avoir asservi aux lois de la pudeur
« la plus scrupuleuse un genre de poésie qui, jus-
« qu'à lui, n'avait emprunté presque tous ses agré-
« ments que dès charmes dangereux que la licence
« et le libertinage offrent aux cœurs corrompus. »
Aussi ne fut-il point en secret démenti par sa conscience, lorsqu'il s'applaudissait, en mourant, de
n'avoir jamais offensé les mœurs dans ses écrits. Il
faut aussi observer, à son éloge, qu'il ne confondit
jamais l'homme et l'ouvrage dans ses Satires, et
qu'il *n'effleura pas même les mœurs* de ceux dont
un devoir sévère le forçait d'immoler les écrits à la
risée qu'eux-mêmes avaient provoquée. Du reste,
la probité littéraire égalait en lui la probité morale :
s'il fut quelquefois injuste, il ne le fut que par
erreur, par prévention, ou tout au plus par humeur. Mais s'il revenait volontiers sur le compte
des personnes, il est presque sans exemple qu'il
revînt de même sur celui des ouvrages. Il se réconcilia de bonne foi avec Quinault, et même avec
Perrault, mais sans rien rétracter des jugements
qu'il avait portés sur eux. Ce n'est pas que, dans la
confiance intime de l'amitié, il attachât un bien
grand prix au talent qui lui avait fait une si haute
réputation. Jouant un jour aux quilles dans son
jardin d'Auteuil avec le fils de Racine, encore fort
jeune, il lui arriva de les abattre toutes d'un seul
coup : « Convenez, dit-il, en s'adressant au jeune
« homme, que je possède deux talents bien utiles à
« la société et à l'état : celui de bien jouer aux
« quilles et de bien faire des vers ! » Il se repro-

chait, sur la fin de sa vie, les soins qu'il donnait à la dernière édition de ses ouvrages. « Quelle pitié, « disait-il, de s'occuper encore de rimer et de « *toutes ces niaiseries du Parnasse*, quand je ne « devrais songer qu'au compte que je suis près « d'aller rendre à Dieu ! »

Voilà quel fut au fond

..... Cet homme horrible,
Ce penseur qu'ils ont peint si noir et si terrible.
(Épître X.)

Plusieurs de ceux qui chargeaient son portrait de ces couleurs odieuses, ont trouvé en lui un protecteur, un ami, un bienfaiteur même au besoin. Sa bourse fut ouverte à Cassandre, qui ne l'épargnait pas; Linière faisait des couplets au cabaret contre Boileau, et souvent le vin qui les lui inspirait était payé par Boileau lui-même. Et quelle délicatesse dans son précédé envers l'honnête Patru, dont il achète la bibliothèque, sous la condition expresse qu'il gardera ses livres jusqu'à sa mort! Apprend-il que la pension de Corneille se trouve supprimée? il court à Versailles offrir le sacrifice de la sienne, ne pouvant *sans honte*, disait-il, recevoir une pension du roi, tandis qu'un homme tel que Corneille en serait privé; et le roi envoya 200 louis à Corneille, pauvre, âgé et infirme. Le cœur du satirique fut et resta toujours bon; l'esprit seul devint impitoyable. « Vous êtes tendre en prose, et « cruel en vers », lui dit à lui-même madame de Sévigné. On n'a point oublié l'hommage éclatant rendu par Boileau à la supériorité du génie de Molière. Louis XIV lui demandait quel était l'homme de lettres qui honorait le plus son règne: « Sire, « c'est Molière ! »

C'est ainsi qu'un grand cœur sait penser d'un grand homme.
(VOLTAIRE, *Discours sur l'Envie.*)

Il louait avec la même franchise ce qui pouvait se trouver de bon dans les écrivains même qu'il avait le plus critiqués.

Il est cependant une grande injustice littéraire que l'on ne pardonne point à la mémoire de Boileau : c'est son silence sur La Fontaine, nommé une seule fois *, et sous des rapports peu favorables, dans tous ses ouvrages: ce n'est certainement pas faute, dit La Harpe, d'avoir senti le talent de La Fontaine; et la dissertation sur *Joconde* en fait foi. Il est probable que la seule cause de cette étrange omission fut la crainte de déplaire à Louis XIV, fort scandalisé des Contes de La Fontaine**. Quoi qu'il en soit du motif, ce n'est pas une excuse; et ce même Boileau,

..... Qui, dans ses vers pleins de sincérité,
Jadis à tout son siècle a dit la vérité,
(Épître I.)

lui devait apprendre aussi que La Fontaine était après, ou même avec Molière, l'un des plus grands génies de ce beau siècle. Mais heureusement pour

* Satire X.

** On remarquera comme une singularité que les premiers Contes de La Fontaine parurent à Amsterdam, en 1668, réunis avec les premières Satires de Boileau.

l'inimitable conteur, qu'il n'avait besoin, auprès de la postérité, d'autre recommandation que de son nom et de ses ouvrages. De son vivant même, son mérite fut apprécié de ses contemporains, et honoré des suffrages de l'Académie, où il ne siégea néanmoins qu'après la réception de Boileau. Il fallut presque un ordre, ou du moins l'intention bien connue du roi, pour que celui dont les leçons et les exemples avaient opéré sur le Parnasse français une réforme aussi salutaire que complète, vînt prendre place dans une compagnie dont il avait sacrifié sans ménagement les principaux membres à la défense et au triomphe du goût et des saines doctrines. Il firent au moins preuve d'esprit dans cette circonstance ; et le dépouillement du scrutin n'offrit pas une seule boule noire. Le malin récipiendaire ne dissimula, dans son discours, ni sa *surprise* de l'honneur *extraordinaire*, *inespéré* qu'il recevait ; ni sur-tout sa reconnaissance pour le monarque, bien plus encore que pour ses nouveaux confrères. Il allait rarement à l'Académie : « c'est « donc l'Académie qui va chez vous, » lui dit Louis XIV, qui sentait tout le prix de sa présence aux séances académiques.

Boileau se plaisait à raconter l'anecdote suivante sur son métier de poète satirique : « Un bon prêtre « à qui je me confessais, me demanda quelle était « ma profession. — Poète. — Vilain métier ! et dans « quel genre ? — Satirique. — Encore pis. Et contre « qui ? — Contre les faiseurs d'opéra et de romans. — « Achevez votre *confiteor*. »

Le prince de Condé plaignait Benserade, dont les rondeaux avaient essuyé beaucoup de critiques. « Ses « rondeaux sont clairs, disait-il; ils sont parfaitement « rimés, et disent bien ce qu'ils veulent dire. » Despréaux répondit : « J'ai eu une estampe qui repré- « sentait un soldat qui se laissait manger par des « poules; au bas étaient ces deux vers :

>Le soldat qui craint le danger
>Aux poules se laisse manger.

« Cela est clair, cela est bien rimé, cela dit bien « ce que cela veut dire; et cela ne laisse pas d'être « le plus plat du monde. »

Cet homme dont les écrits vivront autant que la langue française, qui lui doit en grande partie la conquête de l'Europe littéraire, mourut le 13 avril 1711. Il fut enterré dans l'église basse de la Sainte-Chapelle de Paris, au-dessous de la place même, occupée par le lutrin, qu'il a rendu si fameux. Aujourd'hui ses restes sont déposés dans l'église de l'Abbaye-Saint-Germain-des-Prés. Le Verrier fit mettre ce quatrain au bas du portrait de Boileau, gravé par le célèbre Drevet :

>Au joug de la raison asservissant la rime,
>Et même en imitant, toujours original,
>J'ai su dans mes écrits, docte, enjoué, sublime,
>Rassembler en moi Perse, Horace et Juvénal.

On a de Boileau des Satires, des Épitres, l'*Art Poétique*, *le Lutrin*, des Épigrammes, et quelques autres pièces de poésies françaises et latines, le *Dialogue de la Poésie et de la Musique*, le *Dialogue* sur les *Héros de Romans*, une *Traduction du Traité du Sublime de Longin*, des *Réflexions critiques sur cet auteur*, et *des Lettres*. Les principales éditions des *OEuvres de Boileau* sont : 1° Celles de Brossette, à Amsterdam, avec les figures de Bernard Picard, en 1718, 2 vol. in-fol., papier, format ordinaire; 1 vol. in-fol., grand papier; en 1729, 2 vol. in-fol., et en 1722, 4 vol. in-12; 2° celle qu'accompagnent les remarques de Brossette, publiée par Souchay, à Paris, en 1740, avec des figures gravées par Cochin fils, en 2 vol. in-fol.; 3° celle qu'a donnée Lefèvre de Saint-Marc, avec les mêmes remarques, en 5 vol. in-8°, figures, Paris, 1747, et Amsterdam 1772; 4° celle du Dauphin, Paris, Didot, 1789, 2 vol. in-4° et 1788, 3 vol. in-18; 5° l'édition avec les notes et les commentaires de M. Daunou, imprimée à Paris, en 1809, 3 vol. in-8°, ou 3 vol. in-12; 6° celle de M. Amar, avec un nouveau commentaire, Paris, 1821, 4 vol. in-8°, et celle de M. de Saint-Surin, in-8°, également avec commentaire. On a deux *Bolæana;* l'un publié par Delolme de Monchesnay, 1742, in-12, avait déjà paru dans l'édition des *OEuvres de Boileau*, 1740, 2 vol. in-4°; l'autre se trouve à la suite des *Lettres familières de MM. Boileau Despréaux et Brossette*, publiées par Cizeron Rival, Lyon, 1770, 3 vol. petit in-12. Les poésies de Boileau ont été traduites en vers latins par A. D. Godeau, ancien recteur de l'université, Paris, 1737, in-12. Rollin, Grenan, Langlet, Hennegrave, Vaesberge, Vandebergue, et plusieurs autres auteurs, ont aussi traduit en vers latins diverses pièces de Boileau. On trouve dans les *OEuvres choisies de La Monnaye*, une version grecque de la *Satire des Embarras de Paris*. Boileau fut un des auteurs du grand ouvrage qui a pour titre : *Médailles sur les principaux évènements du règne de Louis-le-Grand*, Paris, 1723, in-fol. Quelques savants croient que Boileau et Racine sont les auteurs de la *Campagne de Louis XIV*, ouvrage imprimé sous le nom de Pellisson, Paris, 1730., in-12, et que Fréron fils a reproduit sous ce titre : *Éloge historique de Louis XIV sur ses Conquêtes, depuis 1672 jusqu'en 1678, par Racine et Boileau*, Amsterdam (Paris), 1784, in-8°. L'éditeur s'est servi d'un manuscrit de la bibliothèque de Valincour, et Valincour le tenait de Boileau. Enfin, pour ne rien laisser à désirer sur l'indication des travaux littéraires de cet homme célèbre, nous dirons qu'il fut chargé, avec Racine, de corriger le style des *Constitutions de la maison de Saint-Cyr*, rédigées par madame de Brinon, et imprimées à Paris en 1700, in-32. La vie de Boileau a été écrite par Desmaizeaux, Amsterdam, 1712, in-12. Parmi les éloges qu'on a faits de ce poète, on doit remarquer celui de d'Alembert, et ceux de MM. Daunou et Auger. Celui de M. Daunou a été couronné par l'Académie de Nîmes, en 1787, et celui de M. Auger par l'institut, en 1805.

AMAR.

JUGEMENTS.

I.

Boileau passe Juvénal, atteint Horace, semble créer les pensées d'autrui et se rendre propre tout ce qu'il manie. Il a, dans ce qu'il emprunte des autres, toutes les graces de la nouveauté, et tout le mérite de l'invention : ses vers, forts et harmonieux, faits de génie, quoique travaillés avec art, plein de traits et de poésie, seront lus encore quand la langue aura vieilli, et en seront les derniers débris : on y remarque une critique sûre, judicieuse et innocente, s'il est permis du moins de dire de ce qui est mauvais qu'il est mauvais.

La Bruyère, *Discours à l'Académie française* (1693).

II.

Boileau ne s'est pas contenté de mettre de la vérité et de la poésie dans ses ouvrages, il a enseigné son art aux autres. Il a éclairé tout son siècle; il en a banni le faux goût, autant qu'il est permis de le bannir chez les hommes. Il fallait qu'il fût né avec un génie bien singulier, pour échapper, comme il a fait, aux mauvais exemples de ses contemporains, et pour leur imposer ses propres lois. Ceux qui bornent le mérite de sa poésie à l'art et à l'exactitude de sa versification ne font pas peut-être attention que ses vers sont pleins de pensées, de vivacité, de saillies, et même d'inventions de style. Admirable dans la justesse, dans la solidité et la netteté de ses idées, il a su conserver ces caractères dans ses expressions, sans perdre de son feu et de sa force; ce qui témoigne incontestablement un grand talent......

Si l'on est fondé à reprocher quelque défaut à Boileau, ce n'est pas, à ce qu'il me semble, le défaut de génie. C'est au contraire d'avoir eu plus de génie

que d'étendue ou de profondeur d'esprit, plus de
feu et de vérité que d'élévation et de délicatesse,
plus de solidité et de sel dans la critique que de
finesse ou de gaieté, et plus d'agrément que de
grace : on l'attaque encore sur quelques-uns de ses
jugements qui semblent injustes : et je ne prétends
pas qu'il fût infaillible.

Vauvenargues, Réflexions critiques sur
quelques poètes.

III.

Là, régnait Despréaux, leur maître en l'art d'écrire,
Lui qu'arma la raison des traits de la satire,
Qui, donnant le précepte et l'exemple à la fois,
Établit d'Apollon les rigoureuses lois.
Il revoit ses enfants avec un œil sévère;
De la triste *Équivoque* il rougit d'être père,
Et rit des traits manqués du pinceau faible et dur
Dont il défigura le vainqueur de Namur.
Lui-même il les efface, et semble encor nous dire :
Ou sachez vous connaître, ou gardez-vous d'écrire.

Despréaux, par un ordre exprès du dieu du goût,
se réconciliait avec Quinault, qui est le poète des
graces, comme Despréaux est le poète de la raison.

Mais le sévère satirique
Embrassait encore en grondant
Cet aimable et tendre lyrique,
Qui lui pardonnait en riant.

« Je ne me réconcilie point avec vous, disait Des-
« préaux, que vous ne conveniez qu'il y a bien des
« fadeurs dans ces opéra si agréables. Cela peut bien

« être, dit Quinault; mais avouez aussi que vous
« n'eussiez jamais fait *Atys* ni *Armide*. »

Voltaire, *Temple du Goût*.

IV.

Quand j'ai dit que les Satires de Boileau n'étaient pas ses meilleures pièces, je n'ai pas prétendu pour cela qu'elles fussent mauvaises. C'est la première manière de ce grand peintre, fort inférieure, à la vérité, à la seconde, mais très supérieure à celle de tous les écrivains de son temps, si vous en exceptez M. Racine. Je regarde ces deux grands hommes comme les seuls qui aient eu un pinceau correct, et qui aient toujours employé des couleurs vives, et copié fidèlement la nature. Ce qui m'a toujours charmé dans leur style, c'est qu'ils ont dit ce qu'ils voulaient dire, et que jamais leurs pensées n'ont rien coûté à l'harmonie ni à la pureté du langage. Feu M. de La Motte, qui écrivait bien en prose, ne parlait plus français quand il faisait des vers. Les tragédies de tous nos auteurs, depuis M. Racine, sont écrites dans un style froid et barbare; aussi La Motte et ses consorts faisaient tout ce qu'ils pouvaient pour rabaisser Despréaux, auquel ils ne pouvaient s'égaler. Il y a encore, à ce que j'entends dire, quelques-uns de ces beaux esprits subalternes qui passent leur vie dans les cafés, lesquels font à la mémoire de M. Despréaux le même honneur que les Chapelain faisaient à ses écrits, de son vivant. Ils en disent du mal, parce qu'ils sentent que si M. Despréaux les eût connus, il les aurait méprisés autant qu'ils méritent de l'être. Je serais très fâché que ces messieurs crussent que je pense comme eux, parce que je fais une grande différence entre ses premières satires et ses autres ouvrages. Je suis surtout de votre avis sur la neuvième satire, qui est un chef-d'œuvre, et dont l'*Épître aux Muses*, de M. Rousseau, n'est qu'une imitation un peu forcée.

VOLTAIRE, *Lettre à M. Brossette.*
(14 avril 1732.)

V.

Boileau n'apprit rien aux maîtres de l'art, mais il grossit le nombre de leurs justes appréciateurs. Il acheva d'apprendre à la multitude à n'estimer que des beautés réelles; il acheva de la guérir de ses vieilles admirations pour des poèmes sans poésie, pour des romans sans vraisemblance; il acheva de décrier ce faux bel-esprit dont Molière avait fait justice en plein théâtre, et qui ne laissait pas encore de se produire dans le monde. Ainsi Boileau, critique peu sensible, mais judicieux et solide, ne fut pas le restaurateur du goût; il en fut le vengeur et le conservateur. Il n'apprit pas aux poètes de son temps à bien faire des vers; car les belles scènes de *Cinna* et des *Horaces*, ces grands modèles de la versification française, étaient écrites lorsque Boileau ne faisait encore que d'assez mauvaises satires; et *le Misanthrope*, *le Tartufe*, *les Femmes savantes*, *Britannicus*, *Andromaque*, *Iphigénie*, et les *Fables de La Fontaine* avaient précédé l'*Art poétique*: mais il fit la guerre aux mauvais écrivains, et déshonora leurs exemples; il fit sentir aux jeunes gens les bienséances de tous les styles; il donna de chacun des genres une idée nette et précise; et s'il n'eut pas cette délicatesse de sentiment qui démêle, comme dit Voltaire, une beauté parmi des défauts, un défaut parmi des beautés; s'il mit Voiture à côté d'Horace, s'il confondit Lucain avec Brébeuf dans son mépris pour la *Pharsale;* s'il ne sut point aimer Quinault*; s'il ne sut point admirer le Tasse; si, dans *l'Art poétique*, il oublia ou dédaigna de nommer La Fontaine, il connut du moins ces vérités premières qui sont des règles éternelles, il les grava dans les esprits avec des traits ineffaçables; et c'est peut-être, grace aux lumières qu'il nous transmit dans sa vieillesse, que la génération suivante a été plus juste que lui.

MARMONTEL, *Essai sur le Goût.*

En général, les défauts dominants des Épîtres d Boileau sont la sécheresse et la stérilité, des plaisanteries parasites, des idées superficielles, des vues courtes, et de petits desseins. On lui a appliqué ce vers:

Dans son génie étroit il est toujours captif.

Son mérite est dans le choix heureux des termes et des tours. Il se piquait sur-tout de rendre avec grace et avec noblesse des idées communes, qui n'avaient point encore été rendues en poésie. Une des choses, par exemple, qui le flattaient le plus, comme il l'avoue lui-même, était d'avoir exprimé

---

* Si on trouvait dans l'antiquité un poème comme *Armide* ou comme *Atys*, avec quelle idolâtrie il serait reçu! Mais Quinault était moderne. Il manquait à Boileau d'avoir sacrifié aux Graces. Il chercha en vain toute sa vie à humilier un homme qui n'était connu que par elles. VOLTAIRE.

poétiquement sa perruque. Au contraire, la bassesse et la bigarrure du style défigurent la plupart des Épîtres de Rousseau. Autant il s'est élevé au-dessus de Boileau par ses Odes, autant il s'est mis au-dessous de lui par ses Épîtres.

Les Satires de Boileau furent son premier ouvrage, et on le voit bien. Il a plus d'art, plus d'élégance, plus de coloris que Régnier, mais moins de verve, de naturel et de mordant. N'y avait-il donc rien dans les mœurs du siècle de Louis XIV qui pût lui allumer la bile ? Il n'avait pas encore vu le monde, il ne connaissait que les livres et que le ridicule des mauvais écrivains : son esprit était fin et juste, mais son âme était froide et lente; et de tous les genres, celui qui demande le plus de feu, c'est la satire. Boileau s'amuse à nous peindre les rues de Paris ! C'était l'intérieur, et l'intérieur moral qu'il fallait peindre*; la dureté des pères qui immolent leurs enfants à des vues d'ambition, de fortune et de vanité ; l'avidité des enfants, impatients de succéder, et de se réjouir sur le tombeau des pères; leur mépris dénaturé pour des parents qui ont eu la folie de les placer au-dessus d'eux; la fureur universelle de sortir de son état, où l'on serait heureux, pour aller être ridicule et malheureux dans

---

* On doit cependant faire observer ici que, dans la satire du mauvais repas, remplie de vers que tout le monde a retenus, le poète jette adroitement plusieurs détails accessoires à son sujet, qui ne sont point sans intérêt pour le fond ; il ne faut pas oublier d'ailleurs que Boileau a fait les satires *sur les folies humaines*, *sur la noblesse*, *sur l'homme*, où le sujet, il est vrai, est moins approfondi que dans les Satires de Pope, mais qui renferment une morale saine et pure.   MICHAUD, *Biographie universelle*.

une classe plus élevée; la dissipation d'une mère, que sa fille importunerait, et qui, n'ayant que de mauvais exemples à lui donner, fait encore bien de l'éloigner d'elle en attendant que, rappelée dans le monde pour y prendre un mari qu'elle ne connaît pas, elle y vienne imiter sa mère, qu'elle ne va que trop connaître; l'insolence d'un jeune homme enrichi par les rapines de son père, et qui l'en punit en dissipant son bien et en rougissant de son nom; l'émulation de deux époux, à qui renchérira par ses folles dépenses et par sa conduite insensée, sur les travers, sur les égarements, sur les vices honteux de l'autre; en un mot, la corruption, la dépravation des mœurs de tous les états où l'oisiveté règne, où le désœuvrement, l'ennui, l'inquiétude, le dégoût de soi-même et de tous ses devoirs, la soif ardente des plaisirs, le besoin d'être remué par des jouissances nouvelles, les fantaisies, le jeu vorace, le luxe ruineux causent de si tristes ravages; sans compter tous les sanctuaires fermés aux yeux de la satire, et où le vice repose en paix; voilà ce que l'intérieur de Paris présente au poète satirique; et ce tableau, à peu de choses près, était le même du temps de Boileau.

Boileau affecte l'humeur âpre et sévère, pour être flatteur plus adroit; et en même temps qu'il bafoue quelques méchants écrivains, auxquels il ne rougit pas de reprocher leur misère, il prodigue l'encens de la louange à tout ce qui peut le prôner ou le protéger à la cour. Le généreux courage, que celui d'attaquer Cottin, Cassagne, ou Chapelain!

et contre Chapelain, qu'est-ce qui le révolte? « qu'il
« soit le mieux renté de tous les beaux esprits! »
Passe encore s'il l'eût voulu punir d'avoir osé se
déclarer pour Scudery contre Corneille, et de s'être
mêlé de critiquer le *Cid*. Boileau, je le répète encore, avait reçu de la nature un sens droit, un jugement solide; et l'étude lui avait donné tout le talent qu'on peut avoir sans la sensibilité et la chaleur
de l'âme : mais il lui manquait ces deux éléments
du génie.

Le même, *Éléments de Littérature*.

VI.

Il semble que tout soit dit sur Boileau. Les commen-
tateurs l'ont traité comme un ancien : ils ont épuisé
dans leurs notes les recherches de toute espèce,
l'érudition et les inutilités. Son rang est fixé par la
postérité : il le fut même de son vivant; et c'est un
bonheur remarquable, que cet homme, qui en avait
attaqué tant d'autres, ait été apprécié par un siècle
qu'il censurait; que ce critique sévère, qui mettait
les auteurs à leur place, ait été mis à la sienne par
ses contemporains, et que tout son mérite ait été
dès lors généralement reconnu, tandis que celui de
Molière, de Racine, de Quinault, de La Fontaine,
n'a été bien parfaitement senti qu'avec le temps.
Corneille et Despréaux, parmi les grands poètes du
dernier siècle, sont les seuls qui aient joui d'une
réputation à laquelle les générations suivantes n'ont
pu rien ajouter : l'un parce qu'il devait subjuguer les
esprits par l'ascendant et l'éclat d'un génie qui créait
tout; l'autre, parce que, faisant parler le goût en

beaux vers, à une époque où le goût et les beaux vers avaient tout le prix de la nouveauté, il apportait une lumière que chacun semblait attendre, et se distinguait d'ailleurs dans un genre où il n'avait point de rivaux. Mais dans Racine, dans Molière, la perfection dramatique, qui se compose de tant de qualités différentes, avait besoin de cette grande épreuve du temps et de l'examen raisonné des connaisseurs pour être embrassée dans son entier. Le talent de Quinault, secondaire sous plusieurs rapports, partagé par le musicien, combattu par des autorités, n'a pu obtenir qu'une justice tardive, et due en partie à l'infériorité de ses successeurs. Enfin, dans la fable et le conte, la petitesse des sujets et le défaut d'invention ne laissaient pas apercevoir d'abord tout ce qu'était La Fontaine; et il a fallu qu'une longue jouissance, nous donnant toujours de nouveaux plaisirs, attirât plus d'attention sur le prodige de son style. Telles sont les différentes destinées des grands écrivains, toujours plus ou moins dépendantes et des circonstances, et du caractère de leur composition. Ceux que je viens de citer ont gagné dans l'opinion, et sont aujourd'hui plus admirés qu'ils ne le furent jamais. Corneille et Despréaux n'ont rien perdu de leur gloire, mais leurs ouvrages sont plus sévèrement jugés. L'admiration et la reconnaissance que l'on doit au premier n'ont pas empêché qu'on ne vît tout ce qui lui manque; et, malgré les obligations que nous avons au second, quelques-uns de ses écrits n'ont plus à nos yeux le même éclat qu'ils eurent dans leur naissance. Qu'on ne s'imagine pas que, par cet aveu, je me prépare à donner gain de cause à ses détracteurs: j'en suis si éloigné, que cet article sera employé tout entier à les combattre. La restriction que j'ai annoncée ne regarde que ses premières et ses dernières satires. Je vais faire voir que, sur ce point seul, la différence des temps a dû lui faire perdre quelque chose; que c'est la seule portion de ses titres littéraires qui ait baissé dans l'esprit des bons juges, et que sur tout le reste notre siècle est d'accord avec le sien. Je dis notre siècle, parce qu'en effet il n'est représenté que par ceux qui lui font le plus d'honneur, par ceux qui, ayant des droits à la gloire, en sont les justes appréciateurs dans autrui. Si de nos jours des hommes éclairés et d'un mérite réel ont fait à Boileau quelques reproches qui ne me paraissent pas fondés, je les distinguerai, comme je le dois, de ceux qui lui refusent toute justice; et quant à ceux-ci, s'il est permis de descendre jusqu'à les réfuter, c'est moins pour venger la mémoire de Boileau, qui n'en a pas souffert, que pour mettre dans tout son jour cet esprit de vertige et de révolte qui multiplie sans cesse parmi nous les ennemis du bon goût et de la raison, et pour marquer la distance qui sépare les vrais gens de lettres de ceux qui ne veulent usurper ce titre que pour le déshonorer.

Une des académies de province, qui, à l'exemple de celles de la capitale, distribuent des prix annuels, proposa pour sujet, il y a quelques années, *l'Influence de Boileau sur la Littérature française*. Ce programme réveilla la haine secrète que les successeurs des Cotins nourrissent depuis long-temps contre le redoutable ennemi du mauvais goût et le fondateur immortel des bons principes. L'Académie de Nîmes reçut un discours où l'on se moquait d'elle et de la prétendue influence de Boileau : on s'efforçait d'y prouver qu'il n'en avait jamais eu d'aucune espèce. Ainsi donc, celui qui fut parmi nous le premier législateur de tous les genres de poésie et le premier modèle de notre versification, n'aurait rendu aucun service aux lettres et n'aurait répandu aucune lumière ! C'est une étrange assertion : l'écrit où elle était développée n'a pas vu le jour, mais il n'y a rien de perdu ; on vient d'imprimer une brochure anonyme qui contient des révélations bien plus merveilleuses. Comme ce nouveau docteur va infiniment plus loin que tous les déclamateurs qui l'avaient précédé, je ne compte venir à lui qu'à la fin de cet article, parce qu'il faut toujours finir par ce qu'il y a de plus curieux.

Il est à propos d'abord d'écarter un des sophismes les plus spécieux et les plus trompeurs dont se servent les ennemis de Despréaux. Ils rangent hardiment à leur parti des écrivains renommés, qui, en admirant notre poète, lui ont pourtant refusé quelques avantages que d'autres croient devoir reconnaître. C'est pour leur enlever ces appuis illusoires, et confondre leur mauvaise foi que je me permettrai de discuter l'opinion d'un de nos plus célèbres académiciens, dont je fais profession d'aimer et d'honorer la personne et les talents. L'auteur des *Élé-*

ments de Littérature, ouvrage qui doit être mis au rang de nos bons livres classiques, et qui contient la théorie la plus lumineuse et la plus savamment approfondie de tous les arts de l'imagination; M. Marmontel a trop d'esprit et de lumières pour ne pas reconnaître le mérite de Despréaux : aussi lui rend-il un hommage aussi authentique que légitime. Il voit en lui « un critique judicieux et solide, le ven- « geur et le conservateur du goût, qui fit la guerre « aux mauvais écrivains et déshonora leurs exem- « ples : fit sentir aux jeunes gens les bienséances de « tous les styles, donna de chacun des genres une « idée nette et précise, connut ces vérités premières « qui sont des règles éternelles, et les grava dans les « esprits avec des traits ineffaçables. » Ce sont ses termes; c'est le témoignage qu'il rend à l'auteur de l'*Art poétique,* et je n'aurai qu'à étendre et développer ce texte pour rendre compte de cette *influence* qu'on veut contester. Il y a loin de ce langage au mépris qu'ont affecté ceux qui ont dit « Ce plat Boi- « leau, le nommé Boileau, le froid versificateur Boi- « leau; » ceux qui lui ont reproché, ainsi qu'à Racine, d'avoir *perdu la poésie française.* J'ai pris la liberté, il y a déjà long-temps, d'en rire avec le public, et cela ne mérite pas d'autre réponse; mais il peut être intéressant d'examiner les reproches et les restrictions qu'un écrivain tel que M. Marmontel mêle à ses éloges. Je ne prétends point le juger; ce sont des objections que je lui propose. Dans cette discussion d'ailleurs se trouveront naturellement placées les preuves que je crois faites pour constater tout le bien que Boileau a fait aux lettres, tout l'honneur qu'il a fait à la France; et c'est en ce moment le principal objet dont je dois m'occuper.

« Boileau n'apprit pas aux poètes de son temps « à bien faire des vers; car les belles scènes de *Cinna* « et des *Horaces*, ces grands modèles de la versifi- « cation française, étaient écrites lorsque Boileau « ne faisait encore que d'assez mauvaises satires. » (*Éléments de Littérature.*)

Quoiqu'il y ait de très beaux vers, des vers sublimes dans *Cinna*, dans *le Cid*, dans *les Horaces*, quoique ces belles scènes aient été les premiers modèles du style tragique, ceux où Corneille enseigna le premier, comme je l'ai dit ailleurs, quel ton noble, élevé, soutenu, devait distinguer le langage de Melpomène, je ne crois pas que ce fussent encore les *grands modèles de la versification française*. Il aurait fallu pour cela que ces *belles scènes* fussent écrites avec une élégance continue; que la propriété des termes, l'exactitude des constructions, la précision, l'harmonie, toutes les convenances du style, y fussent habituellement observées, et il s'en faut de beaucoup qu'elles le soient. Le premier ouvrage de poésie où le mécanisme de notre versification ait été parfaitement connu, où la diction ait toujours été élégante et pure, où l'oreille et la langue aient été constamment respectées, ce sont les sept premières satires de Boileau, qui parurent, avec le discours adressé au roi, en 1666, un an avant *Andromaque*. M. Marmontel trouve ces satires *assez mauvaises* : on peut trouver ce jugement bien rigoureux. Ces satires doivent être considérées sous différents rapports : il s'agit de l'intérêt du sujet, *la difficulté de la rime, les embarras de Paris, un mauvais repas,* les *sermons* de Cassaigne et de Cotin, et la *Pucelle* de Chapelain, peuvent n'être pas des objets fort attachants pour la postérité, et c'est en ce sens que Voltaire a dit qu'il n'*y arrêterait point ses regards*. Mais il s'agit ici de versification et de style, et sous ce point de vue, notre langue n'avait encore rien produit d'aussi parfait. « Que m'importe, a dit Voltaire, en comparant les « sujets des satires de Boileau à ceux qu'a traités « Pope, que m'importe,

« Qu'il peigne de Paris les tristes embarras,
« Ou décrive en beaux vers un fort mauvais repas ?
« Il faut d'autres objets à notre intelligence. »

Ce jugement, comme l'on voit, ne porte que sur la comparaison des matières plus ou moins importantes. Mais il est ici question de vers, de goût, de style, et Voltaire avoue que ces vers sont beaux; et c'était un très grand mérite dans un temps où il fallait épurer et former la langue poétique. Aussi ces satires, qui aujourd'hui nous intéressent moins que les autres écrits du même auteur, eurent un succès prodigieux; et ce n'était pas seulement parce que c'étaient des satires, c'est que personne n'avait encore écrit si bien en vers. Les pièces de Molière, si remplies de vers heureux, ne pouvaient pas être des modèles du style soutenu, d'abord, parce que le genre comique admet le familier, et de plus, parce qu'elles fourmillent de fautes de langage et de versification. On convient que celles de Corneille, dans un autre genre, méritent le même reproche : c'était donc la première fois que nous avions un ouvrage en vers, écrit avec toute la perfection dont il était susceptible. Boileau nous apprit donc le premier à chercher toujours le mot propre, à lui donner sa place dans le vers, à faire valoir les mots par leur arrangement, à relever et ennoblir les plus petits détails, à se défendre toute construction irrégulière, toute locution basse, toute consonnance vicieuse; à éviter les tournures louches ou prosaïques ou recherchées, les expressions parasites et les chevilles; à cadencer la période poétique, à la suspendre, à la varier; à tirer parti des césures, à imiter avec les sons, à n'user des figures qu'avec choix et sobriété : et qu'est-ce que tout cela, si ce n'est *apprendre aux poètes à bien faire des vers?* On peut apprendre cet art, même à ceux qui font des ouvrages de génie. Corneille et Molière en avaient fait, car le génie devance toujours le goût. Mais Boileau, qui n'aurait fait ni *le Cid,* ni *le Misanthrope,* fut précisément l'homme qu'il fallait pour donner à notre langue ce qui lui manquait encore, un système parfait de versification. Il s'occupait particulièrement à étudier la nôtre; il avait un tact juste, une oreille délicate, un discernement sûr. Il travailla toute sa vie sur le vers français; il en perfectionna le mécanisme, en surmonta les difficultés, en indiqua les effets et les ressources, en évita les défauts. Aussi est-ce après lui que parut un homme qui joignit au génie dramatique qu'avaient possédé Corneille et Molière, une pureté, une élégance, une harmonie, une sûreté de goût que ni l'un ni l'autre n'avaient connues; et il est permis de croire que, lié avec Despréaux à l'époque de son *Alexandre*, dont la versification laisse encore tant à désirer, il apprit à être bien plus précis, plus élégant, plus châtié, plus sévère dans *Andromaque*, et bientôt après à s'élever jusqu'à la perfection de *Britannicus* et d'*Athalie*, au-delà desquels il n'y a rien.

Je crois avoir positivement spécifié la première obligation que nous avons à Boileau et à ses Satires, et les raisons du grand éclat qu'elles eurent en paraissant. Si j'avais besoin d'ajouter des autorités à l'évidence, j'en citerais une qui ne peut pas être suspecte, et qui prouve combien les meilleurs esprits du temps avaient senti le mérite particulier que je fais observer dans ces satires, aujourd'hui trop rabaissées. Molière devait lire une traduction en vers de quelques chants de *Lucrèce* dans une société où se trouva Despréaux : on pria celui-ci de lire d'abord la satire adressée à Molière *sur la rime*, pièce qui n'était pas encore imprimée, non plus qu'aucune des autres du même auteur. Mais quand Molière l'eut entendu, il ne voulut plus lire sa traduction, disant « qu'on ne devait pas s'attendre à « des vers aussi parfaits et aussi achevés que ceux « de M. Despréaux, et qu'il lui faudrait un temps « infini s'il voulait travailler ses ouvrages comme « lui. » Ce propos est à la fois l'excuse de Molière, à qui le temps manquait, et l'éloge de Boileau, qui employait le sien. L'un était obligé de faire des pièces de théâtre qui devaient être prêtes au jour marqué; l'autre, qui n'avait que des vers à faire, pouvait les travailler à loisir, et le caractère de son esprit le portait à les travailler jusqu'à ce qu'ils fussent aussi bons qu'il était possible. Ainsi la nature et les circonstances se réunissaient pour faire de lui le meilleur versificateur qui eût encore existé parmi nous. L'un de ses amis, Chapelle, qui, dans la familiarité d'un commerce intime, se moquait de sa patience laborieuse, plaisantait sur sa *cruche à l'huile*, et lui disait si gaiement, « Tu es un bœuf qui fais bien « son sillon; » Chapelle, si éloigné en tout de la moindre conformité avec lui, reconnaissait la supériorité de ses vers :

> Tout bon paresseux du Marais
> Fait des vers qui ne coûtent guère.
> Pour moi, c'est ainsi que j'en fais,
> Et si je les voulais mieux faire,
> Je les ferais bien plus mauvais.
> Mais quant à monsieur Despréaux,
> Il en compose de fort beaux.

Pourquoi cette même satire *sur la rime*, qui fit tant de peur à Molière, nous paraît-elle assez peu de chose? C'est que la difficulté de rimer est un mince sujet dont le style ne peut plus racheter à nos yeux la petitesse; c'est que notre versification s'étant perfectionnée dans le dernier siècle, nous voulons dans celui-ci que ce mérite ne soit jamais seul, que l'on dise d'excellentes choses en bons vers. Mais avant d'en venir là, il a fallu apprendre à en faire; et celui qui nous l'apprit le premier, c'est Boileau. Graces à lui et à ceux qui l'ont suivi, ce n'est pas assez que *le bœuf fasse bien son sillon*, il faut qu'il laboure une terre fertile.

Maintenant, si j'osais énoncer un jugement sur la valeur réelle de ses Satires, j'avouerais d'abord, quoi qu'il pût m'en arriver, que je les lis toutes avec plaisir, excepté les trois dernières. Celle sur l'*Équivoque*, qui est la douzième, est généralement condamnée : c'est un fruit dégénéré, une faible production d'un sol épuisé. On ne reconnaît point le bon esprit de l'auteur dans cette longue et vague déclamation qui roule tout entière sur un abus de mots, et où l'on attribue à l'équivoque tous les malheurs et les crimes de l'univers, à dater du péché originel et de la chute d'Adam, jusqu'à la morale d'Escobar et de Sanchez. Le satirique vieilli redit en assez mauvais vers ce qu'avait dit Pascal en très bonne prose; et ce n'est plus, à quelques endroits près, le style de Boileau. On le retrouve un peu plus dans la satire *sur le faux Honneur*, dont les soixante premiers vers sont encore dignes de lui, mais le reste est un sermon froid et languissant, chargé de redites. L'auteur est presque toujours hors du sujet, et les tournures monotones et le prosaïsme avertissent de la faiblesse de l'âge. La satire *contre les Femmes*, quoique plus travaillée, quoiqu'elle offre des portraits bien frappés, entre autres celui du directeur, quoique les transitions y soient ménagées avec un art dont le poète avait raison de s'applaudir, n'est pourtant qu'un lieu commun qui rebute par la longueur et révolte par l'injustice. Tout y est appuyé sur l'hyperbole; et Boileau qui en a reproché l'excès à Juvénal, n'aurait pas dû l'imiter dans ce défaut. Je ne dissimule point ses fautes, ce me semble; elles sont en partie celles de la vieillesse, et l'on peut aussi les attribuer à cette mode assez générale de son temps, de faire entrer la religion dans des sujets où elle était étrangère. C'est là ce qui lui fait conclure, dans la satire *sur l'Honneur*,

Que ce n'est qu'en Dieu seul qu'est l'honneur véritable,

quoique ces deux idées n'eussent pas dû se rencontrer ensemble. C'est là ce qui lui dicta celle de ses Épîtres que les connaisseurs goûtent moins que les autres, l'épître *sur l'amour de Dieu*, sorte de controverse trop peu faite pour la poésie, quoique la prosopopée qui termine la pièce soit heureuse et vive. Ces sujets occupaient alors tout Paris échauffé sur la controverse, comme il l'a été de nos jours sur la musique. L'on oubliait qu'il fallait laisser ces questions à la Sorbonne, et que les Muses ne veulent point que l'on dogmatise en vers.

Quant aux neuf autres satires, quoique ce soit le moindre des bons ouvrages de Boileau, je hasarderai encore d'avouer que j'aime à les lire, parce que j'aime la bonne poésie, la bonne plaisanterie et le bon sens. Elles sont moins philosophiques, moins variées que celles d'Horace; il y a moins d'esprit, la marche en est moins rapide; il emploie moins souvent la forme dramatique du dialogue, et quand il s'en sert, c'est avec moins de vivacité : mais on peut être au-dessous d'Horace, et n'être pas à mépriser. Il a même, autant que je puis m'y connaître, deux avantages sur le satirique latin : il a plus de poésie et raille plus finement. Horace a fait, comme lui, la description d'un repas ridicule : c'est, si l'on veut, un bien petit sujet; mais si le mérite du poète peut consister quelquefois à relever les petites choses comme à soutenir les grandes, je saurai gré à Boileau d'avoir été en cette partie bien plus poète qu'Horace dans le récit du festin. Personne ne lui avait donné le modèle de vers tels que ceux-ci :

Sur un lièvre flanqué de six poulets étiques
S'élevaient trois lapins, animaux domestiques,
Qui, dès leur tendre enfance élevés dans Paris,
Sentaient encor le chou dont ils furent nourris.
Autour de cet amas de viandes entassées,
Régnait un long cordon d'alouettes pressées,
Et sur les bords du plat six pigeons étalés
Présentaient pour renfort leurs squelettes brûlés.
(Sat. III.)

C'est là, j'en conviens, un très mauvais rôt; mais ce sont de bien bons vers. La pièce entière est écrite de ce style, et l'auteur l'a égayée par la conversation des campagnards, qui forme une espèce de scène fort plaisante. Quant à la raillerie, il y excelle, et personne en ce genre ne l'a surpassé. La satire IX, adressée à son *Esprit*, a toujours passé pour un chef-d'œuvre de gaieté satirique, pour le modèle du badinage le plus ingénieux.

Gardez-vous, dira l'un, de cet esprit critique :

On ne sait bien souvent quelle mouche le pique.
Mais c'est un jeune fou qui se croit tout permis,
Et qui pour un bon mot va perdre vingt amis.
Il ne pardonne pas aux vers de *la Pucelle*,
Et croit régler le monde au gré de sa cervelle.
Jamais dans le barreau trouva-t-il rien de bon?
Peut-on prêcher si bien qu'il ne dorme au sermon?
Mais lui qui fait ici le régent du Parnasse,
N'est qu'un gueux revêtu des dépouilles d'Horace.
Avant lui, Juvénal avait dit en latin
Qu'on est assis à l'aise aux sermons de Cottin, etc.

On ne peut pas railler plus agréablement. La satire *sur la Noblesse* est fort belle, mais pourrait être plus approfondie. On regarde comme une de ses meilleures la satire *sur l'Homme*, c'est une de celles où il y a le plus de mouvement et de variété, et qui dans le temps eurent le plus de vogue. Desmarets et d'autres écrivains de même trempe en firent une critique très absurde, en prenant le sens de l'auteur dans une rigueur littérale. Ils crièrent au sacrilège sur le parallèle d'un âne et d'un docteur : ils prouvèrent démonstrativement que l'un en savait plus que l'autre, et je crois que Boileau en était persuadé. Mais qui ne voit que le fond de cette satire est réellement très vrai et très philosophique? Qui peut nier que l'homme qui fait un mauvais usage de sa raison, ne soit en effet au-dessous de l'animal qui suit l'instinct de la nature? Cette vérité appartient à la satire morale, et Boileau l'a fort bien développée.

On lui a reproché de manquer de verve : on a

dit que ses vers étaient froids. Ces reproches ne me semblent pas fondés : il a la sorte de verve dont la satire est susceptible; et Juvénal, qui l'a outrée, est presque toujours déclamateur. Si les vers de Boileau étaient froids, ils auraient le plus grand de tous les défauts : on ne les lirait pas.

Qui dit froid écrivain dit détestable auteur,
(*Art poét.*, chant IV.)

a-t-il dit lui-même, et avec grande raison. Entend-on par vers froids ceux qui n'expriment pas des sentiments et des passions? On se trompe. Les vers ne sont froids que lorsqu'ils n'ont pas le degré d'expression qu'ils doivent avoir relativement au sujet; et si dans le sujet il n'y a rien pour le cœur, le poète n'est pas obligé de parler au cœur. Boileau, dans ses Satires, parle seulement à la raison et au goût. Il faut voir s'il parle froidement des objets qu'il traite, s'il n'y met pas la sorte d'intérêt qu'on peut y mettre : dans ce cas, il aurait tort. Mais s'il s'échauffe contre les travers de l'esprit humain et le mauvais goût des auteurs, autant qu'il convient de s'échauffer sur de tels objets, il a de la verve. La verve en ce genre, c'est la mauvaise humeur : et qui peut dire qu'il en manque, qu'elle ne donne pas à son style tous les mouvements qui doivent l'animer? Ouvrez ses écrits au hasard; voyez la satire *sur l'Homme* (Sat. VIII.), que je viens de citer; entendez-le crier contre le monstre de la chicane :

Un aigle, sur un champ prétendant droit d'aubaine,
Ne fait point appeler un aigle à la huitaine.

Jamais contre un renard chicanant un poulet,
Un renard de son sac n'alla charger Rollet.
Jamais la biche en rut n'a pour fait d'impuissance,
Traîné du fond des bois un cerf à l'audience;
Et jamais juge, entre eux ordonnant le congrès,
De ce burlesque mot n'a sali ses arrêts.
On ne connaît chez eux ni placets ni requêtes,
Ni haut ni bas conseil, ni chambre des enquêtes.
Chacun, l'un avec l'autre, en toute sûreté,
Vit sous les pures lois de la simple équité.
L'homme seul, l'homme seul, en sa fureur extrême,
Met un brutal honneur à s'égorger soi-même.
C'était peu que sa main, conduite par l'enfer,
Eût pétri le salpêtre, eût aiguisé le fer;
Il fallait que sa rage, à l'univers funeste,
Allât encor des lois embrouiller un *Digeste*;
Cherchât, pour l'obscurcir, des gloses, des docteurs;
Accablât l'équité sous des monceaux d'auteurs,
Et, pour comble de maux, apportât dans la France
Des harangueurs du temps l'ennuyeuse éloquence.

Est-ce là écrire froidement? Remarquez ce dernier trait contre le fastidieux babil de la plaidoirie, qu'il met avec un sérieux si comique au-dessus de tous les maux que produit la chicane. N'est-ce pas le cachet de la satire? N'est-ce pas mêler, comme il le prescrit, *le plaisant au sévère?* En vérité, quoi qu'on en dise, ce Boileau savait son métier. Veut-on lui contester le droit de se moquer des plats écrivains; écoutez-le :

Et je serai le seul qui ne pourrai rien dire!
On sera ridicule, et je n'oserai rire!
Et qu'ont produit mes vers de si pernicieux
Pour armer contre moi tant d'auteurs furieux?

Loin de les décrier, je les ai fait paraître;
Et souvent, sans ces vers qui les ont fait connaître,
Leur talent dans l'oubli demeurerait caché.
Et qui saurait sans moi que Cotin a prêché?
La satire ne sert qu'à rendre un fat illustre :
C'est une ombre au tableau qui lui donne du lustre;
En les blâmant enfin, j'ai dit ce que j'en crois;
Et tel qui m'en reprend en pense autant que moi.
« Il a tort, dira l'un : pourquoi faut-il qu'il nomme?
« Attaquer Chapelain! ah! c'est un si bon homme!
« Balzac en fait l'éloge en cent endroits divers.
« Il est vrai, s'il m'eût cru, qu'il n'eût point fait de vers
« Il se tue à rimer : que n'écrit-il en prose? »
Voilà ce que l'on dit : et que dis-je autre chose?
En blâmant ses écrits, ai-je d'un style affreux
Distillé sur sa vie un venin dangereux?
Ma muse, en l'attaquant, charitable et discrète,
Sait de l'homme d'honneur distinguer le poète.
Qu'on vante en lui la foi, l'honneur, la probité;
Qu'on prise sa candeur et sa civilité;
Qu'il soit doux, complaisant, officieux, sincère :
On le veut, j'y souscris, et suis prêt à me taire.
Mais que pour un modèle on montre ses écrits;
Qu'il soit le mieux renté de tous les beaux-esprits;
Comme roi des auteurs, qu'on l'élève à l'empire;
Ma bile alors s'échauffe, et je brûle d'écrire :
Et s'il ne m'est permis de le dire au papier,
J'irai creuser la terre, et, comme ce barbier,
Faire dire aux roseaux par un nouvel organe :
Midas, le roi Midas a des oreilles d'âne.

(Sat. IX.)

Et c'est là cet homme sans verve, ce versificateur froid! Le misanthrope, dans ses accès, a-t-il un autre ton? Prenons même cette satire *contre la Rime,* si souvent censurée. Je sais que la rime importe fort peu à beaucoup de gens; mais elle désole parfois ceux qui la cherchent. Voyons s'il n'en parle pas en poète, et en poète satirique (Sat. II):

> Encor si pour rimer, dans sa verve indiscrète,
> Ma muse au moins souffrait une froide épithète,
> Je ferais comme un autre, et, sans chercher si loin,
> J'aurais toujours des mots pour les coudre au besoin.
> Si je louais Philis *en miracles féconde,*
> Je trouverais bientôt, *à nulle autre seconde.*
> Si je voulais vanter un objet *nonpareil,*
> Je mettrais à l'instant, *plus beau que le soleil.*
> Enfin, parlant toujours *d'astres et de merveilles,*
> De *chefs-d'œuvre des cieux,* de *beautés sans pareilles;*
> Avec tous ces beaux mots, souvent mis au hasard,
> Je pourrais aisément, sans génie et sans art,
> Et transposant cent fois et le nom et le verbe,
> Dans mes vers recousus mettre en pièces Malherbe.
> Mais mon esprit, tremblant sur le choix de ses mots,
> N'en dira jamais un s'il ne tombe à propos,
> Et ne saurait souffrir qu'une phrase insipide
> Vienne à la fin d'un vers remplir la place vide.
> Ainsi, recommençant un ouvrage vingt fois,
> Si j'écris quatre mots, j'en effacerai trois.
> Maudit soit le premier dont la verve insensée
> Dans les bornes d'un vers renferma sa pensée,
> Et donnant à ses mots une étroite prison,
> Voulut avec la rime enchaîner la raison!
> Sans ce métier fatal au repos de ma vie,
> Mes jours pleins de loisirs couleraient sans envie:
> Je n'aurais qu'à chanter, rire, boire d'autant,

Et, comme un gras chanoine, à mon aise et content,
Passer tranquillement, sans souci, sans affaire,
La nuit à bien dormir, et le jour à rien faire.
Mon cœur, exempt de soins, libre de passion,
Sait donner une borne à son ambition ;
Et, fuyant des grandeurs la présence importune,
Je ne vais point au Louvre adorer la fortune :
Et je serais heureux si, pour me consumer,
Un destin envieux ne m'avait fait rimer.
. . . .
Bienheureux Scudery, dont la fertile plume
Peut tous les mois sans peine enfanter un volume !
Tes écrits, il est vrai, sans art et languissants,
Semblent être formés en dépit du bon sens ;
Mais ils trouvent pourtant, quoi qu'on en puisse dire,
Un marchand pour les vendre, et des sots pour les lire ;
Et, quand la rime enfin se trouve au bout des vers,
Qu'importe que le reste y soit mis de travers ?
Malheureux mille fois celui dont la manie
Veut aux règles de l'art asservir son génie !
Un sot, en écrivant, fait tout avec plaisir :
Il n'a point en ses vers l'embarras de choisir,
Et toujours amoureux de ce qu'il vient d'écrire,
Ravi d'étonnement, en soi-même il s'admire.
Mais un esprit sublime en vain veut s'élever
A ce degré parfait qu'il tâche de trouver ;
Et toujours mécontent de ce qu'il vient de faire,
Il plaît à tout le monde et ne saurait se plaire.

Eh bien ! s'est-il donc si mal tiré de cette pièce sur la rime? N'a-t-il pas su joindre l'agrément à l'instruction? Etait-ce une chose inutile de proscrire ces hémistiches rebattus, ces épithètes de remplissage que l'on prenait pour de la poésie, et qu'il frappa d'un ridicule salutaire? N'y a-t-il pas un grand sens dans ce contraste qu'il établit entre l'homme médiocre toujours enchanté de ce qu'il fait, parce qu'il n'imagine rien au-delà, et l'homme supérieur que tourmente toujours l'idée du mieux quand il a trouvé le bien?

Il plaît à tout le monde et ne saurait se plaire.

Molière fut frappé de ce vers comme d'un trait de lumière. « Voilà, dit-il au jeune poète en lui serrant « la main, une des plus belles vérités que vous ayez « dites. Je ne suis pas de ces esprits sublimes dont « vous parlez; mais tel que je suis, je n'ai rien fait « en ma vie dont je sois véritablement content. » Les détracteurs des grands écrivains auraient tort de se prévaloir contre eux de cet aveu qui leur est commun avec Molière, et de dire : Nous avons donc raison de vous censurer. Le génie aurait droit de répondre : Oui, si en me censurant vous m'éclairiez ; mais vous n'en avez le plus souvent ni la volonté ni le pouvoir. Vos critiques et ma conscience sont rarement d'accord, et ce que je cherche, ce n'est pas vous qui me le montrerez.

Pour revenir à cette satire, je ne me pique pas d'être plus difficile que Molière, et je la trouve très agréable. Au reste, en rendant aux Satires de Boileau la justice que je leur crois due, je ne prétends pas qu'elles soient irrépréhensibles; que dans la foule des bons vers il n'y en ait quelques-uns de faibles, ou même de mauvais; que quelques idées ne manquent de justesse. On l'a relevé sur Alexandre, qu'il veut mettre aux Petites-Maisons; cela est un peu fort, même dans une satire; et de plus, on a observé qu'il y avait une contradiction maladroite à traiter si mal Alexandre, qu'ailleurs il met à côté de Louis XIV. Mais je pense que malgré ces taches, qui sont rares, ses Satires furent très utiles dans leur temps, et qu'elles sont très estimables dans le nôtre. Il me paraît les avoir fort bien appréciées lui-même dans cet endroit de son épître *à M. de Seignelay*.

> Sais-tu pourquoi mes vers sont lus dans les provinces,
> Sont recherchés du peuple et reçus chez les princes?
> Ce n'est pas que leurs sons, agréables, nombreux,
> Soient toujours à l'oreille également heureux,
> Qu'en plus d'un lieu le sens n'y gêne la mesure,
> Et qu'un mot quelquefois n'y brave la césure;
> Mais c'est qu'en eux le vrai, du mensonge vainqueur,
> Partout se montre aux yeux et va saisir le cœur;
> Que le bien et le mal y sont prisés au juste,
> Que jamais un faquin n'y tint un rang auguste,
> Et que mon cœur, toujours conduisant mon esprit,
> Ne dit rien aux lecteurs qu'à soi-même il n'ait dit.
> Ma pensée au grand jour partout s'offre et s'expose;
> Et mon vers, bien ou mal, dit toujours quelque chose.
>   (Épit. IX.)

Tel est en effet le caractère de Boileau dans ses Satires, et dans ses Épîtres et dans l'*Art poétique*, qui sont fort au-dessus de ses Satires : c'est partout le poète de la raison. M. Marmontel « reconnaît en lui « toutes les qualités du poète, hormis la sensibilité « et les graces du naturel. » A l'égard de la sensibilité, nous avons déjà vu quelle valeur on peut donner à ce reproche; et puisque la nature ne l'avait pas fait sensible, on ne peut que le louer d'avoir eu la sagesse de ne pas entreprendre des ouvrages qui auraient exigé une qualité qu'il n'avait pas. Quant au naturel, s'il ne va pas chez lui jusqu'à la grace, on ne peut pas dire assurément qu'il en manque : il a toujours celui qui tient au bon sens et au goût, et qui exclut toute affectation. Voltaire a dit que Boileau avait répandu dans ses écrits « plus de sel que « de grace » : cette appréciation me paraît plus mesurée.

Il faut en venir à ces jugements d'autant plus reprochés à Boileau, qu'on pardonne moins à celui qui a si souvent raison d'avoir tort quelquefois. C'en est un réel de n'avoir pas su, comme le dit M. Marmontel, « aimer Quinault ni admirer le Tasse. » Mais n'oublions pas ce que j'ai rappelé ailleurs, que ses Satires sont antérieures aux Opéra de Quinault, qui ne fut connu d'abord que par de mauvaises tragédies. N'oublions pas que le satirique a déclaré que les opéra de Quinault « lui avaient « fait une juste réputation. » Je ne prétends pas détruire le reproche, mais seulement le restreindre. Ce n'était pas un éloge suffisant d'avouer que l'auteur d'*Atys* et d'*Armide* « excellait à faire des vers bons « à être mis en chant, » puisque ces vers se sont trouvés bons à lire et à retenir; mais si le critique a été trop sévère, il n'a pas été absolument injuste; et il y a bien quelque différence. Il ne l'a pas été non plus envers le Tasse. Peut-être eût-il mieux valu ne pas faire ce vers fameux, où il n'est cité que sous un rapport défavorable :

Et le clinquant du Tasse à tout l'or de Virgile.
(Sat. IX.)

Mais ce vers est-il sans fondement? Les plus grands admirateurs de ce poète (et je suis du nombre) peuvent-ils disconvenir qu'il ne soit aussi inférieur à Virgile pour le style qu'il l'emporte sur lui pour l'invention? Sa poésie n'est-elle pas assez souvent faible dans l'expression, et recherchée dans les idées? Ce *clinquant* que blâme Despréaux n'est-il pas assez fréquent dans *la Jérusalem*, et même dans les morceaux les plus importants ou les plus pathétiques, dans la description des jardins d'Armide, dans le récit de la mort de Clorinde? L'aristarque du siècle n'était-il pas d'autant plus fondé à réprouver ce *clinquant* qu'il opposait à *l'or de Virgile*, qu'alors la France allait chercher ses modèles dans l'Italie et dans l'Espagne? Et n'était-ce pas sa mission de faire voir en quoi ces modèles pouvaient être dangereux? Faut-il en conclure que le mérite du Tasse lui eût échappé? Il y revient dans *l'Art poétique*, à propos de l'intervention du diable et de l'enfer des chrétiens, qu'il veut exclure de l'épopée moderne. Je crois cette prohibition beaucoup trop rigoureuse, et je ne condamnerai dans le Tasse que l'usage trop répété de ce moyen, et quelquefois avec peu d'effet. Mais enfin, voici comme Despréaux s'exprime sur lui :

Le Tasse, dira-t-on, l'a fait avec succès ;

Je ne veux point ici lui faire son procès :
Mais quoi que notre siècle à sa gloire publie,
Il n'eût point de son livre illustré l'Italie,
Si son sage héros, toujours en oraison,
N'eût fait que mettre enfin Satan à la raison,
Et si Renaud, Argant, Tancrède et sa maîtresse,
N'eussent de son sujet égayé la tristesse.
(*Art poét.*, chant III.)

Ils ont fait plus ; ils l'ont enrichi d'un grand intérêt. Mais ces vers enfin ne sont-ils pas un éloge du Tasse? Boileau convient que son livre a *illustré l'Italie ;* il rend témoignage à *sa gloire ;* il ne la dément pas ; il explique sur quoi elle est fondée, et son explication est très judicieuse. Veut-on savoir quel est sur ce même poète l'avis d'un de ses plus zélés partisans, de Voltaire? Précisément celui de Boileau : il place le Tasse après Virgile:

> De faux brillants, trop de magie,
> Mettent le Tasse un cran plus bas ;
> Mais que ne tolère-t-on pas
> Pour Armide et pour Herminie?

Toutes ces considérations peuvent justifier suffisamment l'avis de Boileau, mais pas tout-à-fait le vers dont on se plaint. Le Tasse, malgré ses défauts, est un si grand poète, qu'il ne fallait pas le nommer à côté de Virgile, uniquement pour sacrifier l'un à l'autre ; et je conviens avec M. Marmontel que ce n'est pas là *savoir admirer le Tasse.*

Mais est-il vrai, comme l'avance le même auteur, « qu'il confondit Lucain avec Brébeuf dans son mé- « pris pour *la Pharsale?* » Je n'en vois nulle part la preuve. Il n'a nommé Lucain qu'une seule fois :

Tel s'est fait par ses vers distinguer dans la ville,
Qui jamais de Lucain n'a distingué Virgile.
(*Art poét.* chant IV.)

C'est énoncer simplement la disproportion qu'il y a entre eux deux; et quoique Lucain, mort très jeune, eût montré un grand talent, son poème est si défectueux, qu'on ne peut faire un crime à Boileau de l'avoir mis à une grande distance de *l'Énéide;* mais d'ailleurs, il n'en parle nulle part avec *mépris.*

Il mit Horace à côté de Voiture, et c'est un de ses plus grands torts. Je sais qu'il était fort jeune, et que la voix publique l'entraîna; mais celui que la grande réputation de Chapelain ne put séduire ni intimider, devait-il être la dupe de celle de Voiture? Voltaire prétend qu'il rétracta ses éloges : non, il les restreignit, et ce n'était pas assez. Il dit dans la satire *sur l'Équivoque* (sat. XII.) :

Le lecteur ne sait plus admirer dans Voiture,
De ton froid jeu de mots l'insipide figure.
C'est à regret qu'on voit cet auteur si charmant,
Et pour mille beaux traits vanté si justement,
Chez toi toujours cherchant quelque finesse aiguë, etc.

Un siècle entier de proscription a prouvé que Voiture n'est point un *auteur si charmant,* ni

..... *Pour mille beaux traits vanté si justement.*

S'il l'était on le lirait; mais on ne le lit pas, on ne peut pas le lire, parce qu'à peu de chose près il est fort ennuyeux, quoiqu'il ait eu de l'esprit, et même qu'il n'ait pas été inutile; mais il n'avait proprement que de l'esprit de société, et celui-là ne vaut rien dans un livre.

Enfin, pour achever la liste de tous les péchés de Boileau, il n'a point nommé La Fontaine dans son *Art poétique*, et l'on aura peut-être plus de peine à lui pardonner ce silence que tous les arrêts contre lesquels on a réclamé. Ce n'est certainement pas aute d'avoir senti le talent de La Fontaine : heureusement nous avons une dissertation sur *Joconde*, qui en fait foi. On a imprimé tout récemment qu'il n'avait pu parler de ses Fables, parce qu'elles n'avaient paru qu'en 1678, cinq ans après *l'Art poétique*. Mais une apologie si mauvaise de tout point montre seulement avec quelle légèreté l'on prononce aujourd'hui sur tout, et combien ceux qui parlent de littérature dans les journaux sont sujets à ignorer les faits les plus aisés à constater. D'abord, sur la date, on s'est trompé de dix ans. Les six premiers livres des Fables ont paru en 1668, dédiées au Dauphin, fils de Louis XIV; et de plus, quand elles n'auraient été publiées qu'après la première édition de *l'Art poétique*, qui aurait empêché Boileau d'en faire mention dans les autres éditions qui se sont suivies de son vivant? La fable et La Fontaine ne devaient-ils pas fournir à un poème didactique un article intéressant, et même nécessaire? Il est très probable que la vraie cause de cette étrange omission fut la crainte de déplaire à Louis XIV, dont la piété très scrupuleuse avait été fort scandalisée des Contes de La Fontaine, et dont l'opinion sur ce point était fortifiée par un rigorisme qu'on affichait sur-tout à la cour. C'est là probablement le motif qui fit taire Boileau; mais ce motif n'est pas une excuse.

Je n'ai déguisé aucune des accusations portées contre lui, et j'ai tâché de les exposer sous leur vrai point de vue, leur laissant ce qu'elles avaient de réel, et modérant ce qu'elles avaient d'outré. Il en résulte qu'il a quelquefois poussé la sévérité trop loin, et qu'il n'a été trop complaisant qu'une seule fois : cette disproportion peut assez naturellement se trouver dans un satirique de profession. C'est par cette raison, sans doute, que M. Marmontel le taxe d'avoir été un critique *peu sensible*. Il le fut trop peu, il est vrai, pour le Tasse et Quinault, mais non pas pour Racine et Molière. Avec quel intérêt il parle de notre grand comique dans son épître *à Racine!*

> Avant qu'un peu de terre, obtenu par prière,
> Pour jamais sous la tombe eût enfermé Molière,
> Mille de ces beaux traits aujourd'hui si vantés
> Furent des sots esprits à nos yeux rebutés.
> L'ignorance et l'erreur, à ses naissantes pièces,
> En habits de marquis, en robes de comtesses,
> Venaient pour diffamer son chef-d'œuvre nouveau,
> Et secouaient la tête à l'endroit le plus beau.
> Le commandeur voulait la scène plus exacte ;
> Le vicomte indigné sortait au second acte.
> L'un, défenseur zélé des bigots mis en jeu,
> Pour prix de ses bons mots, le condamnait au feu.
> L'autre, fougueux marquis, lui déclarant la guerre,
> Voulait venger la cour immolée au parterre.
> Mais sitôt que d'un trait de ses fatales mains

La parque l'eut rayé du nombre des humains,
On reconnut le prix de sa muse éclipsée.
L'aimable comédie, avec lui terrassée,
En vain d'un coup si rude espéra revenir,
Et sur ses brodequins ne *put plus* se tenir.
(Épît. VII.)

L'époque de cette épître fait autant d'honneur à Boileau que l'épître même : elle fut adressée à Racine au moment où la cabale avait fait abandonner *Phèdre*, et accumulait contre la pièce et l'auteur les critiques et les libelles. Boileau seul tint ferme contre l'orage, et voulut rendre publique sa protestation contre l'injustice. Il était l'ami de Racine, dira-t-on : son courage n'en est pas moins digne d'éloges. Il est si rare qu'en pareille occasion l'amitié fasse tout ce qu'elle doit faire, sur-tout l'amitié des gens de lettres! et je parle de ceux qui méritent ce nom, de ceux qui ont le plus de droits à l'estime générale. C'est une vérité triste, mais trop prouvée : on peut appliquer aux lettres ce mot de l'Évangile : « Les « enfants des ténèbres sont plus éclairés sur leurs « intérêts que les enfants de lumière. » Voyez comme les mauvais auteurs font cause commune, comme ils se soutiennent les uns les autres, comme ils se prodiguent réciproquement les plus grandes louanges sur les plus misérables productions, quels efforts on fait pour relever des pièces proscrites également à la cour et à la ville! Mais à quoi doit s'attendre ordinairement celui qui donne un bon ouvrage, celui dont on peut craindre la supériorité? Que ses ennemis en diront bien haut tout le mal qu'ils n'en pensent pas, et que ses amis en diront tout bas beaucoup moins de bien qu'ils n'en pensent. Ils ne diront pas une sottise ridicule, mais ils ne diront pas non plus la vérité décisive. Ils suivront tout doucement le public, mais ils ne le devanceront pas; sans contrarier son mouvement, ils ne feront rien pour l'accélérer. Tel est le cœur humain : on n'aime point à voir ses confrères monter d'un degré; et quand l'homme de talent y parvient, à qui le doit-il? Au public indifférent, qui, à la longue, est toujours juste. Souvent il le serait plus tôt, s'il entendait une voix faite pour le décider; souvent il ne faut qu'un homme accrédité pour montrer la vérité à ceux qui sont prêts à la suivre; mais qui veut prendre sur lui d'être cet homme? Quand on abandonna *Brutus*, que firent les beaux-esprits du temps, ceux même que Voltaire appelait ses *amis?* Ils lui conseillèrent de renoncer au théâtre. Quand on sifflait *Adélaïde*, qui prit sa défense? qui voulut être le vengeur du talent et le guide du public impartial? Boileau fut cet homme pour Racine : aussi contribua-t-il beaucoup à la résurrection de *Phèdre*. Au milieu du déchaînement universel, il osa dire à l'illustre auteur (épît. VII) :

Que peut contre tes vers une ignorance vaine?
Le Parnasse français, ennobli par ta veine,
Contre tous ces complots saura te maintenir,
Et soulever pour toi l'équitable avenir.
Eh! qui, voyant un jour la douleur vertueuse
De Phèdre malgré soi perfide, incestueuse,
D'un si noble travail justement étonné,

Ne bénira d'abord le siècle fortuné
Qui, rendu plus fameux par tes illustres veilles,
Vit naître sous ta main ces pompeuses merveilles?

Applaudissons à ce langage de l'amitié prononçant les arrêts de la justice.

Après avoir examiné ce que sont ses Satires en littérature, faudra-t-il les justifier en morale? On sait combien, sous ce rapport, elles furent attaquées dans le dernier siècle : elles ne l'ont pas été moins dans celui-ci. On n'a plus cherché à intéresser dans cette cause l'état et la religion, parce qu'il ne s'agissait plus de perdre l'auteur ; mais on a mis en avant cet esprit de société dont on abuse aujourd'hui en tout sens. On a dit qu'il n'était pas permis, qu'il n'était pas honnête d'affliger l'amour-propre d'autrui. Ce principe est vrai en lui-même ; il est la base de toutes les convenances sociales. Mais comment n'a-t-on pas vu que l'exception (et il y en a dans tout) se présentait d'elle-même dans un cas où l'on commence par se placer hors de l'ordre commun, et par mettre volontairement son amour-propre en compromis? Que fait tout homme qui rend le public juge de ses talents? Ne demande-t-il pas des louanges? et peut-il les demander sans se soumettre, par une conséquence nécessaire, à la condition d'encourir le blâme? « Je vous aurais loué si vous « m'eussiez satisfait : j'ai donc le droit de vous con- « damner si je suis mécontent. » Il n'y a personne qui ne soit autorisé à raisonner ainsi avec un auteur. Tout homme est obligé de vivre en société : il doit donc s'attendre à y trouver tous les ménagements qu'il doit aux autres. Mais personne n'est obligé d'écrire : donc tout le monde est en droit de lui dire : « Vous n'écrivez pas bien. C'est une « gageure que vous soutenez : vous ne pouvez pas « la gagner sans vous exposer à la perdre. »

Qu'on n'objecte pas que le public seul a le droit de juger : c'est ici un abus de mots; la voix du public ne peut se composer que de celle de chaque individu, et chacun peut donner la sienne. Le public prononce en corps lorsqu'il est rassemblé; mais il ne l'est pas toujours, à beaucoup près : et pour lors chacun peut donner sa voix en particulier, comme il la donnerait avec tous les autres.

On insiste : « Est-il permis d'imprimer contre « quelqu'un ce que la politesse ne permettrait pas « de dire en face? » Le poète satirique répondra : « C'est précisément parce que je parle au public que « je ne suis plus en société. L'auteur a donné son « ouvrage, et je donne mon avis, chacun de nous à « ses risques et fortunes : tout est égal; le public est « juge; et dans tout cela il n'y a rien contre la « morale. »

Au reste, j'aurais pu renvoyer sur cet objet à Boileau lui-même, dans la préface de ses Satires; la question y est solidement discutée, et sa justification établie sur les meilleures raisons. S'il était besoin d'y joindre une autorité imposante, en est-il une que l'on pût préférer à celle du célèbre Arnaud? Le patriarche du jansénisme ne manquait sûrement ni de sévérité, ni de lumières. Voici comme il s'énonce dans sa lettre à Perrault, où il prend,

contre lui la défense des Satires de Despréaux : « Les
« guerres entre les auteurs passent pour innocentes
« quand elles ne s'attachent qu'à ce qui regarde
« la critique de la littérature, la grammaire, la poé-
« sie, l'éloquence, et que l'on n'y mêle point de
« calomnies et d'injures personnelles. Or, que fait
« autre chose M. Despréaux à l'égard de tous les
« poètes qu'il a nommés dans ses Satires, Chapelain,
« Cotin, Pradon, Coras et autres, sinon d'en dire
« son jugement, et d'avertir le public que ce ne sont
« pas des modèles à imiter? ce qui peut être de
« quelque utilité pour faire éviter leurs défauts, et
« peut contribuer même à la gloire de la nation, à
« qui les ouvrages d'esprit font honneur quand ils
« sont bien faits ; comme, au contraire, ç'a été un
« déshonneur à la France d'avoir fait tant d'estime
« des pitoyables poésies de Ronsard. »

Et voilà, en effet, le bien que fit aux lettres cet homme dont on veut nier l'*influence*. Il parut au moment où il était le plus nécessaire, et pouvait devenir le plus utile. Les modèles ne faisaient que de naître : nous les voyons aujourd'hui dans l'élévation où le temps les a placés ; mais il faut les voir, à cette première époque, exposés à la concurrence devant un public qui flottait encore entre le bon et le mauvais goût. Il faut songer que les pièces de Montfleuri balançaient celles de Molière, que les tragédies de Thomas Corneille avaient des succès aussi grands et plus grands que celles de Racine. Il faut se rappeler ce qu'était Chapelain, regardé comme l'oracle de la littérature, nommé par le roi pour être le distributeur de ses graces; honneur dangereux qui depuis n'a été accordé à personne, et que même aujourd'hui personne, à ce que j'imagine, n'oserait accepter. Cotin régnait à l'hôtel de Rambouillet, et avait du crédit à la cour, où il s'en servait contre Molière. Quelle sorte de bien pouvait faire alors un jeune poète qui avait assez de talent pour écrire très bien en vers, assez de goût pour juger ceux des autres, assez de hardiesse et de véracité pour énoncer son opinion? A quoi pouvait servir la réputation qu'il obtint de bonne heure par ses premières satires? à diriger le jugement de la multitude, qui croit volontiers l'auteur qu'elle lit avec plaisir; à lui montrer la distance de Molière à Montfleuri, en célébrant l'un, et renvoyant l'autre

Aux laquais assemblés jouer ses mascarades
(*Art poët.*, chant III);

à marquer l'intervalle entre Racine et Thomas Corneille, en exaltant l'un et se taisant sur l'autre; à ramener les esprits à la justice en se moquant de la *Phèdre* qu'on applaudissait, et consacrant celle que l'on censurait; à opposer le ridicule au crédit et à la renommée de Chapelain. Nous croyons aujourd'hui qu'un poème tel que *la Pucelle* n'avait besoin de personne pour tomber. Point du tout: on en fit six éditions en dix-huit mois. Il ennuyait tout le monde, mais on n'osait pas le dire. La crainte retenait les gens de lettres, qui voyaient dans ses mains toutes les récompenses; le préjugé arrêtait les gens du monde, qui n'osaient attaquer une si grande réputation. Furetière seul eut cette confiance; mais il n'avait pas celle du public. Quand l'auteur de *la Pucelle* en fit la lecture chez le grand Condé, devant tout ce qu'il y avait de plus distingué dans les deux sexes à la cour et à la ville, tout le monde se récriait : « Que cela est beau! » Madame de Longueville dit tout bas à l'oreille du prince : « Oui, cela est beau, mais cela est bien en-« nuyeux; » et ce mot qui courut passa pour une singularité de madame de Longueville. Notez qu'elle n'osa dire que cela ne fût pas *beau* ; elle n'eut que le bon esprit de s'ennuyer, et la bonne foi d'en convenir. Tout le monde n'est pas de même : nos jugements dépendent si fort de ceux d'autrui! on se laisse si aisément entraîner au mouvement général! Mais quand un poète tel que Despréaux fit voir « les durs « vers de Chapelain, sans force et sans grace, en-« flés d'épithètes, montés sur de grands mots comme « sur des échasses; » quand il se moqua de sa muse *allemande en français*, tout le monde fut de son avis. Cela n'était pas, comme le remarqueront peut-être des hommes profonds, fort important pour l'état : oui, mais cela n'était pas indifférent au bon goût.

Il convenait à celui qui avait su faire justice des mauvais auteurs et la rendre aux bons, de fixer les principes dont ses divers jugements n'étaient que les conséquences : c'est ce qui lui restait à faire dans *l'Art poétique*. Cet excellent ouvrage, un des beaux monuments de notre langue, est la preuve de ce que j'ai eu plus d'une fois occasion d'établir, qu'en général la saine critique appartient au vrai talent; et que ceux qui peuvent donner des modèles, sont aussi ceux qui donnent les meilleures leçons. C'était à Cicéron et à Quintilien à parler de l'éloquence; ils étaient de grands orateurs : à Horace et à Despréaux de parler de la poésie; ils étaient de grands poètes. Que ceux qui veulent écrire en vers méditent *l'Art poétique* de l'Horace français ; ils y trouveront marqué, d'une main également sûre, le principe de toutes les beautés qu'il faut chercher, celui de tous les défauts dont il faut se garantir. C'est une législation parfaite dont l'application se trouve juste dans tous les cas; un code imprescriptible, dont les décisions serviront à jamais à savoir ce qui doit être condamné, ce qui doit être applaudi. Nulle part l'auteur n'a mieux fait voir le jugement exquis dont la nature l'avait doué. Ceux qui ont étudié l'art d'écrire, qui en connaissent, par une expérience journalière, les secrets et les difficultés, peuvent attester combien ils sont frappés du grand sens renfermé dans cette foule de vers aussi bien pensés qu'heureusement exprimés, et devenus depuis long-temps les axiomes du bon goût. Il serait bien injuste qu'ils perdissent de leur mérite, parce que le temps nous les a rendus familiers, ou parce que de grands modèles les avaient précédés. L'exemple ne rend pas le précepte inutile : ils se fortifient l'un par l'autre. L'exemple du bon est toujours combattu par celui du mauvais, sur-tout quand le bon ne fait que de naître. Tous les esprits ne sont pas également propres à en faire la distinction : la multitude est facile à égarer, la perfection est sévère, le faux esprit est séduisant, le mauvais goût est contagieux. Dans cette lutte continuelle de la vérité et de l'erreur, l'homme dont la main est assez sûre pour poser la limite immuable qui les sépare ; l'homme qui nous montre le but, nous indique la véritable route, nous détourne des chemins trompeurs, nous marque les écueils, ne rend-il pas un service important? n'est-il pas le bienfaiteur des arts? Accordons que *l'Art poétique* n'ait pu rien apprendre à un Racine, quoique le plus grand talent puisse toujours apprendre quelque chose d'un bon esprit, il aura toujours fait un bien très essentiel, celui d'enseigner à tout le monde pourquoi Racine est admirable. En disant ce qu'il fallait faire, il apprenait à juger celui qui avait bien fait, à le discerner de celui qui faisait mal. En resserrant dans des résultats lumineux toutes les règles principales de la tragédie, de la comédie, de l'épopée et des autres genres de poésie; en renfermant tous les principes de l'art d'écrire dans des vers parfaits et faciles à retenir, il laissait dans tous les esprits la mesure qui devait servir à régler leurs jugements; il rendait familières au plus grand nombre ces lois avouées par la raison de tous les siècles, et par le suffrage de tous les hommes éclairés. Il dirigeait l'estime et le blâme : et s'il est vrai que l'empire des arts ne peut, comme tous les autres, subsister sans une police à peu près généralement reçue, sans des lois qui aient une sanction et un effet, quoique souvent violées comme ailleurs; sans une espèce d'hiérarchie qui établisse des rangs, des honneurs et des distinctions, l'écrivain qui a contribué plus que personne à fonder cet ordre nécessaire, qui fut, il y a cent ans, le premier législateur de la république des lettres, et qu'aujourd'hui elle reconnaît encore sous ce titre, ne mérite-t-il pas une éternelle reconnaissance?

L'Art poétique eut à peine paru qu'il fit la loi, non-seulement en France, mais chez les étrangers qui le traduisirent. Son influence n'y fut pas, à beaucoup près, si sensible que parmi nous : mais, dans toute l'Europe lettrée, les esprits les plus judicieux en approuvèrent la doctrine. On peut bien croire qu'il excita la révolte sur le bas Parnasse : par tous pays les mauvais sujets n'aiment pas qu'on fasse la police. Mais ce fut en vain qu'on l'attaqua; la raison en beaux vers a un grand empire. La bonne compagnie sut bientôt par cœur ceux de Boileau, et il fallut s'y soumettre. Les rapsodies qu'on appelait poèmes épiques, et qui avaient encore de nombreux défenseurs, n'en eurent plus dès ce moment, et l'on n'appela point de l'arrêt qui les condamnait au néant. Le règne des pointes, déjà fort ébranlé, tomba entièrement au théâtre, au barreau et dans la chaire ; et l'on convint avec Despréaux, de renvoyer à l'Italie

De tous ces faux brillants l'éclatante folie.
(*Art poét.* chant I.)

Le burlesque, qui avait eu tant de vogue, fut frappé d'un coup dont il ne se releva pas, malgré Desmarets et d'Assouci, qui jetaient les hauts cris, et prétendaient que Boileau n'avait décrié le burlesque que parce qu'il n'était pas en état d'en faire. La province n'admira plus le *Typhon* ni *l'Ovide en belle humeur*; et le bon d'Assouci, témoin de cette déroute, d'Assouci, qui s'intitulait empereur du burlesque, prit le parti d'imprimer naïvement : « Si le « burlesque ne divertit plus la cour, c'est que Scar- « ron a cessé de vivre et que j'ai cessé d'écrire. » Boileau couvrit d'un ridicule ineffaçable ces productions si ennuyeusement emphatiques, ces grands romans si fort à la mode, dont les personnages hors de nature, les sentiments sans vérité, les intrigues sans passion, les aventures sans vraisemblance, les dangers sans intérêt, avaient passé sur la scène, et introduit dans toute la société le langage guindé et le galimatias sentimental qui se reproduit aujourd'hui sous une autre forme. La considération personnelle dont jouissait mademoiselle Scudery, que l'on traitait d'illustre, et ses protections puissantes n'intimidèrent point l'inflexible aristarque, et ne tinrent pas contre quatre vers de *l'Art poétique*:

> Gardez donc de donner, ainsi que dans *Clélie*,
> L'air ni l'esprit français à l'antique Italie;
> Et, sous des noms romains faisant notre portrait,
> Peindre Caton galant et Brutus dameret.
> (Chant III.)

Le *fatras obscur* et ampoulé de Brébeuf, qui avait rendu la Pharsale *aux provinces si chère*, et qui était d'autant plus capable de faire illusion, qu'il était mêlé de quelques *étincelles* brillantes, fut mis à sa place, et distingué de la vraie grandeur. Boileau, en appréciant celle de Corneille, en payant au père du théâtre le tribut d'une admiration éclairée, indiqua ses principales fautes, sans le nommer, en plus d'un endroit de *l'Art poétique;* la froideur de ses dissertations politiques et de son dialogue trop raisonné; le faste déclamatoire trop fréquent, même dans ses meilleures pièces; l'obscurité de l'intrigue d'*Héraclius*, l'embarras de quelques-unes de ses expressions, le défaut de *ressorts qui puissent attacher.* Il accoutuma le public à lui comparer Racine, et les auteurs à se modeler sur ce dernier, qui savait mieux que tout autre *émouvoir le spectateur.* Son autorité était si bien affermie, on le regardait tellement comme l'apôtre du goût et le grand justicier du Parnasse, que, lorsque Charles Perrault leva contre les anciens, au milieu de l'Académie, l'étendard d'une guerre que La Motte renouvela depuis avec aussi peu de succès, Boileau, déjà vieux, ayant gardé le silence, le prince de Conti, connu par les agréments de son esprit et son amour pour les lettres, celui dont Rousseau a si dignement célébré la mémoire, dit tout haut qu'il irait à l'Académie, et qu'il écrirait sur le fauteuil de Despréaux : *Tu dors, Brutus*!

Enfin, pour borner cette énumération, et faire voir que l'influence du poète ne s'étendait pas seulement sur les choses de goût et les matières de littérature, et qu'un bon esprit sert à tout, deux vers de ses Satires firent abolir l'infamie juridique du congrès qui souillait nos tribunaux; et son arrêt contre *une inconnue, nommée la Raison*, badinage qui courut tout Paris, après avoir été présenté au président de Lamoignon, nous sauva la honte d'un arrêt plus sérieux que l'on sollicitait contre la philosophie de Descartes, en faveur de celle d'Aristote. C'était bien assez de celui qu'on avait déjà rendu sur le même objet en 1624; et si du moins cette sottise ne fut pas réitérée, une plaisanterie de Despréaux en fut la cause.

Heureusement, dans les ouvrages dont il me reste à parler, dans les Épîtres et *le Lutrin*, les éloges unanimes qu'on accorde au poète ne peuvent plus être mêlés d'aucune plainte, d'aucune chicane contre le critique. S'il est inférieur à Horace dans les Satires (excepté la neuvième), il est pour le moins son égal dans les Épîtres. Je ne crois pas même que les meilleures du favori de Mécène puissent soutenir le parallèle avec l'épître à M. de Seignelay *sur le vrai*, et avec celle qui est adressée à M. de Lamoignon *sur les plaisirs de la campagne*, mis en opposition avec la vie inquiète et agitée qu'on mène à la ville. Auguste, dans les Épîtres d'Horace, n'a jamais été loué avec autant de finesse, ni chanté avec un ton si noble, si élevé et si poétique que Louis XIV l'a été dans celles de Despréaux. Enfin, celles d'Horace n'ont pas un seul morceau comparable au passage du Rhin : il y a plus de mérite encore dans la louange délicate que dans la satire ingénieuse, et notre poète possède éminemment l'une et l'autre :

Un bruit court que Louis va tout réduire en poudre,
Et dans Valencienne est entré comme un foudre ;

Que Cambrai, des Français l'épouvantable écueil,
A vu tomber enfin ses murs et son orgueil;
Que devant Saint-Omer, Nassau, par sa défaite,
De Philippe vainqueur rend la gloire complète.
Dieu sait comme les vers chez vous s'en vont couler,
Dit d'abord un ami qui veut me cajoler,
Et dans ce temps guerrier et fécond en Achilles,
Croit que l'on fait des vers comme l'on prend des villes.

Ce dernier trait est charmant.

Pour moi, qui, sur ton nom déjà brûlant d'écrire,
Sens au bout de ma plume expirer la satire,
Je n'ose de mes vers vanter ici le prix;
Toutefois si quelqu'un de mes faibles écrits,
Des ans injurieux peut éviter l'outrage,
Peut-être pour ta gloire aura-t-il son usage;
Et comme tes exploits, étonnant les lecteurs,
Seront à peine crus sur la foi des auteurs,
Si quelque esprit malin les veut traiter de fables,
On dira quelque jour, pour les rendre croyables :
Boileau, qui, dans ses vers pleins de sincérité,
Jadis à tout son siècle a dit la vérité,
Qui mit à tout blâmer son étude et sa gloire,
A pourtant de ce roi parlé comme l'histoire.
(Épître I.)

C'est là prendre ses avantages avec toute l'adresse possible. Ce morceau, récité devant Louis XIV, fit sur lui une impression sensible, et devait la faire; plus un grand cœur aime la louange, plus il goûte vivement celle qui est apprêtée avec un art qui dispense de la repousser. Au reste, Boileau, en se vantant de parler comme l'histoire, ne disait rien qui ne fût vrai. Ce poète, qu'on accuse de manquer de philosophie, en eut assez pour louer un roi conquérant, bien moins sur ses victoires que sur les réformes salutaires et les établissements utiles que l'on devait à la sagesse de son gouvernement. Peut-être y avait-il quelque courage à dire au vainqueur de l'Espagne, au conquérant de la Franche-Comté et de la Flandre :

> Il est plus d'une gloire : en vain aux conquérants
> L'erreur, parmi les rois, donne les premiers rangs :
> Entre les grands héros ce sont les plus vulgaires.
> Chaque siècle est fécond en heureux téméraires ;
> Chaque climat produit des favoris de Mars :
> La Seine a des Bourbons, le Tibre a des Césars.
> On a vu mille fois des fanges méotides
> Sortir des conquérants, goths, vandales, gépides.
> Mais un roi vraiment roi, qui, sage en ses projets,
> Sache en un calme heureux maintenir ses sujets,
> Qui du bonheur public ait cimenté sa gloire,
> Il faut, pour le trouver, courir toute l'histoire.
> La terre compte peu de ces rois bienfaisants ;
> Le ciel à les former se prépare long-temps.
> . . . .
> Assez d'autres sans moi, d'un style moins timide,
> Suivront aux champs de Mars ton courage rapide,
> Iront de ta valeur effrayer l'univers,
> Et camper devant Dôle au milieu des hivers ;
> Pour moi, loin des combats, sur un ton moins terrible,
> Je dirai les exploits de ton règne paisible ;
> Je peindrai les plaisirs en foule renaissants,
> Les oppresseurs du peuple à leur tour gémissants.
> On verra par quels soins ta sage prévoyance
> Au fort de la famine entretint l'abondance.

On verra les abus par ta main réformés,
La licence et l'orgueil en tous lieux réprimés;
Du débris des traitants, ton épargne grossie;
Des subsides affreux la rigueur adoucie;
Le soldat dans la paix sage et laborieux;
Nos artisans grossiers rendus industrieux,
Et nos voisins frustrés de ces tributs serviles
Que payait à leur art le luxe de nos villes.
Tantôt je tracerai tes pompeux bâtiments,
Du loisir d'un héros nobles amusements.
J'entends déjà frémir les deux mers étonnées
De voir leurs flots unis au pied des Pyrénées, etc.

(Épît. I.)

Il n'y a pas un de ces vers qui ne rappelle un fait constaté dans l'histoire. Tout ce que la prose éloquente de Voltaire a consacré dans le *Siècle de Louis XIV*, les lois, les manufactures, les canaux, la police, les travaux publics, la diminution des tailles, les édifices élevés pour les arts, tout est ici exprimé en beaux vers. On voit, dans ces morceaux et dans beaucoup d'autres, non-seulement l'homme d'esprit qui sait plaire, le poëte qui sait écrire, mais l'homme judicieux qui choisit les objets de ses louanges, et ne veut pas être démenti par la postérité.

Si la versification de ses Épîtres est plus forte que celle de ses Satires, elle est aussi plus douce et plus flexible. Le censeur s'y montre moins, et l'homme s'y montre davantage; c'est toujours le même fond de raison; mais elle éclaire souvent sans blesser. Ne reconnaît-on pas l'homme vrai, l'ennemi de toute espèce d'affectation, dans ces vers à M. de Seignelay?

Sans cesse on prend le masque, et, quittant la nature,
On craint de se montrer sous sa propre figure.
Par là le plus sincère assez souvent déplaît ;
Rarement un esprit ose être ce qu'il est.
Vois-tu cet importun que tout le monde évite,
Cet homme à toujours fuir, qui jamais ne vous quitte,
Il n'est pas sans esprit; mais, né triste et pesant,
Il veut être folâtre, évaporé, plaisant.
Il s'est fait de sa joie une loi nécessaire,
Et ne déplaît enfin que pour vouloir trop plaire.
La simplicité plaît sans étude et sans art.
Tout charme en un enfant dont la langue sans fard,
A peine du filet encor débarrassée,
Sait d'un air innocent bégayer sa pensée.
Le faux est toujours fade, ennuyeux, languissant ;
Mais la nature est vraie, et d'abord on la sent.
C'est elle seule en tout qu'on admire et qu'on aime.
Un esprit, né chagrin, plaît par son chagrin même :
Chacun pris dans son air est agréable en soi :
Ce n'est que l'air d'autrui qui peut déplaire en moi.

(Épit. IX.)

On aurait tort de prendre trop à la lettre ces vérités morales, exprimées avec la précision poétique qui les rend plus piquantes. On sait bien qu'il y a des gens qui, pour être désagréables, n'ont besoin que d'être ce qu'ils sont; mais cela n'empêche pas que le principe général ne soit très juste, et que tout le morceau ne soit plein de ce bon sens que nous aimons dans les vers d'Horace. C'est lui qu'on croit lire aussi dans l'épître *sur les douceurs de la campagne:*

C'est là, cher Lamoignon, que mon esprit tranquille

Met à profit les jours que la parque me file.
Ici, dans un vallon, bornant tous mes désirs,
J'achète à peu de frais de solides plaisirs.
Tantôt un livre en main, errant dans les prairies,
J'occupe ma raison d'utiles rêveries;
Tantôt, cherchant la fin d'un vers que je construi,
Je trouve au coin d'un bois le mot qui m'avait fui.
Quelquefois à l'appât d'un hameçon perfide,
J'amorce, en badinant, le poisson trop avide;
Ou d'un plomb qui suit l'œil, et part avec l'éclair,
Je vais faire la guerre aux habitants de l'air.
Une table, au retour, propre et non magnifique,
Nous présente un repas agréable et rustique.
Là, sans s'assujettir aux dogmes du Broussain,
Tout ce qu'on boit est bon, tout ce qu'on mange est sain,
La maison le fournit, la fermière l'ordonne,
Et mieux que Bergerat l'appétit l'assaisonne.
(Épît. VI.)

Quand Boileau introduit dans ses Épîtres un interlocuteur, il dialogue bien mieux que dans ses Satires. Il supprime toute formule de liaisons, ces *dis-tu*, *poursuis-tu*, *diras-tu*, qui reviennent si fréquemment dans sa satire *contre les femmes* et ailleurs, et jettent de la langueur dans le style. Voyez la conversation sur les auteurs, dans la satire du *repas*:

« Mais vous, pour en parler, vous y connaissez-vous?'
« Mieux que vous mille fois, *dit le noble en furie.*
« Vous? mon Dieu! mêlez-vous de boire, je vous prie. »
A l'auteur sur-le-champ aigrement reparti.
(Sat. III.)

On voyait assez que c'était l'auteur qui avait répondu, et un vers entier pour le dire allonge inutilement un morceau qui doit être vif et rapide. Ses Épîtres ne tombent point dans ce défaut; quand le poète y dialogue, c'est avec la précision d'Horace : témoin l'entretien de Cynéas et de Pyrrhus, qui est un modèle en ce genre; témoin l'épître *à M. de Lamoignon* dans plus d'un endroit (Épît. IV):

« Hier, dit-on, de vous on parla chez le roi,
« Et d'attentat horrible on traita la satire.
— « Et le roi, que dit-il? — Le roi se prit à rire. »
. . . .
Vient-il de la province une satire fade,
D'un plaisant du pays insipide boutade;
Pour la faire courir, on dit qu'elle est de moi,
Et le sot campagnard le croit de bonne foi.
J'ai beau prendre à témoin et la cour et la ville :
« Non, à d'autres, dit-il, on connaît votre style.
« Combien de temps ces vers vous ont-ils bien coûté?
— « Ils ne sont point de moi, Monsieur, en vérité :
« Peut-on m'attribuer ces sottises étranges?
—« Ah! Monsieur! vos mépris vous servent de louanges. »

Ce progrès est d'autant plus louable, que, dans les nombreuses critiques où l'on épluchait vers par vers toutes les poésies de l'auteur, on ne lui avait point reproché ce défaut; et cela prouve que les réflexions d'un bon écrivain l'instruisent mieux que toutes les censures.

Lorsqu'on a prétendu que Boileau n'avait ni fécondité, ni feu, ni verve, on avait apparemment oublié *le Lutrin*. Il fallait bien quelque fécondité pour faire un poème de six chants sur un pupitre remis et enlevé; et si nous avons déjà vu que ses Satires mêmes n'étaient point dépourvues de l'espèce de verve qu'elles comportaient, combien il a dû en montrer davantage dans une espèce d'ouvrage qui demandait de l'imagination pour construire une machine poétique, et du feu pour l'animer! Qui jamais, parmi ceux que l'on peut citer comme des connaisseurs, a méconnu l'un et l'autre dans *le Lutrin?* Tous les agents employés par le poète ont leur destination marquée, et la remplissent en concourant à l'effet général. La fable pendant cinq chants est parfaitement conduite. La vérité des caractères et la vivacité des peintures y répandent tout l'intérêt dont un semblable sujet était susceptible, c'est-à-dire l'amusement qu'on peut prendre à voir de grands débats pour la plus petite chose. Mais que de ressources et d'art il fallait pour nous en occuper!

. . . . La discorde encore toute noire de crimes,
Sortant des Cordeliers pour aller aux Minimes,
(*Le Lutrin*, chant I.)

s'indigne du repos qui règne à la Sainte-Chapelle, et jure d'y détruire la paix, comme elle a su la détruire ailleurs. Elle apparaît en songe, sous les traits d'un vieux chantre, au prélat qu'elle excite et soulève contre le grand-chantre son rival. Elle lui suggère le projet d'ensevelir ce fier concurrent sous la masse d'un vieux lutrin relégué depuis long-temps dans une sacristie. Tous les préparatifs pour cette entreprise se font avec la plus grande solennité, et c'est toujours à table que se prennent toutes les résolutions. Au moment où les amis du prélat, choisis par le sort, vont élever dans la nuit ce lutrin qui doit désespérer le chantre, la Discorde pousse un cri de joie :

L'air qui gémit du cri de l'horrible déesse
Va jusque dans Cîteaux réveiller la Mollesse.
(Chant II.)

La Nuit, sa confidente naturelle, lui raconte les querelles qui vont s'allumer. La Mollesse en prend occasion de se plaindre de tous les maux qu'on lui a faits; elle regrette les beaux jours de son règne, et là se trouve si heureusement amené celui de Louis XIV, que les détracteurs mêmes de Boileau ont rendu hommage à la beauté de cet épisode, qui laisse les admirateurs sensibles hésiter entre le mérite de l'invention et celui de l'exécution. Mais avec quelle facilité l'auteur rentre dans son sujet, et sait lier cet épisode à l'action !

« Cîteaux dormait encore, et la Sainte-Chapelle
« Conservait du vieux temps l'oisiveté fidèle;
« Et voici qu'un lutrin, prêt à tout renverser,
« D'un séjour si chéri vient encor me chasser.
« O toi ! de mon repos, compagne aimable et sombre,
« A de si noirs forfaits prêteras-tu ton ombre?
« Ah, Nuit ! si tant de fois, dans les bras de l'Amour,
« Je t'admis aux plaisirs que je cachais au jour,
« Du moins ne permets pas....
(Chant II.)

Ainsi la Nuit se trouve mise en action. Elle va

cacher dans le creux du lutrin le hibou qui fait une si grande peur aux trois champions réunis pour emporter la fatale machine ; et il faut que la Discorde, sous les traits de Sidrac, les harangue pour leur rendre le courage et les faire rougir de leur puérile frayeur. Ils se raniment, mettent la main à l'œuvre,

> Et le pupitre enfin tourne sur son pivot.
> (Chant III.)

Voilà de la fiction, du mouvement et de l'action, c'est-à-dire tout ce qui donne de la vie à un poème, soit badin, soit héroïque, et ce qui serait encore trop peu de chose sans le style ; mais il est au-dessus de tout le reste.

Les critiques du temps se déchaînèrent contre cet incident du hibou ; ils le trouvèrent trop petit, et le commentateur Saint-Marc, qui veut toujours donner tort à Boileau, comme Brossette veut toujours lui donner raison, a fait une longue diatribe contre l'intervention de la Nuit, et contre le hibou. Mais Saint-Marc, et ceux dont il s'est fait l'apologiste, ont apparemment voulu oublier la nature du sujet ; ils n'ont pas voulu voir que le hibou figure très convenablement avec le perruquier l'Amour et le sacristain Boirude, qui vont, armés d'une bouteille, à la conquête d'un lutrin. Les évènements sont dignes des personnages, comme le combat des chantres et des chanoines, qui se jettent à la tête les livres de Barbin, sur l'escalier de la Sainte-Chapelle, est l'espèce de bataille qui convient à cette espèce d'épopée.

Mais comment l'auteur a-t-il pu enrichir une matière si stérile, et se soutenir si long-temps avec si peu de moyens? Comment a-t-il pu faire tant de beaux vers sur une querelle du chapitre? C'est là le miracle de son art; c'est à force de talent poétique, c'est en prodiguant à pleines mains le sel de la bonne plaisanterie, en donnant à tous ses personnages une physionomie vraie et distincte, qu'il est parvenu à transporter le lecteur au milieu d'eux, et à l'attacher par des ressorts qui, dans une main moins habile, auraient manqué d'effet. Tous ses héros ont une figure dramatique, une tête et une attitude pittoresques, et rien n'est plus riche que le coloris dont il les a revêtus. Veut-il peindre le prélat qui repose :

> La jeunesse en sa fleur brille sur son visage ;
> Son menton sur son sein descend à double étage,
> Et son corps ramassé dans sa courte grosseur
> Fait gémir les coussins sous sa molle épaisseur.
> (Chant I.)

Ici, c'est le vieux Sidrac, conseiller du prélat qui s'avance dans l'assemblée.

> Quand Sidrac, à qui l'âge allonge le chemin,
> Arrive dans la chambre, un bâton à la main.
> Ce vieillard, dans le chœur, a déjà vu quatre âges ;
> Il sait de tous les temps les différents usages ;
> Et son rare savoir, de simple marguillier,
> L'éleva par degrés au rang de chevecier.
> (Chant I.)

Là, c'est le docteur Alain :

> Alain tousse et se lève, Alain, ce savant homme,

Qui de Bauni vingt fois a lu toute la *Somme* ;
Qui possède *Abéli*, qui sait tout *Raconis*,
Et même entend, dit-on, le latin d'Akempis.

(Chant IV.)

Ce latin, qui est celui de *l'Imitation*, est le plus facile de tous à entendre. Le poète place toujours à propos le trait comique, qui réduit à la vérité le ton héroïque dont il s'amuse à agrandir les objets.

Au mérite des portraits joignez celui des tableaux :

Parmi les doux plaisirs d'une paix fraternelle,
Paris voyait fleurir son antique Chapelle.
Ses chanoines vermeils et brillants de santé
S'engraissaient d'une longue et sainte oisiveté.
Sans sortir de leurs lits plus doux que leurs hermines,
Ces pieux fainéants faisaient chanter matines,
Veillaient à bien dîner, et laissaient en leur lieu
A des chantres gagés le soin de louer Dieu.

(Chant I.)

Et ailleurs :

Dans le réduit obscur d'une alcove enfoncée,
S'élève un lit de plume à grands frais amassée.
Quatre rideaux pompeux, par un double contour,
En défendent l'entrée à la clarté du jour.
Là, parmi les douceurs d'un tranquille silence,
Règne sur le duvet une heureuse indolence.
C'est là que le prélat, muni d'un déjeûner,
Dormant d'un léger somme, attendait le dîner.

(Chant I.)

Celui qui avait dit dans *l'Art poétique* :

Il est un heureux choix de mots harmonieux,

les a choisis tous ici, de manière qu'il n'y a pas une seule syllabe qui fasse assez de bruit pour réveiller le prélat qui dort. Et quelle verve dans la peinture du vieux Boirude !

> Mais que ne dis-tu point, ô puissant porte-croix !
> Boirude, sacristain, cher appui de ton maître,
> Lorsqu'aux yeux du prélat tu vis ton nom paraître ?
> On dit que ton front jaune et ton teint sans couleur
> Perdit en ce moment son antique pâleur,
> Et que ton corps goutteux, plein d'une ardeur guerrière,
> Pour sauter au plancher, fit deux pas en arrière.
> (*Lutrin*, Chant I.)

Entrons dans la demeure de la Mollesse :

> C'est là qu'en un dortoir elle fait son séjour.
> Les Plaisirs nonchalants folâtrent à l'entour :
> L'un pétrit dans un coin l'embonpoint des chanoines ;
> L'autre broie en riant le vermillon des moines.
> La Volupté la sert avec des yeux dévots,
> Et toujours le Sommeil lui verse des pavots.
> (Chant II.)

Mais c'est sur-tout dans la description des objets les plus communs qu'il déploie toutes les richesses de l'expression, et qu'il fait servir la langue poétique à des peintures qui semblaient faites pour s'y refuser :

> A ces mots il saisit un vieil *Infortiat*,
> Grossi des visions d'Accurse et d'Alciat,
> Inutile ramas de gothique écriture,
> Dont quatre ais mal unis formaient la couverture,
> Entourée à demi d'un vieux parchemin noir,
> Où pendait à trois clous un reste de fermoir.
> (Chant V.)

Qui avait su, avant Boileau, faire descendre si heureusement la poésie à de semblables détails? Est-il bien facile de dire en vers élégants qu'on allume une bougie avec un briquet et une pierre à fusil? Le talent du poète saura encore ennoblir cette peinture si familière:

> Des veines d'un caillou qu'il frappe au même instant
> Il fait jaillir un feu qui pétille en sortant,
> Et bientôt au brasier d'une mèche enflammée,
> Montre, à l'aide du soufre, une cire allumée *.
>
> (Chant III.)

Rien n'est oublié, et tout est fidèlement rendu, non pas en cherchant des termes nouveaux et inusités, des figures bizarres, des combinaisons forcées; le poète n'a point recours au néologisme; il se sert des mots les plus ordinaires, la mèche, le soufre, le caillou, la cire, le brasier; mais il les combine sans effort, de manière à leur donner de l'élégance et du nombre. Et des jeunes gens qui n'ont guère fait qu'entasser des lieux communs ampoulés sur le soleil et la lune prétendent créer la poésie descriptive, créer une langue inconnue à Boileau et à Racine! Au lieu de songer à en faire une, qu'ils étudient encore celle de leurs maîtres, et, sans vouloir la changer, qu'ils apprennent à s'en servir comme eux.

Nous n'avons pas d'ouvrage où l'on trouve plus souvent que dans *le Lutrin* l'exemple de ces détails vulgaires, relevés par ceux qui les avoisinent. Je

---

* Boileau imite ici, avec un bonheur qui lui est ordinaire, plusieurs vers de Virgile où ces idées sont exprimées. (*V. Énéid* I, 174, VI, 6) tt P

n'en citerai plus qu'un seul entre mille autres : c'est l'habillement du chantre:

> On apporte à l'instant ses somptueux habits,
> Où sur l'ouate molle éclate le tabis.
> D'une longue soutane il endosse la moire,
> Prend ses gants violets, les marques de sa gloire,
> Et saisit en pleurant ce rochet qu'autrefois
> Le prélat trop jaloux lui rogna de trois doigts.
> (Chant IV.)

Quel choix d'expressions et de circonstances ! L'ouate, que nous prononçons communément *ouette*, ne semble pas faite pour figurer dans un vers ; mais le poète, en faisant doucement tomber le sien sur l'*ouate molle*, et le relevant pour y faire *éclater le tabis*, vient à bout d'en tirer de l'élégance et de l'harmonie. Il emploie le même art pour ennoblir la soutane du chantre par une épithète bien placée, par une figure fort simple, qui consiste à prendre la partie pour le tout, et il en résulte un vers élégant et pittoresque :

> D'une longue soutane il endosse la moire.

Prendre ses gants est bien une action triviale ; mais

> . . . . Ses gants violets, les marques de sa gloire,

sont relevés par une heureuse apposition. Enfin, il met de l'intérêt jusque dans ce *rochet*, placé à une césure artificielle; ce *rochet*

> Qu'un prélat trop jaloux lui rogna de trois doigts.

Ce style montre la science de tout embellir, et le néologisme ne montre que l'impuissance.

On a pu remarquer, dans tout ce que j'ai rapporté, combien l'auteur possède tous les secrets de l'harmonie imitative. On a cité mille fois le sommeil de la Mollesse, et ces vers sur les rois fainéants :

> Aucun soin n'approchait de leur paisible cour :
> On reposait la nuit, on dormait tout le jour.
> Seulement au printemps, quand Flore dans les plaines
> Faisait taire des vents les bruyantes haleines,
> Quatre bœufs attelés, d'un pas tranquille et lent
> Promenaient dans Paris le monarque indolent.
> (Chant II.)

Les vers marchent aussi lentement que les bœufs qui traînent le char. C'est ainsi que le poème est écrit d'un bout à l'autre : partout le même rapport des sons avec les objets :

> Ils passent de la nef la vaste solitude,
> Et dans la sacristie entrant, non sans terreur,
> En percent jusqu'au fond la ténébreuse horreur.
> C'est là que du lutrin gît la machine énorme.
> (Chant III.)

Cette épithète, si bien placée à la fin du vers, présente le lutrin dans toute sa masse.

> . . . . Et d'un bras qui peut tout ébranler,
> Lui-même se courbant, s'apprête à le rouler.

Vous voyez, vous entendez l'effort des bras qui le soulèvent; voyons-le dans la place qu'on lui destine :

> Aussitôt dans le chœur la machine emportée,
> Est sur le banc du chantre à grand bruit remontée.
> Ses ais demi-pourris, que l'âge a relâchés,
> Sont à coups de maillet unis et rapprochés.

Sous les coups redoublés tous les bancs retentissent.
Les murs en sont émus, les voûtes en mugissent,
Et l'orgue même en pousse un long gémissement.
(Chant III.)

Un poète moderne*, qui prétend que notre *poésie se meurt de timidité*, quoique le plus souvent elle ne soit malade que d'extravagance, et qui a cru la faire revivre en lui rendant les vêtements bigarrés dont l'avait affublée Ronsard, a pourtant fait l'honneur à Boileau de s'approprier ce vers imitatif :

Et l'orgue même en pousse un long gémissement;

seulement il a mis une *forêt* à la place de *l'orgue;* et au lieu de *gémissement*, qui lui a paru trop *usé*, il a jugé à propos de ressusciter le vieux mot *bruissement*, dont il ne reste plus que la racine, *bruire*, et qui, lorsqu'on lui donne la valeur de deux pieds, a l'inconvénient de substituer deux syllabes à une diphthongue, ce qui forme un mot sourd et un rhythme indéterminé. Il a mis :

Et la forêt en pousse un long *bruissement*.

Ainsi, en rendant à Boileau l'expression, l'effet et l'artifice du vers, il ne reste à celui qui l'a pris que le *bruissement*, qui n'est pas une invention merveilleuse. Ne valait-il pas mieux prendre le *gémissement* avec tout le reste, que de rajeunir de cette manière la langue *usée* de Despréaux?

Je me suis un peu étendu sur *le Lutrin*, parce que cet ouvrage est, avec *l'Art poétique*, ce qui fait

---

* L'auteur du poème des *Mois*, qui d'ailleurs avait du talent (*Voyez* Roucher.)

le plus d'honneur à Boileau; c'est un de ceux où la perfection de la poésie française a été portée le plus loin, enfin celui où l'auteur a été plus poète que dans tous les autres. Il n'en existait point de modèle. Qu'est-ce, en comparaison, que le *Combat des rats et des grenouilles*, si peu digne d'Homère[*], le *Sceau enlevé* de Tassoni, production si médiocre et si froidement prolixe? Le seul défaut de ce chef-d'œuvre, c'est que le dernier chant ne répond pas aux autres : il est tout entier sur le ton sérieux, et la fiction y change de nature. Le personnage allégorique de la Piété est trop grave pour figurer agréablement avec la Nuit, la Mollesse, et la Chicane. La fin du poème ne semble faite que pour amener l'éloge du président de Lamoignon. Cette faute a été relevée il y a long-temps; mais un sixième chant défectueux n'ôte rien du grand mérite des

[*] Il est à peu près reconnu que ce poème n'est point d'Homère. L'idée de se parodier soi-même, ainsi que le genre dans lequel on s'exerce, ne s'accorde guère avec le caractère simple et naïf du chantre de l'*Iliade* et de l'*Odyssée*, et semble devoir appartenir à une époque bien postérieure. Il se trouve d'ailleurs dans cette épopée badine des mots et des détails étrangers à la langue d'Homère et aux mœurs qu'il a peintes. Sans doute la tradition qui lui donne cette petite composition est assez ancienne, puisqu'un monument qui se trouve dans les livres d'antiquité, et que l'on y désigne sous le titre d'*Apothéose d'Homère*, nous montre, au milieu des emblèmes dont est entourée la figure de ce grand poète, et au pied du siège où il est assis, quelques rats, dans lesquels on a cru voir un symbole des impuissantes attaques de l'envie, mais qui ont semblé à d'autres les représentants des héros qu'a célébrés l'auteur de *la Batrachomyomachie*. Plutarque et Suidas attribuent cette petite composition à Pigrès, de Carie, frère d'Arthémise; Harlès la croit plus récente ; Schœll y croit voir « la satire d'une de ces querelles qui étaient si fré- « quentes entre les petites républiques. » On peut consulter sur cette question, outre les auteurs que nous venons de citer, la *Bibliothèque grecque de Fabricius*.   H. PATIN.

cinq autres, ni du plaisir continu qu'on éprouve en les lisant.

Un homme d'esprit*, qui s'amuse quelquefois à insérer dans le *Journal de Paris* des lettres fort agréables, a proposé sur Boileau des questions assez singulières. Ce ne sont pas celles d'un détracteur de ce grand homme; car, après en avoir parlé comme tous les gens sensés, ce qu'il ajoute semble n'exprimer que la surprise et le regret que Boileau n'ait pas tenté tous les genres de poésie. Voici comme il parle à ce sujet :

« Pourquoi ce génie souple et fécond, qui a donné
« de si excellents préceptes, n'a-t-il pas en même
« temps fourni des exemples des différents genres
« qu'il a traités? Pourquoi n'avez-vous pas de lui
« une seule églogue, une élégie, une scène comique,
« tragique ou lyrique? Pourquoi promettre toute sa
« vie un poème épique à la France, et n'en pas
« essayer un seul chant? »

Tes *pourquoi*, dit le dieu, ne finiraient jamais.
(VOLTAIRE, *Discours en vers*, VI.)

Heureusement toutes ces questions se réduisent à une seule : Pourquoi Boileau n'a-t-il pas tout fait? C'est peut-être la première fois qu'on s'est avisé d'une question semblable. On n'a jamais demandé pourquoi Horace n'avait point fait de poème épique, ni Virgile des odes, ni Homère des tragédies. Tout le monde répondra : C'est que chacun a son talent. *L'Art poétique* commence par établir cette vérité éternelle :

* M. de Villette.

La nature, fertile en esprits excellents,
Sait entre les auteurs partager les talents ;

et il recommande à chacun de bien connaître le sien.

Mais souvent un esprit qui se flatte et qui s'aime
Méconnaît son génie, et s'ignore soi-même.
(*Art poét.* chant I.)

Boileau n'est point tombé dans ce travers; il n'a fait que ce qu'il savait faire : il faut lui en savoir gré, et lui pardonner de ne s'être compromis qu'une fois en composant une mauvaise ode. S'il n'a essayé ni l'églogue, ni l'élégie, c'est qu'il n'avait pas les inclinations pastorales, ni l'imagination amoureuse. Si nous n'avons pas de lui une scène comique, tragique ou lyrique, c'est qu'on ne fait point une scène de ce genre : on fait une tragédie, une comédie, un opéra. Il en a laissé le soin à Racine, à Molière et à Quinault, qui s'en sont fort bien tirés. Pour lui, il a fait des Satires, des Épîtres, un *Art poétique*, et *le Lutrin*, et il ne s'en est pas mal acquitté. *Est locus unicuique suus.*

Je ne sais s'il a toute sa vie *promis un poème épique:* je n'en vois aucune trace dans ses œuvres ni dans sa vie. Mais je vois, par le magnifique morceau du *Passage du Rhin*, qu'il était capable de soutenir le ton de l'épopée : la variété de *l'Art poétique* et la richesse du *Lutrin* peuvent justifier l'auteur des *questions*, qui l'appelle un *génie souple* et *fécond;* mais Racine, bien plus souple et plus fécond encore, n'a point tenté non plus de poème épique. Si je lui en demandais la raison, il me dirait qu'il a fait *Phèdre* et

Iphigénie, et je trouverais la réponse fort bonne. Les *pourquoi* continuent :

« Pourquoi nous parler harmonieusement du « triolet, de la ballade, du rondeau, déjà passés « de mode, et nous donner une description tech-« nique des *rigoureuses lois* du sonnet, cet *heureux* « *phénix* dont la perfection même serait si fasti-« dieuse ? »

Il n'a fait que nommer le triolet : il a parlé en quatre vers de la ballade et du rondeau ; il le devait dans un *Art poétique*, où il n'était pas permis d'omettre les divers genres qui avaient été les premiers essais de notre poésie naissante, parce que la naiveté, qui fait leur mérite, se rapprochait du seul caractère qu'ait eu notre langue pendant plusieurs siècles. La vogue en était diminuée depuis que Ronsard eut mis l'héroïque en honneur; mais loin qu'ils fussent passés de mode du temps de Boileau, Sarrazin, Voiture et La Fontaine les avaient fait revivre avec succès. Comment n'aurait-il point parlé du sonnet, quand ceux de Voiture et de Benserade avaient causé un schisme dans la France? Et s'il m'est permis de me servir aussi du *pourquoi*, pourquoi donc la perfection d'un sonnet serait-elle si fastidieuse? Il n'y a point de raison pour qu'une pièce de quatorze vers ennuie parce qu'elle est parfaite : nous en avons quelques-uns de bons qui ne sont point ennuyeux. Enfin, si Boileau en a parlé harmonieusement comme de la ballade et du rondeau, vraiment il n'a fait que son devoir : quand on fait des vers sur quelque sujet que ce soit, il faut toujours les faire harmonieux.

Nous ne sommes pas encore à la fin des *pourquoi:*
« Pourquoi ne trouve-t-on pas chez lui un seul vers
« de dix syllabes?.... Pourquoi n'a-t-il pas employé
« les rimes redoublées, les vers mêlés, les vers de
« huit syllabes? »

C'est que chacun a son goût, et qu'il aimait mieux les grands vers; c'est qu'ils sont sans comparaison les plus difficiles de tous, comme les plus beaux; c'est qu'il les faisait supérieurement.

« Pourquoi est-il éternellement occupé de la fac-
« ture du monotone alexandrin? »

C'est que l'alexandrin est le vers de l'épopée, de la tragédie et de la comédie, de la satire et de l'épître; et par conséquent le plus important de tous, celui qui offre le plus de difficultés à vaincre et de mérite à les surmonter. S'il est monotone par lui-même, l'art consiste à faire disparaître cette monotonie; et cet art, Boileau l'enseigna pendant toute sa vie.

Autres reproches :

« On regrette que ce grand peintre, au milieu des
« chefs-d'œuvre et des merveilles de ce siècle, ne nous
« parle jamais des arts.... »

C'est qu'il ne se connaissait ni en peinture, ni en sculpture, ni en architecture, et qu'il n'aimait à parler que de ce qu'il savait. Cela est un peu passé de mode aujourd'hui, mais ne l'était pas encore de son temps.

« Comment n'a-t-il pas au moins pressenti quelle
« force, quelle énergie on pouvait donner à l'art
« des vers, en les nourrissant des grandes idées

« d'une morale universelle et de la saine philoso-
« phie?.... Comment Boileau, disciple d'Horace et
« contemporain de Pope, n'est-il jamais occupé du
« progrès des lumières et de la marche de l'esprit
« humain? »

Ce reproche, s'il était fondé, pourrait s'adresser à tous les grands poètes de son siècle. Voltaire, dans le nôtre, est le premier Français qui ait appliqué l'art des vers à la philosophie, et il a souvent abusé de l'un et de l'autre. Dans la marche de l'esprit humain, l'imagination précède la réflexion, et les beaux-arts devancent toujours la philosophie. D'ailleurs on ne fait pas tout à la fois; et comme il a fallu créer l'algèbre avant de l'appliquer à la géométrie, de même avant de rendre les muses françaises philosophes, il fallait d'abord leur créer une langue. C'est à quoi Despréaux et Racine se sont exercés; et s'ils avaient tout fait dans leur siècle, que serait-il donc resté au nôtre?

A l'égard de Pope, il n'avait que vingt-un ans quand Boileau est mort, et n'avait pas encore songé à son *Essai sur l'Homme.* De plus, la littérature anglaise était presque inconnue en France; et Pope lui-même et Addison sont les premiers poètes anglais qui aient mis la philosophie en vers, lorsque tous les genres de poésie étaient depuis long-temps cultivés chez eux avec succès, tant la marche de l'esprit humain est partout la même!

« On souffre de voir cet ami de la vérité si avare
« d'éloges pour les écrivains du premier ordre, et si
« prodigue de louanges pour la cour et les courtisans. »

A-t-il été si avare d'éloges pour Corneille, Racine, Molière, Pascal, Arnauld! Ceux des courtisans qu'il a loués en étaient-ils indignes? C'étaient Montausier, La Rochefoucauld, le grand Condé, Pompone, Dangeau, Vivonne, Colbert, Seignelay, Lamoignon. Qu'on nous dise quel est celui d'entre eux qu'il fût honteux de louer, et qu'on nous cite un homme de la cour dont l'éloge ait pu compromettre la muse de Boileau.

« Après toutes ces questions, il en resterait peut-
« être une plus *importante* encore. Il serait facile
« de montrer, le livre à la main, nombre d'expres-
« sions, nombre de façons de parler, qui sans doute
« étaient reçues au temps de ce célèbre satirique,
« et qui certainement sont aujourd'hui des fautes
« de français; ce qui, dans le fait, accuse moins le goût
« très épuré du poète que l'instabilité de nos idiomes
« modernes. »

Ce n'est plus ici une question, c'est une assertion; et, pour y répondre, il faut distinguer. Elle n'est pas sans fondement, s'il s'agit de la prose de Boileau : s'il s'agit de ses vers, elle est très légèrement hasardée. Boileau et Racine sont les deux écrivains qui ont fait en vers, pour notre langue, ce que Pascal avait fait en prose : ils l'ont fixée. Rien ne serait si difficile et si rare que de trouver chez eux des expressions qui aient vieilli. Il y a pourtant des fautes de langage; mais c'étaient des fautes de leur temps comme du nôtre. Au contraire, on trouve dans la prose de Boileau beaucoup de locutions, de tournures, qui sont aujourd'hui vicieuses et inusitées, et qui ne l'étaient pas de son temps; et cela prouve seulement que le style soutenu a bien moins d'instabilité que le langage usuel, toujours soumis, à un certain point, aux variations de la mode, à l'esprit de la société, et à ce qu'on appelle le ton du jour.

L'homme du monde qui, sous le nom de M. Nigood, a imprimé les *questions* précédentes, n'a point, comme on le voit, disputé à Boileau son mérite; seulement il lui en désirerait un autre; et j'ai fait voir qu'on pouvait se contenter de celui qu'il a eu. Les reproches sur ses jugements rentrent dans ceux que j'avais déjà discutés; cependant l'auteur anonyme de la *Lettre sur l'influence de Boileau* a bien envie de compter M. Nigood parmi ses complices, et en même temps il a grand peur, je ne sais pourquoi, de passer pour son plagiaire. Dans un *Avertissement des éditeurs* (car on sent bien qu'il faut des éditeurs pour une brochure de cette importance), il apprend à l'univers que sa brochure *a été achevée le 1er mai de cette année* 1787. « Il s'est ren-
« contré en deux ou trois endroits, disent les édi-
« teurs, avec M. Nigood, et *c'est tant mieux* pour
« l'un et pour l'autre. Il est bon que de temps en
« temps on *secoue les fers des préjugés littéraires*,
« et *les Brutus* sont rares dans tous les pays. » On a vu qu'il n'avait point secoué de fers ni combattu aucun préjugé; mais on ne voit pas trop ce que font ici les Brutus. Les Brutus, placés si à propos, me rappellent cet *avis au public* où, en lui annonçant des *tablettes de bouillon*, on faisait l'éloge du grand

Sully, et remarquez pourtant qu'on ne disait point que ces tablettes dussent se vendre à l'enseigne du grand Sully; ce qui était le seul cas où le grand Sully pût se trouver là convenablement.

Les *éditeurs* commencent par donner une leçon à M. Daunou, de l'Oratoire, auteur du discours *sur l'influence de Boileau*, couronné par l'académie de Nîmes.

« On ne doit point appeler *écrivains obscurs* et « *littérateurs subalternes* tous ceux qui ont *critiqué* « Despréaux, ou qui ne l'ont point *admiré exclu-* « *sivement.* »

J'en demande pardon aux éditeurs; mais quand on parle de Boileau, il faut, comme lui, appeler les choses *par leur nom ;* et dans cette phrase il y a un mensonge et une absurdité. M. Daunou, dont l'ouvrage est très judicieux, n'a pu manquer de sens au point de traiter d'écrivains subalternes ceux qui ont critiqué Boileau : car il n'y a point d'auteur, si grand qu'il puisse être, qu'on ne puisse critiquer; et, de plus, il n'a jamais existé personne d'assez inepte pour admirer exclusivement Boileau; ce qui veut dire en français, n'admirer rien que Boileau. Je soupçonne qu'ils ont voulu dire admirer sans restriction, ce qui est très différent, et ce qui pourtant n'est ni plus vrai ni plus raisonnable; car il n'y a point non plus d'auteur qu'on ait jamais admiré sans restriction, attendu ce vieil axiome, qu'il n'y a rien de parfait dans l'humanité. Voici les propres termes de M. Daunou : « Des littérateurs su- « balternes ont dit de Boileau : Ses plaisanteries sont

« triviales, ses critiques injustes, ses vues étroites,
« son âme basse et jalouse; son tempérament est
« de glace. *L'Art poétique* prouve que son auteur
« n'était pas poète, etc. » Il appelle cela des invectives, et il a raison. Les éditeurs appellent cela critiquer ou ne pas admirer exclusivement; ils ont tort : c'est proprement déraisonner et calomnier; et certes il n'y a que des littérateurs subalternes qui aient tenu un pareil langage. En changeant si étrangement le texte de M. Daunou, les éditeurs ont donc fait un mensonge. Nous en verrons bien d'autres dans la *Lettre*; mais il ne faut pas encore quitter l'*Avertissement*, qui est très digne de la *Lettre*. La dénomination d'écrivains obscurs, dans M. Daunou, est aussi employée très à propos. « Ce
« n'est pas que Despréaux n'ait eu, comme tous
« les grands hommes, des envieux et des détracteurs;
« mais que peuvent contre une estime générale,
« appuyée sur les plus solides motifs, les clameurs
« de quelques *écrivains obscurs?* Lit-on aujourd'hui
« la *Critique désintéressée* de Cotin, la *Défense des*
« *beaux-esprits* de Sainte-Garde? » Cette phrase prouve la mauvaise foi des éditeurs. On voit sur qui tombe le titre d'écrivains obscurs: mais que font-ils? Ils associent à Cotin et à Sainte-Garde tous ceux qui, en rendant justice au grand talent de Boileau, ont critiqué quelques-uns de ses ouvrages, et ne l'ont pas admiré sans restriction; et ils s'écrient avec emphase : « Voltaire, Helvétius, Fontenelle,
« d'Alembert, Huet, Thomas, MM. Marmontel, Condorcet, Dusaulx, ne sont ni *subalternes* ni *obscurs*. »

Ils appliquent ainsi à ces hommes célèbres ce que l'on a dit de Cotin et de Sainte-Garde, ce que l'on a dit des envieux et des détracteurs de Boileau; et parmi ces envieux et ces détracteurs ils comptent les plus grands noms de la littérature. Comme cette même manière de raisonner, cette même énumération revient dans la *Lettre*, j'y reviendrai aussi en finissant, et je promets que la réponse sera péremptoire.

De là les éditeurs prennent occasion de régenter M. Daunou sur ses expressions de *littérateurs subalternes* et d'*écrivains obscurs*, qui semblent leur tenir fort au cœur, et apparemment ce n'est pas sans raison. « Cette manière de s'exprimer peut avoir
« cours à l'Oratoire, ou dans les collèges de l'Ora-
« toire; mais à Paris on parle plus *poliment*; et lors-
« qu'on se permet de juger *avec modération* un
« écrivain qui a jugé presque tous ses contempo-
« rains avec assez d'amertume, on ne croit pas
« s'exposer à de pareils reproches. »

Vous verrez bientôt, Messieurs, avec quelle modération s'exprime l'auteur de la *Lettre*; mais puisque les éditeurs veulent enseigner la politesse, comment n'ont-ils pas senti combien il était indécent de traiter avec tant de mépris une communauté aussi recommandable que l'Oratoire dans les annales littéraires, un ordre qui a donné à la France Malebranche, Massillon et d'autres écrivains illustres, qui connaissaient un peu mieux que les éditeurs la politesse et les convenances du style?

Ils ont cependant raison sur un fait, et c'est la

seule vérité qu'il y ait dans cette brochure. Ils relèvent la méprise de M. Daunou, qui a confondu Claude Perrault, l'architecte, avec Charles Perrault, l'auteur du *Parallèle des Anciens et des Modernes*; et afin qu'il ne l'oublie pas, ils ajoutent : « Il y a « eu quatre Perrault, qui tous quatre étaient frères « *comme les quatre fils Aymon*. » Quelle platitude! elle sera sifflée à Paris comme dans les colléges de l'Oratoire.

Ils lui pardonnent pourtant cette erreur, mais non pas d'avoir dit que *l'intérêt de la littérature exigeait les railleries du satirique contre les Perrault;* et c'est là-dessus qu'ils prononcent les axiomes suivants: « Ja-« mais il ne faut railler un homme de génie, et l'ar-« chitecte Perrault en avait. Jamais il ne faut railler « un philosophe lorsqu'il cherche la vérité, et Per-« rault le philosophe l'a cherchée dans son *Pa-« rallèle*. »

Malgré le respect que doit inspirer ce ton sententieux et magistral, j'oserai proposer aux éditeurs quelques petites distinctions. *Jamais il ne faut railler un homme de génie;* non, jamais, j'en conviens, s'il ne sort point des objets relatifs à son génie. Ainsi Boileau aurait eu grand tort de railler Perrault, s'il eût été question d'architecture; mais si l'architecte veut se rendre juge en poésie, et juge ridiculement, je ne sais s'il ne serait pas permis à toute force de s'en moquer un peu; et je crois même que nombre d'honnêtes gens prendraient cette liberté. Or, Claude Perrault prenait bien celle de dire beaucoup de mal des écrits de Despréaux, et de trouver fort bons les jugements de son frère Charles, qui mettait Homère au-dessous de Scudery; pourquoi donc le poète, se trouvant sur son terrain, n'aurait-il pas eu le droit de prendre sa revanche? Newton valait bien Claude Perrault: ne s'est-on pas moqué de son *Apocalypse?* Cela n'a pas empêché que sa théorie du monde ne soit admirable, comme la façade du Louvre est un monument superbe.

« Jamais il ne faut railler un philosophe lorsqu'il « cherche la vérité, et le philosophe Perrault l'a « cherchée dans son *Parallèle.* » Ah! messieurs les éditeurs! personne ne vous accordera jamais une proposition si mal sonnante. Vous sentez bien que, depuis le mélange fortuit des atomes d'Épicure jusqu'aux monades de Leibnitz et aux tourbillons de Descartes, tous les philosophes vous diront qu'ils ont cherché la vérité, et le monde entier vous dira que l'on a osé mille fois se moquer des rêveries de la philosophie tant ancienne que moderne, sans croire commettre un sacrilège. Le monde entier vous dira qu'en cherchant la vérité, il est très possible et très commun de débiter mille folies, et qu'en conscience il serait trop dur qu'il fût défendu de s'en amuser. Perrault, qu'il vous plaît d'appeler le philosophe, a pu chercher la vérité dans son *Parallèle;* mais à coup sûr il ne l'a pas trouvée; et si jamais ouvrage a pu prêter à rire, c'est celui où il a rassemblé tant de paradoxes insensés. J'avoue qu'on l'a bien surpassé depuis dans ce genre; mais Boileau ne pouvait pas deviner l'avenir, et sur-tout la *Lettre* dont vous êtes les éditeurs, et dont il est temps de parler.

Elle est adressée à un homme de qualité, qui a fait des vers élégants, qui aime ceux de Boileau, et qui, dans un discours aussi bien pensé que bien écrit, a détaillé les principales obligations que nous avions à l'auteur de *l'Art poétique*. L'hommage qu'il lui rend a beaucoup scandalisé l'anonyme, qui lui dit d'abord : « Vous me permettrez de voir dans « l'auteur du *Lutrin* un parodiste adroit des auteurs « de l'*Iliade* et de l'*Énéide* ; dans celui de *l'Art poé-* « *tique*, un imitateur ingénieux d'Horace, de La- « frenaye-Vauquelin et de Saint-Geniez ; dans celui « des Épîtres et sur-tout des Satires, un glaneur « furtif d'idées et de mots épars çà et là ; et dans « tous ses écrits enfin, des gerbes composées d'épis « étrangers et ramassés dans des domaines qui ne « lui appartenaient à aucun titre. »

L'anonyme à son tour nous permettra (car je ne suis pas seul à lui demander cette permission) de voir dans *le Lutrin* tout autre chose qu'une parodie, et dans l'épisode de la Mollesse quelque chose de plus que de l'adresse ; de voir dans *l'Art poétique*, où il n'y a que soixante vers imités d'Horace, autre chose qu'une imitation ingénieuse ; de compter pour rien Lafrenaye-Vauquelin, dont la poétique, souverainement plate, n'est le plus souvent qu'une languissante paraphrase d'Horace, et n'a rien fourni à Boileau qui vaille la peine d'être cité ; de mettre à l'écart les satires latines de Saint-Geniez, qui n'ont rien de commun avec *l'Art poétique*, quoique Boileau en ait à peu près imité une douzaine de vers dans ses Satires et ses Épîtres. Il nous permettra de lui rappeler ce que tout le monde sait, qu'il n'y a aucun de nos grands poètes qui n'ait emprunté plus ou moins, et qu'ils ne sont pas pour cela regardés comme des glaneurs furtifs, d'abord parce qu'ils ne s'en sont point cachés, ensuite parce qu'on n'appelle point glaneurs ceux qui, possédant un champ fertile et des moissons abondantes, cueillent quelques fleurs dans le champ d'autrui. Enfin nous laisserons à Boileau le domaine de son *Art poétique*, de son *Lutrin*, de ses belles Épîtres et de ses bonnes Satires, jusqu'à ce qu'on nous ait appris à qui ce domaine appartient plutôt qu'à lui.

Ce ne sont encore que de petites chicanes : voici bien mieux : « Vous croyez que l'influence de Boileau « a été très heureuse, et je ne vois que *le mal qu'il* « *a fait*. Vous croyez que les gens de lettres lui « doivent de la reconnaissance, et j'admire *la mo-* « *dération* de ceux qui, partageant mon opinion, « ne sont qu'*ingrats* envers lui, et *portent son joug* « *sans se plaindre.* »

Si Boileau n'a fait que du mal, sans doute l'anonyme va nous le prouver ; mais en attendant il aurait pu profiter de deux de ses vers, qu'il a trop oubliés :

> Aimez donc la raison ; que toujours vos écrits
> Empruntent d'elle seule et leur lustre et leur prix.
> (*Art poét.* chant I.)

L'anonyme répondra peut-être qu'il n'aime point du tout la raison ; qu'il s'en pique même, et qu'il va nous le faire voir de manière qu'il ne sera pas possible d'en douter. Mais cet éloignement ne peut pas aller jusqu'à prétendre qu'il faille se contredire en deux lignes. Or, c'est ce qu'il fait ici ; car ceux qui partagent son opinion pensent sûrement qu'on ne doit aucune reconnaissance à Boileau, qui n'a fait que du mal. Comment donc peuvent-ils être ingrats envers lui? On n'est ingrat qu'envers celui à qui l'on croit devoir quelque chose : la phrase renferme donc un contre-sens évident. Je ne fais cette remarque qu'en passant, et c'est une bagatelle pour l'anonyme. Mais ce que j'ai déjà observé dans l'*Avertissement*, et ce que je citerai de la *Lettre*, nous prépare une réflexion consolante : on dirait qu'il y a une sorte de providence qui condamne les contempteurs des grands hommes (je ne dis pas les critiques), non-seulement à heurter le bon sens dans leurs opinions, mais à les décréditer eux-mêmes, s'il en était besoin, par une ignorance honteuse des premiers éléments de l'art d'écrire. Poursuivons.

« *L'Art poétique*, dites-vous, est *le plus beau*
« *monument* qui ait été élevé *à la gloire des Muses* :
« je le crois comme vous. »

C'est sans doute une concession oratoire, et l'auteur ne parle pas sérieusement. Comment ce qui n'est « qu'une imitation ingénieuse de Lafrenaye-
« Vauquelin et de Saint-Geniez » pourrait-il être un si beau monument? Comment ce qui a fait tant de mal aux lettres serait-il à la gloire des Muses? C'est encore une contradiction, et l'auteur y est sujet.
« De quoi servirait un palais qui offrirait aux ar-
« tistes les formes d'une architecture si parfaite

« qu'elle inspirerait le désespoir au lieu d'exciter
« l'émulation ? »

Voilà certainement le plus grand éloge possible de *l'Art poétique*. Ce n'est pas ma faute si l'on ne peut pas l'accorder avec le peu d'estime que l'auteur a témoigné plus haut pour le même ouvrage, et ce serait une grande tâche de le concilier avec lui-même. Ce n'est pas ma faute s'il fait un motif de réprobation de ce qui a toujours passé pour être le comble de la gloire. On croit avoir énoncé le suffrage le plus flatteur lorsqu'on dit d'un ouvrage : C'est le désespoir des artistes. Point du tout : écoutez l'anonyme : « *L'Art poétique* retarda les progrès qu'au-
« raient pu faire les élèves ; il les arrêta à l'entrée
« de la carrière, et les empêcha d'atteindre au but
« que leur *noble orgueil* aurait dû se proposer. Les
« infortunés virent la palme de loin, et n'osèrent
« y prétendre, de peur de manquer d'haleine au
« milieu de leur course, et de trébucher sur une
« arène que le doigt du législateur leur montrait
« partout semée d'écueils et d'*abîmes*, et *plus célèbre*
« *mille fois par les défaites que par les victoires*.
« Boileau en effet explique les règles de l'épopée,
« de la tragédie, de la comédie, de l'ode et de
« quelques autres genres de poésie, avec tant de
« précision, de justesse et d'exactitude, que tout
« lecteur attentif se croit incapable de les observer,
« et que la sévérité des préceptes fait perdre l'envie
« de donner jamais des exemples. Il faut de l'audace
« pour entreprendre, du courage pour exécuter, et
« Boileau enchaîne l'audace et glace le courage.

« Avait-on saisi, avant de le lire, la trompette hé-
« roïque ou la flûte champêtre, les crayons de Thalie
« ou les pinceaux de Melpomène : à peine l'a-t-on
« lu, que les pinceaux tombent de la main, chargés
« encore de la couleur *sanglante*, que les crayons
« s'échappent *honteux* d'avoir ébauché quelques
« traits, et que la flûte et la trompette se taisent,
« ou ne poussent plus dans les airs que des sons
« *expirants ou douloureux*. »

Il faut respirer un moment après cette complainte lamentable. Malgré « la couleur sanglante, et les « crayons honteux, et les sons douloureux, » malgré tout ce fatras amphigourique, certainement, Messieurs, vous aurez été frappés de ce que dit l'auteur de la manière dont les préceptes sont tracés dans *l'Art poétique*, et vous vous serez dit à vous-mêmes : Est-ce donc un ennemi, un détracteur de Boileau, qui reconnaît si positivement le mérite qu'il a et qu'il devait avoir ? Rien n'est plus vrai ; mais suspendez votre jugement, et la suite vous convaincra que c'est bien contre son intention que l'auteur rend cet hommage à Boileau. Vous entendrez ses conclusions : pour le moment, ce qui est très clair, c'est qu'il tire de cette perfection même l'influence la plus funeste pour les lettres. Cette manière de raisonner est si insoutenable, qu'il en coûterait trop de la combattre directement : prenons une méthode tout aussi sûre et plus agréable. Quand on veut prouver la fausseté d'un raisonnement sophistique, il suffit d'en déduire les conséquences exactes. Le raisonneur se trouve, comme disent les logiciens,

réduit à l'absurde; et l'on finit par rire au lieu d'argumenter. Ainsi donc, suivant la logique de l'anonyme, il faudrait dire à Cicéron et à Quintilien, les plus grands maîtres de l'éloquence, qui en ont enseigné l'art avec tant de soin et d'étendue ; à ceux qui ont tracé les règles de la peinture d'après les chefs-d'œuvre de Raphaël, de Michel-Ange et du Titien : « A quoi pensez-vous avec vos préceptes si
« difficiles à suivre, et vos modèles si désespérants?
« Vous *arrêtez les élèves à l'entrée de la carrière,*
« vous *enchaînez leur audace*, vous *glacez leur*
« *courage*. Si vous voulez qu'on ait *le noble orgueil*
« d'être orateur, ou peintre, ou sculpteur, sans en
« avoir le talent, laissez chacun écrire et peindre et
« sculpter à sa mode. Pourquoi faites-vous de si
« beaux tableaux, de si beaux discours, de si belles
« statues, en suivant tous les principes de l'art, de
« la nature et du bon sens ? Vous voyez bien que
« cela est trop pénible, et que jamais personne n'en
« pourra faire autant, à moins qu'il n'ait du génie.
« Au reste, puisque vous en avez, faites comme
« vous voudrez : mais du moins n'allez pas nous dire
« qu'il faut du bon sens dans le discours ; du dessin,
« de l'ordonnance et de l'expression dans les ta-
« bleaux; des proportions et de la grace dans les
« statues; car aussitôt vous allez voir tomber la
« plume, les crayons, les pinceaux, les ciseaux; et,
« pendant toute la durée des siècles, les élèves vous
« feront entendre leurs *sons expirants et doulou-*
« *reux.* »

Telle est la conséquence nécessaire des arguments

de l'anonyme : elle est effrayante; mais l'expérience de tous les siècles nous rassure un peu. Nous savons que depuis Cicéron et Quintilien, il y a eu de grands orateurs que leurs préceptes n'ont pas effrayés, que leurs exemples n'ont pas désespérés ; que depuis Raphaël et Michel-Ange, nous avons eu une foule d'excellents artistes, qui tous avaient appris leur art à la même école, et avaient eu sans cesse les yeux attachés sur ces premiers modèles. Enfin c'est en voyant un tableau de Raphaël, en le considérant avec réflexion, que le Corrège s'écrie : « Et moi « aussi, je suis peintre ! » Donc tout ce qu'on peut conclure des raisonnements de l'anonyme, c'est qu'en lisant *l'Art poétique*, il n'a pas pu dire : « Et « moi aussi, je suis poète ! »

Mais ce qui peut être une consolation pour lui-même, c'est un autre fait non moins incontestable, qui détruit ses inductions; et j'avoue que je ne puis concevoir qu'il n'ait pas vu ce qui saute aux yeux. Quoi ! *l'Art poétique* a fermé la carrière ! Eh ! depuis Boileau, le nombre des poètes (je veux dire de ceux qui font des vers, et c'est tout ce que demande l'anonyme) s'est accru au centuple. Il y en a une nation tout entière : d'innombrables journaux ne suffisent pas aux titres seuls de leurs ouvrages. Se plaindrait-il par hasard qu'il n'y en eût pas assez ? je le crois : il s'écrie douloureusement : « Que de germes il a « étouffés dans le champ de la poésie ! Que d'*aigles* «*jeunes* encore il a *empêchés de grandir* et de s'é- « lever vers les cieux ! que de talents il a tués au « moment peut-être où ils allaient se produire ! »

Eh! mon Dieu! voilà une fatalité bien étrange. Il est bien bien malheureux qu'il ait tué tant de talents, et qu'il ait laissé vivre tant de gens qui n'en ont pas; qu'il ait empêché tant d'aigles de grandir sur les sommets du Pinde, et qu'il n'ait pu empêcher tant d'oisons de croasser dans ses marais.

L'anonyme excepte pourtant de cette foule de meurtres commis par l'homicide Despréaux, « quel-« ques hommes hardis, quelques heureux témé-« raires, qui ne se sont point laissé effrayer par de « pareils obstacles, et qui, *pliant les règles à leur* « *génie* au lieu d'asservir le génie aux règles, ont « vu *leur audace justifiée par le succès.* » Il aurait bien dû nous faire la grace de les nommer : quant à moi, je ne les connais pas. Ce que je sais, c'est que les deux hommes qui ont le mieux écrit en vers dans le siècle qui a succédé à celui de Despréaux, sont sans contredit Voltaire et Rousseau. Celui-ci se faisait gloire de reconnaître Despréaux pour son maître; l'autre, pendant soixante ans, n'a cessé de le citer comme l'oracle du goût; et aucun des deux n'a songé à plier les règles à son génie; parce que ces règles, pour parler enfin sérieusement et ramener les termes à leur acception véritable, ne sont autre chose que le bon sens, et ce serait une étrange entreprise que de *plier* le bon sens. La marche de nos nouveaux docteurs est toujours la même : ils cherchent à s'envelopper dans des généralités vagues, à égarer le lecteur avec eux dans les détours de leurs longues déclamations; ils accumulent de grands mots vides de sens; ils parlent de *tyrannie*, d'*esclavage*. On dirait qu'il s'agit de conventions arbitraires, de fantaisies bizarres; et l'on est forcé de leur répéter ce qu'eux seuls ignorent ou veulent ignorer, c'est que tous les principes des arts, qui sont les mêmes dans Aristote, dans Horace et dans Boileau, ne sont que des aperçus de la raison, confirmés par l'expérience. Qu'ils les attaquent, au lieu de s'en plaindre; qu'ils en fassent voir la fausseté ou l'inutilité; qu'ils nous citent un seul écrivain distingué qui ne les ait pas habituellement suivis; qu'ils osent nier que les ouvrages où ces principes ont été le mieux observés soient généralement reconnus pour les plus beaux. Voilà ce qui s'appellerait aller au fait; mais c'est précisément où ils n'en veulent pas venir. Ils en voient trop le danger; et c'est la preuve la plus complète qu'en cherchant à faire illusion aux autres, ils ne peuvent pas se la faire à eux-mêmes. Un seul, il y a quelques années, soit persuasion, soit affectation de singularité, a essayé de combattre la théorie de l'art dramatique; mais il s'est donné un si grand ridicule, que personne n'a été tenté de le suivre; et, bien avertis par cet exemple, tous les autres se sont promis de s'en tenir toujours à faire des phrases, sans s'exposer jamais à raisonner.

Il s'ensuit que le vrai moyen d'empêcher qu'ils ne fassent des dupes, c'est de réduire leurs figures et leurs métaphores aux termes propres; et dans le moment on voit tomber l'échafaudage de leur puérile rhétorique. S'ils prétendent que des hommes de génie ont plié les règles, et que le succès a justifié leur audace, on leur dira : Cela ne peut être vrai que dans un sens que Boileau lui-même a prévu ; c'est qu'ils auront négligé une des règles de l'art pour en observer une autre plus importante. Ils se seront permis une faute pour en tirer une grande beauté qui la couvre et la fait oublier. Ce calcul est celui du talent; et l'auteur de *l'Art poétique* le connaissait bien quand il a dit :

Quelquefois dans sa course un esprit vigoureux,
Trop resserré par l'art, sort des règles prescrites,
Et de l'art même apprend à franchir leurs limites.
(*Art poét.* chant IV.)

Remarquez cette expression, *de l'art même*. En effet, la raison qui a dicté tous les préceptes de l'art, sait bien qu'elle ne saurait prévoir tous les cas sans aucune exception; et comme le premier de tous les principes est d'atteindre le but où ils tendent tous, qui est de plaire, c'est la raison, c'est *l'art* qui prescrit au talent de proportionner l'application des règles à ce premier dessein, d'en mesurer l'importance, et de sacrifier ce qui en a le moins à ce qui en a le plus. C'est ainsi que d'*heureux téméraires* savent *plier* quelquefois les règles, non pas parce qu'ils les méprisent, mais parce qu'ils les connaissent.

Aussi ne sont-ce pas ceux-là dont l'anonyme veut parler; car alors il aurait dit ce que nous savons tous, et ce qui d'ailleurs était contraire à sa thèse, bien loin de l'appuyer. Probablement les *téméraires* dont il parle n'ont pas été si *heureux*, puisqu'il n'ose pas les nommer : il les excepte seulement de ceux à qui ce terrible Boileau a arraché la plume des

mains.«Combien d'esprits, *timides quoique profonds,*
« *n'ont point osé s'immortaliser en écrivant,* parce
« qu'il leur a trop fait sentir les difficultés de l'art
« d'écrire.» Observons que ce n'est point ici une
simple possibilité, c'est un fait répété vingt fois, et
affirmé comme la chose la plus positive. En vérité,
il aurait bien dû nous faire part des révélations qu'il
a eues à ce sujet. Pour s'exprimer ainsi sur ces esprits
timides quoique profonds, ou profonds quoique
timides, il faut bien qu'il les ait connus. Cependant
ils n'ont pas osé s'immortaliser en écrivant. Comment donc, s'ils ont été si timides, peut-il savoir
qu'ils ont été si profonds? cela n'est pas aisé à deviner. Mais ce qui n'est pas plus facile, c'est de s'accoutumer à cette inconcevable manière d'écrire, à
ce ton si décidément affirmatif dans les propositions les plus inintelligibles, à ces faits avancés
avec tant de confiance, sans la plus légère preuve,
sans la moindre apparence de sens. Que l'on essaie,
par exemple, d'en trouver un au passage suivant :
« Les règles sont en général détestées de tout le
« monde, et presque tout le monde s'y soumet.
« Pourquoi cela? Il me sera facile d'en donner la
« raison. Le sentiment de la liberté est gravé dans
« toutes les âmes, et rien n'a jamais pu l'y détruire.
« L'homme, guidé en tout par sa volonté, fait tou-
« jours avec grace ce qu'il n'est point forcé à faire.
« Lui impose-t-on une tâche, ou lui donne-t-on
« des chaînes, le travail qui lui plaisait lui devient
« insupportable; et plus le joug est pesant, plus
« il s'efforce de le secouer. Il *s'ensuit de là ,* me

« direz-vous, que les règles de *l'Art poétique* ne
« doivent point arrêter l'essor du poète, quelque
« onéreuses qu'elles lui paraissent. Non : lorsque
« les règles sont accréditées à tel point qu'on ne
« peut les braver sans être *ridicule*, que la *philoso-*
« *phie* même craindrait d'en montrer les divers
« abus ; lorsque le temps leur a donné une sanc-
« tion et des droits *imprescriptibles*, le poète alors
« n'ose ni les contredire ni les éluder. »

Je reprends cette curieuse tirade, et suivant toujours la même méthode, je réponds : Comme il s'agit des règles de la poésie, et qu'il est démontré qu'elles ne sont autre chose que le bon sens, jusqu'à ce qu'on nous ait prouvé le contraire, dire que « tout le monde déteste les règles et que tout « le monde s'y soumet, » c'est dire que tout le monde déteste le bon sens et que tout le monde s'y soumet : l'un et l'autre sont également faux. On ne déteste pas le bon sens, du moins l'anonyme nous permettra de croire que cette aversion n'est pas générale ; mais il n'est pas toujours si aisé de se conformer au bon sens. Tout le monde, ou du moins le plus grand nombre, reconnaît que les règles sont bonnes, mais peu de gens sont capables de les suivre : voilà la vérité.

« Le sentiment de la liberté est gravé dans toutes « les âmes. » Où en sommes-nous ? Le sentiment de la liberté, quand il s'agit d'un poème ou d'une tragédie ! *L'Art poétique*, un attentat contre la liberté de l'homme ! Eh bien ! Messieurs, l'auriez-vous imaginé qu'on en vînt jusque-là ? Allons, puisqu'il est question de liberté, rassurons l'auteur, et protestons lui que, malgré les Horace, les Despréaux, et tous les législateurs du monde, il sera toujours permis, très permis de faire de mauvais vers, des drames extravagants et de la prose insensée, sans qu'il y ait aucun inconvénient à craindre, si ce n'est celui qu'il nous indique lui-même, c'est-à-dire un peu de ridicule; et il sait que pour bien des gens ce n'est pas une affaire.

« L'homme fait toujours *avec grace* ce qu'il n'est « point forcé de faire. » Ce petit axiome est un peu trop général, et souffre exception. Tous ceux qui écrivent ne sont point forcés d'écrire, et pourtant tous ne le font pas avec grace.

« La philosophie même craint de montrer l'abus « des règles. » C'est que la philosophie, qui n'est que l'étude de la raison, ne voit point d'abus à être raisonnable.

L'auteur prétend que si La Fontaine avait lu « *l'Art poétique*, il n'aurait pas osé nous donner « des contes délicieux qui en *blessent les lois et* « *les maximes*, ni ces apologues dont les *négligences* « *adorables* forment un contraste si scandaleux *avec* « *des beautés arrangées et des graces tirées au cor-* « *deau.* »

Pas un mot qui ne porte à faux. Il n'y a point de graces tirées au cordeau; et Boileau, qui nous parle des graces d'Homère, ne nous en donne pas cette idée. Les beautés arrangées sont propres aux ouvrages sérieux : il en faut d'une autre espèce dans les contes, et qui n'étaient pas inconnues à celui qui a si bien développé celles de La Fontaine dans son excellente *Dissertation sur Joconde*. Ces contes ne blessent point les maximes de *l'Art poétique*, où l'on ne parle pas du conte. Les Fables de La Fontaine ne sont point adorables par la négligence : elles sont sévèrement travaillées, quoique le travail n'y paraisse pas : les fautes, même légères, y sont très rares. L'auteur a confondu l'air négligé qui sied au conte avec la facilité qui sied à la fable, et ce ne sont point les négligences qui rendent les Apologues de La Fontaine adorables ; ils ont cent autres mérites qu'apparemment l'anonyme n'a pas sentis.

Il se fait une objection : « Horace a donc eu tort « de composer un *Art poétique ?* » Mais l'objection ne l'embarrasse pas. « Horace a eu tort, sans doute; « et la preuve qu'il a eu tort, c'est que depuis « Horace, excepté Juvénal peut-être, il n'y a eu « à Rome que des poètes extrêmement médiocres. »

Belle conclusion, et digne de l'exorde !
(RACINE, *les Plaideurs*, act. III.)

On avait cru jusqu'ici que la décadence des lettres à Rome avait eu pour causes principales la dégradation des esprits sous les empereurs, l'avilissement qui suit l'esclavage, l'effroi qu'inspirait un gouvernement sous lequel les talents de Lucain lui ont coûté la vie. Point du tout : c'est *l'Art poétique* d'Horace qui a produit cette fatale révolution. Si cette assertion est un peu extraordinaire, il ne faut pas nous en étonner : on trouve un moment après

ces paroles remarquables : « Je suis *en train* de dire
« des choses extraordinaires. » Quand il a dit celles-
là, il était en bon train.

Au reste, on peut lui rappeler que *l'Art poétique*
d'Horace, tout destructeur qu'il ait pu être, avait
paru avant que Virgile composât son *Énéide*. Cela
est si vrai, qu'Horace, en parlant de Virgile, ne
fait l'éloge que de ses Églogues et de ses Géorgiques,
et le représente comme le favori des Muses champêtres. Pour l'épopée, il ne cite que Varius, dont
nous avons perdu les ouvrages. Ainsi l'*Énéide* a du
moins échappé à la funeste influence de la *Poétique*
d'Horace, et c'est bien quelque chose *.

« Il a fallu une langue nouvelle, une régénération
« totale dans les expressions, et même dans les
« idées, pour effacer le souvenir de la désespérante
« sévérité du législateur; et lorsque le Dante a
« donné ce *beau monstre, où l'enfer et le paradis*
« *doivent être un peu étonnés de se trouver ensemble,*
« il n'y a pas apparence que l'épître *aux Pisons* ait
« *influé* en rien sur ses travaux. »

Oh! non, et l'on s'en aperçoit, car la *divine
Comédie* du Dante est précisément le monstre dont
Horace se moque dans les premiers vers de son
épître *aux Pisons*; et là-dessus tout le monde est

---

* Le passage auquel La Harpe fait allusion

.. . *Molle atque facetum*
Virgilio annuerunt gaudentes rure camœnæ,

Ne se trouve pas dans *l'Art Poétique* d'Horace, mais dans sa X⁰ satire. Il
en résulte que ce paragraphe, d'ailleurs fort juste en général, renferme des
assertions un peu douteuses.   H. PATIN

d'accord avec lui. Il est fort douteux que ce monstre soit beau, parce qu'on y trouve deux ou trois morceaux qui ont de l'énergie; mais ce qui n'est pas douteux, c'est l'ennui mortel qui rend impossible la lecture suivie de cette rapsodie informe et absurde. On sait qu'elle n'a de prix, même en Italie, que parce que l'auteur a contribué un des premiers à former la langue et la versification italienne. Cet avantage prouve le talent naturel; mais s'il y eût joint quelque connaissance de l'art, il eût pu faire un poème qu'on lirait avec plaisir. Il se serait gardé, non pas de mettre ensemble le paradis et l'enfer, comme le dit l'anonyme, qui ne sait pas mieux juger les défauts que les beautés (ce rapprochement n'a rien de répréhensible en lui-même, et se trouve dans l'*Énéide* et dans la *Henriade*), mais de composer un long amas de vers sans dessein, sans action, sans intérêt, sans goût, sans raison *. En un mot, il eût pu faire comme le Tasse; le Tasse dont l'anonyme se donne bien de garde de parler; le Tasse qui avait lu la *Poétique* d'Horace, et qui, dans le beau siècle de la renaissance des lettres, a été un peu plus loin que le Dante dans la barbarie du XIII°; le Tasse, qui, en imitant Homère et Virgile, en se soumettant à toutes ces règles *détestées de tout le monde*, *et qui ont tué tant de talents*, a fait un poème

---

* La Harpe juge avec quelque légèreté un des premiers poètes, et des plus beaux ouvrages qu'ait produits l'Italie. Nous croyons inutile de répondre ici à ses assertions, et nous nous contentons de renvoyer nos lecteurs à l'article Dante de notre *Répertoire*.   H. Patin.

de la plus magnifique ordonnance et du plus grand intérêt, un poème rempli de charmes, que toute l'Europe lit avec délices, et que les gens de lettres savent par cœur comme l'*Iliade* et l'*Énéide*. Qu'en dites-vous, monsieur l'anonyme? *La Jérusalem* ne ne vaut-elle pas bien votre *beau monstre* du Dante? Pourquoi ne nous en pas dire un mot? Il peut bien y avoir une petite adresse dans ce silence, mais il n'y a pas de courage.

Tous nos législateurs du jour ont un malheur: c'est qu'ils sont toujours écrasés par les faits autant que par les raisonnements; mais ils ont une ressource bien consolante : nous ne disons que des vérités communes, et ils ont la gloire de dire *des choses extraordinaires*. Si l'auteur se tait sur le Tasse, en récompense il fait grand bruit de Milton. Il reproche à Boileau, comme une preuve de *ses idées bornées*, de n'avoir pas soupçonné quel parti l'on pouvait tirer de l'enfer et de Satan. Il loue avec raison, dans le poète anglais, le caractère du prince des démons et la description de l'Éden. Ce sont en effet les beautés qui ont immortalisé Milton; mais si de beaux morceaux ne font pas un poème; si celui du *Paradis perdu*, sans tous ses autres défauts, pèche encore par un vice dans le sujet; si, passé les premiers chants, il est si difficile de le lire; enfin, si tous les reproches que lui ont faits de bons critiques peuvent se démontrer, comme je me propose de le faire en son lieu, l'avis de Boileau demeurera justifié, et le poème anglais prouvera seulement qu'un homme de génie peut tirer de grandes beautés d'un sujet mal choisi, mais non pas en faire un bon ouvrage.

L'anonyme s'écrie à propos de Milton : « Pour-
« quoi vouloir enfermer le génie dans le champ
« des fables anciennes, et lui défendre de s'en
« écarter ? Croit-on que, *la philosophie ayant fait*
« *main-basse depuis long-temps sur tout cet oripeau*
« *mythologique*, un poète *serait** bien venu à nous
« mettre en vingt-quatre chants la métamorphose
« d'Io en vache, ou des filles de Minée en chauve-
« souris ? Croit-on que *les chauve-souris et une*
« *vache fussent des héroïnes bien intéressantes*, et
« que toutes ces vieilles et absurdes chimères
« pussent nous tenir lieu de merveilles plus ré-
« centes et plus vraisemblables ? »

C'est un petit artifice très vulgaire, lorsqu'on ne peut avoir raison contre ce qui existe, de se battre à outrance contre ce qui n'existe pas ; mais quand les géants aux cent bras se trouvent transformés en moulins à vent, on rit aux dépens de D. Quichotte. Contre qui s'escrime ici l'auteur ? Qui jamais a prétendu renfermer l'épopée dans les fables anciennes ? Qui jamais a imaginé de faire un poème de vingt-quatre chants sur Io changée en vache, ou sur les filles de Minée changées en chauve-souris ? Quel imbécile a cru que « la vache et les « chauve-souris fussent des héroïnes intéressantes ? » Despréaux, il est vrai, trouve que les noms de la fable sont heureux pour les vers ; mais pour ce

---

* C'est un solécisme : il faut absolument *fût bien venu*

qui regarde le choix du sujet, voici comme il s'exprime :

> Faites choix d'un héros propre à m'intéresser,
> En valeur éclatant, en vertus magnifique,
> Qu'en lui jusqu'aux défauts tout se montre héroïque ;
> Que ses faits surprenants soient dignes d'être ouïs ;
> Qu'il soit tel que César, Alexandre ou Louis ;
> Non tel que Polynice et son perfide frère :
> On s'ennuie aux exploits d'un conquérant vulgaire.
>
> (*Art poét.* chant III.)

Polynice est pourtant un sujet de la fable; c'est celui qu'avait choisi Stace. Boileau le proscrit, et n'indique que des héros de l'histoire. Il y a plus : il est si vrai que l'auteur de la *Lettre* s'élève ici contre un travers chimérique, que parmi les poèmes épiques modernes, étrangers ou nationaux, il n'y en a pas un seul tiré de la fable; ni le Tasse, ni Camoëns, ni le Trissin, ni Ercilla, n'ont travaillé sur la mythologie. Le *Saint-Louis*, la *Pucelle*, le *Clovis*, l'*Alaric*, le *Jonas*, le *Moïse*, le *Charlemagne*, le *Childebrand*, ne sont pas des sujets fabuleux. A qui donc en veut-il ? que veut-il dire lorsqu'il nous fait cette demande d'un air triomphant : « Milton n'a-t-il pas été heureusement « inspiré *lorsqu'il s'est élancé hors du cercle de* « *puérilités si vantées, et que, semblable à La* « *Fontaine, il a franchi des barrières qu'il ne con-* « *naissait pas ?* »

Je ne vois pas hors de quelles puérilités Milton a pu s'élancer, si ce n'est hors de celles de l'*Iliade* et de l'*Énéide*, qui ne laissent pas de nous intéresser encore ; mais sur-tout je ne vois pas par quel rapport on peut découvrir entre Milton et La Fontaine, ni comment l'un a été semblable à l'autre, ni quelles barrières a franchies La Fontaine, qui a fait des fables après Ésope et Phèdre, et des contes après Boccace et l'Arioste. Ce sont là des découvertes particulières à l'auteur, et qu'il devrait bien expliquer aux esprits étroits et timides qui ne les comprennent pas. Ces merveilles, pour me servir de ses termes, sont très récentes, mais elles ne sont pas trop vraisemblables.

Je ne sais pas non plus quand « *la philosophie* « *a fait main-basse sur l'oripeau mythologique.* » Je sais que nombre d'écrivailleurs compromettent tous les jours ce mot de philosophie qu'ils n'entendent guère, et lui font faire des exécutions qu'elle n'avoue pas ; qu'elle n'a pu faire main-basse sur des poèmes fabuleux, puisque nous n'en avons point ; qu'elle n'a point fait main-basse sur nos tragédies tirées de la fable, qui sont encore l'ornement et la gloire de notre théâtre; que les *Métamorphoses d'Ovide* sont un ouvrage charmant, lu avec grand plaisir même par les philosophes; que Voltaire, qui ne manquait pas de philosophie, regardait ce poème comme un des plus beaux monuments de l'antiquité, et qu'il estimait ces puérilités au point qu'il en a fait l'éloge dans une très jolie pièce de vers consacrée particulièrement à ce sujet. Il est vrai que le fréquent usage qu'on a fait des idées et des images de la fable prescrit au talent de ne plus s'en servir que très sobrement, et de chercher d'autres ressources, parce qu'il est dangereux de revenir sur ce qui est épuisé. Serait-ce là par hasard ce que l'auteur a voulu dire? Mais cette observation est aussi trop usée, et les philosophes n'y sont pour rien. Elle traîne depuis trente ans dans tous les livres, dans tous les journaux, et il est triste de n'avoir raison qu'en répétant ce qui est si rebattu, et le répétant hors de propos.

Il retombe dans le même défaut lorsqu'à propos du *Lutrin* il emploie deux pages à nous dire comme une nouveauté ce que tous les critiques ont repris dans le sixième chant, en admirant le reste du poème. Cependant il semble qu'il ne puisse pas renouveler une observation juste, sans que le plaisir d'avoir une fois raison après tout le monde le porte à passer toute mesure, au point qu'il finit par avoir tort. Il veut qu'on applique au *Lutrin* ce vers fait sur l'*Astrate* (sat. III):

Et chaque acte en sa pièce est une pièce entière;

mais, comme ce vers serait très injuste si l'*Astrate* avait quatre actes supérieurement faits, l'auteur sera tout seul à l'appliquer à un poème dont cinq chants sont irréprochables, sur un seul défectueux.

Il revient bientôt à son ton naturel, et voici une découverte vraiment rare. « Il existait dans « notre langue avant *le Lutrin*, un poème du même « genre et, sans comparaison, supérieur. » Vous ne vous en doutiez pas, Messieurs, ni moi non plus, et je ne l'aurais sûrement pas deviné. Mais la brochure que j'ai sous les yeux me met à la source des lumières, et il faut vous en faire part, d'autant plus tôt, que votre curiosité doit être proportionnée à l'impatience de connaître ce phénomène. C'est le poème intitulé *Dulot vaincu*, ou la *Défaite des bouts-rimés*. Vous n'êtes guère plus avancés ; et vous dites : Qu'est-ce que *Dulot vaincu ?* Mais l'auteur vous dira que ce n'est pas sa faute si *Dulot* vous est inconnu : vous verrez que ce sera encore la faute de Boileau. Quoi qu'il en soit, l'anonyme en donne un extrait très détaillé ; mais, comme je ne suis pas aussi sûr de votre patience qu'il l'est de celle de ses lecteurs, je ne risquerai pas d'aller avec lui à la suite de *Dulot*. Je me contenterai de vous assurer de sa part « qu'on « ne peut rien comparer à *Dulot*, dans notre langue, « pour le genre héroï-comique, si ce n'est le *Vert-Vert* « peut-être ; qu'il n'y a rien dans notre langue de « plus original et de plus comique que le premier « chant ; qu'il n'y a pas dans le troisième un détail « qui ne soit charmant ; que c'est le plus poétique « et le plus ingénieux de tous ; et qu'il faudrait le « citer en entier pour en faire connaître toutes les « graces naïves et pittoresques. » Vous en croirez, Messieurs, ce que vous voudrez, et ceux qui ne le croiront pas pourront y aller voir. Tout ce que je puis faire pour en donner une idée, c'est de vous citer une douzaine de vers, parmi ceux que l'anonyme rapporte lui-même comme les meilleurs.

Une fière amazone apparaît la première :
Les cieux la firent naître aussi laide que fière.

On l'appelle Chicane : autour d'elle *pressés*
Sous son commandement marchent mille *procès*.
Pot vient le pot en tête.....
Soutane avance après : elle est noire, elle est belle;
C'est du fameux Dulot la compagne fidèle.....
Six *corps* restent encor : l'un, le peuple des cruches,
Portant sur leurs cimiers des panaches d'autruches.
Cette gent est fantasque, et leur chef Coquemart,
Abandonné des siens, fait souvent bande à part.
Deux barbes vont après, qui, grandes et hideuses,
Mènent deux bataillons de barbes belliqueuses.

 C'en est assez, je crois, pour savoir à quoi s'en tenir sur ce poëme qu'on nous dit être dans le genre du *Lutrin*. L'épisode de la Mollesse est dans un goût un peu différent; mais cela n'empêche pas que le *plan de Dulot* ne soit *mieux conçu*, et que l'*ordonnance* ne soit *plus sage* que celle du *Lutrin*. On avoue pourtant que Dulot est *très inférieur pour le style*; mais c'est, dit-on, que *rien n'égale dans notre langue celui du Lutrin*. On ne s'attendait pas à trouver ici un pareil éloge; mais encore une fois, il n'est pas plus aisé de se rendre raison des louanges de l'anonyme que de ses critiques. Peut-être pensera-t-on que *la Henriade* a des beautés d'un ordre supérieur à celles du *Lutrin* même; mais quand l'auteur de cette diatribe s'avise de louer Despréaux, il faudrait être de mauvaise humeur pour le chicaner sur le plus ou le moins.

 Quant à lui, il chicane sur tout; il fait un crime à l'auteur de *l'Art poétique* de n'avoir pas parlé de l'épître et du poëme didactique, comme s'il pouvait y avoir des préceptes sur l'épître qui ne rentrassent pas dans les leçons générales qu'il donne sur le style, et comme si *l'Art poétique* lui-même n'était pas un modèle suffisant du genre didactique. Il plaisante un peu cruellement sur un accident malheureux arrivé, dit-on, à Boileau dans son enfance, et il assure que par cet accident Boileau *perdit sa voix et son génie.* « Boileau *mignarde* son distique « sur le madrigal, et *pomponne* la peinture de « l'idylle..... Que fallait-il pour le contenter? D'har- « monieuses *billevesées*. Il ne songe pas qu'il faut « que *des vers disent quelque chose.* » Il faut que ce soit *sans y songer* que Boileau ait fait ce vers dont il répète la substance en vingt endroits :

Et mon vers, bien ou mal, dit toujours quelque chose.
(Épître IX.)

Il voudrait qu'au lieu de *l'Art poétique*, Boileau eût composé « *l'Art des rois....* qu'il eût tant soit « peu sevré Racine de l'encens qu'il lui prodigue, « pour l'offrir aux Antonins, aux Titus, aux « Henri IV. »

On reconnaît bien ici le caractère des esprits faux, qui gâtent tout ce qu'on leur apprend, et abusent de tout ce qu'ils entendent. Depuis que l'art d'écrire est formé, des sages ont exhorté les poètes à mettre en vers une morale utile aux hommes : on en conclut ici qu'il n'y a jamais eu rien de bon, rien d'estimable que la morale en vers; tout le reste n'est que *billevesées*. Si l'on eût conseillé à Boileau de faire *l'Art des rois*, sans doute cette entreprise lui aurait paru fort grande, mais peut-être eût-il trouvé ce titre un peu fastueux. Peut-être eût-il observé que *l'Art des rois* se trouve dans l'histoire bien étudiée, plus que dans un poëme didactique, quel, qu'il soit; que si les rois peuvent s'instruire dans les bons ouvrages d'économie politique ou dans une tragédie telle que *Britannicus*, ils pourraient bien trouver un peu d'orgueil dans le poëte qui composerait *l'Art des rois*. Enfin Boileau aurait pu dire à l'anonyme : « Je me borne à faire *l'Art « des poètes*, parce que je l'ai étudié toute ma vie; « vous, Monsieur, qui savez sans doute comment il « faut régner, faites *l'Art des rois.* » Et il aurait pu ajouter : « Il faut que vous ne m'ayez pas bien lu, « puisque vous réclamez mon *encens* en faveur des « bons princes. Voici comme je parle de ce Titus « que vous citez, et dans une épître *à Louis XIV* :

Tel fut cet empereur sous qui Rome adorée
Vit renaître les jours de Saturne et de Rhée;
Qui rendit de son joug l'univers amoureux,
Qu'on n'alla jamais voir sans revenir heureux;
Qui soupirait le soir si sa main fortunée
N'avait par ses bienfaits signalé la journée.
(Épître I.)

« Vous voyez, Monsieur, que si je ne me pique « pas de savoir *l'Art des rois*, je sais leur proposer « d'assez bons modèles. »

On a toujours mis au nombre des meilleurs morceaux du *Lutrin* le combat des chantres et des chanoines avec les livres de Barbin. On a cru voir beaucoup de gaieté et de finesse dans les allusions

satiriques aux différents livres qui servent d'armes aux combattants. Le panégyriste de *Dulot vaincu* n'est pas à beaucoup près aussi content de cette plaisanterie du *Lutrin*. J'avoue que la critique qu'il en fait est peut-être beaucoup plus plaisante, mais c'est d'une autre manière. Il prouve très sérieusement et en rigueur, que le caractère moral des ouvrages ne fait rien à leur volume physique, et que par conséquent la plaisanterie du *Lutrin est forcée et hors de nature.* « Je suppose qu'on reliât pesam-
« ment les *Opéra de Quinault*, qu'on mît sur la
« couverture un large fermoir où de gros clous se-
« raient attachés, Boileau *les prendrait-il pour des*
« *pommes cuites*, si par hasard on les lui jetait à
« la tête ? » Voilà de la fine plaisanterie. Eh bien! si ces *pommes cuites* ne font pas la même fortune que l'*Infortiat* de Boileau, ce sera encore ce malheureux *Art poétique* qui en sera cause.

« Quel rapport peut avoir une chose purement
« spirituelle avec ce qui n'est que matériel ? » Il conclut, et veut que « l'on convienne avec tous les
« bons esprits que ces vers ne sauraient jamais
« trouver grace aux yeux de la raison. »

Il faut pourtant que la raison de l'anonyme souffre que notre raison fasse grace à ces vers, et même les trouve très gais et très agréables. Il faut qu'il apprenne que ces vers, quoi qu'il en dise, ne sont pas *une pointe;* que le procédé de l'allégorie consiste à passer du physique au moral, et qu'il est reçu chez tous les bons écrivains, quand le sens en est clair et frappant. Veut-il des exemples? qu'il se rappelle l'épigramme de Rousseau contre Bellegarde :

> Sous ce tombeau gît un pauvre écuyer,
> Qui tout en eau sortant d'un jeu de paume,
> En attendant qu'on le vînt essuyer,
> De Bellegarde ouvrit un premier tome.
> Las ! en un rien tout son sang fut glacé.
> Dieu fasse paix au pauvre trépassé !

Assurément il n'y a rien de commun entre un livre ennuyeux et une fluxion de poitrine. Cependant l'épigramme est bonne, parce que tout le monde entend la plaisanterie et s'y prête volontiers. Voltaire s'est servi de la même figure, et s'en est servi dans la prose, qui est moins hardie que la poésie. Je pourrais y joindre vingt autres exemples ; mais ceux-là suffisent. C'est cependant de cette prétendue faute que l'auteur prend droit de faire cette exclamation : « Boileau, qui s'est tant moqué de « Ronsard, devait-il l'imiter même une seule fois ? » Qu'on imagine, si l'on peut, quel rapport il y a entre ce passage, fût-il défectueux, et Ronsard. C'est peut-être la première fois qu'on a mis ces deux noms ensemble. Je crois que l'auteur s'est bien félicité d'avoir amené ce rapprochement étrange ; il devait pourtant savoir que rien n'est si aisé que d'amener des injures par de faux raisonnements.

Le Lutrin essuie un reproche bien plus grave : c'est ce poème qui est cause que nous n'avons pas de poèmes épiques, et voilà *l'influence des mauvais exemples de Boileau, qui n'a fait que du mal.* Un long paragraphe est employé à nous prouver que l'auteur du *Lutrin* n'a eu d'autre *art* que « de tourner les

« belles choses en ridicule, de parodier l'*Iliade* et
« l'*Énéide*, et de les présenter sous un jour qui
« *fasse rejaillir* sur elles une sorte de *mépris ; que* cet
« art devait plaire sur-tout à Boileau; *que* ce timide
« et froid écrivain a rabaissé Homère et Virgile
« jusqu'à lui; *que son succès l'a justifié; que* ce suc-
« cès a été si grand, qu'il a fondé une école, etc. »
Une école d'où sortiraient des ouvrages dans le
goût du *Lutrin* pourrait être assez bonne. Malheureusement je n'en connais pas de cette espèce,
et le maître est resté tout seul avec son chef-d'œuvre. Je conçois qu'il sera toujours très difficile d'i-
miter cet ouvrage vraiment original, et marqué au
coin de ce talent particulier que Boileau possédait
éminemment, celui de faire de beaux vers sur de
petits objets. Mais qu'il s'y soit attaché pour rabaisser les grandes choses, je le croirai quand l'anonyme m'aura convaincu qu'Homère, qui, dans le
Combat des rats et des grenouilles, a parodié son
Iliade[*], a voulu rabaisser l'épopée. Qu'il en ait re-
jailli du mépris pour l'héroïque, je le croirai quand
on m'aura fait voir que cette parodie faite par Homère a empêché Virgile de faire l'*Énéide*, et que
le Lutrin a empêché Voltaire de faire *la Henriade*.

Si Boileau pouvait lire cette *Lettre*, ce passage
n'est pas celui qui l'étonnerait le moins. Cet admirateur passionné d'Homère et de Virgile ne serait pas attendu qu'on l'accusât d'avoir fait *rejaillir
le mépris sur l'Iliade et l'Énéide*, et qu'on parlât
de cet *art de rabaisser les grandes choses* comme

[*] Voyez plus haut, p. 79, la note de M. Patin sur la *Batrachomyomachie*.

d'un art qui *devait sur-tout lui plaire*. Mais combien sa surprise serait plus grande encore quand il verrait que l'auteur de cette terrible *Lettre* a dévoilé enfin un secret dont qui que ce soit ne s'était douté, ni du vivant de Boileau, ni depuis plus de quatre-vingts ans qu'il est mort! Oui, Messieurs, il est temps de vous communiquer enfin cette grande et mémorable découverte qui couronne toutes les merveilles dont nous sommes stupéfaits. Nous croyons bonnement que Boileau a fait ses ouvrages. Pauvres gens que nous sommes! « Racine a fait en se jouant, « ou du moins extrêmement perfectionné les écrits « de Boileau. L'épisode de la Mollesse et l'épître « sur le passage du Rhin sont absolument dans la « manière racinienne.... Racine, Molière, La Fon- « taine, Chapelle, Furetière, ont mis les ouvrages « de Boileau, sans qu'il s'en aperçût lui-même, dans « l'état où on les a tant admirés. »

Ceci n'est point simplement une conjecture, c'est une conviction ; et l'anonyme, pour nous *convaincre que Boileau faisait ses vers en compagnie*, et qu'il ne peut avoir à lui en propre que la moitié de ses beautés, nous assure qu'il n'y a qu'à lire sa prose, qui est plus que médiocre Il avoue pourtant que cette idée peut paraître bizarre : c'est à vous, Messieurs, de juger quelle qualification elle peut mériter:

Je pense qu'à présent vous ne pouvez plus être étonnés de rien, et vous trouverez tout simple que l'auteur, après ce qu'il vient de *nous découvrir*, ait *tenté de prouver que Boileau était moins poète que Chapelain*. Pour cette fois cependant il ne veut pas prendre cette tâche sur lui ; il met en scène un raisonneur de même force, qui argumente ainsi :

« L'ode est de tous les genres de poésie celui qui
« demande le plus de talent dans un poète, celui
« qui suppose le plus d'inspiration, et par consé-
« quent de génie. Boileau *n'a jamais fait que de mau-
« vaises odes*, et celle que Chapelain a adressée au
« cardinal de Richelieu *est très belle*. Donc Chape-
« lain était *plus poète* que Boileau. »

On dira que cet argument est si ridicule, qu'il ne mérite pas de réponse : j'en conviens ; mais il est appuyé sur une proposition qui a été fort souvent répétée pendant un certain temps, et que la littérature subalterne fait encore sonner assez haut pour en imposer aux esprits vulgaires. Je m'y arrête pour faire voir que, même en réfutant ce qui paraît n'en pas valoir la peine, on peut détruire des préjugés qui ne laissent pas d'avoir quelque crédit, et fournissent quelquefois des armes à l'envie. C'est elle, Messieurs, qui, dans le temps des démêlés de Rousseau le lyrique avec Voltaire, dicta dans vingt brochures, dans des feuilles aujourd'hui oubliées, ce principe si faux, que l'ode est le genre de poésie qui demande le plus de talent, et depuis on a répété cette sottise dans des dictionnaires et des poétiques. Il fallait qu'on fût bien pressé de mettre les Psaumes et l'*Ode à la Fortune* au-dessus de *Zaïre* et de *la Henriade*, pour oublier qu'un bon poème épique, une bonne tragédie exigent un talent infiniment plus varié, plus étendu, plus fécond, une verve bien plus soutenue, une imagination bien plus inventive, une âme bien plus sensible, une tête bien plus forte, que toutes les odes anciennes et modernes. Aussi jamais les Grecs ni les Romains n'ont-ils balancé sur la préférence; et Horace lui-même, l'imitateur de Pindare, reconnaît si bien la supériorité d'Homère, qu'il recommande seulement de ne pas compter pour rien les autres poètes. « Si Homère a le pre-« mier rang, dit-il, la muse de Pindare et d'Alcée « n'est pas dans l'oubli*. » S'il veut parler des beaux jours de la Grèce, il les appelle *le siècle du grand Sophocle* **. Il élève Pindare au-dessus de tous les poètes lyriques, mais il ne le compare jamais au père de l'épopée ni aux fameux tragiques grecs. Parmi nous, personne dans le dernier siècle ne s'était avisé de placer Malherbe au-dessus du grand Corneille. C'est de nos jours que la malignité, plus raffinée, a créé de nouvelles doctrines pour confondre tous les rangs.

Mais que dites-vous, Messieurs, de cette phrase? *Boileau n'a fait que de mauvaises odes.* Ne dirait-on pas qu'il en a fait un bien grand nombre? Le langage de la haine a toujours quelque chose qui ressemble au mensonge. Boileau n'a jamais fait qu'une ode, à moins qu'on ne donne le nom d'ode à trois *stances* contre les Anglais, qu'il fit en sortant du collège. Mais personne n'ignore que des

---

* Non, si priores Mæonius tenet
Sedes Homerus, Pindaricæ latent,
Cææque, et Alcæi minaces,
Stesichorique graves camœnæ.
(Hor. *Od.* IV, 9.)

** Quales temporibus magni viguere Sophoclis. (*Ibid.*)

stances ne sont pas une ode, et ces vers contre les Anglais sont intitulés, *Stances*. Enfin cette ode de Chapelain est-elle en effet très belle, comme on nous le dit ? Boileau, plus réservé, dit seulement qu'elle est assez belle; et bien loin qu'on puisse lui imputer de n'en pas dire assez, il suffit de la lire pour se convaincre que la disproportion entre le style de cette ode, qui en général est assez pur et assez nombreux, et l'horrible barbarie des vers de *la Pucelle*, a rendu Boileau beaucoup trop indulgent. Cette ode a quelques belles strophes; mais le plus grand nombre pèche encore par le prosaïsme, par les chevilles, par une langueur monotone. La marche en est exacte, mais froide; les idées se suivent, mais ne procèdent point par des mouvements lyriques. En un mot, c'est, à peu de chose près, une pièce fort médiocre, que cette ode dont on veut se faire un titre pour guinder Chapelain au-dessus de Despréaux.

Au reste, l'anonyme, qui nous avait annoncé une démonstration, n'ajoute rien à ce bel argument, qu'il abandonne tout de suite en avouant que c'est *un sophisme*. Comme il nous a accoutumé à ses contradictions, il n'y a rien à dire. Nous sommes encore trop heureux qu'il veuille bien ne pas nous *prouver que Chapelain est plus poète que Boileau*.

En revanche, il nous démontre, et toujours par l'organe du même interlocuteur, que *c'est à Chapelain que nous devons Racine*, parce que Chapelain, qui disposait des graces, lui procura une pension de six cents livres pour son ode *sur le mariage du roi*, et engagea le jeune poète à corriger une strophe où il avait mis des Tritons dans la Seine. Il faut louer Chapelain d'avoir fait une très bonne action, d'avoir encouragé un talent naissant, et d'avoir ôté de la Seine les Tritons qui s'y trouvaient par une inadvertance que l'anonyme appelle une *incroyable bévue*. Mais Molière encouragea aussi la jeunesse de Racine, lui donna cent louis de sa première tragédie, et lui fournit même le plan d'une autre; et personne n'a jamais prétendu que l'on dût Racine à Molière. On ne doit un homme tel que Racine qu'à la nature, à qui l'on n'a pas souvent de pareilles obligations; et si l'auteur de la *Lettre* perd beaucoup de paroles et de papier à nous convaincre que Boileau n'a point appris à Racine à faire *Iphigénie* et *Phèdre*, c'est qu'apparemment il aime à prendre une peine inutile et à répondre à ce qu'on n'a pas dit. On a dit, et avec raison, qu'un critique et un ami tel que Boileau avait contribué à former le goût et le style de Racine, et il serait également superflu de le prouver ou de le nier.

Notre anonyme, toujours prodigue d'exclamations, et toujours à propos, s'écrie sur ce procédé de Chapelain : « Quelle grandeur d'âme! quelle no-« blesse! » Peut-être cet enthousiasme paraîtra-t-il un peu exagéré quand il s'agit d'une pension de six cents livres procurée par un homme alors le doyen et l'arbitre de la littérature, à un jeune débutant qui avait célébré son roi avec succès; mais l'exagération est excusable quand on loue les bonnes actions : ce qui ne l'est pas, c'est de les tourner en reproches injustes contre un autre; c'est d'en conclure que *l'on doit à Chapelain mille fois plus de respect qu'à Despréaux.* Ce n'est pas tout : il compare à cette conduite de Chapelain avec Racine celle de Boileau avec Chapelain; il voudrait que Boileau eût appris aussi à l'auteur de *la Pucelle* à faire mieux des vers, au lieu d'aller partout décrier cet ouvrage dès que les onze premiers chants eurent paru; « et « peut-être, dit-il, Chapelain serait devenu aussi « grand que Racine et Boileau. » C'est dommage que cette belle spéculation ne puisse guère s'accorder avec les faits et les dates. J'ai déjà remarqué, Messieurs, que l'auteur ne s'en tire pas mieux que des raisonnements. Quand *la Pucelle* parut (en 1656), Chapelain avait soixante-cinq ans ; et Boileau en avait vingt. Il était alors dans l'étude d'un procureur; et voyez, je vous prie, jusqu'où peut nous égarer l'envie de montrer *de la grandeur d'âme.* On voudrait qu'un clerc de procureur se fût fait à vingt ans le guide et l'aristarque d'un poëte plus que sexagénaire; qu'un jeune inconnu eût été offrir ses leçons à l'auteur le plus célèbre de son temps. Je ne parle pas de l'impossibilité de donner du goût, de l'oreille, du talent enfin à un homme de cet âge : le dieu des vers eût lui-même échoué près de Chapelain. Mais quelle opinion, Messieurs, peut on prendre de ceux qui débitent de semblables rêveries avec tant de sérieux et de pathétique; qui dénaturent ainsi tous les faits et toutes les idées, pour injurier à plaisir; qui veulent que Boileau, dont les Satires ne parurent que dix ans après *la Pucelle,* ait couru partout pour la décrier, lorsqu'il était, comme il le dit lui-même, *dans la poudre du greffe?* Est-ce ignorance de ce qu'il y a de plus aisé à savoir? est-ce un dessein formé d'écrire contre la vérité? est-ce défaut absolu de sens, impossibilité de lier ensemble deux idées? est-ce tout cela réuni? Que l'on choisisse : les faits parlent. Il sont sans réplique.

Enfin, comment concevoir cette aveugle animosité qui poursuit un homme tel que Despréaux près d'un siècle après sa mort, et l'attaque à la fois dans ses écrits, dans son caractère, dans sa personne; qui fait d'une dissertation littéraire un factum diffamatoire, un libelle furieux contre un écrivain respecté, qui ne peut plus se défendre? Oui, Messieurs, les sarcasmes et les outrages ne tombent pas ici seulement sur l'écrivain, mais sur l'homme. Que l'auteur en effet appelle les *saphirs* du Tasse ce qui paraît à Boileau du *clinquant;* qu'à propos d'une satire où le poète n'a voulu parler que de la rime, il lui reproche de n'avoir pas connu le talent de Molière, et qu'il oublie le touchant hommage que Boileau a rendu à sa mémoire dans l'épître *à Racine*, et les jolies stances qu'il lui adressa contre les critiques de *l'École des Femmes;* que, troublé par une espèce de délire qui le met sans cesse en opposition avec lui-même, il l'appelle tantôt un esprit timide, étroit, borné, tantôt un grand poète : qu'il nous dise ici que sa tête ne renfermait que des hémistiches; là, qu'il avait un *jugement et un sens exquis;* qu'il prenne tout le monde à témoin de *la froide monotonie* de l'écrivain qui dans *l'Art poétique* a su si bien se ployer à tous les tons; que, selon lui, Chapelle, qui de sa vie ne fit un vers hexamètre, Furetière, qui n'en a pas fait un bon, aient fait pour Boileau une foule des plus beaux vers, lorsqu'il n'en faisaient pas pour eux; que *Dulot vaincu* lui paraisse au-dessus du *Lutrin*; qu'il pousse même l'indécence jusqu'à dire que la plaisanterie connue de Despréaux sur l'*Agésilas* était *le coup de pied de l'âne :* on répond suffisamment à toutes ces folies par le rire de la pitié et du mépris. Mais a-t-on le droit d'imprimer d'un écrivain qui fut toujours si jaloux de la réputation d'un honnête homme, et à qui jamais on ne l'a contestée, « qu'il flatta les grands « et les heureux du siècle, et se moqua de la vertu « dans l'indigence et du talent sans appui ? » Boileau secourut la vertu et le talent dans l'indigence : il fut le bienfaiteur de Patru. On sait qu'il prêtait de l'argent même à Linière qui s'en servait pour aller au cabaret faire un couplet contre lui : on sait qu'il déclara qu'il renoncerait à sa pension, si l'on retranchait celle de Corneille, et qu'il réussit à la lui faire conserver. On ose l'accuser d'avoir bafoué Corneille ! Il dit dans son *Discours au roi :*

Oui, je sais qu'entre ceux qui t'adressent leurs veilles,
Parmi les Pelletiers, on compte des Corneilles.

Il dit dans ses Épîtres* :

En vain contre le *Cid* un ministre se ligue,
Tout Paris pour Chimène a les yeux de Rodrigue.

* Lisez dans ses Satires.   F.

L'Académie en corps a beau le censurer,
Le public révolté s'obstine à l'admirer.

(Sat. IX.)

Il dit dans *l'Art poétique* :

Que Corneille, pour lui ranimant son audace,
Soit encor le Corneille et du *Cid* et d'*Horace*.

(Chant IV.)

Il dit à Racine :

De Corneille vieilli, tu consoles Paris.

(Épît. VII.)

Il dit à ses vers :

Déjà, comme les vers de *Cinna*, d'*Andromaque*,
Vous croyez à grands pas, chez la postérité,
Courir, marqués au coin de l'immortalité.

(Épît. X.)

Ces hommages si éclatants et si multipliés ne sont-ils pas l'expression d'un sentiment vrai? et peuvent-ils être balancés par un *hélas!* sur l'*Agésilas?*

Non, non, les grands hommes du siècle de Louis XIV se respectaient mutuellement, malgré la concurrence, et même malgré l'inimitié. Ils étaient justes les uns envers les autres; et ceux du nôtre, quoi qu'en veuille dire l'anonyme, l'ont été envers Despréaux. Ce n'est pas aux gens instruits que l'anonyme s'adressait lorsqu'il a dit en finissant: « Comment se fait-il que la plupart de nos écrivains philosophes se soient *déclarés contre lui?* » et il nomme Voltaire, Vauvenargues, Helvétius et Fontenelle. Il est contre toute raison de compter ce dernier, ennemi déclaré de Boileau, et de regarder ses épigrammes comme un jugement. C'est comme si l'on donnait pour une autorité sa mauvaise épigramme contre l'*Athalie* de Racine. Il les haïssait tous les deux, c'est tout ce qu'on en peut conclure : ce n'est pas ici le lieu d'examiner à quel point cette haîne pouvait être fondée. L'auteur de la *Lettre* ajoute : « Pourquoi Boileau n'a-t-il jamais pu *captiver l'ad-« miration* de MM. Marmontel, de Condorcet, Du-« saulx, l'abbé Delille, *Mercier?* » Je ne m'arrête pas à cette association de noms peu faits pour aller les uns avec les autres. C'est un petit charlatanisme aujourd'hui fort usité par les faiseurs de feuilles et de pamphlets, qui, affectant de mêler les noms les moins faits pour se trouver ensemble, s'efforcent en vain de confondre les rangs sur la liste de la renommée, à qui l'on n'en impose pas. Mais ce que je ne dois pas omettre, c'est que ce passage, Messieurs, est ce qui m'a déterminé à entreprendre la réfutation dont je vous ai faits les juges. Dans ce grand nombre d'auteurs nommés, bien des gens ne se rappellent pas, ou n'iront pas chercher exprès les endroits relatifs à la question, et sur-tout n'imagineront pas aisément qu'on se hasarde ainsi à citer des autorités qui, du moment où elles seront vérifiées, accableront celui qui a voulu s'en appuyer. Cette énumération insidieuse et mensongère est donc très propre à faire illusion : l'auteur y a bien compté, puisqu'il a conservé ce trait pour le dernier, comme celui qui pouvait produire le plus d'impression. Et où en serions-nous, si l'on pouvait se persuader que tant d'esprits éminents aient pu faire cause commune avec l'inconnu qui vient d'outrager si indignement un des plus vénérables fondateurs de notre littérature? Il importe de mettre la vérité en évidence : les témoignages qu'on invoque ici contre Despréaux vont achever son éloge et constater l'opinion. Il est de fait que le peu de reproches que lui font ceux qui lui rendent d'ailleurs la plus éclatante justice porte entièrement sur quelques points avoués par tous les gens sensés, sur deux ou trois jugements trop peu mesurés, sur l'infériorité de ses Satires par rapport à ses autres ouvrages, et n'a rien de commun avec cet amas de folles invectives dont je ne vous ai même rapporté qu'une partie.

Commençons par celui qu'il faut toujours placer avant tous, par Voltaire. Ouvrons *le Temple du Goût*:

> Là régnait Despréaux, leur maître en l'art d'écrire;
> Lui qu'arma la raison des traits de la satire;
> Qui, donnant le précepte et l'exemple à la fois,
> Établit d'Apollon les rigoureuses lois.

Lisons le *Discours sur l'Envie*:

> On peut à Despréaux pardonner la satire;
> Il joignit l'art de plaire au malheur de médire.
> Le miel que cette abeille avait tiré des fleurs
> Pouvait de sa piqûre adoucir les douleurs;
> Mais pour un lourd frélon, méchamment imbécile,
> Qui vit du mal qu'il fait, et nuit sans être utile,
> On écrase à plaisir cet insecte orgueilleux,
> Qui fatigue l'oreille et qui choque les yeux.

Ce contraste entre le bon poète qui écrit des satires en vers élégants, et les mauvais satiriques en mauvaise prose, se présente si naturellement à l'esprit, et l'application en est si fréquente, que nous la retrouverons dans plusieurs des écrivains que je citerai.

Dans le poème de *la Guerre de Genève*, l'auteur s'adresse à Boileau :

> Grand Nicolas, de Juvénal émule,
> Peintre des mœurs, surtout du ridicule,
> Ton style pur a de quoi me tenter :
> Il est trop beau ; je ne puis l'imiter.

Passons des vers à la prose : on y exprime son avis avec plus de développement; on y considère les objets sous toutes les faces. Écoutons l'article *Art poétique* dans les *Questions sur l'Encyclopédie*. L'auteur commence par y réfuter un philosophe de ses amis *, qui avait appelé Boileau un *versificateur*. « Il faut rendre justice à Boileau. S'il n'avait été
« qu'un versificateur, il serait à peine connu. Il ne
« serait pas de ce petit nombre de grands hommes
« qui feront passer le siècle de Louis XIV à la der-
« nière postérité. Ses dernières satires **, ses belles
« épîtres, et sur-tout son *Art poétique*, sont des
« chefs-d'œuvre de raison autant que de poésie. *Sa-*
« *pere est et principium et fons*. L'art du versificateur
« est à la vérité d'une difficulté prodigieuse, sur-tout
« en notre langue, où les vers alexandrins marchent
« deux à deux, où il est rare d'éviter la monotonie,
« où il faut absolument rimer, où les rimes agréables

---

* Diderot.

« Il veut parler de la IX.ᵉ et de la VIII.ᵉ

« et nobles sont en trop petit nombre, où un mot
« hors de sa place, une syllabe dure, gâte une
« pensée heureuse : c'est danser sur la corde avec
« des entraves ; mais le plus grand succès dans cette
« partie de l'art n'est rien s'il est seul. *L'Art poétique*
« de Boileau est admirable, parce qu'il dit toujours
« agréablement des choses vraies et utiles, parce
« qu'il donne toujours le précepte et l'exemple,
« parce qu'il est varié, parce que l'auteur, en ne
« manquant jamais à la pureté de la langue,

« Sait, d'une voix légère,
« Passer du grave au doux, du plaisant au sévère.

Ce qui prouve son mérite chez tous les gens de
« goût, c'est qu'on sait ses vers par cœur; et ce qui
« doit plaire aux philosophes, c'est qu'il a presque
« toujours raison.... On oserait présumer ici que
« *L'Art poétique* de Boileau est supérieur à celui
« d'Horace. La méthode est certainement une beauté
« dans un poème didactique : Horace n'en a point.
« Nous ne lui en ferons pas un reproche, puisque
« son poème est une épître familière aux Pisons, et
« non pas un ouvrage régulier comme *les Géorgiques*.
« Mais c'est un mérite de plus dans Boileau; mérite
« dont les philosophes doivent lui tenir compte.
« *L'Art poétique* latin ne paraît pas, à beaucoup
« près, si travaillé que le français. Horace y parle
« presque toujours sur le ton libre et familier de
« ses autres épîtres : c'est une extrême justesse
« d'esprit, c'est un goût fin ; ce sont des vers heu-
« reux et pleins de sel, mais souvent sans liaison,

« quelquefois destitués d'harmonie ; ce n'est pas
« l'élégance et la correction de Virgile. L'ouvrage
« est très bon : celui de Boileau paraît encore meil-
« leur : et si vous en exceptez les tragédies de Ra-
« cine, qui ont le mérite supérieur de traiter toutes
« les passions et de surmonter toutes les difficultés
« du théâtre, *l'Art poétique* de Boileau est sans con-
« tredit le poème qui fait le plus d'honneur à la
« langue française. »

Je ne joindrai pas à un morceau si décisif et si frappant une foule de passages où Voltaire énonce le même avis en d'autres termes; je n'insisterai pas sur le *Commentaire de Corneille*, où non-seulement les préceptes de Boileau, mais ses jugements, qui nous ont été transmis par tradition, sont cités sans cesse comme on cite les lois dans les tribunaux. Mais je crois devoir remarquer, dans l'article qu'on vient d'entendre, la différence du ton de Voltaire et de celui de l'anonyme : elle est en raison inverse de celle des lumières. Voltaire veut-il donner la préférence à *l'Art poétique* de Boileau, comment s'exprime-t-il? *On oserait présumer.....* Comparez cette réserve avec la confiance insultante, la morgue magistrale, la hauteur dédaigneuse d'un inconnu qui juge Boileau. Observez que dans cette longue diatribe, où l'on contredit le jugement de deux siècles, on ne trouve pas une fois la formule du doute; qu'en renversant tous les principes reçus, toutes les notions du bons sens, on ose attester *tous les bons esprits*. Ce seul trait, entre mille autres, suffirait pour prouver que l'auteur ne doute de rien.

Sur quoi donc peut-il s'appuyer, quand il dit que Voltaire *s'est déclaré contre Boileau?* Sans doute sur deux vers échappés à sa vieillesse, deux vers qui ne sont qu'une saillie d'humeur, et qui ne peuvent jamais, aux yeux de la raison et de la bonne foi, démentir tant d'hommages réitérés, et soixante ans d'admiration. On les lui a reprochés justement, ces vers : ils commencent l'*Épître à Boileau :*

Boileau, *correct auteur de quelques bons écrits,*
Zoïle de Quinault et *flatteur* de Louis;
Mais oracle du goût dans cet art difficile
Où s'égayait Horace, où travaillait Virgile, etc.

Le premier est un éloge mince; le second est injurieux. Mais je vous le demande, Messieurs, est-ce dans ces deux vers qu'il faut chercher la véritable opinion de Voltaire, ou dans les morceaux si détaillés que vous avez entendus, et dans tout le reste de ses ouvrages? Celui qui vient de parler avec tant d'admiration de *l'Art poétique* croyait-il en effet que son auteur ne fût que correct, et que son mérite se bornât à quelques bons écrits? Du moins ces deux vers, qui ne sont que le caprice poétique d'une imagination mobile, ont-ils pu laisser à l'anonyme une sorte de prétexte; mais je cherche en vain celui que peuvent lui fournir Vauvenargues et Helvétius, qu'il range parmi les détracteurs de Boileau. Voici tout ce qu'on trouve dans l'excellent livre du penseur Vauvenargues, l'un des esprits les plus judicieux de ce siècle :

« Boileau prouve, autant par son ouvrage que

« par ses préceptes, que toutes les beautés des bons
« ouvrages naissent de la vive expression et de la
« peinture du vrai. Mais cette expression si tou-
« chante appartient moins à la réflexion sujette à
« l'erreur, qu'à un sentiment très intime et très
« fidèle de la nature. La raison n'était pas distincte,
« dans Boileau, du sentiment : c'était son instinct.
« Aussi a-t-elle animé ses écrits de cet intérêt qu'il
« est si rare de rencontrer dans les ouvrages didac-
« tiques.... Boileau ne s'est pas contenté de mettre
« de la vérité et de la poésie dans ses ouvrages; il a
« enseigné son art aux autres; il a éclairé tout son
« siècle; il en a banni le faux goût autant qu'il est
« permis de le bannir de chez tous les hommes. Il
« fallait qu'il fût né avec un génie bien singulier
« pour échapper, comme il a fait, aux mauvais
« exemples de ses contemporains, et pour leur im-
« poser ses propres lois. Ceux qui bornent le mé-
« rite de sa poésie à l'art et à l'exactitude de la ver-
« sification ne font pas peut-être attention que ses
« vers sont pleins de pensées, de vivacité, de saillies,
« et même d'invention de style. Admirable dans la
« justesse, dans la solidité et la netteté de ses idées,
« il a su conserver ces caractères dans ses expres-
« sions, sans perdre de son feu et de sa force, ce
« qui prouve incontestablement un grand talent....
« Si l'on est donc fondé à reprocher quelque défaut
« à Boileau, ce n'est pas, à ce qu'il me semble, le
« défaut de génie; c'est au contraire d'avoir eu plus
« de génie que d'étendue ou de profondeur d'es-
« prit, plus de feu et de vérité que d'élévation et de

« délicatesse; plus de solidité et de sel dans la cri-
« tique que de finesse ou de gaieté, et plus d'agré-
« ment que de grace. On l'attaque encore sur
« quelques-uns de ses jugements qui semblent in-
« justes, et je ne prétends pas qu'il fût infaillible. »

Voilà l'article entier qui regarde Boileau, Messieurs : vous semble-t-il d'un homme qui *se déclare contre lui?* Pensez-vous que Boileau en eût été mécontent? Cette distinction si délicate et si juste des différentes qualités qui dominent plus ou moins dans ses ouvrages est en effet d'un philosophe et d'un homme de goût. Y a-t-il un seul mot qui soit d'un détracteur? J'ai quelque obligation à l'anonyme, je l'avoue, de m'avoir fourni l'occasion de mettre sous vos yeux cet intéressant morceau, où j'ai eu le plaisir de retrouver en substance tout ce que j'ai tâché de développer dans l'analyse des écrits de Despréaux. Si je ne me suis pas exprimé aussi bien que Vauvenargues, je suis du moins plus assuré de mon opinion, quand elle est si conforme à la sienne.

Voyons Helvétius. Il parle, dans une note, de ce même accident qui est le sujet des railleries agréables de l'anonyme. Il en parle en physicien observateur, et croit y voir la cause du défaut de sensibilité du poète, et de son peu d'amour pour les femmes. Mais ce qui prouve qu'il n'en tire pas d'autres conséquences contre son talent, c'est ce qu'il en dit dans son chapitre *sur le Génie.* « La Fontaine et Boileau
« ont porté peu d'invention dans le fond des sujets
« qu'ils ont traités; cependant l'un et l'autre sont,
« avec raison, mis au rang des *génies* : le premier,

« par la naïveté, le sentiment et l'agrément qu'il a
« jetés dans sa narration; le second, par la correc-
« tion, la force, et la poésie de style qu'il a mises dans
« ses ouvrages. Quelques reproches qu'on fasse à
« Boileau, on est forcé de convenir qu'en perfec-
« tionnant infiniment l'art de la versification, il a
« réellement mérité le titre d'inventeur. »

Vous attendez peut-être quelque restriction qui puisse servir d'excuse à l'anonyme. Non, Messieurs, j'ai cité tout: il n'y a pas un mot de plus. Je laisse à vos réflexions le soin d'apprécier les moyens honnêtes et nobles qui sont d'usage aujourd'hui pour tromper le public et décrier ce qu'on admire. Pour moi, je ne m'y arrêterai pas; je me réserve, dans la suite, de traiter particulièrement des abus honteux qui déshonorent les lettres dans ce siècle, et que le siècle précédent n'a point connus; et dans ce nombre je serai obligé de compter l'habitude de se permettre le mensonge sans scrupule et sans pudeur.

On a (dans l'*Avertissement*) nommé d'Alembert parmi les détracteurs de Boileau. Écoutons d'Alembert. Je vous préviens, Messieurs, que vous allez retrouver à peu près les mêmes idées que dans Voltaire, Vauvenargues, Helvétius, c'est-à-dire celles qui sont diamétralement opposées à tout ce que l'anonyme a voulu établir; mais cette uniformité d'avis est précisément ce qu'il importe de constater. Après avoir dit, comme nous le disons tous, que les Satires de Boileau sont la moindre partie de sa gloire, il continue ainsi: « Il sentit qu'il faut être, en vers comme
« en prose, l'écrivain de tous les temps et de tous

« les lieux.... Il produisit ces ouvrages qui assurent
« à jamais sa renommée. Il fit ses belles épitres, où il
« a su entremêler à des louanges finement exprimées
« des préceptes de littérature et de morale, rendus
« avec la vérité la plus frappante et la précision la
« plus heureuse; son *Lutrin*, où avec si peu de ma-
« tière il a répandu tant de variété, de mouvement
« et de grace; enfin, son *Art poétique*, qui est dans
« notre langue le code du bon goût, comme celui
« d'Horace l'est en latin; supérieur même à celui
« d'Horace, non-seulement par l'ordre si nécessaire
« et si parfait que le poète français a mis dans son
« ouvrage, et que le poète latin semble avoir trop
« négligé dans le sien; mais sur-tout parce que Des-
« préaux a su faire passer dans ses vers les beautés
« propres à chaque genre dont il donne les règles.
« Nous n'examinerons point si l'auteur de ces chefs-
« d'œuvre mérite le titre d'homme de génie qu'il
« se donnait sans façon à lui-même, que dans ces
« derniers temps quelques écrivains lui ont peut-
« être injustement refusé; car n'est-ce pas avoir droit
« à ce titre, que d'avoir su exprimer en vers har-
« monieux, pleins de force et d'élégance, les arrêts de
« la raison et du bon goût, et sur-tout d'avoir connu
« et développé le premier, en joignant l'exemple
« au précepte, l'art si difficile et jusqu'alors si peu
« connu, de la versification française ?.... Despréaux
« a eu le mérite rare, et qui ne pouvait appartenir
« qu'à un homme supérieur, de former le premier
« en France, par ses leçons et par ses vers, une
« école de poésie. Ajoutons que, de tous les poètes

« qui l'ont précédé ou suivi, aucun n'était plus fait
« que lui pour être le chef d'une pareille école. En
« effet, la correction sévère et prononcée qui carac-
« térise ses ouvrages le rend singulièrement propre
« à servir d'étude aux jeunes élèves en poésie. C'est
« sur les vers de Despréaux qu'ils doivent modeler
« leurs premiers essais...... Despréaux, fondateur et
« chef de l'école poétique française, eut dans Racine
« un disciple qui lui aurait suffi pour lui assurer
« l'immortalité, quand il ne l'aurait pas d'ailleurs
« si bien méritée par ses propres écrits. » (D'Alembert, *Éloge de Despréaux*.)

C'est à l'anonyme maintenant à concilier, comme
il le pourra, cette doctrine avec la sienne. Le philosophe, à propos des mauvais satiriques, en vers
ou en prose, qui se sont faits si maladroitement les
singes de Boileau, fait une réflexion qui sûrement
ne paraîtra pas ici hors de propos. « Il y a, dit-il,
« entre eux et lui cette différence très fâcheuse
« pour eux, qu'il a commencé par des satires, et
« fini par des ouvrages immortels, et qu'au contraire
« ils ont commencé par de mauvais ouvrages, et
« fini par des satires plus déplorables encore. Con-
« duits à la méchanceté par l'impuissance, c'est le
« désespoir de n'avoir pu se donner d'existence par
« eux-mêmes, qui les a ulcérés et déchaînés contre
« l'existence des autres. » (D'Alembert, *ibid.*)

L'auteur de la *Lettre* a pris pour épigraphe un
passage tiré d'un fort beau discours de M. Dusaulx
sur les poètes satiriques. Il ne manque pas de le
ranger aussi parmi ceux dont Boileau, dit-il, *n'a ja-*

mais pu captiver l'admiration. Cependant les réflexions du traducteur de Juvénal ne portent que sur les Satires de Boileau, dans lesquelles il désirerait, avec raison, un fond plus moral. D'ailleurs, il reconnaît en lui l'homme fait pour *apprécier les ouvrages et guider les auteurs;* ce qui est directement le contraire des opinions de l'auteur de la *Lettre;* et bien loin de refuser à Boileau son admiration, voici comme il finit : « Respectons la mé-
« moire de ce fameux critique : s'il est contraint de
« céder à ses devanciers la palme de la satire, ils ne
« sauraient lui rien opposer de plus parfait que
« *l'Art poétique* et *le Lutrin.* »

L'anonyme appelle aussi M. de Condorcet à son secours, et cite son éloge de Claude Perrault. Ouvrez cet éloge, et vous y verrez qu'en blâmant la satire, en blâmant le poète de n'avoir pas rendu justice à l'architecte, il n'attaque en rien le mérite littéraire de Despréaux, ni les services qu'il a rendus aux lettres, et qu'il explique comment Claude Perrault n'était pas plus juste envers Boileau que Boileau envers lui, par la différence des objets qui les occupaient. Son résultat est dans cette phrase :
« Boileau, qui est un grand poète pour les gens de
« goût et les amateurs de la poésie, n'est presque
« qu'un versificateur pour ceux *qui ne sont que phi-*
« *losophes.* » N'est-ce pas dire clairement que ceux qui ne sont que philosophes ne sont pas juges compétents du mérite d'un poète?

J'ai exposé, en commençant cette analyse, l'avis de M. Marmontel : quant à M. l'abbé Delille, pour nous prouver que Boileau *n'a jamais pu captiver son admiration*, l'on nous renvoie à une satire sur le luxe, où il dit que Cotin a été quelquefois *immolé à la rime*. On sent combien cette preuve est concluante; mais l'auteur de la *Lettre*, fidèle à ses petites ruses de guerre, se garde bien de citer les deux vers tels qu'ils sont :

Mais laisse là Cotin, misérable victime
Immolée au bon goût, quelquefois à la rime.

On a conservé l'hémistiche *quelquefois à la rime*, mais on a soigneusement supprimé *immolée au bon goût*; et il devient évident, du moins pour l'auteur de la *Lettre*, que celui qui s'est permis cette légère plaisanterie ne peut pas admirer Boileau. Nous savons que l'anonyme ne raisonne jamais autrement; mais ceux qui connaissent le traducteur des *Géorgiques* savent qu'il n'y a point d'auteur dans notre langue qu'il ait plus étudié que Boileau, ni dont il estime davantage la versification.

Il ne reste donc plus que M. Mercier: pour ce coup, l'anonyme a raison. Il est avéré que M. Mercier *n'admire* point du tout Boileau; et si l'on nous demande pourquoi, nous dirons de notre côté : Pourquoi ce même M. Mercier méprise-t-il souverainement Racine, qu'il appelle un *froid petit bel esprit?* Pourquoi a-t-il si peu d'estime pour Molière, qui *n'a déchiffré que quelques pages du grand livre de l'homme*, et qui *ne s'est jamais élevé jusqu'au drame?* Pourquoi nous invite-t-il à *brûler notre théâtre?* etc.

Nos *pourquoi ne finiraient jamais*. Ainsi nous répondrons à l'anonyme que si Boileau, Racine et Molière *n'ont jamais pu captiver l'admiration de M. Mercier*, c'est un malheur dont on peut croire qu'ils auraient la force de se consoler.

J'ai fini la tâche que j'avais entreprise, et j'ose croire qu'elle n'a pu paraître inutile ni déplacée. S'il n'entre pas dans le plan que je me suis proposé de parler des productions, du talent des auteurs vivants, c'en est une partie nécessaire de discuter leurs opinions. Je l'ai déjà fait plus d'une fois, et je compte le faire encore ; car on n'établit les vérités qu'en détruisant les erreurs, et ces vérités sortent plus claires et plus brillantes du choc de la discussion. Il est à propos d'ailleurs de réprimer de temps en temps les scandales littéraires. Un homme qui juge Despréaux avec le ton d'un maître, et le déchire avec la fureur d'un ennemi ; qui traite comme de petits esprits, comme des gens à préjugés imbéciles, ceux qui honorent l'auteur de *l'Art poétique* ; un tel homme insulte toute une nation éclairée ; et j'ai vengé la cause de tous les Français raisonnables en vengeant celle de Despréaux. J'ai confondu la mauvaise foi, en faisant voir que celui qui osait attribuer ses propres opinions à nos plus illustres littérateurs, avait calomnié leur justice, en même temps qu'il calomniait le talent de Boileau. Cette brochure forcenée n'est que l'explosion de la haine secrète d'une troupe de révoltés, qui ne détestent dans Boileau que l'autorité de la raison. Jamais il n'eut plus d'ennemis qu'aujourd'hui, parce qu'il n'en peut avoir d'autres que ceux du bon goût, et que leur audace s'est accrue avec leur nombre : l'expérience atteste le mal qu'ils peuvent faire. Les Romains autrefois, dans les temps de calamités publiques, faisaient descendre du Capitole et tiraient du fond de leurs temples les statues des dieux tutélaires, que l'on portait en pompe par la ville, à la vue des citoyens qu'elles rassuraient. S'il est permis, suivant l'expression d'un ancien, de comparer de moindres choses à de plus grandes, les lettres ont aussi leurs jours de calamité ; et, quand l'image révérée de Despréaux vient de paraître dans ce Lycée, où nous appelons avec lui tous les dieux des arts pour les opposer à la barbarie, n'est-ce pas le moment de repousser les outrages et les blasphèmes que des barbares osent opposer au culte que nous lui rendons? *

La Harpe, Cours de Littérature.

VII.

Quand Despréaux parut, la poésie retrouva ce style qu'elle avait perdu depuis les beaux jours de Rome; ce style toujours clair, toujours exact, qui n'exagère ni n'affaiblit, n'omet rien de nécessaire, n'ajoute rien de superflu, va droit à l'effet qu'il veut produire, ne s'embellit que d'ornements accessoires puisés dans le sujet, sacrifie l'éclat à la véritable richesse, joint l'art au naturel, et le travail à la fa-

---

* Cette brochure, que La Harpe réfute si victorieusement, mais contre laquelle il a peut-être un peu trop longuement raisonné, avait, je crois, pour auteur Dorat-Cubières, et était adressée et dédiée au marquis de Ximenès.

H. Patin

cilité; qui, pour plaire toujours davantage, s'allie toujours de plus près au bon sens, et s'occupe moins de surprendre les applaudissements que de les justifier; qui fait sentir enfin, et prouve à chaque instant, cet axiome éternel : *Rien n'est beau que le vrai.*

La réunion de ces qualités si rares prouve que Despréaux avait plus d'étendue dans l'esprit que ne l'ont cru des juges sévères. On s'est plaint de ne point trouver dans ses écrits l'expression du sentiment; mais était-elle nécessaire aux genres qu'il a choisis? Il mérite de nouveaux éloges pour s'être renfermé dans les bornes de son talent : tant de bons écrivains ont eu la faiblesse d'en sortir! Il emploie toujours le degré de verve nécessaire à son sujet. Pourquoi donc l'a-t-on accusé de froideur? Les jeunes gens, qui aiment l'exagération, lui ont fait souvent ce reproche. Plusieurs ont à expier des jugements précipités sur ce législateur du goût : heureux ceux qui se désabusent de bonne heure! Despréaux n'a pas sans doute la philosophie de Pope, qu'il égale au moins par le style. On ne peut guère exiger qu'il s'élevât au-dessus des idées de son siècle; les siennes ne sont point inférieures à celles des moralistes ses contemporains, si l'on excepte La Fontaine et Molière. Combien de vers des épîtres à Lamoignon, à Guilleragues, à Seignelay, sont devenus proverbes, et se répètent tous les jours! Il faut bien qu'ils n'expriment pas des idées triviales. L'épître *au grand Arnauld* n'a-t-elle pas un but très moral, malgré les réflexions critiques d'un littérateur très distingué *? Pour se convaincre de l'utilité de ce sujet, qu'on ouvre les *Confessions de J.-J. Rousseau* : toutes les fautes dont il s'accuse naissent de la mauvaise honte. Que d'hommes trouveraient le même résultat, en interrogeant leur conduite! Cependant il faut avouer que Despréaux n'a pas traité les sujets de morale avec la même profondeur que le poète anglais **. Il avait moins d'élévation dans les idées ; mais il compense bien ce désavantage par l'excellence de son goût et la justesse de son esprit.

de Fontanes, *Discours préliminaire de la Trad. de l'*Essai sur l'Homme.

VIII.

Au commencement du siècle qui vit naître Boileau, Malherbe avait banni les vices de notre ancienne versification, introduit dans le rhythme français la justesse et l'harmonie, et créé parmi nous les véritables formes de la poésie lyrique. Régnier avait emprunté la satire aux anciens, et défriché, non sans honneur, ce champ que de plus heureuses mains devaient cultiver un jour. La France

---

* Marmontel.

* Les *Épîtres morales* de Pope sont regardées avec raison comme des modèles parfaits de ce genre de poésie. La rapidité et la concision du style leur donne quelque chose de vif et de mordant qui frappe l'imagination et soutient l'attention du lecteur ; Pope y a déployé toutes les ressources de son génie ; et, comme l'observe M. de Fontanes, il l'emporte sur le satirique français, par la profondeur des idées, et peut-être aussi par la force d'une logique serrée qui ne vous permet pas d'avoir d'autre opinion que la sienne. Quand on les a lues, on demeure étonné qu'il soit resté si faible dans ses ouvrages poétiques d'un genre plus sublime. (*Voyez* Pope.)   F.

avait entrevu l'aurore du bon goût; mais sa lumière naissante ne tarda point à être éclipsée par de fausses lueurs, pires que les ténèbres qui l'avaient précédée. La vaine enflure des auteurs espagnols, et les froids *concetti* des poètes italiens, furent bientôt pris pour modèle par nos écrivains. Disputant entre eux à qui serait plus sublime ou plus ingénieux, ils devenaient extravagants ou inintelligibles. Ceux-ci éblouissaient leurs lecteurs par le faste hyperbolique de ces expressions qui cachent le vide des idées; ceux-là les séduisaient par l'apprêt métaphysique de ces pensées dont la fausseté échappe à la faveur de la subtilité. Ce fut alors qu'on vit naître ces énormes romans où les personnages les plus graves de l'antiquité agitaient des questions d'amour dans un jargon emphatique et quintessencié; ces romans où l'histoire était sans vérité, la fiction sans vraisemblance, la peinture du cœur humain et celle des mœurs sans fidélité. Tandis que les *Polexandre*, les *Orondate*, les *Artamène*, échappés des livres de La Calprenède, de Gomberville, et de Scuderi, s'emparaient de la tragédie, où ils portaient leurs conversations et leurs amours sans fin, Scarron occupait la scène comique, et la souillait par de cyniques bouffonneries. Ce même Scarron dégradait par de vils travestissements les héros de l'épopée, que les auteurs de Clovis, d'Alaric, et de saint Louis, déshonoraient encore davantage par le merveilleux bizarre de leurs fictions, le prosaïsme et la dureté de leurs vers. Cependant Benserade ravissait la cour, enchantait les ruelles par des pointes et des quolibets; Voiture tenait le sceptre à ce fameux hôtel de Rambouillet, école ouverte de style précieux, et rendez-vous des personnages les plus illustres par la naissance et par l'esprit; Chapelain régnait au Parnasse *, et désignait les poètes à la libéralité de Louis XIV. Ainsi les modèles, les succès, les récompenses, tout favorisait l'influence du mauvais goût, tout conspirait à assurer son empire. A la vérité, Corneille avait pris son sublime et rapide essor du sein de cette contagion universelle; mais l'élévation de son génie n'avait pu tout-à-fait l'en garantir. Un autre grand homme, Molière, né avec le tact qui saisit les ridicules et avec la force qui les terrasse, n'avait payé qu'un léger tribut à ceux qui déshonoraient la littérature. Il s'en affranchit bientôt; mais il n'en délivra pas son siècle. Il avait le monde à corriger; la réformation du Parnasse ne pouvait être son ouvrage : il se contenta de lancer en passant quelques traits. Il fallait donc qu'un jeune auteur, plein de talent et de courage, passionné pour le vrai, ennemi par instinct du faux bel-esprit, fît son unique affaire de le poursuivre à outrance; qu'aussi sévère pour lui-même que pour les autres, il acquît, par une pureté irréprochable de style et de goût, le droit de censurer ceux dont le style et le goût étaient dépravés; et qu'enfin, aussi empressé à admirer les beautés qu'ardent à blâmer les défauts, il fût tout à la fois la terreur et le fléau des méchants poètes, le défenseur et

---

* Comme roi des auteurs qu'on l'élève à l'empire

(Sat. IX.)

l'appui des bons écrivains. Cet auteur fut Boileau.

Il donna ses premières satires. Un début si brillant a perdu de son éclat à nos yeux. Des ouvrages supérieurs, composés dans la force de l'âge et du talent, ont éclipsé ces productions de sa jeunesse. Mais, à considérer l'époque où ils parurent, les essais de Boileau furent des chefs-d'œuvre. A cette époque, la poésie française ne pouvait encore citer aucun ouvrage où l'exactitude et l'heureux tour des constructions, la propriété et la noblesse des termes, la grace et la douceur de la versification, se fissent remarquer au même degré. M'objecterait-on les écrits immortels des deux grands hommes qui ont fondé parmi nous l'une et l'autre scène? Corneille, luttant avec effort contre la barbarie qu'il avait trouvée en possession du théâtre; Corneille, tourmenté du besoin de produire, et employant toutes les forces de son esprit à combiner les plans de ses nombreuses conceptions dramatiques, n'apporta au travail de la diction ni le temps, ni la volonté, ni peut-être les dispositions nécessaires. On prétendit qu'*un démon venait lui dicter ses beaux vers, et l'abandonnait ensuite* *. Molière était le peintre de la nature et de la société. De même que la perspective théâtrale lui faisait une loi d'agrandir les proportions dans le dessin de ses figures, les convenances dramatiques lui prescrivaient d'employer pour les peindre une touche moins régulière et moins soignée. Ce sacrifice qu'il faisait à la vérité de l'imitation, et quelquefois aussi aux diverses

---

* Ce mot est de Molière.

circonstances qui précipitaient son pinceau, ne lui permit point d'obtenir cette pureté de trait, ce fini des détails, qui sont devenus les caractères distinctifs de notre versification. Avant Boileau, ce style poétique dont la correction et l'élégance continues ajoutent à la dignité des plus nobles pensées, et donnent de la noblesse aux plus communes, avant lui, ce style n'existait donc point encore. Il le créa, et, en le créant, il le fixa : aucune de ses expressions, aucun de ses tours n'a vieilli. Ce sont des couleurs à l'épreuve du temps, dont chaque jour semble faire ressortir davantage l'inaltérable fraîcheur. Honneur singulier, gloire unique, si Boileau ne la partageait avec Pascal, que la prose française reconnaît à la fois pour son créateur et pour l'un de ses plus parfaits modèles.

Dans ses premières satires, Boileau avait révélé les secrets de la langue poétique aux écrivains dignes de se les approprier, et en même-temps il avait puni la sottise, intimidé la médiocrité, et appris au public à rougir de ses idoles. Ainsi ses premiers pas dans la carrière avaient été marqués par d'importants services, avant de l'être par d'éclatants succès. Mais l'Europe et la postérité devaient lui donner un jour le titre de Satirique français. Deux ouvrages ont suffi pour le lui mériter. Les ennemis de la raison et du bon goût avaient répondu par des injures plates et grossières à ses critiques pleines de sel et d'enjouement. Boileau, feignant de prendre leur parti contre lui-même, fait le procès *à son esprit*. Les défenses de cet esprit accusé, sa rétractation, ses éloges, la plus sanglante des satires; ce courroux des auteurs dont la conscience s'irrite de la louange encore plus que du blâme; tous ces traits de la malice la plus gaie, de la plaisanterie la plus ingénieuse, sont gravés dans toutes les mémoires, sont répétés par toutes les bouches. C'est ici la raillerie si justement vantée d'Horace, mais plus fine encore, plus spirituelle, et sur-tout plus délicate. Peu auparavant, Boileau avait livré la guerre au genre humain, et, dans un de ces accès d'exagération satirique qui font sourire l'esprit sans révolter la raison, il avait mis le roi des animaux au-dessous du plus stupide, du plus ridicule de ses sujets. C'était cette fois l'énergie de Juvénal sans déclamation, la profondeur de Perse sans obscurité, la causticité d'Aristophane, lorsqu'elle n'est ni bouffonne, ni odieuse.

Émule d'Horace dans la satire, Boileau le fut avec plus de succès encore dans l'épître. L'épître, qui n'exclut aucun sujet, admet aussi tous les tons. Dans ce genre moins borné, moins uniforme, Boileau, tour-à-tour littérateur et moraliste, censeur et courtisan, a déployé le talent le plus flexible. On remarque dans les Épîtres un intérêt plus général, plus varié, plus soutenu, que dans les Satires; la raison y a plus d'étendue et de profondeur; la poésie plus de mouvement, de souplesse, et de grace. Les seules Épîtres de Boileau placeraient leur auteur au premier rang de ceux qui ont orné la raison du charme des beaux vers.

Pour la troisième fois, Boileau lutte contre Horace. Cette fois, la victoire lui reste. Ce qui n'avait fourni à l'un que la matière d'une épître appelée, trop fastueusement peut-être, du nom d'*Art poétique*, est devenu sous la plume de l'autre un poème vraiment digne de ce titre. Inférieur à Boileau du côté de l'étendue, Horace ne peut lui être comparé sous le rapport de l'ordonnance. Employant la forme épistolaire, il use légitimement, mais sans réserve, de toute la liberté qu'elle autorise. La poésie dramatique paraît être le sujet principal de ses réflexions; il ne fait qu'indiquer légèrement les autres genres; du reste, il passe subitement d'un objet à l'autre, et mêle les règles générales aux règles particulières; ainsi il s'affranchit des entraves de la méthode et du *travail des transitions* *. Boileau donne à son poème une forme plus imposante et plus sévère; il y embrasse toutes les parties de l'art qu'il professe; il les divise, les lie, les gradue, les subordonne entre elles et à l'ensemble, par les justes proportions qu'il établit. Travaillant sur un plan vaste et régulier, il développe, pour le remplir et le décorer, toutes les richesses de l'imagination et du style. De là ces heureux épisodes qui rompent l'uniformité du sujet; ces métaphores nobles ou gracieuses qui en ornent la simplicité; cette versification brillante où l'aridité de la pensée se dérobe sous la magnificence de l'expression; ces traits malins qui

---

* Cette expression est de Boileau lui-même. Il s'en est servi en parlant de La Bruyère, à qui il reprochait de s'être épargné, dans son livre des *Caractères*, le travail des transitions, qui était, selon lui, ce qu'il y avait de plus difficile dans les ouvrages d'esprit.

égaient la gravité des règles sans en affaiblir l'autorité ; enfin cet art d'identifier le précepte et l'exemple, en décrivant chaque genre de poésie du ton qui lui est propre, et en y appliquant, pour ainsi dire, la couleur locale.

Jusqu'ici, fidèle sectateur des anciens, Boileau s'est fait une loi de poser religieusement tous ses pas sur les vestiges qu'ils ont imprimés dans la carrière; et, s'il les y a quelquefois devancés, il semble ne devoir cet avantage qu'à l'élan qu'il a pris en les poursuivant. Tout-à-coup nous le voyons tenter un autre chemin vers la gloire. Homère et le Tassoni l'y avaient précédé ; mais dans cette route moins étroite, et dont le terme était plus reculé, ils n'avaient point laissé de traces assez sûres pour guider leur hardi successeur. Si l'imagination est le premier mérite du poète, si cette faculté est d'autant plus admirable que le fond sur lequel elle s'exerce est plus aride, et qu'elle en fait jaillir une source de beautés plus abondantes, quel homme que celui qui trouva le *Lutrin* dans une stérile anecdote,

Et fit d'un vain pupitre un second Ilion.
(*Le Lutrin*, chant VI.)

Suivrai-je Boileau dans la marche de son épopée? M'arrêterai-je à dénombrer les incidents qui en enrichissent la contexture, ces songes, ces conseils ces harangues, ces combats, ces entreprises nocturnes, ces oracles rendus? Rappellerai-je ces caractères dessinés avec tant de hardiesse et de variété, soutenus avec un art si admirable pendant toute la durée de l'action? Vanterai-je ces riches développements de fiction et de poésie, cet heureux accord du naturel et du merveilleux, cette intervention tour-à-tour sublime et plaisante des divinités allégoriques écloses du cerveau du poète*?. Non, je ne disserterai point sur ce qui doit être senti; je ne flétrirai point en les touchant des beautés que ma main doit respecter. Les pages où la prose froide et inanimée analyse un poème plein de chaleur et de mouvement ressemblent trop à ces feuilles d'un herbier où s'étale desséchée, sans éclat et sans parfum, la fleur qui, sur sa tige, faisait les délices de la vue et de l'odorat.

Qu'il me soit permis de jeter un moment les regards en arrière, et d'embrasser d'un coup-d'œil les chefs-d'œuvre que j'ai rapidement parcourus. Dans l'ordre où ils ont été produits, je crois apercevoir une sorte d'enchaînement, je dirais presque de système dont le hasard seul n'est pas la cause. En un mot, il me semble que la chronologie des ouvrages de Boileau (qu'on me pardonne cette expression) en renferme l'histoire, en complète l'éloge.

La satire veut toute la franchise, toute l'audace de la jeunesse; Boileau commence par des Satires. Bientôt les désordres littéraires n'ont plus seuls de l'importance à ses yeux; la sphère de ses idées s'agrandit par le commerce des hommes; son jugement se fortifie par l'observation; l'exercice donne à son esprit plus d'étendue et de profondeur; à son talent,

* Comme ces dieux éclos du cerveau des poètes
(*Art poét* chant III.)

plus de nerf et de flexibilité : d'un autre côté, le succès qu'ont obtenu ses Satires peut se mettre en partie sur le compte de la malignité publique; il a besoin de légitimer cette gloire douteuse par des triomphes moins faciles, et qui appartiennent à lui seul : il compose ses Épîtres. Ce n'est point assez. Après avoir signalé les auteurs qui ont échoué, il veut marquer les écueils de la carrière; après avoir pris parmi les premiers poètes du siècle un rang qu'on ne peut plus lui disputer, il veut guider les autres de ses conseils,

Et leur montrer de loin la couronne et le prix.
(*Art poét.* chant IV.)

Il publie *l'Art poétique.* Enfin celui qui, d'une main si sûre et si hardie, vient de tracer la théorie des plus vastes compositions, ne se croit pas quitte envers le public et envers sa gloire, si, par un ouvrage de génie, il ne donne à ses préceptes la sanction de l'exemple : le *Lutrin* paraît. Cet accroissement successif qu'on remarque dans le mérite de ses sujets ne se fait pas moins sentir dans celui de son style. Quoique parti d'un point déjà trop avancé pour qu'il semblât permis d'espérer un grand progrès, nous le voyons, d'année en année, de poème en poème, s'élever, par degrés sensibles et réguliers, jusqu'à cette hauteur d'où Boileau lui-même ne peut plus que descendre.

Quel est donc ce mérite si grand d'un poète dont les écrits peu nombreux, peu étendus, n'offrent point de ces conceptions sublimes, derniers efforts de l'esprit humain? Quel charme si puissant, vainqueur de l'envie et du temps, a donc pu donner à sa voix cette autorité qui subjuguait ses contemporains, et à laquelle, après un siècle et demi, nous soumettons encore avec respect notre goût et nos décisions? Boileau lui-même a pris soin de nous l'apprendre : ses ouvrages ne sont pas sans défauts; il le dit, et lui seul avait le droit d'être aussi sévère :

..... Mais en eux *le vrai*, du mensonge vainqueur,
Par tout se montre aux yeux, et va saisir le cœur.
(Épît. IX.)

Qui le croirait? c'est en cela seulement que Boileau, ce poète si fier de son génie, si jaloux de sa gloire, fait consister tout son talent, toute sa supériorité. Quand il a dit, *Rien n'est beau que le vrai,* il a prononcé sur son propre mérite, et c'est de lui-même qu'il faut emprunter le seul éloge qui soit digne de ses ouvrages. Le *vrai* est la source féconde où il a puisé tout ce qui le rend admirable à nos yeux : morale sage, critique saine, goût pur et style exact, ne sont, pour ainsi dire, dans Boileau, que la raison diversement modifiée suivant les objets auxquels elle s'est appliquée. Son esprit, éminemment juste, était également blessé des désordres de la société et des abus de la littérature. Appréciateur éclairé de tous les genres de bienséance, il donna, presque avec le même succès, aux hommes des règles de conduite, aux auteurs des préceptes de style. Enfin, puisqu'il existe une logique pour le langage, ainsi qu'il en est une pour la pensée, et que le même jugement qui règle les combinaisons de l'une sert à déterminer les rapports de l'autre, le plus judicieux des écrivains en dut être le plus correct.

M. L. S. Auger, *Éloge de Boileau*.

MORCEAUX CHOISIS.

I La Savante.

Qui s'offrira d'abord? Bon, c'est cette savante
Qu'estime Roberval et que Sauveur fréquente. *
D'où vient qu'elle a l'œil trouble et le teint si terni?
C'est que sur le calcul, dit-on, de Cassini,
Un astrolabe en main, elle a, dans sa gouttière,
A suivre Jupiter passé la nuit entière.
Gardons de la troubler : sa science, je croi,
Aura pour s'occuper, ce jour, plus d'un emploi.
D'un nouveau microscope on doit, en sa présence,
Tantôt chez Dalancé **, faire l'expérience :
Puis d'une femme morte avec son embryon
Il faut chez Du Verney *** voir la dissection :
Rien n'échappe aux regards de notre curieuse.

Satire X.

II. La Précieuse.

Mais qui vient sur ses pas? c'est une précieuse,
Reste de ces esprits jadis si renommés,

---

* Roberval et Sauveur, fameux mathématiciens du temps, professeurs au collège Royal.

** Physicien chez qui l'on faisait des expériences publiques, et qui se ruina.

*** Médecin du roi, et savant anatomiste, né en 1648, mort en 1730.

F.

Que d'un coup de son art Molière a diffamés*.
De tous leurs sentiments cette noble héritière
Maintient encore ici leur secte façonnière.
C'est chez elle toujours que les fades auteurs
S'en vont se consoler du mépris des lecteurs.
Elle y reçoit leur plainte, et sa docte demeure,
Aux Perrins, aux Coras est ouverte à toute heure :
Là, du faux bel esprit se tiennent les bureaux :
Là, tous les vers sont bons, pourvu qu'ils soient nouveaux.
Au mauvais goût public la belle y fait la guerre,
Plaint Pradon opprimé des sifflets du parterre**,
Rit des vains amateurs du grec et du latin ;
Dans la balance met Aristote et Cotin ;
Puis, d'une main encore plus fine et plus habile,
Pèse sans passion Chapelain et Virgile ;
Remarque en ce dernier beaucoup de pauvretés ;
Mais pourtant, confessant qu'il a quelques beautés,
Ne trouve en Chapelain, quoi qu'ait dit la satire,
Autre défaut sinon qu'on ne saurait le lire ;
Et, pour faire goûter son livre à l'univers,
Croit qu'il faudrait en prose y mettre tous les vers***.

Ibid.

III. Le Directeur.

Bon ! vers nous à propos je le vois qui s'avance.
Qu'il paraît bien nourri ! quel vermillon ! quel teint !

* Dans la comédie des *Précieuses ridicules*.

** Il était impossible de ne pas reconnaître ici madame Deshoulières mourante lorsque Despréaux écrivait ces vers. La vengeance serait sans doute trop forte, si cette dame célèbre, et surnommée *la dixième Muse française*, n'avait eu que le tort de *plaindre* Pradon ; c'était affaire de goût, et rien de plus ; mais elle eut le malheur de prendre parti pour sa *Phèdre* contre celle de Racine, et de parodier ce chef-d'œuvre dans un *sonnet* burlesque, qui ne rendit que plus ridicule Pradon et madame Deshoulières.

AMAR, *Commentaire sur Boileau*.

*** Dans les premières éditions des *OEuvres de Boileau*, on lit, à la place

Le printemps dans sa fleur sur son visage est peint!
Cependant, à l'entendre, il se soutient à peine ;
Il eût encore hier la fièvre et la migraine ;
Et, sans les prompts secours qu'on prit soin d'apporter,
Il serait sur son lit peut-être à trembloter.
Mais de tous les mortels, grace aux dévotes âmes,
Nul n'est si bien soigné qu'un directeur de femmes.
Quelque léger dégoût vient-il le travailler?
Une froide vapeur le fait-elle bâiller?
Un escadron coiffé d'abord court à son aide:
L'une chauffe un bouillon, l'autre apprête un remède ;
Chez lui sirops exquis, ratafias vantés,
Confitures sur-tout volent de tous côtés ;
Car de tous mets sucrés, secs, en pâte, ou liquides,
Les estomacs dévots toujours furent avides :
Le premier massepain pour eux, je crois, se fit ;
Et le premier citron à Rouen fut confit.

Notre docteur bientôt va lever tous ses doutes.
Du Paradis pour elle il aplanit les routes ;

de ces deux derniers vers, les quatorze vers suivants, rapportés dans les *Commentaires* de M. *Amar* :

 Et croit qu'on pourra même enfin le lire un jour
 Quand la langue vieillie, ayant changé de ton,
 On ne sentira plus la barbare structure
 De ses expressions mises à la torture.
 S'étonne cependant d'où vient que chez Coignard,
 Le *Saint-Paulin*, écrit avec un si grand art,
 Et d'une plume douce, aisée et naturelle,
 Pourrit, vingt fois encor moins lu que *la Pucelle*.
 Elle en accuse alors notre siècle infecté
 Du pédantesque goût qu'ont pour l'antiquité
 Magistrats, princes, ducs, et même fils de France,
 Qui lisent, sans rougir, et Virgile et Térence ;
 Et toujours pour Perrault pleins d'un dégoût malin
 Ne savent pas s'il est au monde un Saint-Paulin

Et, loin sur ses défauts de la mortifier,
Lui-même prend le soin de la justifier :
« Pourquoi vous alarmer d'une vaine censure?
« Du rouge qu'on vous voit on s'étonne, on murmure ;
« Mais a-t-on, dira-t-il, sujet de s'étonner ?
« Est-ce qu'à faire peur on veut vous condamner?
« Aux usages reçus il faut qu'on s'accommode :
« Une femme sur-tout doit tribut à la mode.

« L'orgueil brille, dit-on, sur vos pompeux habits,
« L'œil à peine soutient l'éclat de vos rubis :
« Dieu veut-il qu'on étale un luxe si profane?
« Oui, lorsqu'à l'étaler notre rang nous condamne.
« Mais ce grand jeu, chez vous comment l'autoriser ?
« Le jeu fut, de tout temps, permis pour s'amuser.
« On ne peut pas toujours travailler, prier, lire ;
« Il vaut mieux s'occuper à jouer qu'à médire *.
« Le plus grand jeu joué dans cette intention
« Peut même devenir une bonne action :
« Tout est sanctifié par une âme pieuse.

« Vous êtes, poursuit-on, avide, ambitieuse ;
« Sans cesse vous brûlez de voir tous vos parents
« Engloutir à la cour charges, dignités, rangs.
« Votre bon naturel en cela pour eux brille :
« Dieu ne nous défend pas d'aimer notre famille.
« D'ailleurs, tous vos parents sont sages, vertueux.
« Il est bon d'empêcher ces emplois fastueux
« D'être donnés peut-être à des âmes mondaines,
« Éprises du néant des vanités humaines.
« Laissez là, croyez-moi, gronder les indévots,
« Et sur votre salut demeurez en repos. »
Ibid.

* C'est la réponse d'une dévote à Boileau, qui lui reprochait de trop aimer le jeu   ANIN, *commentaire sur Boileau.*

IV. Le véritable et le faux Honneur.

Sous le bon roi Saturne, ami de la douceur,
L'Honneur, cher Valincour, et l'Équité sa sœur,
De leurs sages conseils éclairant tout le monde,
Régnaient, chéris du ciel, dans une paix profonde.
Tous vivaient en commun sous ce couple adoré :
Aucun n'avait d'enclos ni de champ séparé*;
La vertu n'était point sujette à l'ostracisme,
Ni ne s'appelait point alors un jansénisme.
L'Honneur, beau par soi-même, et sans vains ornements,
N'étalait point aux yeux l'or ni les diamants ;
Et, jamais ne sortant de ses devoirs austères,
Maintenait de sa sœur les règles salutaires ;
Mais une fois au ciel par les dieux appelé,
Il demeura longtemps au séjour étoilé.

Un fourbe cependant, assez haut de corsage,
Et qui lui ressemblait de geste et de visage,
Prend son temps, et par-tout ce hardi suborneur
S'en va chez les humains crier qu'il est l'Honneur,
Qu'il arrive du ciel, et que, voulant lui-même
Seul porter désormais le faix du diadème,
De lui seul il prétend qu'on reçoive la loi.
A ces discours trompeurs le monde ajoute foi.
L'innocente Équité, honteusement bannie,
Trouve à peine un désert où fuir l'ignominie.
Aussitôt sur un trône éclatant de rubis
L'imposteur monte, orné de superbes habits.

---

* Imitation de Virgile :

> Ante Jovem, nulli subigebant arva coloni
> Nec signare quidem, aut partiri limite campum
> Fas erat ; in medium quærebant, etc.
>   (*Georg*, I, 125.)

La hauteur, le dédain, l'audace l'environnent,
Et le luxe et l'orgueil de leurs mains le couronnent;
Tout fier, il montre alors un front plus sourcilleux;
Et le *Mien* et le *Tien*, deux frères pointilleux,
Par son ordre amenant les procès et la guerre,
En tous lieux de ce pas vont partager la terre;
En tous lieux, sous les noms de bon droit et de tort,
Vont chez elle établir le seul droit du plus fort*.
Le nouveau roi triomphe, et sur ce droit inique
Bâtit de vaines lois un code fantastique;
Avant tout aux mortels prescrit de se venger;
L'un l'autre au moindre affront les force à s'égorger;
Et dans leur âme, en vain de remords combattue,
Trace en lettres de sang ces deux mots: *Meurs* ou *tue*.

Alors, ce fut alors, sous ce vrai Jupiter,
Qu'on vit naître ici-bas le noir siècle de fer:
Le frère au même instant s'arma contre le frère;
Le fils trempa ses mains dans le sang de son père**;
La soif de commander enfanta les tyrans,
Du Tanaïs au Nil porta les conquérants:
L'ambition passa pour la vertu sublime,
Le crime heureux fut juste, et cessa d'être crime.
On ne vit plus que haine et que division,
Qu'envie, effroi, tumulte, horreur, confusion.

Le véritable Honneur sur la voûte céleste

---

* Tout ce passage est imité de la satire VI de Régnier:

Lors du *mien* et du *tien* naquirent les procès
A qui l'argent départ bon ou mauvais succès;
Le fort battit le faible, etc.

F.

** Vivitur ex rapto, non hospes ab hospite tutus,
Non socer à genero; fratrum quoque gratia rara est...
Filius ante diem patrios inquirit in annos.

(Ovid. *Metam.* I, 144.)

Est enfin averti de ce trouble funeste.
Il part sans différer, et, descendu des cieux,
Va partout se montrer dans les terrestres lieux :
Mais il n'y fait plus voir qu'un visage incommode;
On n'y peut plus souffrir ses vertus hors de mode;
Et lui-même, traité de fourbe et d'imposteur,
Est contraint de ramper aux pieds du séducteur.
Enfin, las d'essuyer outrage sur outrage,
Il livre les humains à leur triste esclavage,
S'en va trouver sa sœur, et, dès ce même jour,
Avec elle s'envole au céleste séjour*.

Satire XI.

V. Passage du Rhin

Au pied du mont Adule**, entre mille roseaux,
Le Rhin, tranquille et fier du progrès de ses eaux,
Appuyé d'une main sur son urne penchante,
Dormait au bruit flatteur de son onde naissante,
Lorsqu'un cri, tout-à-coup suivi de mille cris
Vient d'un calme si doux retirer ses esprits.
Il se trouble, il regarde ; et, partout sur ses rives,
Il voit fuir à grands pas ses Naïades craintives,
Qui toutes accourant vers leur humide roi
Par un récit affreux redoublent son effroi.

Il apprend qu'un héros conduit par la victoire,
A de ses bords fameux flétri l'antique gloire;
Que Rhinberg et Wésel, terrassés en deux jours,

---

*   Victa jacet pietas, et virgo cæde madentes
    Ultima cœlestum terras Astræa reliquit.
(Ovid. Metam. I. 149.)

** Le Rhin prend sa source dans la partie des Alpes qu'on appelle *montes Adulæ*. Ce sont des montagnes centrales qui s'étendent du Saint-Gothard vers les Grisons.   F.

D'un joug déjà prochain menacent tout son cours.
« Nous l'avons vu, dit l'une, affronter la tempête
« De cent foudres d'airain tournés contre sa tête :
« Il marche vers Tholus, et tes flots en courroux,
« Au prix de sa fureur, sont tranquilles et doux.
« Il a de Jupiter la taille et le visage,
« Et depuis ce Romain* dont l'insolent passage
« Sur un pont, en deux jours, trompa tous tes efforts,
« Jamais rien de si grand n'a paru sur tes bords. »

Le Rhin tremble et frémit à ces tristes nouvelles ;
Le feu sort à travers ses humides prunelles :
« C'est donc trop peu, dit-il, que l'Escaut en deux mois
« Ait appris à couler sous de nouvelles lois ;
« Et de mille remparts mon onde environnée,
« De ces fleuves sans nom suivra la destinée !
« Ah! périssent mes eaux! ou par d'illustres coups,
« Montrons qui doit céder des mortels ou de nous. »

A ces mots, essuyant sa barbe limoneuse,
Il prend d'un vieux guerrier la figure poudreuse.
Son front cicatrisé rend son air furieux,
Et l'ardeur du combat étincelle en ses yeux.
En ce moment il part, et, couvert d'une nue,
Du fameux fort de Schenck prend la route connue.
Là, contemplant son cours, il voit de toutes parts
Ses pâles défenseurs par la frayeur épars :
Il voit cent bataillons qui, loin de se défendre,
Attendent sur des murs l'ennemi pour se rendre.
Confus, il les aborde, et renforçant sa voix :

« Grands arbitres, dit-il, des querelles des rois,
« Est-ce ainsi que votre âme, aux périls aguerrie,

* Jules César.

« Soutient sur ces remparts l'honneur et la patrie* ?
« Votre ennemi superbe, en cet instant fameux,
« Du Rhin, près de Tholus, fend les flots écumeux.
« Du moins, en vous montrant sur la rive opposée,
« N'oseriez-vous saisir une victoire aisée?
« Allez, vils combattants, inutiles soldats,
« Laissez là ces mousquets trop pesants pour vos bras ;
« Et, la faux à la main, parmi vos marécages,
« Allez couper vos joncs et presser vos laitages** ;
« Ou, gardant les seuls bords qui vous peuvent couvrir,
« Avec moi, de ce pas, venez vaincre ou mourir. »

Ce discours d'un guerrier que la colère enflamme
Ressuscite l'honneur déjà mort en leur âme;
Et leurs cœurs s'allumant d'un reste de chaleur,
La honte fait en eux l'effet de la valeur.
Ils marchent droit au fleuve, où Louis en personne,
Déjà prêt à passer, instruit, dispose, ordonne.
Par son ordre Grammont***, le premier dans les flots
S'avance, soutenu des regards du héros :
Son coursier, écumant sous un maître intrépide,
Nage tout orgueilleux de la main qui le guide.
Revel le suit de près : sous ce chef redouté
Marche des cuirassiers l'escadron indompté.

* Les drapeaux des Hollandais portaient cette inscription : *Pro honore et patriâ.*

** Il y a ici une légère incohérence entre le rapport des mots et celui des idées. L'image de *la faux à la main* est très juste, quand il s'agit de couper des joncs : mais elle ne l'est plus pour *presser des laitages.* Boileau le sentait, et avouait avec franchise que non-seulement il n'avait pu *dire mieux*, mais qu'il lui avait été impossible de *dire autrement.*
AMAR, *Commentaire sur Boileau.*

*** Le comte de Guiche, fils du maréchal de Grammont. (Voyez la lettre du 3 juillet 1672, dans laquelle madame de Sévigné raconte comment s'est effectué ce passage.) F.

Mais déjà devant eux une chaleur guerrière
Emporte loin du bord le bouillant Lesdiguière*,
Vivonne, Nantouillet, et Coislin et Salart :
Chacun d'eux au péril veut la première part.
Vendôme, que soutient l'orgueil de sa naissance,
Au même instant dans l'onde impatient s'élance.
La Salle, Beringhen, Nogent, d'Ambre, Cavois,
Fendent les flots tremblants sous un si noble poids.
Louis, les animant du feu de son courage,
Se plaint de sa grandeur qui l'attache au rivage :
Par ses soins cependant, trente légers vaisseaux
D'un tranchant aviron déjà coupent les eaux ;
Cent guerriers s'y jetant signalent leur audace.

Le Rhin les voit d'un œil qui porte la menace :
Il s'avance en courroux. Le plomb vole à l'instant,
Et pleut de toutes parts sur l'escadron flottant.
Du salpêtre en fureur l'air s'échauffe et s'allume,
Et des coups redoublés tout le rivage fume.
Déjà du plomb mortel plus d'un brave est atteint.
Sous les fougueux coursiers l'onde écume et se plaint.
De tant de coups affreux la tempête orageuse
Tient un temps sur les eaux la fortune douteuse ;
Mais Louis d'un regard sait bientôt la fixer :
Le destin à ses yeux n'oserait balancer.
Bientôt avec Grammont courent Mars et Bellone.
Le Rhin, à leur aspect, d'épouvante frissonne,
Quand, pour nouvelle alarme à ses esprits glacés,
Un bruit s'épand qu'Enghien et Condé sont passés ;
Condé, dont le seul nom fait tomber les murailles,
Force les escadrons et gagne les batailles ;
Enghien, de son hymen le seul et digne fruit,
Par lui, dès son enfance, à la victoire instruit.

* Le comte de Saulx.

L'ennemi renversé fuit et gagne la plaine :
Le dieu lui-même cède au torrent qui l'entraîne,
Et seul, désespéré, pleurant ses vains efforts,
Abandonne à Louis la victoire et ses bords.
Épître IV.

VI. Utilité de l'Envie et de la Critique.

Sitôt que d'Apollon un génie inspiré
Trouve loin du vulgaire un chemin ignoré,
En cent lieux contre lui les cabales s'amassent;
Ses rivaux obscurcis autour de lui croassent* ;
Et son trop de lumière, importunant les yeux,
De ses propres amis lui fait des envieux :
La mort seule ici-bas, en terminant sa vie,
Peut calmer sur son nom l'injustice et l'envie;
Faire au poids du bon sens peser tous ses écrits,
Et donner à ses vers leur légitime prix.
. . . .

Toi donc qui, t'élevant sur la scène tragique,
Suis les pas de Sophocle, et, seul de tant d'esprits,
De Corneille vieilli sais consoler Paris,
Cesse de t'étonner si l'envie animée,
Attachant à ton nom sa rouille envenimée,
La calomnie en main, quelquefois te poursuit.
En cela comme en tout, le ciel qui nous conduit,
Racine, fait briller sa profonde sagesse.
Le mérite en repos s'endort dans la paresse;
Mais par les envieux un génie excité,
Au comble de son art est mille fois monté :
Plus on veut l'affaiblir, plus il croît et s'élance.

---

* Boileau emploie ici la pensée et même l'expression de Pindare (*Olymp.* II, 157), qui compare les clameurs de l'Envie aux croassements des corbeaux contre l'oiseau de Jupiter.   F.

Au *Cid* persécuté *Cinna* doit sa naissance;
Et peut-être ta plume, aux censeurs de *Pyrrhus*
Doit les plus nobles traits dont tu peignis Burrhus.
  Moi-même dont la gloire, ici moins répandue,
Des pâles envieux ne blesse point la vue,
Mais qu'une humeur trop libre, un esprit peu soumis,
De bonne heure a pourvu d'utiles ennemis,
Je dois plus à leur haine, il faut que je l'avoue,
Qu'au faible et vain talent dont la France me loue.
Leur venin, qui sur moi brûle de s'épancher,
Tous les jours en marchant m'empêche de broncher.
Je songe, à chaque trait que ma plume hasarde,
Que d'un œil dangereux leur troupe me regarde;
Je sais sur leurs avis corriger mes erreurs,
Et je mets à profit leurs malignes fureurs.
Sitôt que sur un vice ils pensent me confondre,
C'est en me guérissant que je sais leur répondre;
Et plus en criminel ils pensent m'ériger,
Plus, croissant en vertu, je songe à me venger.
  Imite mon exemple; et lorsqu'une cabale,
Un flot de vains auteurs follement te ravale,
Profite de leur haine et de leur mauvais sens;
Ris du bruit passager de leurs cris impuissants.
Que peut contre tes vers une ignorance vaine?
Le Parnasse français, ennobli par ta veine,
Contre tous ces complots saura te maintenir,
Et soulever pour toi l'équitable avenir.
                        Épître VII.

      VII. Rien n'est beau que le vrai.

Rien n'est beau que le vrai, le vrai seul est aimable:
Il doit régner partout, et même dans la fable.
De toute fiction l'adroite fausseté
Ne tend qu'à faire aux yeux briller la vérité.

C'est la nature en tout qu'on admire et qu'on aime.
Un esprit né chagrin plaît par son chagrin même.
Chacun pris dans son air est agréable en soi :
Ce n'est que l'air d'autrui qui peut déplaire en moi.

Vois-tu cet importun que tout le monde évite,
Cet homme à toujours fuir, qui jamais ne vous quitte?
Il n'est pas sans esprit; mais né triste et pesant,
Il veut être folâtre, évaporé, plaisant :
Il s'est fait de sa joie une loi nécessaire,
Et ne déplaît enfin que pour vouloir trop plaire.
La simplicité plaît sans étude et sans art.
Tout charme en un enfant, dont la langue sans fard,
A peine du filet encor débarrassée,
Sait d'un air innocent bégayer sa pensée.
L'ignorance vaut mieux qu'un savoir affecté;
Rien n'est beau, je reviens, que par la vérité.
C'est par elle qu'on plaît et qu'on peut long-temps plaire;
L'esprit lasse aisément si le cœur n'est sincère.

Mais la seule vertu peut souffrir la clarté.
Le vice toujours sombre, aime l'obscurité :
Pour paraître au grand jour, il faut qu'il se déguise;
C'est lui qui de nos mœurs a banni la franchise.
Jadis l'homme vivait au travail occupé,
Et, ne trompant jamais, n'était jamais trompé.
On ne connaissait point la ruse et l'imposture;
Le Normand même alors ignorait le parjure.
Aucun rhéteur encore, arrangeant le discours,
N'avait d'un art menteur enseigné les détours.
Mais sitôt qu'aux humains, faciles à séduire,
L'abondance eut donné le loisir de se nuire,
La mollesse amena la fausse vanité;
Chacun chercha pour plaire un visage emprunté.

Pour éblouir les yeux, la fortune arrogante
Affecta d'étaler une pompe insolente :
L'or éclata partout sur les riches habits ;
On polit l'émeraude, on tailla le rubis ;
Et la laine et la soie en cent façons nouvelles
Apprirent à quitter leurs couleurs naturelles *.
La trop courte beauté monta sur des patins **,
La coquette tendit ses lacs tous les matins ;
Et, mettant la céruse et le plâtre en usage,

* L'expression de Virgile, de qui ces deux vers sont imités (*Bucol.* IV, 42), est bien plus hardiment figurée que celle du poète français.

  Nec varios discet *mentiri* lana colores.

Un traducteur des *Bucoliques*, M. de Langeac, a dit :
 La toison n'osera, *par un luxe usurpé*,
 Sous de fausses couleurs *mentir* à l'œil trompé.

Mais Boileau a consacré le trait principal, *discet*, celui dans lequel réside principalement le mérite de la figure, puisqu'il anime et personnifie, pour ainsi dire, la laine, qui *apprend à mentir* des couleurs étrangères à la sienne.
     AMAR, *Commentaire sur Boileau*.

** Boileau n'a fait qu'habiller de couleurs plus élégantes et plus poétiques ces mêmes détails, déjà rendus par Régnier (Sat. IX), avec cette grace simple et naïve qui prête encore tant de charme à la lecture de ses ouvrages :

 L'amant juge sa dame un chef-d'œuvre ici-bas ;
 Encore qu'elle n'ait sur soi rien qui soit d'elle ;
 Que le rouge et le blanc par art la fassent belle ;
 Qu'elle entre, en son palais, ses dents tous les matins ;
 Qu'elle doive sa taille au bois de ses patins ;
 Et tout ce qui, de jour, la fait voir si doucette,
 La nuit, comme en dépôt, soit mis sur sa toilette.

Horace proscrit également tous les moyens empruntés de l'art pour réparer ou pallier du moins les torts de la nature. Il veut (*Sat.* Liv. I, s. I, 123), qu'une femme soit ce qu'elle est :

     Ut neque longa,
Nec magis alba velit, quàm det natura, videri.
     AMAR, *Commentaire sur Boileau*.

Composa de sa main les fleurs de son visage *.
L'ardeur de s'enrichir chassa la bonne foi.
Le courtisan n'eut plus de sentiments à soi.
Tout ne fut plus que fard, qu'erreur, que tromperie;
On vit partout régner la basse flatterie.
Le Parnasse sur-tout, fécond en imposteurs,
Diffama le papier par ses propos menteurs.
Épitre IX.

VIII. Boileau peint par lui-même en parlant à ses vers

Que si mêmes, un jour, le lecteur gracieux,
Amorcé par mon nom, sur vous tourne les yeux,
Pour m'en récompenser, mes vers, avec usure
De votre auteur alors faites-lui la peinture :
Et, sur-tout, prenez soin d'effacer bien les traits
Dont tant de peintres faux ont flétri mes portraits.
Déposez hardiment, qu'au fond cet homme horrible,
Ce censeur qu'ils ont peint si noir et si terrible,
Fut un esprit doux, simple, ami de l'équité,
Qui, cherchant dans ses vers la seule vérité,
Fit, sans être malin, ses plus grandes malices,
Et qu'enfin sa candeur seule a fait tous ses vices.
Dites que, harcelé par les plus vils rimeurs,
Jamais, blessant leurs vers, il n'effleura leurs mœurs.
Libre dans ses discours, mais pourtant toujours sage,
Assez faible de corps, assez doux de visage,
Ni petit, ni trop grand, très peu voluptueux,
Ami de la vertu, plutôt que vertueux.

Que si quelqu'un, mes vers, alors vous importune,

---

* *Composa son visage*, rappelle cette épigramme de Le Brun :

Chloé, belle et poète, a deux petits travers ,
Elle <i>fait son visage</i>, et ne <i>fait</i> pas ses vers
F.

Pour savoir mes parents, ma vie et ma fortune,
Contez-lui qu'allié d'assez hauts magistrats,
Fils d'un père greffier, né d'aïeux avocats,
Dès le berceau perdant une fort jeune mère,
Réduit seize ans après à pleurer mon vieux père,
J'allai d'un pas hardi, par moi-même guidé,
Et de mon seul génie en marchant secondé,
Studieux amateur et de Perse et d'Horace,
Assez près de Régnier m'asseoir sur le Parnasse :
Que, par un coup du sort, au grand jour amené,
Et des bords du Permesse à la cour entraîné,
Je sus, prenant l'essor par des routes nouvelles,
Elever assez haut mes poétiques ailes ;
Que ce roi, dont le nom fait trembler tant de rois,
Voulut bien que ma main crayonnât ses exploits ;
Que plus d'un grand m'aima jusques à la tendresse ;
Que ma vue à Colbert inspirait l'allégresse ;
Qu'aujourd'hui même encor, de deux sens affaibli,
Retiré de la cour et non mis en oubli,
Plus d'un héros, épris des fruits de mon étude,
Vient quelquefois chez moi goûter la solitude.
Épitre X.

IX La Mollesse invoque la Nuit, et la conjure de lui conserver son dernier asyle.

A ce triste discours, qu'un long soupir achève,
La Mollesse en pleurant sur un bras se relève,
Ouvre un œil languissant, et d'une faible voix
Laisse tomber ces mots, qu'elle interrompt vingt fois :
« O Nuit! que m'as-tu dit? Quel démon sur la terre
« Souffle dans tous les cœurs la fatigue et la guerre *?

* Voltaire a dit (*Henriade*, chant IV) :
   Sur la terre, à mon gré, ma voix *soufflait les guerres*.
Ce vers fait partie du discours que la Politique adresse à la Discorde Tout le passage de Voltaire est visiblement imité de Boileau.   F.

« Hélas ! qu'est devenu ce temps, cet heureux temps,
« Où les rois s'honoraient du nom de fainéants,
« S'endormaient sur le trône, et, me servant sans honte,
« Laissaient leur sceptre aux mains ou d'un maire ou d'un comte:
« Aucun soin n'approchait de leur paisible cour ;
« On reposait la nuit, on dormait tout le jour.
« Seulement au printemps, quand Flore dans les plaines
« Faisait taire des vents les bruyantes haleines,
« Quatre bœufs attelés, d'un pas tranquille et lent,
« Promenaient dans Paris le monarque indolent.

« Ce doux siècle n'est plus. Le ciel impitoyable
« A placé sur le trône un prince infatigable ;
« Il brave mes douceurs, il est sourd à ma voix ;
« Tous les jours il m'éveille au bruit de ses exploits.
« Rien ne peut arrêter sa vigilante audace ;
« L'été n'a point de feux, l'hiver n'a point de glace.
« J'entends à son seul nom tous mes sujets frémir ;
« En vain deux fois la paix a voulu l'endormir ;
« Loin de moi son courage, entraîné par la gloire,
« Ne se plaît qu'à courir de victoire en victoire.
« Je me fatiguerais à te tracer le cours
« Des outrages cruels qu'il me fait tous les jours.

« Je croyais, loin des lieux où ce prince m'exile,
« Que l'Église du moins m'assurait un asyle ;
« Mais en vain j'espérais y régner sans effroi ;
« Moines, abbés, prieurs, tout s'arme contre moi.
« Par mon exil honteux la Trappe est ennoblie.
« J'ai vu dans Saint-Denis la réforme établie ;
« Le carme, le feuillant s'endurcir aux travaux ;
« Et la règle déjà se remet dans Clairvaux.
« Cîteaux dormait encore, et la Sainte-Chapelle
« Conservait du vieux temps l'oisiveté fidèle ;
« Et voici qu'un lutrin, prêt à tout renverser,

« D'un séjour si chéri vient encor me chasser!
« O toi, de mon repos, compagne aimable et sombre!
« A de si noirs forfaits prêteras-tu ton ombre?
« Ah, Nuit! si tant de fois, dans les bras de l'Amour,
« Je t'admis aux plaisirs que je cachais au jour,
« Du moins ne permets pas... » La Mollesse oppressée,
Dans sa bouche à ce mot sent sa langue glacée;
Et, lasse de parler, succombant sous l'effort,
Soupire, étend les bras, ferme l'œil, et s'endort*.

Le Lutrin, chant II.

X. La Discorde, sous les traits du vieux Sidrac, ranime ses compagnons effrayés.

Lâches, où fuyez-vous? quelle peur vous abat!
Aux cris d'un vil oiseau, vous cédez sans combat!
Où sont ces beaux discours jadis si pleins d'audace?
Craignez-vous d'un hibou l'impuissante grimace.

---

* Voltaire avait évidemment ce tableau sous les yeux quand il traçait ce portrait de Valois, si justement admiré par La Harpe:

> Valois se réveilla du sein de son ivresse.
> Ce bruit, cet appareil, ce danger qui le presse,
> Ouvrirent un moment ses yeux appesantis:
> Mais du jour importun ses regards éblouis
> Ne distinguèrent point au fort de la tempête
> Les foudres menaçants qui grondaient sur sa tête;
> Et bientôt fatigué d'un moment de réveil,
> Las, et se rejetant dans les bras du sommeil,
> Entre ses favoris et parmi les délices,
> Tranquille, il s'endormit au bord des précipices.

(Henriade, chant III.)

Le disciple, il faut en convenir, n'est pas indigne de marcher ici à côté du maître; ou plutôt c'est un maître nouveau, qui, formé d'abord à l'école de Boileau, et plein d'admiration pour son génie, s'efforce de le suivre, autant que pouvait le permettre la fougue d'une imagination incapable de s'asservir long-temps au joug d'une savante et laborieuse imitation.

AMAR, Commentaire sur Boileau.

Que feriez-vous, hélas ! si quelque exploit nouveau,
Chaque jour, comme moi, vous traînait au barreau?
S'il fallait, sans amis, briguant une audience,
D'un magistrat glacé soutenir la présence,
Ou, d'un nouveau procès hardi solliciteur,
Aborder sans argent un clerc de rapporteur?

Croyez-moi, mes enfants, je vous parle à bon titre :
J'ai, moi seul, autrefois, plaidé tout un chapitre;
Et le barreau n'a point de monstres si hagards
Dont mon œil n'ait cent fois soutenu les regards.
Tous les jours sans trembler j'assiégeais leurs passages.
L'Église était alors fertile en grands courages :
Le moindre d'entre nous, sans argent, sans appui,
Eût plaidé le prélat, et le chantre avec lui.
Le monde, de qui l'âge avance les ruines,
Ne peut plus enfanter de ces âmes divines;
Mais que vos cœurs du moins, imitant leurs vertus,
De l'aspect d'un hibou ne soient point abattus.
Songez quel déshonneur va souiller votre gloire,
Quand le chantre demain entendra sa victoire.
Vous verrez tous les jours le chanoine insolent,
Au seul nom de hibou vous sourire en parlant.

Votre âme, à ce penser, de colère murmure;
Allez donc de ce pas en prévenir l'injure.
Méritez les lauriers qui vous sont réservés,
Et ressouvenez-vous quel prélat vous servez.
Mais déjà la fureur dans vos yeux étincelle :
Marchez, courez, volez où l'honneur vous appelle.
Que le prélat, surpris d'un changement si prompt,
Apprenne la vengeance aussitôt que l'affront.
Ibid, chant III.

XI. La Chicane.

Entre ces vieux appuis dont l'affreuse grand'salle
Soutient l'énorme poids de sa voûte infernale,
Est un pilier fameux * des plaideurs respecté,
Et toujours de Normands à midi fréquenté.
Là, sur des tas poudreux de sacs et de pratique,
Hurle, tous les matins, une sibylle étique :
On l'appelle Chicane : et ce monstre odieux
Jamais pour l'équité n'eut d'oreilles ni d'yeux.
La Disette au teint blême, et la triste Famine,
Les Chagrins dévorants, et l'infâme Ruine,
Enfants infortunés de ses raffinements,
Troublent l'air d'alentour de longs gémissements.
Sans cesse feuilletant les lois et la coutume,
Pour consumer autrui le monstre se consume ;
Et, dévorant maisons, palais, châteaux entiers,
Rend pour des monceaux d'or de vains tas de papiers.
Sous le coupable effort de sa noire insolence,
Thémis a vu cent fois chanceler sa balance.
Incessamment il va de détour en détour ;
Comme un hibou, souvent il se dérobe au jour :
Tantôt, les yeux en feu, c'est un lion superbe ;
Tantôt, humble serpent, il se glisse sous l'herbe **.
En vain, pour le dompter, le plus juste des rois
Fit régler le chaos des ténébreuses lois ;

* Le pilier des consultations.

** Le Protée seul de la fable (Virg. *Géorg.* IV, 407.)

Subitò sus horridus, atraque tigris,
Squammosusque draco, aut fulvâ cervice leæna,

pouvait donner une idée juste des ruses tortueuses de la Chicane ; de sa dangereuse facilité à prendre et à quitter toutes les formes, pour attirer ses crédules victimes dans le labyrinthe, où le nouveau Minotaure ne tarde pas à les dévorer. AMAR, *Commentaire sur Boileau.*

Ses griffes, vainement par Pussort* accourcies,
Se rallongent déjà, toujours d'encre noircies ;
Et ses ruses, perçant et digues et remparts,
Par cent brèches déjà rentrent de toutes parts.
Ibid. Chant V.

XII. Combat des Chantres et des Chanoines.

Loin du bruit cependant les chanoines à table
Immolent trente mets à leur faim indomptable.
Leur appétit fougueux, par l'objet excité,
Parcourt tous les recoins d'un monstrueux pâté.
Par le sel irritant la soif est allumée ;
Lorsque d'un pied léger la prompte Renommée,
Semant partout l'effroi, vient au chantre éperdu
Conter l'affreux détail de l'oracle rendu.
Il se lève, enflammé de muscat et de bile,
Et prétend à son tour consulter la sibylle.
Évrard a beau gémir du repas déserté,
Lui-même est au barreau par le nombre emporté.

Par les détours étroits d'une barrière oblique,
Ils gagnent les degrés et le perron antique,
Où, sans cesse étalant bons et méchants écrits,
Barbin** vend aux passants des auteurs à tous prix.
Là, le chantre à grand bruit arrive et se fait place,
Dans le fatal instant que, d'une égale audace,
Le prélat et sa troupe, à pas tumultueux,
Descendaient du palais l'escalier tortueux.
L'un et l'autre rival s'arrêtant au passage,
Se mesure des yeux, s'observe, s'envisage.

---

* M. de Pussort, conseiller d'état, avait beaucoup contribué à introduire des réformes dans la jurisprudence. Il joua un fort vilain rôle dans le procès de Fouquet. F.

** Ce libraire, au rapport de Boileau, se piquait de vendre les plus mauvais livres. F.

Une égale fureur anime leurs esprits :
Tels deux fougueux taureaux, de jalousie épris*,
Auprès d'une génisse au front large et superbe,
Oubliant tous les jours le pâturage et l'herbe,
A l'aspect l'un de l'autre embrasés, furieux,
Déjà, le front baissé, se menacent des yeux.
Mais Évrard, en passant, coudoyé par Boirude,
Ne sait point contenir son aigre inquiétude :
Il entre chez Barbin, et, d'un bras irrité,
Saisissant du *Cyrus* un volume écarté,
Il lance au sacristain le tome épouvantable.
Boirude fuit le coup : le volume effroyable
Lui rase le visage, et, droit dans l'estomac,
Va frapper en sifflant l'infortuné Sidrac.
Le vieillard, accablé de l'horrible *Artamène*,
Tombe aux pieds du prélat, sans pouls et sans haleine.
Sa troupe le croit mort, et chacun empressé,
Se croit frappé du coup dont il le voit blessé.
Aussitôt contre Évrard vingt champions s'élancent ;
Pour soutenir leur choc les chanoines s'avancent :
La Discorde triomphe, et du combat fatal,
Par un cri, donne en l'air l'effroyable signal.
Chez le libraire absent tout entre, tout se mêle ;
Les livres sur Évrard fondent comme la grêle

---

* Comparaison empruntée de Virgile (*Géorg.* III, 219), et dans laquelle on a remarqué sur-tout cette belle opposition d'images et d'harmonie, entre la tranquille indolence de la génisse, et la fureur qui précipite l'un sur l'autre ses superbes amants :

Pascitur in silvâ magnâ formosa juvenca
Illi alternantes multâ vi proelia miscent.

« Tranquille, elle s'égare en un gras pâturage ;
« Ses superbes amants s'élancent pleins de rage. »
DELILLE
AMAR, *Commentaire sur Boileau*

Qui, dans un grand jardin, à coups impétueux,
Abat l'honneur naissant des rameaux fructueux.
Chacun s'arme au hasard du livre qu'il rencontre :
L'un tient l'*Édit d'Amour* *, l'autre en saisit *la Montre* **;
L'un prend le seul *Jonas* qu'on ait vu relié***;
L'autre un *Tasse* français, en naissant oublié****.
L'élève de Barbin, commis à la boutique,
Veut en vain s'opposer à leur fureur gothique ;
Les volumes, sans choix à la tête jetés,
Sur le perron poudreux volent de tous côtés.
Là, près d'un *Guarini*, *Térence* tombe à terre ;
Là, *Xénophon* dans l'air heurte contre un *La Serre* *****.

O que d'écrits obscurs, de livres ignorés,
Furent en ce grand jour de la poudre tirés !
Vous en fûtes tirés, *Almérinde* et *Simandre* ;
Et toi, rebut du peuple, inconnu *Caloandre*******,
Dans ton repos, dit-on, saisi par Gaillerbois,
Tu vis le jour alors pour la première fois.
Chaque coup sur la chair laisse une meurtrissure.
Déjà plus d'un guerrier se plaint d'une blessure.

* Ce petit poème est de l'abbé Regnier Desmarets, et passe pour un de ses meilleurs ouvrages.

** *La Montre d'Amour*, de Bonnecorse.

*** *Jonas* ou *Ninive pénitente* est un poème de Jacques Coras. Il parut en 1663.

**** Michel Leclerc, de l'Académie française, avait traduit en vers français les cinq premiers chants de la *Jérusalem délivrée*.   F.

***** Le poète oppose avec art le naturel, la simplicité toujours élégante de Térence, à la recherche, à l'affectation du Guarini ; et la pureté de Xénophon au galimatias de La Serre.   AMAR, *Commentaire sur Boileau*

****** Roman célèbre de Jean-Ambroise Marini, dont Scuderi a traduit une partie. C'est uniquement à cette traduction que s'adresse ici Boileau : car l'ouvrage original est plein d'imagination, l'intrigue attachante, et les caractères développés avec art. Il a fourni à Thomas Corneille le sujet de sa tragédie de Timocrate.   LE MÊME. *Ibid.*

D'un *Le Vayer* épais * Giraud est renversé ;
Marineau, d'un *Brébeuf* à l'épaule blessé,
En sent par tout le bras une douleur amère,
Et maudit *la Pharsale* aux provinces si chère.
D'un *Pinchêne* in-quarto **, Dodillon étourdi
A long-temps le teint pâle et le cœur affadi.
Au plus fort du combat, le chapelain Garagne,
Vers le sommet du front atteint d'un *Charlemagne* ***,
Des vers de ce poème effet prodigieux!
Tout prêt à s'endormir, baille et ferme les yeux.
A plus d'un combattant la *Clélie* **** est fatale;
Giraud dix fois par elle éclate et se signale.
Mais tout cède aux efforts du chanoine Fabri.
Ce guerrier, dans l'église aux querelles nourri,
Est robuste de corps, terrible de visage,
Et de l'eau dans son vin n'a jamais su l'usage.
Il terrasse lui seul et Guibert et Grasset,
Et Gorillon la basse, et Grandin le fausset,
Et Gerbais l'agréable, et Guérin l'insipide.
Des chantres désormais la brigade timide
S'écarte, et du palais regagne les chemins :
Telle à l'aspect d'un loup, terreur des champs voisins,
Fuit d'agneaux effrayés une troupe bêlante;
Ou tels devant Achille, aux campagnes du Xanthe,
Les Troyens se sauvaient à l'abri de leurs tours,
Quand Brontin à Boirude adresse ce discours :

* Les ouvrages composés par ce trop fécond écrivain, jusqu'en 1667, avaient été recueillis en deux vol. in-fol., et c'est plutôt encore sur le format que sur les ouvrages mêmes que porte ici le reproche *d'épaisseur*.
AMAR, *Commentaire sur Boileau*.

** Etienne Martin, sieur de Pinchêne. Boileau a voulu donner une idée de l'insipidité des vers de ce poète.

*** Poème héroïque de Louis Le Laboureur.

**** Roman de Mlle de Scudery, en 10 vol. F.

« Illustre porte-croix, par qui notre bannière
» N'a jamais, en marchant, fait un pas en arrière,
« Un chanoine, lui seul, triomphant du prélat,
« Du rochet à nos yeux ternira-t-il l'éclat?
« Non, non ; pour te couvrir de sa main redoutable,
« Accepte de mon corps l'épaisseur favorable*;
« Viens; et, sous ce rempart, à ce guerrier hautain,
» Fais voler ce *Quinault* qui me reste à la main. »
A ces mots, il lui tend le doux et tendre ouvrage.
Le sacristain, bouillant de zèle et de courage,
Le prend, se cache, approche, et droit entre les yeux
Frappe du noble écrit l'athlète audacieux.
Mais c'est pour l'ébranler une faible tempête :
Le livre, sans vigueur, mollit contre sa tête.
Le chanoine le voit, de colère embrasé :
« Attendez, leur dit-il, couple lâche et rusé,
« Et jugez si ma main aux grands exploits novice,
« Lance à mes ennemis un livre qui mollisse. »

A ces mots, il saisit un vieil *Infortiat***
Grossi des visions d'Accurse et d'Alciat ***;
Inutile ramas de gothique écriture,
Dont quatre ais mal unis formaient la couverture,
Entourée à demi d'un vieux parchemin noir,
Où pendait à trois clous un reste de fermoir.
Sur l'ais qui le soutient, auprès d'un *Avicenne*****,
Deux des plus forts mortels l'ébranleraient à peine;
Le chanoine pourtant l'enlève sans effort,

---

* *Iliade* VIII, 267 et suiv.

** L'*infortiat* est la seconde partie du *Digeste* ou *Pandectes de Justinien*.

*** Accurse et Alciat, célèbres jurisconsultes.

**** Avicenne, ou mieux Ibn-Sina, né vers la fin du Xe siècle, le plus célèbre des médecins arabes, fut long-temps l'oracle des écoles de l'Europe

F.

Et sur le couple pâle et déjà demi-mort
Fait tomber à deux mains l'effroyable tonnerre.
Les guerriers de ce coup vont mesurer la terre,
Et, du bois et des clous meurtris et déchirés,
Long-temps loin du perron roulent sur les degrés.

Au spectacle étonnant de leur chute imprévue,
Le prélat pousse un cri qui pénètre la nue :
Il maudit dans son cœur le démon des combats,
Et de l'horreur du coup il recule six pas :
Mais bientôt, rappelant son antique prouesse,
Il tire du manteau sa dextre vengeresse.
Il part, et, de ses doigts saintement allongés,
Bénit tous les passants en deux files rangés.
Il sait que l'ennemi, que ce coup va surprendre,
Désormais sur ses pieds ne l'oserait attendre,
Et déjà voit pour lui tout le peuple en courroux
Crier aux combattants : « Profanes, à genoux ! »

Le chantre, qui de loin voit approcher l'orage,
Dans son cœur éperdu cherche en vain du courage :
Sa fierté l'abandonne, il tremble, il cède, il fuit;
Le long des sacrés murs sa brigade le suit.
Tout s'écarte à l'instant ; mais aucun n'en réchappe ;
Partout le doigt vainqueur les suit et les rattrape.
Évrard seul, en un coin prudemment retiré,
Se croyait à couvert de l'insulte sacré :
Mais le prélat vers lui fait une marche adroite ;
Il l'observe de l'œil, et tirant vers la droite,
Tout d'un coup tourne à gauche, et, d'un bras fortuné,
Bénit subitement le guerrier consterné.
Le chanoine, surpris de la foudre mortelle,
Se dresse, et lève en vain une tête rebelle :
Sur ses genoux tremblants il tombe à cet aspect,
Et donne à la frayeur ce qu'il doit au respect.

Dans le temple aussitôt le prélat plein de gloire,
Va goûter les doux fruits de sa sainte victoire;
Et de leurs vains projets les chanoines punis,
S'en retournent chez eux éperdus et bénis*.
Ibid.

BOISJOLIN (Jacques-François-Marie VIELH de), sous-préfet à Louviers, né à Alençon, en 1763, s'est annoncé de bonne heure par des essais qui promettaient à la poésie un talent distingué. Ses poésies fugitives, le poème intitulé *les Fleurs*, un fragment *sur la Pêche*, imité de Thomson, et sur-tout sa traduction de *la Forêt de Windsor* de Pope, font regretter qu'il ait ensuite négligé le culte des muses. « M. Boisjolin, « dit Chénier, doit être compté parmi nos talents les « plus purs. Sa traduction de *la Forêt de Windsor* « est un des bons ouvrages de l'époque. Toutes les « beautés de Pope y sont rendues; la copie n'est « pas inférieure à l'original, et nous ne craignons « pas de le dire, un poète, en état d'écrire ainsi, « jouirait d'une réputation étendue, s'il avait pro- « duit davantage. » M. de Fontanes, avec lequel M. de Boisjolin était lié, lui a adressé, *sur l'Emploi du temps*, une charmante épître qui aurait bien dû réchauffer son talent poétique :

Sur les bords de la Saône, heureux dans ma retraite,
Possédant plus de biens qu'il n'en faut au poète,
Ma volage pensée au milieu de Paris

---

* *Voyez* les autres morceaux cités par La Harpe, et l'article poétique, où nous donnerons en entier *l'Art poétique* de Boileau avec des notes.

BOISJOLIN.

Court retrouver encor tous ceux que j'ai chéris ;
Ces premiers compagnons des goûts de ma jeunesse,
Qui préféraient aux rangs, aux dons de la richesse,
Les rêves de la gloire, à cet âge si chers,
Une heureuse indigence, et l'amour, et les vers.

Boisjolin, c'est à toi qu'aujourd'hui je m'adresse :
Nous aimons tous les deux les arts et la paresse ;
Peut-on nous en blâmer? Sans nous assez d'auteurs
De leur fécondité fatiguent les lecteurs !
Il est doux de rêver; il l'est si peu d'écrire !
Plus d'un Linière encore appelle la satire ;
Mais tout a son excès; n'attendons pas trop tard ;
On railla justement le sommeil de Conrard.
Exerçons la pensée ; elle croît par l'usage :
Les vers, comme l'amour, vont si bien au jeune âge !

Mets-le à profit, crois-moi; tout fuit, cher Boisjolin,
Et trop tôt le talent a ses jours de déclin.
Quand il naît, tout l'accueille; on aime son aurore.
Rappelle-toi ces jours où, commençant d'éclore,
Ta muse, qui brillait des plus fraîches couleurs,
Orna d'attraits nouveaux la déesse des fleurs ;
Alors que ton crayon, pur et brillant comme elles,
Accroissait du printemps les graces immortelles.
O jours d'enchantement ! l'espérance à tes yeux
Ouvrait dans un ciel pur ces lointains radieux,
D'où la gloire, au travers de cent miroirs magiques,
De son temple élevé fait briller les portiques.
La course était immense, et ne t'effrayait pas.
Quelle langueur oisive a suspendu tes pas ?
Tu m'as trop imité : les plaisirs, la mollesse
Dans un piège enchanteur ont surpris ta faiblesse.
La gloire en vain promet des honneurs éclatants ;

Un souris de l'Amour est plus doux à vingt ans ;
Mais à trente ans la gloire est plus douce peut-être.

Je l'éprouve aujourd'hui : j'ai trop vu disparaître,
Dans quelques vains plaisirs aussitôt échappés,
Des jours que le travail aurait mieux occupés.
Oh! dans ces courts moments consacrés à l'étude
Combien je chérissais ma douce solitude!
J'y bornais tous mes vœux, et, charmant mon loisir,
Chaque heure fugitive y laissait un plaisir.
Là, d'un air recueilli, mais sans être farouche,
Le silence pensif, et le doigt sur la bouche,
Écartait loin de moi les vices, le malheur,
Les dégoûts, et l'ennui pire que la douleur.
Alors indépendante, et même un peu sauvage,
Ma muse ne cherchait qu'un solitaire ombrage,
Ou venait, quand Vesper a noirci le coteau,
S'asseoir sur les débris des tours d'un vieux château;
Ou rêvait au milieu de ces tombes champêtres
Qui du hameau voisin renferment les ancêtres.
Quelquefois plus riante elle ornait un verger.
Un jour dans les cieux même elle osa voyager.
Les Alpes, le Jura, l'appelaient sur leurs cimes ;
Elle aimait à descendre au fond de leurs abîmes,
Dans ces antres sacrés d'où sort la voix des dieux,
D'où montaient jusqu'à moi ces sons mystérieux,
Ces accents inspirés que, dans un saint délire,
L'enthousiasme seul peut entendre et redire.
Tels étaient mes plaisirs, tels ont été les tiens;
Et nos illusions nous donnaient tous les biens.
Malheur au vil mortel, malheur à l'amant même
Qui méconnaît des vers la puissance suprême!
Ce grand art dont l'éclat souvent m'enorgueillit,
M'embellissait l'amour par qui tout s'embellit.

Ah! du moins si ton cœur à l'amour s'abandonne,
Raconte en vers heureux les plaisirs qu'il te donne.
Tel Parny dans nos jours a charmé tous les cœurs.
Ovide (son exemple est tout fait pour tes mœurs)
Caressait à la fois et sa muse et Corinne :
Trop heureux si rempli de sa flamme divine,
Et comme lui neuf fois couronné par l'amour,
Avec grace aux neuf sœurs tu fais encor ta cour !
Sois son émule en tout ; et dans sa double ivresse,
Aime et sers aussi bien la gloire et ta maîtresse.

Que n'es-tu près de moi ! Les lieux où je t'écris
A l'amant, au poète offriraient des abris.
Tu chantais le printemps ; ses beautés m'environnent.
Du front de cent coteaux que les vignes couronnent,
Mon regard abaissé sur d'immenses moissons,
Voit des Alpes au loin resplendir les glaçons ;
Deux fleuves en fuyant dans leurs eaux réfléchissent
Une antique cité que les arts enrichissent.
Quel contraste! en ces champs peuplés d'heureux troupeaux
Des cruels triumvirs ont flotté les drapeaux :
Là fut placé leur camp ; là des vierges modestes
D'un palais des Césars foulent aux pieds les restes :
Ces débris sont leur temple ; et leur pieuses mains
Cultivent quelques fleurs sur des tombeaux romains.
Ici plus d'une fois rêva l'auteur d'*Émile*,
Et cet antre écarté fut, dit-on, son asyle.
Ami de la nature, il aimait ces beaux lieux.
Qui peindra ces tableaux qu'ont admiré ses yeux !
Pour Delille et Vernet qu'ils seraient favorables !
Jadis la poésie, au siècle heureux des fables,
Eût dit qu'en ces vallons, dans le mois des amours,
Les Nymphes à dessein reprenant leurs atours,
De la Saône à mes pieds par le Rhône entraînée,

Viennent orner le lit, et fêter l'hyménée.
Un jour, ô jour fatal! les Nymphes dans les pleurs,
Rejetèrent soudain leurs couronnes de fleurs.
Plus de jeux! plus de chants! les deux fleuves gémirent;
De lamentables voix sur les eaux retentirent,
Qui de ces deux amants, l'un par l'autre immolés,
Annoncèrent la mort aux vallons désolés.
Thérèse et Faldoni, vivez dans la mémoire!
Les vers doivent aussi consacrer votre histoire.
Héloïse, Abailard, ces illustres époux,
Furent-ils si touchants, aimaient-ils mieux que vous?
Comme l'amour en deuil à jamais vous regrette!
Qu'il console votre ombre, et vous donne un poète.

Viens, ami, leurs malheurs sont dignes de tes chants:
Ta voix qu'instruisit Pope en tes plus jeunes ans,
Des bosquets de Windsor ressuscita la gloire.
Jeune, tu vis les champs embellis par la Loire;
Mais ceux où je t'invite ont encor plus d'appas.
Comme on voit, quand l'hiver a chassé les frimats,
Revoler sur les fleurs l'abeille ranimée,
Qui six mois dans sa ruche a langui renfermée,
Ainsi revole aux champs, Muse, fille du ciel;
De poétiques fleurs compose un nouveau miel.
Laisse les vils frelons qui te livrent la guerre
A la hâte et sans art pétrir un miel vulgaire.
Pour toi, saisis l'instant, marque d'un œil jaloux
Le terrain qui produit les parfums les plus doux.
Reposant jusqu'au soir sur la tige choisie,
Exprime avec lenteur une douce ambroisie;
Épure-la sans cesse, et forme pour les cieux
Ce breuvage immortel attendu par les dieux.

FONTANES (1790).

BOISJOLIN.

MORCEAUX CHOISIS.

I. L'Ami des Muses et de la Nature, dans les champs et les bois.

Mais combien plus heureux, et plus digne de l'être,
Des vierges d'Hélicon le favori champêtre !
Pour lui dans ces forêts succèdent à propos
Le loisir au travail, l'exercice au repos.
Amant de la nature, il embrasse, il dévore
La science d'Hermès et du dieu d'Épidaure.
Des fleurs, des minéraux, il exalte, il extrait,
Et l'âme aromatique, et le pouvoir secret.
Il cueille au sein des bois ces plantes salutaires,
De vie et de santé riches dépositaires.
Sur d'antiques écrits avec amour baissé,
Il consulte les morts, il vit dans le passé.
Sur les cieux dont Newton lui révèle l'histoire,
Tantôt d'un Dieu puissant il contemple la gloire,
Et tantôt, recueilli sous la voûte des bois,
De la philosophie il écoute la voix :
« Suis la simple nature, évite tout extrême,
« Trouve en toi ton ami, songe à l'heure suprême.
« Dit-elle, et vers les cieux, ton séjour paternel,
« Ose élever l'esprit et l'œil d'un immortel.
« De ces astres errants l'âme est concitoyenne :
« Le ciel est leur patrie, il est aussi la tienne. »
La Forêt de Windsor, traduit de Pope.

II. Les Fleurs.

Oh ! comme chaque fleur, en ce riant dédale,
Prodigue aux sens charmés sa grace végétale !
Noble fils du soleil, le lis majestueux
Vers l'astre paternel, dont il brave les feux,
Élève avec orgueil sa tête souveraine ;
Il est le roi des fleurs, dont la rose est la reine.

L'obscure violette, amante des gazons,
Aux pleurs de leur rosée entremêlant ses dons,
Semble vouloir cacher, sous leurs voiles propices,
D'un pudique parfum les discrètes délices:
Pur emblème d'un cœur qui répand en secret
Sur le malheur timide un modeste bienfait!
Le narcisse, plus loin, isolé sur la rive,
S'incline, réfléchi dans l'onde fugitive;
Cette onde, cette fleur s'embellit à mes yeux,
Par le doux souvenir du ruisseau fabuleux:
Tant les illusions des poétiques songes
Nous font encore aimer leurs antiques mensonges !
Vois l'hyacinthe ouvrir sa corolle d'azur,
Le riche œillet, ami d'un air tranquille et pur,
Varier ses couleurs d'une teinte inégale;
Le muguet arrondir l'argent de son pétale,
Et l'épais chèvre-feuille errer en longs festons.
La rose te sourit à travers ses boutons:
Heureux, en la voyant, du baiser qu'il espère,
Le berger la promit au sein de sa bergère.
Fleur chère à tous les cœurs ! elle pare à la fois
Et le chaume du pauvre et le marbre des rois;
Elle orne tous les ans la beauté la plus sage;
Le prix de l'innocence en est aussi l'image.

Poème sur la Botanique.

III. La Campagne au lever du soleil

Le crépuscule, ami de la saison nouvelle,
Semble créer aux yeux les beautés qu'il révèle:
L'aube au front argenté fait naître lentement
Du réveil matinal l'incertain mouvement:
Dans l'air qui s'éclaircit l'alouette légère,
De l'aurore au printemps active messagère,
Du milieu des sillons monte, chante, et sa voix

BOISJOLIN.

A donné le signal au peuple ailé des bois.
Sous des rameaux en fleurs le rossignol tranquille
Leur permet le plaisir d'une gloire facile ;
Il sait que ses accents doivent rendre à leur tour
Les échos de la nuit plus doux que ceux du jour.
Souverain bienfaisant de la céleste voûte,
Et des Heures en cercle entouré sur sa route,
Le Soleil a conduit son char étincelant
Du signe du Bélier vers le Taureau brillant.

L'Orient va s'ouvrir; de la sève animée
S'élève vers le dieu l'offrande parfumée.
Le feu de ses rayons n'entr'ouvre point encor
Les nuages voisins qu'il change en vagues d'or,
Mais son front se dévoile, et soudain la lumière
Perce, vole, et s'étend sur la nature entière.
Elle frappe, elle éclaire, et rougit les coteaux,
Dont la pente blanchit sous de nombreux troupeaux.
Dans ces châteaux lointains fermés à sa puissance,
Des palais du Sommeil respectant le silence,
Elle va sous le chaume, où le vieux laboureur
De ce nouveau printemps implore la faveur :
Plus loin, elle produit dans la forêt moins sombre
Le mobile combat et du jour et de l'ombre.
De l'œil, à cet éclat, semble se rapprocher
La cascade bleuâtre et l'humide rocher,
Et d'un brouillard qui fuit la montagne entourée
Reparaît sous l'azur dont elle est colorée.

La rivière, à l'aspect du globe lumineux,
Sans abri, solitaire, en reçoit tous les feux;
Elle étincelle au loin, et son onde plus belle
Semble s'enorgueillir de sa beauté nouvelle.
Les rayons, divisés en mobiles réseaux,

Roulent en nappes d'or sur l'argent de ses eaux ;
Son éclat vacillant se prolonge, et ma vue
Suit des flots radieux l'incertaine étendue,
Jusqu'aux lieux où le bois, par d'obliques retours,
Ombrage, rembrunit, me dérobe leur cours,
Et ferme à mes regards cette scène champêtre,
Où, comme aux champs d'Éden, l'homme semble renaître,
Et seul sait contempler dans le recueillement
Ce passage si doux du calme au mouvement,
Cette aimable union, ce céleste hyménée
De l'aurore du jour, du matin de l'année.

BOISMONT (NICOLAS THYREL DE), abbé de Grestain, prédicateur ordinaire du roi, docteur en théologie de la maison de Navarre, membre de l'Académie française, etc., naquit dans un village près de Rouen, vers 1715. Son peu de zèle pour le travail et son amour excessif pour la société retardèrent le développement de ses heureuses dispositions. En 1749, rien encore ne l'avait fait connaître, lorsque, cédant aux pressantes sollicitations de ses amis, il vint se fixer à Paris, et, par les sermons qu'il prononça dans différentes églises de la capitale, parvint à éclipser presque tous les prédicateurs de son siècle. On remarqua tout à la fois en lui une imagination brillante et déréglée, un style empreint du génie oratoire et souvent négligé ; une éloquence sublime et le manque d'instruction et d'étude. Ce mélange singulier de talent et de défauts lui valut les plus grands succès. En 1755 l'Académie le choisit pour succéder à Boyer, évêque de Mirepoix. Cette marque d'estime aurait dû l'engager à repousser l'influence du mauvais goût, à se livrer avec ardeur au travail, mais il préféra le repos et le plaisir. Aussi a-t-il laissé fort peu de chose. On a de lui un *Panégyrique de saint Louis*, des *Oraisons funèbres de monseigneur le dauphin, de la reine, de Louis XV, de l'impératrice Marie-Thérèse*, et quelques *sermons*. On y trouve des passages fort bien assortis aux vérités évangéliques, qui décèlent dans l'auteur plus d'aptitude pour l'éloquence académique que pour celle de la chaire. Son discours de réception a été une nouvelle preuve de cette assertion. Son plus grand titre à la réputation littéraire, c'est son discours dans l'assemblée des dames de charité, en 1782. On demandait depuis long-temps l'établissement d'un hospice destiné à recevoir les militaires en grades et les ecclésiastiques délaissés dans leurs maladies. Il se chargea d'engager les fidèles à faire cette œuvre de charité, et la quête faite, après son discours, s'éleva, dit-on, à 150,000 livres. L'hospice fut construit à Mont-Rouge. Boismont mourut à Paris, le 19 décembre 1786, à l'âge de soixante-onze ans.

Le recueil de ses œuvres, fait en 1805, est précédé d'une notice par M. Auger, éditeur, et de l'éloge de Boismont, par Rulhières, son successeur à l'Académie. On a attribué à l'abbé de Boismont et à l'abbé Maury, les *Lettres secrètes sur l'état de la Religion et du Clergé*, écrit où il règne un ton satirique et léger.

JUGEMENTS.

I.

Dans l'oraison funèbre, l'abbé de Boismont est celui qui, de nos jours, s'est fait le plus de réputation; mais ses ouvrages, s'ils ont eu de quoi obtenir des succès du moment, n'ont pas ce qu'il faut pour soutenir le regard de la critique et l'épreuve du temps; ils serviront sur-tout à faire voir combien le mauvais goût avait influé même sur des écrivains qui avaient beaucoup de talent. L'abbé de Boismont a même dans son style des empreintes de génie oratoire; mais, faute de connaissances, d'études et de réflexion, il s'abandonna tout entier aux saillies d'une imagination sans règle et d'un esprit sans solidité; il ne travailla ni ses idées ni son style, et de là le défaut trop fréquent de justesse dans la pensée et de propriété dans l'expression, l'affectation, l'obscurité, le jargon précieux et entortillé, la multiplicité des exclamations gratuites, et l'embarras des constructions vicieuses. Il me serait trop facile de prouver tous ces défauts par une foule de citations prises seulement dans quelques pages; mais ce détail critique est trop peu intéressant pour s'y arrêter dans un résumé où je dois mesurer tout sur l'importance des objets qui nous occupent, et de ceux qui nous appellent. Je me contenterai d'observer que tant de défauts essentiels ne sont pas assez rachetés par des traits d'esprit et d'adresse oratoire, ni même par un petit nombre de morceaux d'une beauté réelle, et qui font voir que l'auteur connaissait le ton et le style du genre, et qu'il aurait pu soutenir l'un et l'autre, s'il eût travaillé sur de meilleurs principes, réfléchi davantage, et cherché de bons conseils. Je vais rappeler le meilleur de ces morceaux; il est tiré de l'Oraison funèbre de Louis XV, et c'est celui que je citai dans un temps où, obligé d'en rendre compte, la disproportion de son âge au mien, et la place qu'il occupait parmi mes juges, ne me permettaient que d'insister sur ce qui était louable, et m'ordonnaient le silence sur tout le reste.

Il avait à parler de l'ascendant que prit dans l'Europe, vers l'année 1734, la politique modérée du cardinal de Fleury, ascendant qui ne dura pas long-temps :

« Ce fut, Messieurs, dans ces temps d'allégresse
« et de prospérité qu'éclata ce *concert d'estime* *
« publique, si honorable à la mémoire de Louis. Il
« n'est point de voile, point de secret pour les ver-
« tus des rois. Heureuse destinée! La modestie ne
« leur dérobe rien; ils sont forcés par état à jouir
« de toute leur renommée; ce fut le triomphe du
« jeune monarque. Connue, respectée dans toutes
« les cours, présente aux conseils de toutes les
« nations, son âme en devint le génie tutélaire. Sa
« droiture fut le droit public de l'Europe. Alors la
« réputation remplaça les victoires; la confiance
« enchaîna plus sûrement que les conquêtes; le cabi-
« net de Versailles fut le sanctuaire de la paix uni-

---

* Ces deux mots ne s'accordent pas assez : la simple *estime*, même *publique*, ne peut se comparer à l'éclat d'un *concert* de voix.

« verselle. Ce n'était plus ce foyer redoutable où
« l'orgueil assemblait les noires vapeurs de la politi-
« que, et préparait ces volcans qui embrasaient tous
« les états. Louis connaît le prix des hommes et le
« fragile honneur des triomphes. Il sait que la véri-
« table gloire d'un roi consiste moins à braver les
« orages qu'à les détourner, à défier les jalousies
« qu'à les éteindre, à provoquer les ligues qu'à les
« prévenir. Plein de ces principes, il quitte ce ton-
« nerre toujours allumé dans les mains de son aïeul;
« il rend aux travaux utiles une portion de cette
« milice nombreuse qui appelle la guerre, en nourrit
« le goût, en perpétue les alarmes; il se montre
« seul, pour ainsi dire, avec le poids naturel de sa
« puissance, et le charme invincible de sa bonne
« foi, espèce de domination nouvelle; et comment
« ne devient-elle pas l'ambition de tous les rois ?
« Est-ce à l'ombre des trônes qu'on devrait trouver
« la fausseté réduite en art? Et si cet art malheureux
« est un opprobre lorsqu'il trompe les hommes,
« quel nom mérite-t-il lorsqu'il agite les empires
« et qu'il se joue de la fortune et du sang des peu-
« ples? Louis le méprise; il offre à l'Europe étonnée
« un jeune roi absolu, adoré, ne craignant rien et ne
« voulant point être craint : et l'Europe se précipite
« vers son trône; elle y dépose, par ses ambassa-
« deurs, ses prétentions, ses intérêts, ses espérances.
« Est-ce là cette nation qui, comme un athlète san-
« glant, essuyait fièrement ses plaies, et disputait
« à Utrecht les restes d'une grandeur déchirée?
« Puissante et modeste, elle décide aujourd'hui, elle

« prononce ; le même sceptre, plié par tant d'orages,
« est devenu l'arbitre de ces mêmes rivaux dont il
« avait été la terreur. Quelle sublime intelligence a
« pu opérer ce prodige ? un roi de vingt-quatre ans,
« sans armes, sans intrigues, enchaînant tout, cal-
« mant tout par la seule impression de sa franchise
« et de son désintéressement. Et l'estime due à ce
« roi pourrait être un problème ! Où vous place-
« riez-vous, quel climat, quelle contrée choisiriez-
« vous pour la lui contester ? Interrogez Londres,
« Vienne, Madrid, Constantinople, le Nord et le
« Midi : tout repose dans le silence sur la foi de son
« intégrité. Partout vous trouverez l'action bien-
« faisante de cette âme juste et modérée : ce bien,
« particulier à la France, était en même temps le
« bien de tous les peuples, il appartenait à toute
« l'Europe. » Voilà de l'élévation, des mouvements,
des images : voilà le style de l'oraison funèbre. La
comparaison de l'athlète est sur-tout d'une grande
beauté *.

* Le portrait suivant de Frédéric ne nous parait pas moins remarquable :
« Au milieu de cette foule d'ennemis triomphants, considérez le lion du
Nord qui s'éveille : ses regards ardents semblent dévorer la proie que lui
marque la fortune : génie impatient de s'offrir à la renommée, vaste, péné-
trant, exalté par le malheur et par ces pressentiments secrets qui dévouent
impérieusement à la gloire certains êtres privilégiés qu'elle a choisis, je le
vois se précipiter sur ce théâtre sanglant, avec une puissance mûrie par de
longues combinaisons et des talents agrandis par la réflexion et la prévoyance.
Soldat et général, conquérant et politique, ministre et roi, ne connaissant
d'autre faste qu'une milice nombreuse, seule magnificence d'un trône fondé
par les armes. Je le vois, aussi rapide que mesuré dans ses mouvements,
unir la force de la discipline à la force de l'exemple, communiquer à tout
ce qui l'approche cette vigueur, cette flamme inconnue au reste des

La vieillesse de l'abbé de Boismont fut marquée par une singularité bien extraordinaire; c'est dans l'âge où l'on ne peut plus guère ni se corriger ni acquérir, c'est à soixante-dix ans qu'il fit un ouvrage où il paraît tout différent de ce qu'il avait été. Il fut chargé de prononcer un sermon pour l'établissement d'un hôpital militaire et ecclésiastique; et ce sermon, infiniment supérieur à ses Oraisons funèbres, est, sans aucune comparaison, ce qu'il a laissé de plus beau, ou plutôt c'est le seul monument de véritable éloquence qui reste de lui, le seul titre qui recommande sa mémoire aux connaisseurs. Là, tous ses défauts ont entièrement disparu, et sont remplacés par tous les mérites qui lui manquaient : il a de l'onction, de la vérité, du pathétique; ses moyens sont bien conçus et supérieurement développés, ses vues sont justes et grandes, ses expressions heureuses; il parle au cœur, à la raison, à l'imagination; en un mot, il est orateur. Il s'agissait de solliciter l'humanité en faveur de la vieillesse indigente de ceux qui ont consacré leur vie et donné leur sang à l'état; c'est la première partie de son discours. Il s'agissait d'assurer de même, dans un asyle honorable, les secours nécessaires aux besoins et aux maladies de ceux qui ont vieilli au service des

---

hommes ; être partout, réparer tout, diriger lui-même avec art tous les coups qu'il porte ; attaquer ce trône chancelant sur lequel son ennemi paraît s'appuyer, en détacher brusquement les rameaux les plus féconds, et s'élevant bientôt au-dessus de l'art même par la fermeté de ce coup d'œil que rien ne trouble, montrer déjà le secret de ces ressources qui doivent étonner la victoire même et tromper la fortune, lorsqu'elle lui sera contraire.
Oraison funèbre de l'impératrice Marie-Thérèse.

autels; c'est la seconde partie. Toutes deux sont dignement remplies, et la dernière sur-tout, qui était la plus délicate, a paru la mieux traitée. Il touchait à plus d'un écueil : il fallait écarter l'idée des reproches qui s'élèvent depuis si long-temps contre une classe d'hommes où l'on croit voir plutôt l'abus de l'opulence que des droits à la compassion; il fallait combattre l'indifférence pour la religion, qui peut naturellement s'étendre jusqu'à ses ministres : et il s'y prend avec un art admirable. Sans contester le bien qu'a pu faire la philosophie avant qu'on l'eût dénaturée, il en prend avantage pour l'appeler elle-même à l'appui d'une religion bienfaisante, qu'il présente sous les rapports les plus intéressants en morale et en politique, comme la consolation du pauvre et la seule dépositaire de l'espérance, ce grand besoin de la faiblesse humaine. Il distingue sur-tout cette portion du clergé qui en remplit les devoirs et n'en a pas les richesses.

Je crois devoir faire connaître ce morceau; je me bornerai à cette seule citation :

« Le pasteur sur lequel la politique peut-être ne
« daigne pas abaisser ses regards, ce ministre relé-
« gué dans la poussière et l'obscurité des cam-
« pagnes, voilà l'homme de Dieu qui les éclaire, et
« l'homme de l'état qui les calme. Simple comme
« eux, pauvre avec eux, parce que son nécessaire
« même devient leur patrimoine, il les élève au-
« dessus de l'empire du temps, pour ne leur laisser
« ni le désir de ses trompeuses promesses, ni le
« regret de ses fragiles félicités. A sa voix, d'autres

« cieux, d'autres trésors s'ouvrent pour eux; à sa
« voix, ils courent en foule aux pieds de ce Dieu
« qui compte leurs larmes; ce Dieu, leur éter-
« nel héritage, qui doit les venger de cette exhéré-
« dation civile à laquelle une Providence qu'on leur
« apprend à bénir les a dévoués. Les subsides, les
« impôts, les lois fiscales, les éléments mêmes fati-
« guent leur triste existence: dociles à cette voix
« paternelle qui les rassemble, qui les anime, ils
« tolèrent, ils supportent, ils oublient tout. Je ne
« sais quelle onction puissante s'échappe de nos
« tabernacles: le sentiment toujours actif de cette
« autre vie qui nous attend adoucit dans les pauvres
« toute l'amertume de la vie présente. Ah! la foi n'a
« point de malheureux : ces mystères de miséri-
« corde dont on les environne, ces ombres, ces
« figures, le traité de protection et de paix qui se
« renouvelle, dans la prière publique, entre le ciel
« et la terre, tout les remue, tout les attendrit dans
« nos temples; ils gémissent, mais ils espèrent, et
« ils en sortent consolés.

« Ce n'est pas tout : garant des promesses divines,
« ce pasteur, cet ange tutélaire, les réalise en quel-
« que sorte, dès cette vie, par les secours, par les
« soins les plus généreux, les plus constants. Je dis
« les soins, et peut-être, hommes superbes, n'avez-
« vous jamais compris la force et l'étendue de cette
« expression. Peignez-vous les ravages d'un mal
« épidémique, ou plutôt placez-vous dans ces ca-
« banes infectes, habitées par la mort seule, incer-
« taine sur le choix de ses victimes: hélas! l'objet

« le moins affreux qui frappe vos regards est le
« mourant lui-même; épouse, enfants, tout ce qui
« l'environne semble être sorti du cercueil pour y
« rentrer pêle-mêle avec lui. Si l'horreur du dernier
« moment est si pénétrante au milieu des pompes
« de la vanité, sous le dais de l'opulence, qui couvre
« encore de son faste l'orgueilleuse proie que la
« mort lui arrache, quelle impression doit-elle pro-
« duire dans les lieux où toutes les misères et toutes
« les horreurs sont rassemblées! Voilà ce que bra-
« vent le zèle et le courage pastoral. La nature, l'a-
« mitié, les ressources de l'art, le ministre de la
« religion seul remplace tout; seul au milieu des
« gémissements et des pleurs, livré lui-même à l'ac-
« tivité du poison qui dévore tout à ses yeux, il
« l'affaiblit, il le détourne; ce qu'il ne peut sauver,
« il le console, il le porte jusque dans le sein de
« Dieu; nuls témoins, nuls spectateurs; rien ne le
« soutient, ni la gloire, ni le préjugé, ni l'amour de
« la renommée, ces grandes faiblesses de la nature,
« auxquelles on doit tant de vertus : son âme, ses
« principes, le ciel qui l'observe, voilà sa force et sa
« récompense. L'état, cet ingrat qu'il faut plaindre
« et servir, ne le connaît pas : s'occupe-t-il, hélas!
« d'un citoyen utile, qui n'a d'autre mérite que celui
« de vivre dans l'habitude d'un héroïsme ignoré? ».
         La Harpe, *Cours de Littérature*.

II.

Il faut que les oraisons funèbres soient un genre
d'éloquence bien difficile, puisque, après Bossuet et

Fléchier, nos plus grands orateurs y sont restés au-dessous de leurs talents, et que Massillon même y a échoué. Nous avons de très beaux éloges de nos illustres morts; mais nous avons très peu de véritables oraisons funèbres, c'est-à-dire de ces discours où règne cette majesté sombre, cette tristesse religieuse, cette éloquence de la douleur, et ce mélange de pathétique et d'élévation qui sont leur caractère particulier, et les distinguent de tous les autres discours. M. l'abbé de Boismont est un de ceux qui de nos jours ont eu le plus de réputation dans ce genre, et on ne peut nier qu'il ne fût né avec de grands talents. Doué d'un esprit facile et d'une imagination brillante, sachant manier habilement sa langue et s'emparer d'un sujet, soit pour mettre à profit ses ressources ou suppléer à sa stérilité, joignant à une grande richesse d'idées une grande pureté d'expressions, il aurait pu s'élever jusqu'à la haute éloquence, et, sinon égaler, du moins suivre de près nos vrais modèles; mais il ne sut pas se précautionner contre le faux goût de son siècle et cette vanité du bel esprit, qui, à l'époque où il parut, était la vanité dominante et l'épidémie générale. Il voulut être l'orateur à la mode, et pour son malheur il y réussit. Avide de succès, impatient de parvenir à la réputation, il lui sacrifia les heureuses dispositions qu'il avait reçues de la nature, et son talent avorta. Nommé orateur en titre de l'Académie française, il fallut se monter au ton de son auditoire, prendre l'esprit de ses juges qui donnaient la vogue, et devenir comme eux plein de morgue et de prétention, d'afféterie dans le style, et d'emphase dans les pensées. Tel est, en effet, le caractère distinctif des Oraisons funèbres de l'abbé de Boismont. Le véritable orateur se cache sans cesse, et se fait oublier; celui-ci se montre toujours et veut sans cesse qu'on l'admire. Il est impossible, en le lisant, de perdre de vue l'écrivain. On assiste à sa composition; on le voit arrangeant les mots, mettant toutes les phrases en rapports symétriques, et les faisant jouer ensemble: on sent enfin qu'il a dû lui en coûter autant pour écrire que pour penser. Jamais ce pathétique, cet abandon, cette effusion du sentiment, sans lesquels il n'y a point de véritable éloquence. C'est le Thomas de la chaire. Même enflure, même raideur, même sécheresse, même envie de briller et de mettre des résultats à la place des mouvements. Ainsi les deux panégyristes de notre temps, qui, chacun dans son genre, ont eu peut-être le plus de talents, sont ceux qui ont précipité davantage parmi nous la chute de l'éloquence.

Il fallait que l'abbé de Boismont lui-même eût la conscience des défauts que nous lui reprochons, et qu'il sentît le besoin d'une apologie, si nous en jugeons par son discours de réception à l'Académie française. Il est impossible, en le lisant, de ne pas voir qu'il le composa tout exprès pour aller au-devant des reproches qu'on pouvait lui faire, et que les esprits sages lui faisaient sans doute dès le début de sa carrière oratoire. Il est curieux de l'entendre s'expliquer à ce sujet, et se mettre l'esprit à la torture pour montrer le pouvoir qu'ont dans l'éloquence *les graces et les fleurs*, qu'il appelle *un innocent artifice, une utile et bienfaisante séduction*. Il est plaisant de voir comment il loue à outrance l'imagination aux dépens de *cette raison qui traine tristement après elle les principes et les conséquences*; comment il se traîne tristement lui-même dans un cercle de sophismes pour prouver à un orateur que son premier but doit être de plaire, et qu'il doit se soumettre aux différences que les temps amènent et que le génie de son siècle conseille.

« On regrette tous les jours, dit-il, la *majestueuse
« simplicité* des premiers défenseurs de la religion,
« on veut que dans ces temps heureux tout pliât
« sous le poids de la vérité seule, et que pour la
« rendre victorieuse il ait suffi de la montrer *sans
« parure et sans art*. Mais que prétend-on par cette
« supposition chagrine? Se persuade-t-on que les
« premiers panégyristes de la foi dédaignèrent les
« ressources du génie, abandonnèrent la vérité à
« son austérité naturelle, repoussèrent d'une main
« superstitieuse tous les ornements qu'elle avoue,
« et qu'en un mot un zèle brûlant et impétueux
« leur tînt lieu de tout? Illusion démentie par les
« précieux monuments qui nous restent de ces grands
« hommes. Qu'on écoute saint Paul foudroyant la
« raison humaine au milieu de l'aréopage : quelle
« critique délicate, quelle philosophie sublime, quel
« tableau brillant de l'immensité du premier être !
« Non, quels que fussent alors les succès de la foi,
« les moyens humains entrèrent, je ne dis pas dans

« la composition, mais dans la propagation succes-
« sive de cette œuvre divine : alors, comme de nos
« jours, les controverses, les écrits, les discours
« publics prirent la teinture du caractère personnel,
« de l'esprit dominant du siècle, et, si j'ose m'ex-
« primer ainsi, de l'impulsion générale des mœurs.
« Tertullien fut sévère et bouillant, saint Augustin
« profond et lumineux, saint Chrysostome pompeux
« et solide, saint Bernard sensible et fleuri; leur
« zèle ne porte nulle part l'empreinte d'une raison
« sèche et décharnée : ils l'enrichissent, ils le pa-
« rent de tous les trésors de l'imagination, moins
« déliée peut-être, moins minutieuse que celle de
« nos jours, parce que leur âge étant plus simple,
« les vices avaient, pour ainsi dire, plus de corps
« et de consistance; la corruption était moins adroite,
« moins mystérieuse; elle ne forçait point par con-
« séquent à ces détails et à ces nuances qui ressem-
« blent quelquefois à un soin affecté de l'art, et
« qui n'appartiennent cependant qu'à l'esprit d'exac-
« titude et d'observation. Lorsque le vice est devenu
« ingénieux, il a fallu le devenir avec lui pour le
« combattre. »

Qui ne sent ici au premier coup d'œil que l'abbé de Boismont prend volontairement le change, et qu'il se crée à plaisir des fantômes pour les combattre? Qui jamais a prétendu que pour rendre victorieuse la vérité il faut la montrer *sans parure et sans art;* et qui jamais a fait *cette supposition chagrine?* qui jamais a prétendu que le zèle doit porter l'empreinte d'une raison sèche et décharnée?

comme si, en condamnant la recherche et l'affectation, on excluait les ornements utiles et même nécessaires; comme si on ne savait pas qu'une vierge doit se parer et non pas se farder, et que jamais on ne put confondre les ressources de l'art avec les puériles ruses et les petites mignardises de l'artifice? Sans doute que saint Paul foudroya la raison humaine au milieu de l'aréopage; donc M. de Boismont n'a jamais dû prendre la foudre en main, et n'a dû employer que les armes légères au milieu de l'Académie. Tertullien fut sévère et bouillant, saint Augustin profond et lumineux; ils ont mis dans leurs discours la *teinture* de leur caractère personnel, et l'esprit dominant de leur siècle; donc M. de Boismont a dû être précieux et maniéré comme son caractère personnel, et se laisser dominer par son siècle, en devenant l'esclave de ses préjugés comme de ses suffrages. Je ne sais pas pourquoi notre académicien allait prendre si loin ses moyens de défense, et pourquoi, au lieu de Tertullien et de saint Chrysostome, il n'osait pas se prévaloir des exemples plus récents de Bossuet, de Bourdaloue et de Massillon, qui ont aussi mis dans leurs discours la *teinture* de leur caractère personnel, et qu'il n'ait pas dit à ses confrères : « Bossuet a « été sublime, Bourdaloue austère, Massillon tendre, « donc je dois être et rester ce que je suis? »

Que de choses n'aurions-nous pas à dire encore sur ce rapprochement des premiers siècles où les *vices avaient plus de corps*, la corruption moins d'adresse que dans le nôtre, et où les orateurs n'étaient point forcés, comme de nos jours, *à ces nuances qui ressemblent quelquefois à un soin affecté de l'art;* d'où l'abbé de Boismont conclut que, lorsque le vice est devenu ingénieux, il faut le devenir aussi pour le combattre. Pures subtilités dignes d'une académie, tout au plus applicables aux écrivains, aux moralistes observateurs qui veulent peindre le vice, et non aux orateurs sacrés qui doivent le combattre, non par des nuances et des raffinements, mais avec toute l'autorité de la parole divine. Combattez le vice, aurait-on pu lui dire, avec l'éloquence de l'âme; et alors, qu'il ait plus ou moins *de corps*, ou plus ou moins d'esprit, vous aurez toujours ce qu'il faut pour le combattre: sans quoi il s'amusera de vos nuances et de vos raffinements; et loin de s'amender, il ne fera que rire de ce que vous voulez être aussi fin et aussi délié que lui.

Ce goût de recherche, cette empreinte du travail et cette tension de style, lui étaient tellement devenus propres, qu'on les retrouve jusque dans ses plus belles pages (et il en a beaucoup), et dans les endroits même où il semble vouloir le plus se passionner.

M. de Rulhières, successeur de l'abbé de Boismont à l'Académie française, nous apprend dans son discours de réception, que celui-ci, « conduit « dans sa jeunesse par le seul instinct du beau « naturel, avait annoncé un goût pur et sage, peut- « être même sérieux et austère, » et il ne se dissimule pas que s'il devint dans la suite si différent de lui-même, il dut cette dégénération à l'influence

de son siècle. « Quel eût donc été cet orateur, s'é-
« cric-t-il, s'il fût venu dans le siècle des Bossuet
« et des Bourdaloue, dans un siècle où le goût gé-
« néral exigeait que le talent dominât toujours sur
« l'esprit, et non dans un moment où les suffrages
« étaient presque unanimes quand c'était au contraire
« l'esprit qui dominait sur le talent ? » D'où il suit,
suivant son propre panégyriste, qui ne doit pas
être suspect, que l'abbé de Boismont sacrifia son
talent à l'esprit, et son esprit à celui de son siècle.
Au reste, il ne sera pas inutile de remarquer en
passant ce que la force de la vérité arrachait quelquefois aux philosophes au milieu même de l'Académie ; et ce n'est pas sans quelque surprise que
l'on entend cet académicien, dans le même discours, reprocher encore à son siècle « une espèce
« d'emphase magistrale, une audace imprudente,
« une sorte de fanatisme dans les opinions, et sur-
« tout un ton affirmatif et dogmatique qui faisait
« dire à Fontenelle, alors dans sa centième année
« et témoin encore de cette révolution : *Je suis ef-*
« *frayé de l'horrible certitude que je rencontre à*
« *présent par tout.* »

A la suite de ses Oraisons funèbres se trouve un
sermon pour une *assemblée extraordinaire de charité*, dans lequel il n'y a presque qu'à louer, puisque
l'orateur a su y éviter le plus grand nombre des
défauts que lui reprocheront toujours les amateurs
du vrai beau. C'est le seul monument d'une véritable éloquence qui reste de lui, et le seul qui le
recommande à la postérité, dont les suffrages ne

sont pas fixés par la mode, mais par les règles éternelles du goût. Ce sermon fut prononcé en 1782 dans l'église de la Charité, à Paris, à l'occasion de l'établissement d'un hospice militaire et ecclésiastique pour les pauvres officiers et prêtres malades, dont l'idée fut conçue et exécutée par madame la vicomtesse de La Rochefoucault, que la religion et les pauvres ont perdue il y a deux ans. Il s'agissait donc de solliciter l'humanité en faveur de la vieillesse indigente de ceux qui ont consacré leur vie à la défense de l'état, et d'assurer de même, dans cet asyle honorable, les secours nécessaires aux ministres sacrés qui ont vieilli au service des autels. De-là la division naturelle de son discours. Soit que l'orateur se sentît élevé davantage par la cause des respectables infortunés qu'il avait à défendre, et que cette matière intéressât vraiment sa sensibilité, soit que l'âge eût mûri son goût, soit qu'il eût à parler devant un autre auditoire que celui de l'Académie, il y laisse voir un tout autre homme, et il y parle au cœur pour la première fois. Sa diction y est presque toujours naturelle, ses mouvements sont vrais; à des idées grandes se mêlent des expressions heureuses: et cet orateur si guindé et si froid sait tour à tour s'élever avec noblesse ou s'épancher avec onction. Il n'y a pas même jusqu'à la simplicité qu'il lui arrive de rencontrer quelquefois. La seconde partie sur-tout est féconde en beautés, et mériterait d'être ici citée tout entière. Nous nous contenterons de mettre sous les yeux de nos lecteurs le caractère qu'il trace d'un bon pasteur, et où se trouvent réunies à la fois la vérité du portrait avec la vérité du style*.

C'est par ce sermon que l'abbé de Boismont termina sa carrière oratoire, et il avait alors soixante-neuf ans, c'est-à-dire qu'il commença à se corriger dans un âge où l'on ne se corrige plus, et à acquérir de nouvelles forces dans un âge où l'on ne se perfectionne plus. Singularité très remarquable, mais qui vient à l'appui de ce que nous avons dit, qu'il ne lui a manqué qu'un autre siècle pour se placer à côté de nos modèles, et qui devient en même temps une leçon nouvelle pour tous ces orateurs, lesquels ne travaillant que pour obtenir la vogue, comme l'abbé de Boismont, finiront presque tous, comme lui, par manquer la renommée **.

DE BOULOGNE.

BOISSY (Louis DE), membre de l'Académie française, naquit à Vic, en Auvergne, le 26 novembre 1694. Ses parents, sans fortune, le destinèrent à l'état ecclésiastique : mais cette profession lui procurant à peine le nécessaire, il résolut, afin de sortir de cette pénible position, de venir à Paris pour chercher des protecteurs. La froideur avec laquelle ils le reçurent le révolta, et, jaloux des succès de plusieurs hommes de lettres distingués, il composa, autant pour exhaler sa rage que pour vivre, une sa-

---

* Voyez ce morceau cité plus haut par La Harpe.   F.
** Voyez le *Parallèle de Boismont et de Beauvais*, t. III, p. 265 à 267.

tire contre les uns et les autres. Grace à quelques vers faciles, elle eut une espèce de vogue qui encouragea l'auteur à en publier de nouvelles. Cette fois l'accueil du public le dégoûta d'un genre auquel il n'était pas appelé, qui d'ailleurs lui valait peu d'argent et beaucoup d'ennemis, et le détermina à quitter la soutane pour s'adonner au théâtre. Dans l'espace d'environ trente ans, il fit représenter, soit aux Français, soit aux Italiens, près de quarante pièces: presque toutes peignaient les ridicules du temps; elles n'eurent qu'un succès éphémère, et les seules qui soient restées au *Répertoire* sont *le Français à Londres*, *le Babillard*, *le Sage Étourdi*, *l'Époux par supercherie*, et enfin *l'Homme du jour*, ou *les Dehors trompeurs*, comédie regardée comme l'une des meilleures du siècle dernier. Le plus grand mérite des compositions de Boissy est une extrême facilité de versification; malheureusement elles sont trop souvent déparées par un faible coloris et beaucoup de négligences. Un pareil talent n'était rien moins que propre à la tragédie: *Admète* et *Alceste* en furent la preuve. Malgré le nombre de ses ouvrages, Boissy était toujours dans la misère. Un mariage d'inclination l'augmenta encore, et, trop fier pour demander des secours, il résolut de se laisser mourir; sa femme voulut partager son sort. Heureusement des personnes charitables pénétrèrent dans leur retraite et les détournèrent de leur funeste dessein. Après avoir prêté sa plume à des auteurs qui ne pouvaient donner le relief de la versification à leurs comédies en prose, Boissy vit enfin la fortune lui sourire. En 1754, il obtint à l'Académie française la place vacante par la mort de Destouches; et, quelque temps après, la rédaction de la *Gazette de France* et du *Mercure* lui fut confiée. Il abandonna le premier de ces journaux et se consacra entièrement à l'autre, qui fut très recherché pendant qu'il en eut la direction. Il loua tout le monde sans distinction, et son indulgence parut être une expiation de l'injustice de ses anciennes Satires. Parvenu à une sorte d'opulence, il en usa sans modération, « semblable, dit d'Alembert, à ces hommes « affamés qui surchargent un estomac long-temps « privé de nourriture. » Il se fit reprocher pendant ses dernières années un luxe et une profusion peu convenables à la profession de poète : il mourut à Paris le 19 avril 1758.

Son Théâtre, en 9 volumes in-8° a été imprimé à Paris dans la même année. On a attribué à Boissy *l'Élève de Terpsichore*, ou *le Nourrisson de la Satire*, 1718, 2 vol. in-12, recueil dont il fut tout au plus l'éditeur, et *les Filles Femmes et les Femmes Filles*, 1751, in-8°, publié sous le nom de Simien.

JUGEMENTS.

I.

Presque toutes les pièces que Boissy donna au théâtre Italien furent extrêmement suivies dans leur nouveauté ; mais on ne les verrait plus avec le même plaisir, parce que c'étaient comme des *vaudevilles* faits pour le moment, et destinés à passer avec lui. Notre parterre d'aujourd'hui n'entendrait plus finesse à ce qui fut accueilli par le parterre de ce temps-là, très au fait des sottises, bientôt oubliées, qui occupaient alors la nation française, et qui depuis ont fait place à d'autres, oubliées comme elles.

Boissy a travaillé plus solidement pour un théâtre plus sévère; il a fait, pour la scène française, un grand nombre de comédies, dont plusieurs se voient encore tous les jours : on doit sur-tout citer avec distinction *les Dehors trompeurs*, pièce de caractère et d'intrigue tout à la fois, pleine de situations comiques, écrite avec élégance et facilité. On peut la mettre, sinon à côté de *la Métromanie* et du *Méchant*, au moins dans le très petit nombre des vraies comédies, devenues si rares au théâtre Français depuis trente années, et dont le moule semble être brisé de nos jours. La stérilité ou la paresse des auteurs trouve un succès, moins flatteur à la vérité, mais plus sûr et plus facile, dans ce qu'on appelle le *tragique bourgeois*; ils consentent à recueillir moins de gloire en s'exposant à moins de dangers. Boissy, quelque besoin qu'il eût de réussir et d'en saisir tous les moyens, semble avoir dédaigné de recourir à cette ressource. S'il n'a pas toujours fait rire sur la scène comique, il se félicitait au moins de n'y avoir jamais fait pleurer, tant il était convaincu que la comédie doit être la peinture gaie et non pas affligeante de la nature et de la vie humaine. Mais ayant trop peu vécu dans le monde pour le connaître, et trop peu étudié les hommes pour les avoir bien vus, il a peint les hommes d'une touche plus légère que mâle, et plus facile que vigoureuse. Aussi trouve-t-on dans ses pièces plus de détails que de grands effets, plus de tirades que de scènes, et plus de portraits que de caractères. La seule comédie des *Dehors trompeurs* annonce un peintre plus observateur et plus profond ; elle parut même si supérieure à ses autres pièces, que l'envie voulut la lui ravir, et prétendit que le sujet et le plan lui en avaient été donnés. Mais ce sujet et ce plan n'ayant été réclamés par personne, il est juste de lui en laisser l'honneur ; et parce qu'il lui est arrivé de faire, en cette seule occasion, plus de dépense que la modicité de son fond ne semblait le lui permettre, on ne doit pas l'accuser pour cela de s'être approprié le bien des autres. Ce n'est pas la première fois qu'on a tâché d'enlever à des écrivains estimables des productions dont les auteurs prétendus se seraient bientôt montrés, s'ils en eussent été les véritables pères. Il est bien rare et bien difficile que la vanité soit assez généreuse pour renoncer gratuitement à la jouissance personnelle de ses productions, et pour en faire le sacrifice à l'amitié même, qui ne reçoit guère de sa part que des présents très modiques.

Cependant cette comédie des *Dehors trompeurs*, malgré son succès et son mérite, eut un adversaire dont le nom était fait pour en imposer à la multitude, c'était le poète J.-B. Rousseau, que nous avons déjà vu si déclaré contre *le Glorieux*. Exilé depuis long-temps de sa patrie, mécontent de lui-même et des autres, jaloux des succès qu'il ne partageait pas, il ne louait guère que ce qu'il avait intérêt de louer, et déchirait tout le reste. Cet auteur, constamment réprouvé au théâtre, qu'il avait d'ailleurs perdu de vue depuis long-temps, et dont il ne pouvait plus connaître le goût, le ton et la manière, s'expliqua sur la comédie des *Dehors trompeurs* avec plus de fiel que d'équité ; il eût mieux fait d'en donner une meilleure.

D'ALEMBERT, *Eloge de Boissy*.

II.

La Harpe nous donne Boissy pour plus froid qu'il ne l'est. Il versifie à merveille : il n'a pas cherché des sujets bien chauds ; mais c'est le premier peintre habile du premier changement de mœurs, depuis celles du temps des trois premiers comiques.

LE PRINCE DE LIGNE, *Remarques sur le Lycée*.

III.

Boissy et Lanoue, tous deux plus élégants que Destouches, plus recherchés dans les expressions et dans les tours, en restreignant leur langage au ton de la société choisie, se privèrent des ressources de la langue en usage dans toutes les classes du monde. Leur dialogue est moins brillant que brillanté ; son faux éclat parait un luxe, et non une véritable richesse ; il confond sous une même couleur les nuances variées de la nature qu'il efface à chaque mot. Si la langue de ces poètes ingénieux sied à quelques personnages supérieurs dont elle imite le jargon reçu, elle cesse de convenir aux subalternes; et les bourgeois, les soubrettes ou les valets qui la parlent, trahissent, en tous leurs propos, le vice de ce style maniéré.

Lemercier, *Cours analytique de Littérature*.

IV.

Boissy est encore un de ces auteurs qu'un seul ouvrage a tirés de la foule obscure où devait les reléguer une foule de productions fort mauvaises ou fort médiocres. Personne n'a plus abusé que lui d'un genre qui est en lui-même le plus froid de tous, et sur-tout au théâtre, l'allégorie. Il personnifie sur la scène *le plaisir, la joie, la décence, la frivolité, l'automne, l'hiver, l'honneur, l'intérêt, la banqueroute, le je ne sais quoi, la bagatelle, la médisance, le badinage*, etc., etc. Tous ces êtres moraux ne pouvant guère se caractériser que par des idées abstraites, sont des personnages à la glace, et leur babil métaphysique est le comble de l'ennui. Du moins les divinités de la Fable ont quelque chose qui ressemble plus à la réalité : la mythologie leur a donné dans notre imagination une espèce d'existence rationnelle; encore n'en faut-il faire usage sur la scène que très rarement, et dans des circonstances où elles paraissent naturellement placées, comme par exemple dans l'inauguration d'un théâtre, dans une fête consacrée à la mémoire d'un grand homme; et, dans ce cas, c'est au talent de l'auteur à suppléer, par la richesse des détails, l'intrigue et l'intérêt que ce genre de drame ne comporte pas. Il s'en fallait de beaucoup que Boissy fût capable de vaincre cette difficulté. Son esprit est superficiel; il est à la fois faible de pensée et apprêté dans sa diction. Son dialogue est presque tout entier en lieux communs, en définitions, en portraits, et dans ces morceaux de placage tout est longuement effleuré, et l'abondance des mots est égale à la disette des idées.

Sur cette multitude de pièces oubliées en naissant, les comédiens, depuis la mort de l'auteur, en ont ressuscité deux que fit accueillir avec une indulgence qui ne suppose aucune estime le jeu d'un acteur justement aimé*, dont le talent flexible cherchait à se faire valoir dans des ouvrages inconnus. C'est ce qui fait que l'on joue encore *l'Époux par supercherie*, dont le fond est absurde, et *le Sage Étourdi*, un peu plus raisonnable, mais dénué d'intrigue et de comique. *Le Babillard*, et *le Français à Londres*, qui réussirent du vivant de l'auteur, valent un peu mieux, non qu'il y ait plus d'intrigue, mais il y a du moins de ce comique de charge qui peut faire rire. Tout le piquant du *Babillard* consiste dans la volubilité d'organe que sait y mettre l'acteur. Il était d'abord en cinq actes; mais comme un si long bavardage était aussi difficile à supporter que facile à faire, Boissy se restreignit à un acte, et la scène où le Babillard met six femmes en déroute, suffit pour faire passer cette espèce de caricature. C'en est une aussi que les rôles de Polinville, de mylord Houzey et de Jacques Rosbif, dans *le Français à*

* Molé.

Londres; tout cela n'est guère qu'un comique de grimaces qui appartient plus à l'acteur qu'à l'auteur, et à peine y trouverait-on deux ou trois mots heureux. Mais enfin Boissy parvint à faire une comédie, et c'est celle de *l'Homme du jour*, ou *les Dehors trompeurs*, où il y a de l'intrigue, de l'intérêt, des caractères, des situations, des peintures de mœurs et des détails comiques. Le style, quoique beaucoup meilleur que celui de ses autres pièces, est médiocre; mais en total l'ouvrage est estimable; il a justifié l'admission de l'auteur à l'Académie française, et l'a classé parmi les poètes comiques.

Le caractère de *l'Homme du jour* est pris dans la nature et dans les mœurs : cet homme a tout ce qu'il faut pour réussir dans la société, l'agrément, la politesse, les superficies, et point de principes. Il s'occupe de plaire à tout le monde, et n'est l'ami de personne; il est bien partout, et fort mal chez lui. Affable avec les étrangers, ce n'est que pour ses parents et dans son intérieur qu'il est dur, hautain et capricieux. Quoiqu'il ait de l'esprit, il est la dupe de son amour-propre, au point de prendre pour bêtise la réserve timide d'une jeune personne qu'il doit épouser, et qui aime un autre que lui. Cet aveuglement, qui semble démentir l'expérience que doit avoir le baron, est justifié par ses succès dans le monde, et le séjour de sa jeune future chez lui l'est aussi par une liaison de dix ans avec le père de Lucile, qui a consenti à ce qu'elle passât quelque temps, au sortir du couvent, auprès de Céliante, sœur du baron, et logée dans le même hôtel. Le hasard a lié le baron avec un jeune marquis d'un caractère aimable, noble et sensible, et qui est en secret l'amant de Lucile, qu'il voyait au couvent. Il vient familièrement chez le baron, qui lui a rendu quelques services, et la rencontre inopinée d'une maîtresse qu'il avait perdue de vue amène plusieurs situations heureuses et contrastées, qui mettent en jeu les trois personnages, d'autant mieux qu'il y en a deux qui s'entendent, et un qui est dupé. Ce sont des scènes piquantes que celle où le marquis raconte son aventure au baron, sans nommer personne, et lui expose les scrupules qu'il se fait de tromper un homme qui lui témoigne de la confiance et de l'amitié.

Trompez-le, encore un coup, trompez-le, c'est l'usage;

s'écrie le baron, qui se fait honneur de former un jeune homme de ce mérite, et de lui donner l'usage du monde. Il s'élève un combat très bien soutenu de part et d'autre, entre les répugnances délicates du disciple et la doctrine impérieuse du maître, qui ne se doute pas que c'est contre lui-même qu'il donne de si beaux conseils. Le marquis a beau lui dire :

L'amour vous ferait-il manquer à l'amitié?

LE BARON.
Oui, marquis, sur ce point je serais sans pitié,
Le scrupule est sottise en pareille matière,
Et je ne ferais pas grace à mon propre père.

Le marquis va jusqu'à lui avouer qu'il est tenté de

s'ouvrir entièrement à son ami : le baron l'en détourne, comme de la plus haute sottise.

Par un aveu choquant autant qu'il est cruel,
Vous voulez faire entendre à sa flamme jalouse
Que vous êtes aimé de celle qu'il épouse !
Si quelqu'un s'avisait de m'en faire un *égal*,
Par moi son compliment serait reçu fort mal.

LE MARQUIS.
Ces mots ferment ma bouche et changent ma pensée.

De cette façon, toute la conduite du marquis à l'égard du baron, pendant cinq actes, est d'autant mieux justifiée que c'est le baron lui-même qui la prescrit d'autorité; ce qui réunit les convenances morales à l'effet comique. C'est là l'idée-mère de la pièce, idée véritablement dramatique, et approfondie autant qu'elle pouvait l'être, dans les incidents et dans les détails.

La conduite du baron n'est pas moins bien entendue. La dureté de son humeur, qu'il fait sentir même à Lucile, semblerait démentir la politesse dont un homme du monde doit se piquer envers toutes les femmes; mais elle tient au sentiment de sa supériorité, et au mépris qu'il a pour une petite fille dont il n'aime que la figure, dont la froideur le pique, dont le silence l'impatiente, et qui a le plus grand tort à ses yeux, celui de paraître ne pas sentir tout ce qu'il vaut. Ce qui domine le plus dans ce rôle, et ce qui a de la vérité, c'est la présomption d'un homme gâté par les succès; elle va jusqu'à le faire tomber dans une méprise grossière et qui n'en est que plus plaisante, parce qu'il est assez prévenu en sa faveur pour la rendre vraisemblable. Il surprend Lucile écrivant un billet à son amant :

Elle ne pense pas : comment peut-elle écrire?

Il n'en est que plus curieux de voir ce qu'elle écrit; et trouvant le billet flatteur, il ne manque pas de se l'adresser à lui-même, ne supposant pas même qu'il puisse s'adresser à un autre, quoiqu'il y ait quelques expressions, à la vérité équivoques, qui pourraient le lui faire conjecturer; mais il est trop plein de lui pour se défier de personne. Il est ravi de ce billet, qui est en effet délicat et tendre, et qui le lui paraît d'autant plus, qu'il en croyait Lucile moins capable. Il se reproche son injustice, se répand en remercîments, et l'on est fort aise de le voir dupe.

Une autre partie de son caractère, c'est le manque absolu de sentiments et de procédés en amitié. Un ancien ami, qui est prêt à devenir son beau-père, ne lui demande qu'une visite au ministère pour obtenir un gouvernement. Le moment presse, et le crédit du baron peut en profiter; il l'a promis, mais il manque au rendez-vous, et se laisse entraîner par une espèce de folle qui s'est emparée de lui pour la soirée, une étourdie de comtesse qui pourtant est assez amusante, et qui le mène dans sa loge à une pièce nouvelle. On serait tenté de croire qu'il n'est pas possible de négliger un devoir de cette importance pour un motif si futile; mais c'est en cela même que consiste la peinture très variée de l'espèce de légèreté habituelle dans un homme qui s'est livré par caractère, et même par politique, au tourbillon du grand monde. Celui qui s'est fait cette existence doit souvent pousser la complaisance jusqu'à la faiblesse, et des exemples sans nombre prouvent que la faiblesse est cruelle. Il fait échouer une affaire essentielle pour son ami; mais pouvait-elle l'être autant pour le baron que la crainte de manquer de complaisance pour une femme à la mode, et qui est liée avec lui par l'habitude des mêmes amusements et du même train de vie? N'aura-t-il pas le plaisir de s'être fait valoir, le mérite d'avoir cédé, d'être un homme charmant dont on fait ce qu'on veut? Cela ne vaut-il pas bien la peine de remettre l'affaire du vieux gouverneur? Et puis, qu'est-ce que cet ami? un provincial dont l'amitié l'embarrasse, le gêne, et lui paraît même le compromettre un peu dans les cercles brillants où il passe sa vie. Que de détails heureux tout cela pouvait fournir au poète, s'il avait su écrire comme Gresset! Il y a pourtant des choses très bien vues en fait de mœurs; par exemple, la réponse du baron à Forlis qui lui reproche toutes les frivolités dont il est occupé :

..... J'ai besoin de toi pour tout le jour entier ;
Si c'est une corvée, il la faut essuyer.

LE BARON.
J'ai trente affaires.

M. DE FORLIS.
Va, trente de ces affaires
Ne doivent pas tenir contre deux nécessaires.

LE BARON.

Je ne puis différer, et j'ai promis, d'honneur.

M. DE FORLIS.

De ces promesses-là je connais la valeur.

LE BARON.

Ce sont de vrais devoirs.

M. DE FORLIS.

Tiens, je vais en six phrases
Te peindre ces devoirs qu'ici tu nous emphases.
Aller d'abord montrer aux yeux de tout Paris
La dorure et l'éclat d'un nouveau vis-à-vis;
Éclabousser vingt fois la pauvre infanterie,
Qui se sauve, en jurant, de la cavalerie;
De toilette en toilette aller faire sa cour,
Apprendre et débiter la nouvelle du jour;
Puis au Palais-Royal joindre un cercle agréable,
Et lier pour le soir une partie aimable;
Ne boire à ton dîner que de l'eau seulement,
Pour sabler du champagne à souper largement;
Faire l'après-midi mille dépenses folles,
En deux médiateurs perdre huit cents pistoles;
Sur une tabatière, ou bien sur des habits,
Dire ton sentiment et ton sublime avis;
Conduire à l'Opéra la duchesse indolente,
Médire ou bien broder avec la présidente;
Avec le commandeur parler chasse et chevaux;
Chez le petit marquis découper des oiseaux:
Voilà le plan exact de ta journée entière,
Tes devoirs importants, et ta plus grave affaire.

LE BARON.

Monsieur le gouverneur, vous nous blâmez à tort:
On ne vit point ici comme dans votre fort.
Nous devons y plier sous le joug de l'usage;

Ce qui paraît frivole est, dans le fond, très sage.
Tous ces aimables riens qu'on nomme amusement
Forment cet heureux cercle et cet *enchaînement,
De qui le mouvement* journalier et rapide
Nous fait par l'agréable arriver au solide.
C'est par eux que l'on fait les grandes liaisons,
Qu'on acquiert les amis et les protections.
Au sein des jeux riants on perce les mystères;
Le plaisir est le nœud des plus grandes affaires:
Le succès en dépend; tout y va, tout y tient,
Et c'est en badinant que la faveur s'obtient.
(Act. II, sc. 10.)

Il y a des fautes dans ces vers, mais le fond en est très judicieux; c'est voir et peindre en poète comique; et les conséquences effrayantes de cet exposé, qui n'est que trop vrai, ne regardent que le philosophe et l'historien qui voudront tracer les abus de l'esprit de société dans ce siècle; ce qu'on n'a pas encore fait, et ce que peut-être on fera quelque jour.

Le bon cœur de Forlis, sa loyauté, sa générosité envers un ami froid et insouciant qu'il tire d'embarras, en lui ouvrant sa bourse pour payer une somme considérable qu'il vient de perdre au jeu : ce procédé d'autant plus estimable que, dans ce même moment, le baron a presque méconnu son ami au milieu d'une grande assemblée; tous ces contrastes, qui distinguent l'homme solide et bon de l'homme brillant et dur, ne répandent que plus d'intérêt sur la fable de la pièce, et font désirer le bonheur du marquis et de Lucile, et la punition du baron. Le dénouement est très bien amené par cette lettre qui a trompé l'homme du jour. Après tous les torts qu'il a eus avec Forlis, après que ce digne et respectable homme a obtenu, par les soins du marquis qu'il ne connaît pas, la place que le baron n'a pas voulu solliciter pour un ami de dix ans, Forlis consent encore à ne point gêner l'inclination de sa fille et à la marier au baron, s'il est vrai qu'elle ait du goût pour lui. Celui-ci triomphe d'avance, et, le billet à la main, il se croit sûr de son fait; mais la comtesse, qui en fait la lecture tout haut, lui fait apercevoir qu'il ne peut pas être écrit pour lui, et bientôt l'aveu de Lucile confirme cette découverte, et récompense l'amour et les services du marquis. La comtesse console le baron de sa déconvenue, et le console à sa manière :

Fuyez votre maison et reprenez vos graces;
Ne soyez plus ami, ne soyez plus amant;
Soyez l'homme du jour, et vous serez charmant.

Cette comtesse est agréable dans son étourderie; Lucile plaît par un mélange de finesse et de modestie. Sans manquer jamais aux bienséances, l'à-propos de ses réparties, toujours précises et spirituelles, lui donne sur le baron, qui la regarde comme une enfant, et même comme une sotte, un avantage qui fait plaisir au spectateur, et qui naît de la situation : elle ne le trompe pas; elle le laisse se tromper. Le rôle de Céliante, sœur du baron, le moindre de tous les rôles, est pourtant ce qu'il doit être : il sert à faire entendre à l'homme du jour des vérités que nul autre n'oserait lui dire, et qui vont au but de la pièce. L'exposition est bien faite ; mais on peut observer plus d'un défaut dans la conduite. D'abord l'unité de temps y est violée ; il n'est presque pas possible que l'action se passe en un jour. La faute serait moindre, si l'auteur eût permis que l'on supposât l'intervalle d'une nuit ; mais il marque les heures des différents incidents, et l'invraisemblance est frappante. Entre le second et le troisième acte, on a dîné ; à la fin du troisième, le baron sort pour aller au concert ; au quatrième, on apprend que le concert n'a pas eu lieu, que le virtuose qu'on attendait n'est pas venu, qu'on a substitué à la musique une partie de jeu : cette partie n'a pas laissé que de durer, puisque Forlis, pendant qu'on la faisait, a eu le temps de courir à ses affaires et de prendre des informations. Le baron rentre chez lui ; il a perdu : Forlis lui prête de l'argent ; il sort pour s'acquitter, et promet d'être chez le ministre *à six heures du soir.* Mais comment tout cela s'est-il passé depuis le dîné, et alors on dînait à deux heures, sans qu'il en soit au moins huit ou neuf ? Comment placer entre le dîner et cinq heures (puisque telle est la supposition du poète), un acte entier passé à la maison, un concert manqué, une partie de jeu qui en a pris la place, et le temps de revenir chercher de l'argent ? Ce n'est pas dans ce seul point que la vraisemblance est forcée. Comment le baron, à qui l'on dit que Lucile est l'amie de cette maîtresse que voyait le marquis au couvent, n'a-t-il pas la curisiosité si naturelle de demander à Lucile qui est cette maîtresse du marquis, cette amie qu'elle avait au couvent, pour qui même il lui remet une lettre en lui recommandant les intérêts de celui qui l'a écrite? Comment ne s'informe-t-il pas de cette liaison? Rien ne s'y oppose; car le marquis n'a témoigné en aucune manière qu'il voulût se réserver ce secret, et a tout dit au baron, excepté un nom que rien ne l'empêche de demander. Il fallait trouver un moyen de motiver ce mystère; car il est le fondement de toute la pièce, et il n'y en a plus si la maîtresse du marquis est nommée. Ces défauts, peu sensibles pour l'effet, sont graves à l'examen. Ce qui fait plus de peine que des fautes contre l'art, c'est ce qui manque au talent du style: j'ai dit qu'il était médiocre, c'est-à-dire mêlé de bon et de mauvais ; le bon ne va guère jusqu'à l'excellent, et quelquefois le mauvais l'est beaucoup. Les vers mal tournés, les termes impropres, le jargon précieux, gâtent de temps en temps le dialogue; mais en général il y a de l'esprit, de la facilité et de jolis vers.

La Harpe, *Cours de Littérature.*

MORCEAUX CHOISIS.

I. La Raison.

LE BARON.
Mon cœur a pris sur-tout conseil de la raison.
LA COMTESSE.
Conseil de la raison! Juste ciel! quel langage!
LE BARON.
On doit la consulter en fait de mariage.
LA COMTESSE.
Je pardonne au marquis d'oser me la citer;

Mais vous et moi, Monsieur, devons-nous l'écouter?
Nous sommes trop instruits qu'elle est une chimère.

LE MARQUIS.

La raison, chimère!

LA COMTESSE.

Oui.

LE MARQUIS.

L'idée est singulière.

LA COMTESSE.

C'est un vieux préjugé qui porte à tort son nom.

LE MARQUIS.

Pour moi, je reconnais une saine raison.
Loin d'être un préjugé, Madame, elle s'occupe
A détruire l'erreur dont le monde est la dupe ;
Nous aide à démêler le vrai d'avec le faux,
Épure les vertus, corrige les défauts ;
Est de tous les états comme de tous les âges,
Et nous rend à la fois sociables et sages.

LA COMTESSE.

Moi, je soutiens qu'elle est elle-même un abus,
Qu'elle accroît les défauts et gâte les vertus ;
Étouffe l'enjoûment, forme les sots scrupules,
Et donne la naissance aux plus grands ridicules ;
De l'âme qui s'élève arrête les progrès,
Fait les hommes communs, ou les pédants parfaits;
Raison qui ne l'est pas, que l'esprit vrai méprise,
Qu'on appelle bon sens, et qui n'est que bêtise.

LE MARQUIS.

Le bon sens n'est pas tel.

LE BARON.

Mais il en est plusieurs :
Chacun a sa raison qu'il peint de ses couleurs.
La comtesse a beau dire, elle-même a la sienne.

LA COMTESSE.

J'aurais une raison, moi?

LE BARON.

La chose est certaine ;
Sous un nom opposé vous respectez ses lois.

LA COMTESSE.

Quelle est cette raison qu'à peine je conçois?

LE BARON.

Celle du premier ordre, à qui la bourgeoisie
Donne vulgairement le titre de folie
Qui met sa grande étude à badiner de tout,
Est mère de la joie et source du bon goût;
Au milieu du grand monde établit sa puissance,
Et de plaire à ses yeux enseigne la science;
Prend un essor hardi, sans blesser les égards;
Et sauve les dehors jusque dans ses écarts;
Brave les préjugés et les erreurs grossières,
Enrichit les esprits de nouvelles lumières,
Échauffe le génie, excite les talents,
Sait unir la justesse aux traits les plus brillants;
Et, se moquant des sots dont l'univers abonde,
Fait le vrai philosophe et le sage du monde.

LA COMTESSE.

L'heureuse découverte! Adorable baron!
Vous venez pour le coup de trouver la raison;
Et j'y crois à présent, puisqu'elle est embellie
De tous les agréments de l'aimable folie.

Les Dehors trompeurs, act. I, sc. 6.

II. Le Babillard.

Sa langue est justement un claquet de moulin,
Qu'on ne peut arrêter sitôt qu'elle est en train;
Qui babille, babille, et qui d'un flux rapide
Suit indiscrètement la chaleur qui la guide,

De guerres, de combats, cent fois vous étourdit,
Et répète vingt fois ce qu'il a déjà dit,
Dit le bien et le mal sans voir la conséquence,
Et de taire un secret ignore la science.
Quel maître! il voudrait seul parler dans le logis.
Ce serait un tyran, qui, tout le jour assis,
Usurperait nos droits, qui ferait notre office;
Et je mourrais plutôt que d'être à son service.
Il me serait trop dur de garder mes discours,
De ne pouvoir rien dire, et d'écouter toujours.
Un grand parleur, Madame, est un monstre en ménage,
Et ce n'est que pour nous qu'est fait le babillage.
. . . .

LÉANDRE, *à part, sans voir d'abord Nérine.*

Non, rien n'est plus piquant que de courir, d'aller,
Sans rencontrer personne à qui pouvoir parler.
Quand on trouve les gens, on raisonne, l'on cause,
On s'informe, et toujours on apprend quelque chose,
Et ne dît-on qu'un mot au portier du logis,
Cela vous satisfait; et, comme le marquis
Me disait, l'autre jour, en allant chez Julie....

NÉRINE, *l'interrompant.*

A qui parle monsieur?

LÉANDRE.

C'est toi?... Bonjour, ma mie,
Comment te portes-tu?... Fort bien?... J'en suis ravi,
Ta maîtresse de même? et moi fort bien aussi.
Elle m'avait prié d'aller voir Isabelle
De sa part, mais, morbleu! personne n'est chez elle,
Pas le moindre laquais: j'ai trouvé tout sorti,
Et je suis revenu comme j'étais parti.
Hier encore, hier je courus comme un diable,
Secoué, cahoté dans un fiacre exécrable.

Au faubourg Saint-Marceau j'allai premièrement ;
Des Gobelins ensuite au faubourg Saint-Laurent ;
Du faubourg Saint-Laurent, sans presque prendre haleine,
Au faubourg Saint-Antoine et tout près de Vincenne ;
Du faubourg Saint-Antoine au faubourg Saint-Denis ;
Du faubourg Saint-Denis dans le Marais, et puis
En cinq heures de temps faisant toute la ville,
Je revins au Palais, et du Palais dans l'Ile.
De là je vins tomber au faubourg Saint-Germain ;
Du faubourg Saint-Germain...

NÉRINE, *l'interrompant, avec volubilité.*

J'ai couru ce matin,
Et de mon pied léger, jusqu'au bout de la rue ;
De la rue au marché : puis, je suis revenue.
Il m'a fallu laver, frotter, ranger, plier :
J'ai monté, descendu de la cave au grenier,
Du grenier à la cave, arpenté chaque étage.
J'ai tourné, tracassé, fini plus d'un ouvrage ;
Pour madame, et pour moi, fait chauffer un bouillon.
J'ai plus de trente fois fait toute la maison,
Pendant qu'un cavalier, que Léandre on appelle,
A causé, babillé, jasé tant auprès d'elle,
Qu'elle en a la migraine, et que, pour s'en guérir,
Tout à l'heure, Monsieur, elle vient de sortir.

LÉANDRE.

Vous devenez, ma fille, un peu trop familière,
Et toutes ces façons ne me conviennent guère.
Si je ne respectais la maison où je suis,
Parbleu ! je saurais bien... Profitez de l'avis,
Et, parlant à des gens qui passent votre sphère,
Songez à mieux répondre, ou plutôt à vous taire.

NÉRINE.

Le silence est un art difficile pour nous,
Et j'irai pour l'apprendre à l'école chez vous.

Le Babillard, sc. 1 et 4.

BOLINGBROCKE (Henri Saint-Jean, lord, vicomte de), issu d'une maison illustre, tant par son alliance avec celle de Henri VII, que par l'ancienneté de son origine, naquit en 1672, à Battersea, dans le comté de Surrey. Un confesseur presbytérien de sa grand'mère fut chargé de diriger les premières études du jeune Saint-Jean ; mais bientôt la célèbre école d'Éton effaça les principes qu'il avait sucés dans ce noviciat puritain, et l'université d'Oxfort acheva de perfectionner les heureuses dispositions dont l'avait doué la nature.

A son entrée dans le monde, déjà devancé par une brillante réputation, il se déclara *tory*, et s'attacha à Robert-Harley, l'un des chefs les plus distingués de ce parti. Sur la fin du règne de Guillaume III il fut élu membre du parlement. Il avait excité l'attention de ce roi ; il fixa aussi celle de la reine Anne. En 1704, Harley fut fait secrétaire d'état, et Saint-Jean fut nommé secrétaire de la guerre et de la marine. Lorsqu'en 1708, Harley fut renversé par les *whigs*, Saint-Jean donna sa démission, et cette fidélité de parti l'honora encore dans l'opinion. Il consacra à l'étude tout le temps que dura sa disgrace ; mais elle ne fut pas longue. En 1710, il se vit de nouveau au plus haut degré de la faveur : il eut le département des affaires étrangères, et fut créé pair, sous le titre de vicomte de Bolingbrocke. Ce fut à cette époque qu'il alla en France fixer définitivement le traité préparé depuis sept mois, la paix d'Utrecht, qui fut le miracle de ses talents, l'orgueil de sa vie. Cette pacification tant désirée fut signée à Paris le 5 avril 1713.

Après la mort de la reine Anne, Bolingbrocke, poursuivi par les Whigs, se réfugia en France, où il épousa en secondes noces madame de Villette, nièce de madame de Maintenon. En 1723, le roi autorisa l'illustre fugitif à rentrer dans sa patrie. Il repassa en Angleterre, et, dégoûté des intrigues politiques, il résolut de vivre tranquillement dans sa terre du comté de Middlesex. Mais la trompette de l'opposition sonna tout-à-coup, et Bolingbrocke courut de nouveau accuser les ministres au tribunal de la nation. Walpole succomba, et Bolingbrocke, après quelques années d'une vie agitée, finit par se retirer dans son château patrimonial de Battersea, où il mourut le 25 novembre 1751.

On a imprimé en 1753 ses œuvres complètes, Londres, 5 vol. in-4° ou 9 vol. in-8°. Ses principaux ouvrages, qui ont été traduits en français, sont : *Lettres sur l'Étude de l'Histoire*, traduites par Barbeu-Dubourg, 1752, 3 vol.; *Idée d'un roi patriote*, traduite par de Bissy, 1750, in-8°; *Mémoires secrets sur les affaires d'Angleterre*, traduits par Favier, 1754, 3 vol. in-8°; *Lettres historiques, politiques, philosophiques et particulières*, traduites par le général Grimoard, Paris 1808, 3 vol. in-8°. Pн. T.

JUGEMENT.

Parmi les écrivains anglais, s'il en est un qui offre surtout ce caractère (le style véhément), quoique mêlé sans doute à plusieurs défauts, c'est lord Bolingbrocke. La nature avait formé Bolingbrocke pour être un chef de factieux, le démagogue d'une assemblée populaire : aussi le style habituel de ses écrits politiques est celui d'un homme qui déclame avec emportement, plutôt qu'il n'écrit avec réflexion. Il prodigue les figures de rhétorique, et il épanche ses sentiments avec une grande impétuosité. Il est abondant jusqu'à l'excès ; il nous présente la même pensée sous divers aspects, mais en général avec feu et vivacité. Il est hardi plutôt que correct ; c'est un torrent qui roule avec violence, mais dont le cours est souvent bourbeux. Ses périodes se développent et se resserrent avec variété ; il préfère néanmoins les phrases de longue haleine ; il y renferme quelquefois des parenthèses ; il entasse et groupe d'ordinaire une foule d'images, comme il arrive naturellement dans la chaleur de l'improvisation. Dans le choix des mots, il a autant de bonheur que de précision. Pour l'exacte arrangement des périodes, il est fort inférieur à lord Shaftesbury, mais il le surpasse de beaucoup en aisance et en mouvement. En résumé, son mérite, comme écrivain, serait très remarquable, si, dans ses ouvrages, le fond égalait le style ; mais, pendant que nous trouvons beaucoup à louer dans l'un, il ne mérite guère pour l'autre que des reproches. Dans

ses raisonnements, il est presque toujours faible
et faux; dans ses écrits politiques, factieux; et dans
ce qu'il appelle ses écrits philosophiques, irréligieux
et sophiste au plus haut degré.

BLAIR, *Cours de Rhétorique*.

MORCEAU CHOISI.

Les traits de notre mauvaise fortune menacent
toujours nos têtes : quelques-uns nous atteignent,
d'autres nous effleurent et vont frapper nos voisins.
Sachons donc nous armer d'une constante égalité
d'âme, et payer sans murmure le tribut que nous
devons à l'humanité. L'hiver amène les frimats, et
il faut souffrir du froid. L'été revient à son tour,
et il faut en supporter les ardeurs. L'inclémence de
l'air trouble notre santé, et nous devons être malades. Ici nous sommes exposés à des animaux sauvages; là, à des hommes plus sauvages que les animaux; et, si nous échappons aux dangers de l'air
et de la terre, nous avons encore à craindre les périls de l'eau et les périls du feu. Il n'est pas en notre
pouvoir de changer le cours immuable des choses;
mais il est en notre pouvoir de montrer la grandeur
d'âme qui convient aux hommes sages et vertueux,
et qui nous rendra capables d'affronter avec courage les accidents de la vie, et de nous conformer à
l'ordre de la nature qui gouverne son grand royaume,
le monde, par de continuelles mutations. Soumettons-nous à ses lois; soyons certains que tout ce
qui arrive doit arriver, et n'ayons jamais la folie
de résister à la nature La meilleure résolution que

nous puissions prendre est de souffrir ce qu'il ne nous est pas permis d'empêcher[*], et de suivre la route que nous a tracée la Providence qui dirige toutes choses : car ce n'est pas assez d'obéir; et celui-là est un mauvais soldat qui ne marche qu'à regret et avec répugnance. Nous devons recevoir les ordres qu'on nous donne avec ardeur et avec joie, et non chercher à nous enfuir du poste qui nous a été assigné dans ce magnifique système dont nos souffrances mêmes sont une partie nécessaire.

... La résignation aux volontés de Dieu est la vraie magnanimité; mais la marque certaine d'un cœur bas et pusillanime est de vouloir leur résister, de censurer les lois de la Providence, et de prétendre, au lieu de réformer notre conduite, corriger celle de notre créateur.

BONALD (Louis-Gabriel-Ambroise, vicomte de), chevalier de Saint-Louis, membre de l'Académie française, est issu d'une des plus anciennes familles du Rouergue, département de l'Aveyron. Cet écrivain distingué a publié : *Théorie du pouvoir politique et religieux dans la société civile, démontrée par le raisonnement et par l'histoire*, 1796, 3 vol.; *Essai analytique sur les Lois naturelles de l'ordre social*, ouvrage qui a été refondu en partie dans le suivant : *Législation primitive, considérée dans ces derniers temps par les seules lumières de la raison, suivie de plusieurs Traités et Discours politiques*, 3 vol. in-8°,

[*] ..... Levius patienta quidquid
Corrigere et nefas.   Hor ...

1802; *le Divorce considéré au XIXe siècle, relativement à l'état domestique et politique de la société*, 1 vol. in-8°; *Encore un mot sur la Liberté de la presse*, brochure in-8°, 1814; *Réflexions sur l'intérêt général de l'Europe*, brochure in-8°, 1814; *Pensées sur divers sujets, et Discours Politiques*, 2 vol. in-8°. En 1806, M. de Bonald a travaillé avec M. de Chateaubriand à la rédaction du *Mercure*. Une partie des morceaux qu'ils ont donnés a été recueillie dans *le Spectateur Français au XIXe siècle*.

M. de Lamartine a adressé à M. de Bonald la *Méditation* suivante qui a pour titre *le Génie* :

> Ainsi, quand parmi les tempêtes,
> Au sommet brûlant du Sina,
> Jadis le plus grand des prophètes
> Gravait les tables de Juda ;
> Pendant cet entretien sublime,
> Un nuage couvrait la cime
> Du mont inaccessible aux yeux,
> Et tremblant aux coups du tonnerre,
> Juda, couché dans la poussière,
> Vit ses lois descendre des cieux.
> Ainsi des sophistes célèbres
> Dissipant les fausses clartés,
> Tu tires du sein des ténèbres
> D'éblouissantes vérités.
> Ce voile, qui des lois premières
> Couvrait les augustes mystères ;
> Se déchire et tombe à ta voix ;
> Et tu suis ta route assurée,
> Jusqu'à cette source sacrée
> Où le monde a puisé ses lois.

Mais quoi! tandis que le génie
Te ravit si loin de nos yeux,
Les lâches clameurs de l'envie
Te suivent jusque dans les cieux!
Crois-moi, dédaigne d'en descendre,
Ne t'abaisse pas pour entendre
Ces bourdonnements détracteurs *.
Poursuis ta sublime carrière,
Poursuis ; le mépris du vulgaire
Est l'apanage des grands cœurs.

Objet de ses amours frivoles,
Ne l'as-tu pas vu tour à tour
Se forger de frêles idoles
Qu'il adore et brise en un jour :
N'as-tu pas vu son inconstance
De l'héréditaire croyance
Éteindre les sacrés flambeaux,
Brûler ce qu'adoraient ses pères,
Et donner le nom de lumières
A l'épaisse nuit des tombeaux?

Secouant ses antiques rênes,
Mais par d'autres tyrans flatté,
Tout meurtri du poids de ses chaînes,
L'entends-tu crier : *Liberté!*
Dans ses sacrilèges caprices,
Le vois-tu donnant à ses vices
Les noms de toutes les vertus ;
Traîner Socrate aux gémonies,
Pour faire, en des temples impies,
L'apothéose d'Anitus?

* Voyez dans le *Tableau historique de la Littérature française* le jugement de M. J. Chénier sur M. de Bonald. F.

Si, pour caresser sa faiblesse,
Sous tes pinceaux adulateurs,
Tu parais du nom de sagesse
Les leçons de ses corrupteurs,
Tu verrais ses mains avilies,
Arrachant des palmes flétries
De quelque front déshonoré,
Les répandre sur ton passage,
Et changeant la gloire en outrage,
T'offrir un triomphe abhorré !

Mais loin d'abandonner la lice
Où ta jeunesse a combattu,
Tu sais que l'estime du vice
Est un outrage à la vertu !
Tu t'honores de tant de haine,
Tu plains ces faibles cœurs qu'entraîne
Le cours de leur siècle égaré,
Et seul, contre le flot rapide,
Tu marches d'un pas intrépide
Au but que la gloire a montré !

Tel un torrent, fils de l'orage,
En roulant du sommet des monts,
S'il rencontre sur son passage
Un chêne, l'orgueil des vallons ;
Il s'irrite, il écume, il gronde,
Il presse des plis de son onde
L'arbre vainement menacé ;
Mais, debout parmi les ruines,
Le chêne aux profondes racines
Demeure, et le fleuve a passé !

JUGEMENT.

Si l'on peut faire quelques objections à M. de Bonald sur les deux premiers volumes de son ouvrage (*la Législation primitive*), il n'en est pas ainsi du troisième. L'auteur y parle de *l'Éducation* avec une supériorité de lumière, une force de raisonnement, une netteté de vue digne des plus grands éloges. C'est véritablement dans les questions particulières de morale ou de politique que M. de Bonald excelle. Il y répand partout une *modération féconde*, pour employer la belle expression de d'Aguesseau.

Le style de M. de Bonald pourrait être quelquefois plus harmonieux et moins négligé. Sa pensée est toujours éclatante et d'un heureux choix ; mais je ne sais si son expression n'est pas quelquefois un peu terne et commune, léger défaut que le travail fera disparaître. On pourrait aussi désirer plus d'ordre dans les matières, et plus de clarté dans les idées : les génies forts et élevés ne compatissent pas assez à la faiblesse de leurs lecteurs ; c'est un abus naturel de la puissance. Quelquefois encore, les distinctions de l'auteur paraissent trop ingénieuses, trop subtiles. Comme Montesquieu, il aime à appuyer une grande vérité sur une petite raison. La définition d'un mot, l'explication d'une étymologie, sont des choses trop curieuses et trop arbitraires pour qu'on puisse les avancer au soutien d'un principe important.

DE CHATEAUBRIAND, *Mercure de France*.

MORCEAUX CHOISIS.

I. Charles XII.

Arrêtons-nous un moment devant ce Charles XII.

comme on s'arrête devant ces pyramides du désert, dont l'œil étonné contemple les énormes proportions, avant que la raison se demande quelle est leur utilité. On aime à voir, dans cet homme extraordinaire, l'alliance si rare des vertus privées et des qualités héroïques, même avec cette exagération qui a fait de ce prince le phénomène des siècles civilisés. On admire et ce profond mépris des voluptés de la vie, et cette soif démesurée de la gloire, et cette extrême simplicité de mœurs, et cette étonnante intrépidité, et sa familiarité, et sa bonté même envers les siens, et sa sévérité sur lui-même, et ses expéditions fabuleuses entreprises avec tant d'audace, et cette défaite de Pultawa soutenue avec tant de fermeté, et cette prison de Bender, où il montra tant de hauteur, et ce roi qui commande le respect à des barbares lorsqu'ils n'ont plus rien à en craindre, l'amour à ses sujets, lorsqu'ils ne peuvent plus rien en attendre, et, quoique absent, l'obéissance dans ces mêmes états où ses successeurs présents n'ont pas toujours pu l'obtenir; et à la vue de cette combinaison unique de qualités et d'événements, on est tenté d'appliquer à ce prince ce mot du père Daniel, en parlant de notre saint Louis : « Un des « plus grands hommes, et des plus singuliers qui « aient été. »

Législation primitive, discours politiques.

II. Sur le Divorce.

Les mœurs de l'homme se sont corrompues à mesure que les lois de la société se sont affaiblies, et les lois se sont affaiblies à mesure que les mœurs se sont corrompues; les lois ont servi d'aiguillon aux désirs, lorsqu'elles n'ont plus servi de frein aux passions. Et qu'on ne donne pas comme une preuve de la nécessité du divorce la fréquence des séparations. Législateurs, connaissez la nature humaine et ses penchants : si vous décrétiez aujourd'hui qu'il est permis aux enfants de repousser par la force les vivacités de leurs pères, demain vous seriez entourés de parricides......

Lorsqu'une société en est venue au point que les folles amours de la jeunesse, aliment inépuisable des arts, sont devenues, sous mille formes, l'entretien de tous les âges; lorsque l'autorité maritale y est une dérision, et l'autorité paternelle une tyrannie; lorsque des livres obscènes, partout étalés, vendus ou loués à si vil prix, qu'on pourrait croire qu'on les donne, révèlent à l'enfant ce que la nature n'apprend pas même à l'homme fait, et que tout l'étalage de l'érudition et toute la perfection de l'art sont employés à nous transmettre l'histoire des vices de la Grèce, après nous avoir entretenus si souvent du roman de ses vertus, pour nous corrompre à la fois par les mœurs de ses prostituées et par les lois de ses sages; lorsque la nudité de l'homme, caractère distinctif de l'extrême barbarie, s'offre partout à nos regards dans les lieux publics, et que la femme elle-même, vêtue sans être voilée, a trouvé l'art d'insulter à la pudeur, sans choquer les bienséances; lorsqu'il n'y a entre les hommes que des différences physiques, et non des distinctions sociales, et qu'à la place de ces dénominations respectueuses qui faisaient disparaître les sexes sous la dignité des expressions, nous ne sommes tous, le dirai-je? que des mâles et des femelles; lorsque la religion a perdu toutes ses terreurs, et que des époux philosophes ne voient dans leurs infidélités réciproques qu'un secret à se taire mutuellement, ou peut-être une confidence à se faire : tolérer le divorce, c'est commander la prostitution et légaliser l'adultère; c'est conspirer avec les passions de l'homme contre sa raison, et avec l'homme lui-même contre la société. Après cela, fondez des rosières pour récompenser la vertu des filles; faites des idylles pour chanter la félicité des époux; accordez des primes à la fécondité, et mettez des impôts sur le célibat ; et vous verrez, avec tous ces moyens philosophiques, les désordres de la volupté croître avec le dégoût du mariage, et nos mœurs devenir, s'il est possible, aussi faibles que vos lois......

Serments de rester toujours unis, sacrés engagements que l'amour et l'innocence croient éternels, vous n'êtes point une illusion! La nature vous inspire à tous les cœurs épris l'un de l'autre; mais, plus forte que la nature, et d'accord avec elle contre nos passions, une loi sainte et sublime vous avait ratifiés ; et, arrêtant pour toujours le cœur de l'homme à ces sentiments si purs, hélas! et si fugitifs, elle avait donné à notre faiblesse le divin caractère de son immutabilité. Et voilà le législateur du divorce qui a espéré dans notre inconstance, et abusé du secret de nos penchants. Sa triste et cruelle prévoyance est venue avertir le cœur de ses dégoûts, et les passions de leur empire. Comme ces esclaves qui se mêlaient au triomphe des conquérants, pour les faire souvenir qu'ils étaient hommes, il vient, mais dans des vues bien différentes, crier à la vertu, aux jours de ses joies les plus saintes, qu'elle est faible et changeante, non pour la fortifier, mais pour la corrompre; non pour lui promettre son appui, mais pour lui offrir ses criminelles complaisances. Au moment que les époux se jurent une éternelle fidélité, que la religion consacre leurs serments, que des familles attendries y applaudissent, une loi fatale verse en secret son poison dans la coupe de l'union, et cache l'aspic sous les fleurs. Elle fait retentir aux oreilles des époux les mots de séparation et de divorce, et laisse dans le cœur, comme un trait mortel, le doute de sa propre constance, et la possibilité d'un essai plus heureux.

III La France sauvée par la Providence et par son Roi.

Que l'Europe reconnaisse enfin, et sans s'en alarmer, le destin de la France, toujours sauvée des derniers malheurs, tantôt par l'héroïsme d'une jeune fille, tantôt par le concert, plus étonnant peut-être, de tous les souverains. Qu'elle admire sur-tout ce bienfait signalé de la Providence, « qui « ne permet pas, comme dit Bossuet, que les états « soient battus d'une éternelle tempête », et qui toujours a donné à la France l'homme qu'il lui fallait pour en empêcher la ruine, en affermir la puissance ou en réparer les malheurs! Jamais ce bienfait ne fut plus nécessaire que dans ce moment, et jamais aussi il ne fut plus sensible. Un roi de cette race antique et vénérée, qui remonte au berceau de la monarchie, après vingt-cinq ans de malheurs et d'exil, trouve une nation malheureuse aussi, et, si on peut le dire, exilée d'elle-même. Il monte sur un trône entouré de précipices, et que rien, en apparence, ne défend contre les désordres du passé, les embarras du présent, les dangers de l'avenir; il y monte, et son imperturbable sécurité nous révèle le secret de sa force. A peine y est-il assis, qu'il imprime à ses démarches le caractère de ses vertus et le sceau de sa sagesse. Quel roi eût jamais plus de désastres à réparer, plus de plaies à cicatriser, plus de haines à éteindre, plus d'intérêts à concilier? De deux peuples opposés, il faut faire une société; et cependant tout se répare, se calme, s'unit; il condescend à la faiblesse orgueilleuse de nos esprits; il apaise la violence de nos humeurs; il charme jusqu'aux douleurs dont il ne peut encore tarir la source. Cette puissance miraculeuse de guérir les malades en les touchant, que la religieuse vénération de nos pères pour la royauté attribuait aux rois de France une fois en leur vie, notre roi l'exerce tous les jours sur les maux les plus invétérés et les maladies les plus rebelles. Sa force est sans effort, sa prudence sans mystères, et l'autorité de son caractère précède le pouvoir de la loi; l'ordre renaît et s'affermit, avant qu'on en aperçoive les moyens ou les appuis. Ainsi se calme la tempête ; et l'on n'entend plus que quelques bruits lointains qui viennent expirer sur le rivage.

———

BONNARD (Bernard de), poète érotique, naquit vers 1744, à Semur en Bourgogne. Sa famille, quoique peu fortunée, lui fit faire de bonnes études, et le destinait au barreau. Bonnard suivit d'abord cette profession, plus par complaisance que par goût; et devenu libre de ses volontés, il préféra le service militaire. En 1779, appuyé du crédit de Buffon, il fut nommé gouverneur des enfants du duc d'Orléans; mais bientôt, à la suite de quelques tracasseries intérieures, il donna sa démission, et l'emploi fut confié à madame de Genlis, singularité qui fut une source intarissable de plaisanteries et de quolibets. Bonnard est mort de la petite vérole, en 1782, dans sa quarantième année. Ami des lettres, qu'il cultivait avec succès, bien que dans un genre superficiel, il a orné l'*Almanach des Muses* de poésies légères où l'on trouve une élégante facilité. On a distingué son *Épitre au chevalier de Boufflers*; celle *à un Ami revenant de l'armée*; une troisième adressée *à Madame de P.*; une autre encore, intitulée *Épitre à Zéphirine*; cette dernière sur-tout est fort spirituelle, et semée de traits brillants. Les œuvres de ce poète gracieux ont été rassemblées en un volume in-8°, 1791. M. Garat a publié, en 1785, un *Précis historique de la vie de Bonnard*.

BONNARD.

JUGEMENT ET MORCEAUX CHOISIS.

Bonnard était de la bonne école. Il écrivit avec pureté et élégance; il a de la vérité, de la délicatesse et de la grace : on pourrait lui désirer quelquefois plus d'expression poétique et plus de précision dans les détails ; mais, en général, son petit volume de poésies se lit avec plaisir, et s'il y a des pièces faibles, il y en a d'excellentes. La meilleure (et il est à remarquer que c'est la première qui le fit connaître) est celle qu'il adressa à M. le chevalier de Boufflers, qui ressemblait alors parfaitement au portrait que Bonnard en fait, et qui a fait voir depuis qu'il était capable d'un autre genre de mérite. Je ne connais point de plus jolie pièce en ce genre, depuis Voltaire, qui s'y est mis hors de toute comparaison. La voici, quoiqu'elle soit partout; elle n'est pas longue, et les bons vers sont si rares, que les vrais amateurs sont toujours bien aises de les retrouver :

> Tes voyages et tes bons mots,
> Tes jolis vers et tes chevaux,
> Sont cités par toute la France :
> On sait par cœur ces riens charmants
> Que tu produis avec aisance.
> Tes pastels frais et ressemblants
> Peuvent se passer d'indulgence.
> Les beaux-esprits de notre temps,
> Quoique s'aimant avec outrance,
> Troqueraient volontiers, je pense,
> Tous leurs drames et leurs romans
> Pour ton heureuse négligence

Et la moitié de tes talents.
Mais pardonne-moi ma franchise :
Ni tes tableaux, ni tes écrits
N'équivalent, à mon avis,
Au tour que tu fis à l'Église.
Nos guerriers, la ville et la cour,
Admirant ta métamorphose,
Battirent des mains tour à tour :
La Gloire en sourit, et l'Amour
Crut seul y perdre quelque chose.

On a tant célébré Grammont,
Son esprit, sa gaîté, ses grâces :
Il revit en toi ; tu remplaces
Le héros de Saint-Évremont.
Les Ris le suivirent sans cesse ;
Et sur son arrière-saison
Semèrent des fleurs à foison,
Comme aujourd'hui sur ta jeunesse.
En vain le Temps, de *son poison*,
Voudrait *amortir ta saillie;*
Tu donnerais à la Raison
Tous les grelots de la Folie.
Jouis bien d'un destin si beau :
Brille dans nos camps, à Cythère ;
Sûr de plaire et toujours nouveau,
Chante les Plaisirs et Voltaire ;
Lis Végèce, Ovide et Folard ;
Et vois les lauriers du Parnasse,
Unis aux palmes de la Thrace,
Couvrir ton bonnet de housard.
Garde ton goût pour les voyages ;
Tous les pays en sont jaloux,
Et le plus aimable des fous

Sera partout chéri des sages.
Sois plus amoureux que jamais;
Peins en courant toutes les belles,
Et sois payé de tes portraits
Entre les bras de tes modèles.

Excepté un seul endroit que j'ai marqué, *de son poison voudrait amortir ta saillie* (mauvaise métaphore; le Temps n'a point de poison, et un poison n'amortit point), la pièce d'ailleurs est un morceau achevé. Les journalistes, complaisants ou séduits, qui prodiguèrent autrefois à Dorat tant d'éloges que le temps et le bon goût ont démentis, ne se doutaient pas qu'une seule pièce de ce mérite valait cent fois mieux pour les connaisseurs qu'un volume entier de poésies généralement fort médiocres, souvent fort mauvaises, mêlées de quelques pièces qui ne sont qu'agréables. Ces gens-là n'ont jamais su qu'il n'y a point de proportion entre l'excellent et le médiocre; et la raison en est simple, c'est qu'ils ne sentent pas l'excellent.

Après cette épître, une de celles qu'on a le plus louées dans la nouveauté, a pour titre : *A un ami revenant de l'armée* : c'est la peinture d'un jeune militaire revenant au château de ses pères, au sein d'une famille dont il est tendrement chéri, et cette peinture a de la vérité et de l'intérêt; mais il me semble que l'auteur y épuise trop les petits détails, dans un genre d'écrire où il ne faut jamais qu'effleurer légèrement et rapidement : il y en a d'heureux et de bien choisis :

En vain pressant ton palefroi,

L'animant de ta voix guerrière,
Veux-tu le pousser devant toi;
Il baisse l'œil et la crinière,
Marche en glissant sur les frimats,
Et perce l'ombre à petits pas.

Ces vers sont parfaits : voilà ce qui s'appelle peindre en poésie; mais j'aurais voulu supprimer ceux qui précèdent:

... Ta voix en sursaut éveille
L'hôte, l'hôtesse et les valets.
« Eh! mais, Monsieur, on n'y voit goutte...
« Le coq n'a pas encor chanté.
« — N'importe, etc. »

Ce dialogue est froid et inutile; il faut se garder de tout dire et de tout peindre.

C'est là (dans le château) que depuis ton absence
Ils ont compté tous les moments.
Vois-tu leurs bras s'ouvrir d'avance?
Ils t'appellent, tu les entends.
Ton coursier bondit et s'élance,
Voit le but et reprend vigueur.
On se range sur ton passage,
On te salue, on t'envisage;
Chacun se dit : C'est Monseigneur.
Toi, tu ne réponds à personne,
Demain tu leur diras bonjour :
On parle, tu fuis, on s'étonne;
Le pont-levis sous toi raisonne;
Te voilà dans la grande cour.

Ce tableau est très bien. Voici ce qui me paraît de trop. Après avoir peint les transports de joie de toute la famille, et avoir fait parler le père et la mère convenablement, le poète conduit Valfort à sa chambre, et il ajoute :

>Mais ta sœur précipitamment
>Saisit ton bras, elle le serre
>Contre le sien.... « Ce pauvre frère!...
>« Qu'un jour de l'autre est différent !
>« Que j'étais triste d'ordinaire !
>« Et que je suis aise à présent!
>« Es-tu bien las? te suis-je chère?...
>« A propos, tu ne m'écris guère;
>« C'est mal, à moi qui t'aime tant... »

Tout cela, sans doute, ne manque pas de vérité, mais c'est tomber dans le babil et l'enfantillage. Il ne faut pas détailler ce que tout le monde suppose et devine de reste ; il faut choisir et s'arrêter.

Je préférerais l'*Épître à Zéphirine* : c'est à peu près ce même fond d'idées dont Chaulieu a donné le premier modèle ; c'est la légèreté et l'inconstance réduites en principes, mais avec une mesure juste et des nuances délicates et gracieuses. Je crois faire plaisir au lecteur qui aime à s'instruire et à comparer, en mettant sous ses yeux cette pièce, quoiqu'un peu plus étendue que la première ; il verra la différence de ce ton à celui des Dorat, des Pezay, de tous nos *agréables*, qui ont traité le même sujet :

ÉPÎTRE A ZÉPHIRINE.

>Oui, mon départ est arrêté,
>Je vais vivre loin de tes charmes,
>Et n'en suis pas fort attristé;

Je crois bien que de ton côté,
Tu n'en verseras point de larmes.
Moi, j'ai mesuré ma douleur
Sur celle de ma Zéphirine :
Hélas! en ce commun malheur,
Nous choisirons, je le devine,
Le plaisir pour consolateur.

Au vrai, que deviendraient les belles
Si, pour un rien broyant du noir,
Chaque amant qui prend congé d'elles,
Les réduisait au désespoir ?
Il en fut des douleurs mortelles,
Mais autrefois, dans le vieux temps;
Les princesses étaient fidèles,
Et les sièges duraient dix ans :
Les femmes, en ce siècle sage,
Maîtrisant les évènements,
Et mieux instruites par l'usage,
Perdront s'il le faut vingt amants,
Mais ne perdront jamais courage ;
D'après leurs sublimes leçons
Qu'elles nous ont appris à suivre,
S'est formé l'art du savoir-vivre
Dans le beau siècle où nous vivons.
Cet art profond et nécessaire,
O Zéphirine, c'est à toi,
Aux jolis tours que tu sais faire,
A tes leçons que je le doi :
Tes maximes ont su me plaire,
Et ta conduite a fait ma loi.
L'exemple est si puissant pour moi !
J'étais (j'en rougis quand j'y pense),
J'étais un berger du Lignon,

Aimant jusqu'à l'extravagance,
Traitant la moindre liaison
Comme une affaire d'importance ;
Enfin, ce qu'on appelle en France
Un homme à grande passion;
Sur mon compte apprêtant à rire,
Bien ridicule et bien dupé,
Souffrant chaque jour le martyre,
Et n'étant jamais détrompé.
Je te vis, tu venais d'éclore
Pour le monde et pour les amours :
Plus fraîche qu'on ne peint l'Aurore,
Belle et brillante sans atours.
Tu me parus novice encore
Ne voulant pas l'être toujours.
Soudain je désire et j'adore.
Taille de nymphe, dix-sept ans,
Grands yeux bien noirs, un air de fête,
Propos sans suite, mais charmants,
Tout cela me tourne la tête,
Et porte le feu dans mes sens.
Tu distingues mon tendre hommage;
Mes désirs, mes transports brûlants
Passent dans ton sein : tu te rends;
L'Amour achève son ouvrage.

Ah, Zéphirine! quels moments!
Quels effets sur moi devait faire
Ta piquante ingénuité,
Cet abandon de volupté
Qui me semblait involontaire,
Et ta jeunesse et ta beauté;
Des caresses toujours actives,
Ces soupirs de feu, ces élans,

Et ces sensations si vives
Que je croyais des sentiments?
J'étais enivré de ma flamme,
Je m'en pénétrais à loisir;
Et la vanité dans mon âme
Se glissait avec le plaisir.
Mais l'ivresse ne dura guère;
Quand je croyais mieux te tenir,
Tu m'échappas; je vis finir
Mon beau triomphe imaginaire.

Chaque jour des amants nouveaux
Te trouvaient charmante et crédule.
Helas! tu n'eus point de scrupule
De les rendre tous mes égaux;
Et j'eus, comme autrefois Hercule,
Des compagnons dans mes travaux.
D'abord, en mon humeur altière,
Indigné de voir mes rivaux
Entrer ainsi dans la carrière,
Sentant mes forces et mes droits,
J'allais sur ton humeur volage
Crier, menacer, faire rage;
Mais je raisonnai cette fois:
Raisonner, c'est presque être sage :

« Modérons les transports fougueux
« Que mon cœur jaloux fait paraître,
« Me dis-je, et si je fus heureux,
« N'empêchons personne de l'être.
« Ah! n'enchaînons point la beauté,
« Aimons et jouissons par elle,
« Mais respectons sa liberté;
« Il faut qu'elle soit infidèle

« Pour répandre la volupté.
« Satisfaits de ce qu'elle donne,
« Recevons ses bienfaits si doux,
« Comme le jour qui luit pour tous,
« Et qui n'appartient à personne. »

Depuis l'instant qui m'a changé
De ma gothique frénésie,
Grace à tes soins, bien corrigé,
Sans humeur et sans jalousie,
Jugeant de tout d'après tes lois,
Je n'ai vu dans tes goûts rapides,
Dans le caprice de tes choix,
Que l'amour des plaisirs solides.
J'ai dit : « Cette femme ira loin
« Quelque jour en philosophie,
« Puisque, sans avoir eu besoin
« D'aucune étude réfléchie,
« Sentant les erreurs de Platon,
« Et voyant l'amour comme un sage,
« Par un pur instinct de raison,
« Elle est de l'avis, à son âge,
« De Lucrèce et du grand Buffon. »

Ah! que Paris soit ton théâtre!
Là, ton sexe aimable, enchanteur,
Trompé tour à tour et trompeur,
Donnant des lois qu'on idolâtre,
Charme l'esprit plus que le cœur.
Là, plus d'une belle volage
En sait peut-être autant que toi
Sur l'amour et sur son usage;
Mais je jugerais bien, ma foi,
Que nulle n'en sait davantage.

> Adieu donc, puisqu'il faut partir;
> Je cours en toute diligence
> Dans la capitale de France
> Achever de me convertir.
> Toi, pendant ce temps, sacrifie
> Plus d'un hécatombe à l'amour;
> Que sur ta douce fantaisie
> Chacun ait des droits à son tour.
> Après cinq ou six mois d'absence,
> Je puis sans doute me flatter
> Que tu voudras bien me traiter
> Comme nouvelle connaissance.

C'est ainsi que la poésie peut jouer avec l'amour qui n'est que galanterie; ce qui est encore un talent, quoique fort loin de celui de traiter l'amour comme passion : tous les genres bien maniés ont leur mérite. Vous ne voyez rien ici de cette impertinence que des sots prenaient pour *le bon ton*, ni de cette grossièreté qu'ils appelaient *gaieté*. Bonnard ne ressemble point à Dorat, qui disait à une femme :

> Tu n'es, je le dis sans façon,
> *Pudique* ni majestueuse.
> . . . .
> *Attaque des tempéraments*
> Russes, français ou germaniques.

Tu n'es pas pudique! que cela est fin et délicat! Et son digne émule, Pezay, qui disait à une *Glycère* dont il se croyait l'*Alcibiade*:

> Sois toujours belle, et *sur-tout bien coquine*.

Voltaire a dit :

> Avec tant d'attraits précieux,
> Hélas! qui n'eût été *friponne?*

Remarquez que, quand l'homme de goût a mis *friponne*, l'homme sans goût croit enchérir et faire merveille en mettant *coquine;* c'est la différence entre le danseur qui voltige sur la corde, et le paillasse qui fait la culbute sur les planches.

Bonnard avait le défaut d'être un peu louangeur. Il adresse à ce même Dorat des flagorneries poétiques qu'on sait bien ne devoir pas être prises à la lettre, mais qu'on est toujours fâché de voir adressées à un mauvais écrivain. Il ne manque pas de le prendre par son faible, la prétention d'homme à bonnes fortunes :

> Cher fripon, ne me cache rien :
> Que fais-tu de tes deux maîtresses?

Et le cher fripon lui répond :

> Il s'est enfui, *le temps des deux maîtresses.*

Voilà du moins ce qu'on lit dans le recueil de Bonnard, où l'on a inséré la réponse de Dorat; mais on n'a pas oublié qu'il y avait d'abord :

> Que fais-tu de *tes cinq maîtresses?*

Et les *cinq maîtresses* se trouvaient aussi dans la première édition de la réponse de Dorat. On se permit d'en rire un peu. Que fit-il? Dans une édition subséquente, il substitua deux à cinq, et le public de rire encore plus de cette modeste suppression. Que fit encore l'auteur dépité? Dans une troisième édition, il remit bravement les *cinq maîtresses* en dépit des envieux et des rieurs. Il avait raison; il ne lui en coûtait pas plus pour les cinq que pour les deux : tout cela était l'affaire d'un trait de plume. Où est le temps où toutes ces bagatelles faisaient la nouvelle du jour, l'entretien des soupers, et l'aliment de l'esprit de parti, qui n'avait pas alors d'autre ressource? Si Dorat eût vécu jusqu'à ce jour, il serait étrangement désorienté.

J'indiquerai encore, comme une des plus jolies pièces de ce recueil, l'*Épitre à madame la marquise de P....* Un des mérites de cette pièce, comme de plusieurs autres du même auteur, c'est qu'on n'y retrouve pas ce que l'on a vu partout. En général, Bonnard ne donne pas dans les lieux communs; c'est un avantage qui devient tous les jours plus rare.

La Harpe, *Cours de Littérature.*

BONNET (Charles), célèbre comme naturaliste et comme philosophe, était fils unique d'un Genevois opulent, et sa famille avait occupé les premières magistratures de la république. Né à Genève, le 13 mars 1720, il reçut une éducation saine et solide dans cette ville renommée pour ses mœurs et ses lumières. Très jeune encore, la lecture du *Spectacle de la Nature*, de l'abbé Pluche, détermina chez lui un penchant qui s'était déjà prononcé pour l'étude de l'histoire naturelle. Le livre de l'abbé Pluche, bien qu'il jouît alors d'une grande vogue, était peu propre à diriger un esprit vraiment observateur; les ouvrages plus positifs de Réaumur, et ses encouragements, vinrent achever ce que Pluche n'avait fait qu'ébaucher, et les méditations du jeune naturaliste ne tardèrent pas à devenir utiles à la science. Il avait à peine vingt ans, quand il reconnut que les pucerons sont féconds sans accouplement pendant plusieurs générations. Cette ingénieuse découverte lui valut, en 1740, un diplôme de membre correspondant de l'Académie des sciences de Paris. L'année suivante, Trembley, son compatriote, ayant fait des expériences sur le polype d'eau douce, lui trouva cette propriété singulière de se reproduire dans ses parties incisées. Bonnet répéta, diversifia en mille manières les observations, vit que d'autres êtres partageaient avec le polype cette faculté merveilleuse de la régénération, et consigna toutes ses idées sur cette matière dans son premier ouvrage (*Traité d'Insectologie*), qui jeta du jour sur des faits jusqu'alors inconnus.

Il serait sans doute intéressant de suivre Bonnet dans ses investigations savantes au sein de la végétation, et parmi les différents corps organisés; mais l'examen des systèmes physiques est hors du domaine dans lequel nous devons nous circonscrire; il nous faut considérer Bonnet, moins comme naturaliste que comme écrivain philosophe, et ce n'est pas la plus faible moitié de sa gloire. Écrivain, son style est lucide, souvent même onctueux; s'il n'a pas le brillant vernis du Pline français, il est loin de la sécheresse ou de la diffusion, écueils ordinaires des métaphysiciens, et c'est avec raison qu'on a dit de Bonnet, qu'il a su populariser la science : philosophe, on peut s'étonner, qu'avec les idées religieuses qui ne le quittèrent jamais, son éloignement partiel des opinions reçues à l'égard de la nature de l'âme, et sa doctrine relativement à la liberté morale, aient donné lieu au soupçon injurieux de matérialisme. Ce même homme pourtant, qui semble admettre une fatalité; qui, en échafaudant de faits équivoques et d'assertions hasardées son système favori de la préexistence des germes, se jette dans le champ des hypothèses; ce même homme, disons-nous, s'attache à prouver le christianisme, et la nécessité d'une révélation ; sa philosophie s'éclaire du flambeau de la nature : « Les œuvres de Dieu lui « semblent si excellentes, dit M. Cuvier, que con- « naître, pour lui, est encore aimer. » La contradiction ne sera plus qu'apparente, si l'on considère les idées de Bonnet comme le résultat d'un vaste système, dont toutes les parties ont de la cohésion, et au développement duquel il consacra sa vie entière. Au reste, l'examen impartial et approfondi de ses ouvrages peut seul fixer l'opinion ; mais, s'il a mérité en quelque façon le reproche fait à sa mémoire, il doit paraître bizarre que le pieux Lavater, en envoyant à l'Israélite Mendelssohn sa traduction allemande de la *Palingénésie philosophique* de Bonnet, ait cru ce livre propre à le convertir.

Dans sa *Contemplation de la Nature*, le plus célèbre et le mieux écrit de ses ouvrages, Bonnet développe le grand principe de Leibnitz, que la nature ne fait point de saut; il l'étend à l'universalité, et forme une échelle des êtres, non interrompue, depuis les plus simples jusqu'aux plus composés. Les progrès de la philosophie naturelle ont démontré depuis combien est erronée cette supposition. Dans son *Essai analytique des facultés de l'âme*, voulant apprécier les diverses facultés dont nous sommes doués, il pose, à l'instar de Condillac, l'hypothèse d'un adulte qui ne s'animerait que par degrés, et s'essaie à déterminer par le raisonnement quel serait l'effet des sensations progressives de cet homme-statue. Cet ouvrage, et son *Essai de Psycologie*, où il agite la question, tant controversée, au sujet de l'âme des animaux, sont ceux sur lesquels se fonde principalement l'accusation intentée à Bonnet, à cause de la rigueur de ses conclusions.

En 1755, Bonnet eut une querelle littéraire avec J.-J. Rousseau; il publia, dans le *Mercure de France*, sa *Lettre de Philopolis, citoyen de Genève, au sujet du Discours sur l'inégalité* : Cette lettre eut une réponse, consignée dans les œuvres de Rousseau, sous le titre de *Lettre à M. Philopolis;* et, pour le dire en passant, l'auteur d'*Émile* était du nombre de ceux qui ont considéré Bonnet comme atteint de matérialisme.

C'est dans sa maison de Genthod, située près de Genève, sur les bords du lac, que Bonnet se livrait, au sein de l'aisance et de l'amitié, à ses profondes spéculations; car une singularité dans ce naturaliste, est qu'il ne sortit jamais de son pays. La mort vint le chercher dans sa solitude philosophique : une hydropisie de poitrine le fit périr le 20 mai 1793. Le conquérant du Mont-Blanc, l'illustre de Saussure, prononça son éloge sur sa tombe, et les magistrats de Genève allèrent en corps faire inscrire le jour et l'année de sa naissance sur la porte de sa maison. Il était marié, mais ne laissa pas d'enfants. Sa vie a été écrite par MM. Trembley et de Pouilly.

Ouvrages de Bonnet : 1° *Traité d'Insectologie*, Paris, 1745, 2 vol. in-12; 2° *Recherches sur l'usage des feuilles dans les plantes, et sur quelques autres sujets relatifs à l'histoire des végétaux*, Gœttingue et Leyde, 1754, in-4°; 3° *Essai de Psychologie*, Londres, 1754, in-12; 4° *Essai analytique sur les facultés de l'âme*, Copenhague, 1760, in-4°, et 1769, in-8°; 5° *Contemplation de la nature*, Amsterdam, 1764 et 1765, 2 vol. in-8°; 6° *Considérations sur les corps organisés*, Amsterdam, 1762, 2 vol. in-8°, 1776, id.; 7° *Palingénésie philosophique*, Genève, 1769 et 1770, 2 vol. in-8°; 8° *Recherches philosophiques sur les preuves du christianisme*, Genève, 1770 et 1771, in-8°. Les œuvres de Bonnet ont été réunies et imprimées ensemble, sous ce titre : *OEuvres d'histoire naturelle et de philosophie*, Neufchâtel, 1779, 8 vol. in-4°, et 18 vol. in-8°. Presque tous les écrits de Bonnet ont été traduits en diverses langues.

H. LEMONNIER.

JUGEMENT.

Bonnet est parti du même point absolument que Condillac; il a supposé que l'homme est une statue, douée d'un principe inconnu, auquel il ne suppose aucune propriété particulière, mais dont toutes les facultés naissent, se forment et se développent par l'action des objets extérieurs ; il a apporté dans l'histoire de cette création de l'homme par les sensations plus de réflexion et d'impartialité qu'aucun autre métaphysicien, et s'est préservé de beaucoup d'omissions et d'erreurs de détails où Condillac était tombé. Mais ce qui le distingue, c'est de s'être agité toute sa vie, pour rattacher cette théorie à la nature morale et aux croyances religieuses. Il était plein de zèle et d'amour pour les sciences naturelles qu'il cultivait avec succès ; il s'occupait sans cesse de connaître les ressorts de l'organisation physique; mais sa persuasion intime, ses habitudes, le cercle où il vivait, tout le ramenait à une morale élevée et à l'amour de la religion. Aussi, voulant honorer l'objet de ses études, et tout ce qui occupait et charmait ses loisirs, il y cherchait des preuves pour démontrer ce que les autres métaphysiciens négligeaient ou attaquaient. On ne voit nulle part aussi bien que dans ses livres, l'impossibilité de parvenir par cette route au but où il aurait voulu atteindre. On doit même remarquer que, n'ayant aucune défiance de lui-même, sûr de sa propre croyance, il s'est plus franchement livré à faire une large part à la nature physique; et, précisément parce qu'il ne songeait pas à douter de l'essence divine de l'âme, sa métaphysique semble toucher davantage au matérialisme : si bien que dans un de ses derniers écrits, il a paru convenir que toutes ses recherches s'appliquaient non pas à l'âme elle-même, mais à une certaine âme physique, formée d'une matière délicate, subtile et mystérieuse, par l'intermédiaire de laquelle l'âme proprement dite communique avec le corps. Lui-même, à ce qu'on peut supposer, avait donc aperçu par où manquait toute sa métaphysique *. Cette supposition qu'on peut trouver bizarre, d'autant qu'il s'en sert aussi pour expliquer le dogme de la résurrection corporelle, est le résultat d'une grande bonne foi, et d'un amour sincère de la vérité, qui n'a point déterminé d'avance le but où il veut arriver. Dans un autre ouvrage, *la Contemplation de la Nature*, il s'était entièrement livré à ses opinions religieuses, et avait voulu leur donner l'appui des causes finales : elles sont une preuve de sentiment, dont sans doute il sentait la nullité comme argument philosophique; mais il eut besoin de répandre les impressions que faisaient naître en lui l'étude et l'examen de la nature. Il cherchait, ainsi qu'ont toujours fait les vrais sages, à établir l'harmonie entre les occupations de son esprit et les affections de son âme.

DE BARANTE, *De la Littérature française pendant le XVIIIe siècle*.

BONTÉ. Il n'y a proprement dans la nature ni dans les arts d'autre bonté qu'une bonté relative, de la cause à l'effet, et de l'effet lui-même à une fin ultérieure, qui est l'intention, l'utilité, ou l'a-

---

* *L'Essai analytique sur les facultés de l'âme* et la *Psychologie* de Charles Bonnet sont remarquables par une sagacité profonde, mais qui souvent dégénère en subtilité. M. J. CHÉNIER, *Tableau de la Littérature française*.

grément d'un être doué de volonté, ou capable de jouissance.

Quand la bonté n'est relative qu'à l'intention, ce mot n'est pris que dans un sens impropre, et bon se trouve quelquefois le synonyme de mauvais: c'est ainsi qu'une politique pernicieuse, une ambition funeste, une éloquence corruptrice emploie de bons moyens, c'est-à-dire des moyens propres à réussir dans les desseins qu'elle se propose. De même, par rapport à l'agrément et à l'utilité, une chose est bonne ou mauvaise, selon les goûts, les intérêts, les fantaisies, les caprices; et dans ce sens presque tout est bon: les calamités même et les fléaux ont leur bonté particulière: et au contraire ce qui est bon pour le plus grand nombre est presque toujours mauvais pour quelqu'un: la disette est le bon temps de l'usurier, dont les greniers sont pleins; la bonne année des médecins est une année d'épidémie, *et vice versâ.*

La bonté, dans un sens plus étroit, est la faculté de produire un effet désirable; et une cause est plus ou moins généralement bonne, à mesure que son effet est plus ou moins généralement à désirer. Le même vent qui est bon pour ceux qui voguent du levant au couchant, est mauvais pour ceux qui voguent en sens contraire; mais un air pur et sain est bon pour tout le monde.

Un être n'est bon en lui-même que dans ses rapports avec lui-même, et qu'autant qu'il est tel que son bonheur l'exige : en sorte que, s'il n'a pas la faculté de s'apercevoir, et de jouir ou de souffrir de son existence, il n'est en lui-même ni bon ni mauvais. Par la même raison, entre les parties d'un tout, si les unes sont douées d'intelligence et de sensibilité, et les autres non, celles-ci ne sont bien ou mal que dans leur rapport avec celles-là : il en est ainsi des parties purement matérielles de l'univers, relativement à ses parties intelligentes et sensibles ; ce qui réduit la question de l'optimisme à une grande simplicité.

Dans les arts on a souvent dit : Tout ce qui plaît est bon. Cela est vrai dans un sens étendu, comme on vient de le voir ; et dans ce sens-là tous les vins sont bons, celui dont le manant s'enivre, comme celui que savoure l'homme voluptueux, le gourmet délicat. Mais dans un sens plus rigoureux cela seul est réellement bon qui cause un plaisir salutaire, ou du moins innocent, à l'homme dont l'organe est doué d'une sensibilité fine et juste : je dis un plaisir salutaire ou innocent ; car, dans le physique, ce qui est bon pour l'agrément peut être mauvais pour la santé ; et dans le moral, ce qui est bon pour l'esprit peut être mauvais pour le cœur.

Dans la nature, la même cause peut être mauvaise dans son effet immédiat, et excellente dans son effet éloigné, comme une potion amère, une amputation douloureuse. Il n'en est pas de même dans les arts d'agrément : leur effet le plus essentiel est de plaire, et ce n'est que par là qu'ils se rendent utiles ; car toute leur puissance est fondée sur leur charme et sur leur attrait.

L'objet immédiat des arts est donc une jouissance

agréable, ou par les commodités de la vie, ou par les impressions que reçoivent les sens, ou par les plaisirs de l'esprit et de l'âme; et c'est ici le genre de bonté qui caractérise les beaux-arts.

Mais les plaisirs de l'esprit et de l'âme peuvent être trompeurs, comme celui que fait un poison agréable. C'est donc l'innocence de ces plaisirs et plus encore leur utilité, ou, s'il m'est permis de le dire, leur salubrité, qui donne aux moyens de l'art une bonté réelle. Le plaisir est sans doute une excellente chose ; mais le plaisir ne peut être pour l'homme un état habituel et constant. Le bonheur, c'est-à-dire un état doux et calme, la paix et la tranquillité avec soi-même et avec les autres, voilà le but universel où doit tendre un être sensible et raisonnable. Les ennemis de ce repos sont les passions et les vices ; ses deux génies tutélaires sont l'innocence et la vertu : ainsi, le plaisir ne doit être lui-même pour les beaux-arts qu'un moyen, et leur fin ultérieure doit être le bonheur de l'homme. C'est ainsi que la bonté de la comédie consiste à corriger les vices, et celle de la tragédie à intimider les passions, et à les réprimer par des exemples effrayants. (*Voyez* MOEURS.)

Ce qu'on doit entendre par la bonté poétique se trouve par là décidé. Ce qui produit l'effet immédiat que le poète se propose, est poétiquement bon; et toutes les règles de l'art se réduisent à bien choisir et à bien employer les moyens propres à cette fin. Le premier de ces moyens est l'illusion, et par conséquent la vraisemblance; le second est l'attrait.

et par conséquent le choix de ce qui peut le mieux intéresser, attacher, émouvoir, captiver l'esprit, gagner l'âme, dominer l'imagination, produire enfin la sorte d'émotion et de délectation que la poésie a dessein de causer.

Dans le gracieux, choisissez ce que la nature a de plus riant; dans le naïf, ce qu'elle a de plus simple; dans le pathétique, ce qu'elle a de plus terrible et de plus touchant. Voilà ce qu'on appelle la bonté poétique. Ainsi, ce qui serait excellent à sa place devient mauvais quand il est déplacé.

Mais la bonté morale doit se concilier avec la bonté poétique; et la bonté morale n'est pas la bonté des mœurs qu'on se propose d'imiter. La peinture des plus mauvaises mœurs peut avoir sa bonté morale, si elle attache à ces mœurs la honte, l'aversion et le mépris. De même l'imitation des mœurs les plus innocentes et les plus vertueuses serait mauvaise, si on y jetait du ridicule, et si, en les avilissant, on voulait nous en dégoûter.

La bonté morale, en poésie, est dans l'utilité attachée à l'imitation, comme en éloquence elle est dans la justice de la cause que l'on embrasse, et dans la légitimité des moyens que l'on emploie à persuader.

Ainsi, quand on parle des mœurs théâtrales, par exemple, on ne doit pas confondre les mœurs bonnes en elles-mêmes, et les mœurs bonnes dans leur rapport avec l'effet salutaire qu'on veut produire. Narcisse et Mahomet sont des personnages aussi utilement employés que Burrhus et Zopire, par la raison qu'ils contribuent de même à l'impression salutaire qui résulte de l'action à laquelle ils ont concouru. Tout ce qu'on doit exiger du poète pour que l'imitation ait sa bonté morale, c'est qu'il fasse craindre de ressembler aux méchants qu'il met sur la scène, et souhaiter de ressembler aux gens de bien qu'il oppose aux méchants.

Il y a cependant certains vices qu'il n'est pas permis d'exposer sur le théâtre, parce que leur image blesserait la pudeur; mais en cela même il me semble qu'on est devenu trop sévère. En prenant soin de voiler ces vices avec toute la décence convenable, peut-être serait-il possible de rendre utile et non dangereux, l'exemple des égarements et des malheurs dont ils sont la cause; et entre l'excès où donnent nos voisins à cet égard et l'excès opposé, il y aurait un milieu à prendre, qui rendrait la peinture de nos mœurs plus utile, en conservant à la scène française sa décence et sa pureté.

Quant à l'éloquence, l'objet, la fin, les moyens, l'orateur lui-même, tout doit y avoir sa bonté morale: ce qu'elle affirme doit être vrai, ce qu'elle défend doit être juste, ce qu'elle conseille et recommande doit être au moins permis, et l'utile n'est pas dispensé d'être honnête; enfin ce qu'elle loue doit être digne de louange. Aristote nous a donné pour la bonté morale de l'éloquence, dans les éloges et dans les délibérations, une règle sûre et constante; c'est de se demander à soi-même : « Conseillerais-je ce que je « vais louer? Louerais-je ce que je conseille? »

MARMONTEL, *Élements de Littérature.*

BOSSUET (Jacques-Bénigne) naquit à Dijon le 27 septembre 1627, d'une famille distinguée dans le parlement de Bourgogne. Il se livra dès son enfance à l'étude avec l'avidité d'un génie naissant, qui saisissait et dévorait tout. Les jésuites, ses premiers maîtres, ne tardèrent pas à voir dans un tel disciple les prémices d'un grand homme. Aussi mirent-ils en œuvre, suivant leur usage, les plus adroites insinuations pour l'attirer dans leur compagnie, à laquelle ils ont acquis par ce moyen tant d'hommes célèbres dans les lettres, dont les ouvrages sont aujourd'hui tout ce qui reste à cette société de son ancien éclat, comme il ne reste de tant d'hommes puissants qui ont disparu, que le peu de bien qu'ils ont fait à leurs semblables. Déjà ces Pères se flattaient d'ajouter à leurs nombreuses conquêtes celle du jeune Bossuet, la plus brillante peut-être dont ils eussent jamais pu s'honorer ; mais un oncle très éclairé qui veillait sur lui, et qui, connaissant à fond ses instituteurs, veillait en même temps sur eux, dissipa tout-à-coup cette vocation factice en faisant partir son neveu pour Paris.

Comme il se destinait à l'état ecclésiastique, il embrassa toutes les études qu'il crut nécessaires ou simplement utiles à cet important ministère, depuis la lecture de la *Bible* jusqu'à celle des auteurs profanes, et depuis les Pères de l'Église jusqu'aux théologiens de l'école et aux écrivains mystiques. Le goût vif et l'espèce de passion qu'il prit pour les livres sacrés, annonçaient à la religion le prélat qui devait la prêcher avec le zèle des apôtres, et la célébrer avec l'éloquence des prophètes. Parmi les docteurs de l'Église, saint Augustin était celui qu'il admirait le plus. Il le savait par cœur, le citait sans cesse, trouvait, disait-il, dans saint Augustin *la réponse à tout*, et le portait toujours avec lui dans ses voyages.

Quant aux auteurs de l'antiquité profane, où son éloquence cherchait déjà des maîtres et des modèles, il donnait la préférence à Homère, dont le génie élevé, mais sans contrainte, avait le plus de rapport avec le sien. Il se plaisait aussi beaucoup à la lecture de Cicéron et de Virgile ; il faisait moins de cas d'Horace, qu'il jugeait plus en chrétien sévère qu'en homme de goût ; la morale de l'épicurien effaçait à ses yeux le mérite du poète, et le rendait insensible à des graces qui ne lui paraissaient faites que pour séduire ou alarmer sa vertu. Il portait encore plus loin l'austérité de ses principes. On sait que des casuistes rigides ont regardé comme une sorte d'apostasie la liberté que se sont donnée la plupart des poètes chrétiens, d'employer dans leurs vers le nom des divinités païennes. Bossuet faisait à ces docteurs inexorables l'honneur d'être de leur avis. Despréaux leur a fait dans son *Art poétique* la meilleure réponse qu'un grand poète puisse opposer à de pareils scrupules ; il les a réfutés en vers harmonieux : on a retenu les vers de Despréaux, et oublié la sentence des rigoristes. Les fictions si agréables et si philosophiques de la mythologie ancienne, qui donnait à tout l'âme et la vie, continueront, malgré l'arrêt de Bossuet, de fournir aux grands poètes, sans danger comme sans scandale, des images toujours piquantes et toujours nouvelles par le charme et l'intérêt qu'ils sauront y répandre. Quant à cette foule de versificateurs à qui on ne pourrait ôter *Flore et Zéphire*, *l'Amour et ses ailes*, sans réduire à la plus étroite indigence leur muse déjà si pauvre, l'insipide usage qu'ils font de la fable dans leurs minces productions devait paraître à Bossuet lui-même plus fastidieux que criminel.

De toutes les études profanes, celle des mathématiques fut la seule que le jeune ecclésiastique se crut en droit de négliger, non par mépris (nous ne craindrons pas de dire que ce mépris serait une tache à la mémoire du grand Bossuet), mais parce que les connaissances géométriques ne lui parurent d'aucune utilité pour la religion. On nous accuserait d'être à la fois juges et parties, si nous osions appeler de cette proscription rigoureuse. Cependant, nous serait-il permis d'observer, tout intérêt particulier mis à part, que le théologien naissant ne traita pas avec assez de justice et de lumières une science qui n'est pas aussi inutile qu'il le pensait au théologien même ; science en effet si propre, non pas à redresser les esprits faux, condamnés à rester ce que la nature les a faits, mais à fortifier dans les bons esprits cette justesse d'autant plus nécessaire, que l'objet de leurs méditations est plus important ou plus sublime ? Bossuet pouvait-il ignorer que l'habitude de la démonstration, en nous faisant reconnaître et saisir l'évidence dans tout ce qui en est susceptible, nous apprend encore à ne point appeler démonstration ce qui ne l'est pas, et à discerner les limites qui, dans le cercle si étroit des connaissances humaines, séparent la lumière du crépuscule, et le crépuscule.. des ténèbres?

Aurons-nous pourtant le courage d'avouer ici que l'indulgent Fénelon, si opposé d'ailleurs à Bossuet, traitait les mathématiques avec encore plus de rigueur que lui? Il écrivait en propres termes à un jeune homme qu'il dirigeait, « de ne « point se laisser ensorceler par les attraits *diabo-* « *liques* de la géométrie, qui éteindraient en lui « l'esprit de la grace *. » Sans doute les spéculations arides et sévères de cette science, que Bossuet accusait seulement d'être inutiles à la théologie, paraissaient à l'âme tendre et exaltée de Fénelon le poison de ces contemplations mystiques pour lesquelles il n'a que trop marqué son faible Mais si c'était là le crime de la géométrie aux yeux de l'archevêque de Cambrai, il est difficile de la trouver coupable.

En se montrant peu favorable aux mathématiques, Bossuet ne témoigna pas la même indifférence à la philosophie, qui, par malheur pour elle, ignorait encore combien les mathématiques lui étaient nécessaires. Il goûta beaucoup le cartésianisme, alors très nouveau et naissant à peine ; un esprit de cette trempe, hardi, étendu, vigoureux, et ne demandant qu'à prendre l'essor, mais en-

* *OEuvres spirituelles de Fénelon*, lettre 148.

chaîné par les entraves respectées où la religion le retenait captif, sentait tout le prix de la liberté que la philosophie de Descartes autorise dans les matières où il est permis de douter et de penser. Les attaques violentes que cette philosophie essuyait alors de la part des théologiens même, bien loin d'effrayer Bossuet, contribuaient peut-être, sans qu'il le sût, à échauffer son zèle pour la raison persécutée. Déjà des magistrats, ennemis des lumières et de leur siècle, avaient défendu, sous les peines les plus sévères, qu'on enseignât le cartésianisme, qui, malgré cette défense, trouva moyen de s'établir à petit bruit, et finit par détrôner la scolastique sa rivale. Depuis ce temps, la philosophie de Descartes, qui n'avait guère fait que substituer à des erreurs anciennes et absurdes des erreurs nouvelles et séduisantes, a disparu ainsi que celle d'Aristote, mais sans résistance et sans effort : cette philosophie, si inutilement tourmentée dans son berceau par l'imbécillité puissante, réclamerait aussi inutilement aujourd'hui la protection dont Bossuet l'a honorée; elle a péri sous nos yeux de sa mort naturelle, et la raison a fait toute seule ce que l'autorité n'avait pu faire : importante mais presque inutile leçon pour ceux qui ont le pouvoir en main, de ne pas user vainement leurs forces pour prescrire à la raison ce qu'elle doit penser, et de la laisser démêler d'elle-même ce qu'il lui convient de rejeter ou de saisir. Plus l'autorité agitera le vase où les vérités nagent pêle-mêle avec les erreurs, plus elle retardera la séparation des unes et des autres; plus elle verra s'éloigner ce moment, qui arrive pourtant tôt ou tard, où les erreurs se précipitent enfin d'elles-mêmes au fond du vase, et abandonnent la place aux vérités.

Tandis que Bossuet nourrissait l'activité de son esprit de toutes les connaissances convenables à un ministre de l'Église, son âme non moins active, et qui avait besoin d'un objet digne de la remplir, se formait à la piété par de fréquents voyages qu'il faisait à l'abbaye de la Trappe, séjour qui en effet paraît destiné à faire sentir aux cœurs même les plus tièdes, jusqu'à quel point une foi vive et ardente peut nous rendre chères les privations les plus rigoureuses; séjour même qui peut offrir au simple philosophe une matière intéressante de réflexions profondes sur le néant de l'ambition et de la gloire, les consolations de la retraite, et le bonheur de l'obscurité.

Le talent de Bossuet pour la chaire s'était manifesté presque dès son enfance. Il fut annoncé comme un orateur précoce à l'hôtel de Rambouillet, où le mérite en tout genre était sommé de comparaître, et jugé bien ou mal. Il y fit devant une assemblée nombreuse et choisie, presque sans préparation, et avec les plus grands applaudissements, un sermon sur un sujet qu'on lui donna; le prédicateur n'avait que seize ans, et il était onze heures du soir, ce qui fit dire à Voiture, si fécond en jeux de mots, qu'il n'avait jamais entendu prêcher *si tôt ni si tard*.

Avec de si rares talents pour l'éloquence, la nature avait doué Bossuet d'une mémoire prodigieuse; il suffirait, sans compter beaucoup d'autres grands hommes, pour démentir les lieux communs si souvent rebattus sur l'antipathie de la mémoire et du jugement, lieux communs débités avec complaisance par des hommes qui se flattent que la nature leur a donné en jugement ce qu'elle leur a refusé en mémoire.

Destiné, par son goût et par son caractère, à l'éloquence et à la controverse, Bossuet mena, pour ainsi dire, de front, les talents de l'orateur et du théologien. Le ton de la chaire changea dès qu'il y parut; il substitua aux indécences qui l'avilissaient, au mauvais goût qui la dégradait, la force et la dignité qui convient à la morale chrétienne. Il n'écrivait point ses sermons, ou plutôt il ne les écrivait qu'en raccourci, et comme en idée; il se contentait de méditer profondément son sujet, il en jetait les principaux points sur le papier; il écrivait quelquefois les unes auprès des autres différentes expressions de la même pensée, et dans la chaleur de l'action, il se saisissait en courant de celle qui s'offrait la première à l'impétuosité de son génie. Les sermons qu'on a imprimés de lui, restes d'une multitude immense, car jamais il ne prêcha deux fois le même, sont plutôt les esquisses d'un grand maître que des tableaux terminés; ils n'en sont que plus précieux pour ceux qui aiment à voir dans ces dessins heurtés et rapides les traits hardis d'une touche libre et fière, et la première sève de l'enthousiasme créateur. Cette fécondité pleine de cha-

leur et de verve, qui dans la chaire ressemblait à l'inspiration, subjuguait et entraînait ceux qui l'écoutaient. Un de ces hommes qui font parade de ne rien croire, voulut l'entendre ou plutôt le braver ; trop orgueilleux pour s'avouer vaincu, mais trop juste pour ne pas rendre hommage à un grand homme : « Voilà, dit-il en sortant, le pre-
« mier des prédicateurs pour moi ; car c'est celui
« par lequel je sens que je serais converti, si j'avais
« à l'être. »

Au milieu de ces triomphes oratoires, Bossuet fit avec distinction ses premières armes comme théologien, par la réfutation du catéchisme de Paul Ferry, ministre protestant ; cette réfutation, qui annonçait aux réformés un adversaire redoutable, reçut dans l'Église catholique tout l'accueil que son défenseur pouvait espérer. Mais ce qui ne doit pas être oublié dans l'histoire d'une querelle théologique, c'est que Bossuet et Ferry, qui étaient amis avant leur dispute, continuèrent de l'être après avoir écrit l'un contre l'autre : rare et digne exemple à offrir aux controversistes de toutes les religions, mais qui sera plus loué qu'imité, et qui serait même appelé scandale par les fanatiques, si le nom de celui qui a donné ce *scandale* ne les forçait au silence.

Les succès éclatants de Bossuet portèrent bientôt sa réputation à la cour, où ses sermons furent applaudis avec transport. Louis XIV, meilleur juge encore que ses courtisans, ne tarda pas à lui donner des marques d'estime plus distinguées que de simples éloges. Quoique le nouvel orateur de Versailles y offrît un spectacle aussi nouveau par sa conduite que par son éloquence, qu'il ne s'y montrât que dans la chaire ou au pied des autels, qu'il ne demandât aucune grace, qu'il fût enfin, comme le sont presque toujours les grands talents, *sans manège* et *sans souplesse*, la récompense qu'il méritait sans la chercher vint le trouver dans la solitude où il vivait au milieu de la cour. Le roi le nomma à l'évêché de Condom. Bossuet, qui voyait s'élever dans Bourdaloue un successeur digne de lui et formé sur son modèle, remit le sceptre de l'éloquence chrétienne aux mains de l'illustre rival à qui il avait ouvert et tracé cette glorieuse carrière, et ne fut ni surpris ni jaloux de voir le disciple s'y élancer plus loin que le maître. Il se livra bientôt à un autre genre, où il n'eut ni supérieur ni égal, celui des oraisons funèbres. Toutes celles qu'il a prononcées portent l'empreinte de l'âme forte et élevée qui les a produites; toutes retentissent de ces vérités terribles, que les puissants de ce monde ne sauraient trop entendre, et qu'ils sont si malheureux et si coupables d'oublier. C'est là, pour employer ses propres expressions, qu'on voit «tous « les dieux de la terre dégradés par les mains de la « mort, et abîmés dans l'éternité, comme les fleuves « demeurent sans nom et sans gloire, mêlés dans « l'Océan avec les rivières les plus inconnues.» Si dans ces admirables discours l'éloquence de l'orateur n'est pas toujours égale, s'il paraît même s'égarer quelquefois, il se fait pardonner ses écarts par la hauteur immense à laquelle il s'élève ; on sent que son génie a besoin de la plus grande liberté pour se déployer dans toute sa vigueur, et que les entraves d'un goût sévère, les détails d'une correction minutieuse et la sécheresse d'une composition *léchée*, ne feraient qu'énerver cette éloquence brûlante et rapide. Son audacieuse indépendance, qui semble repousser toutes les chaînes, lui fait négliger quelquefois la noblesse même des expressions ; heureuse négligence, puisqu'elle anime et précipite cette marche vigoureuse, où il s'abandonne à toute la véhémence et l'énergie de son âme ; on croirait que la langue dont il se sert n'a été créée que pour lui, qu'en parlant même celle des sauvages il eût forcé l'admiration, et qu'il n'avait besoin que d'un moyen, quel qu'il fût, pour faire passer dans l'âme de ses auditeurs toute la grandeur de ses idées. Les censeurs scrupuleux et glacés, que tant de beautés laisseraient assez de sang-froid pour apercevoir quelques taches qui ne peuvent les déparer, méritent la réponse que milord Bolingbrocke faisait dans un autre sens aux détracteurs du duc de Marlborough : *C'était un si grand homme, que j'ai oublié ses vices.* Cet orateur si sublime est encore pathétique, mais sans en être moins grand ; car l'élévation, peu compatible avec la finesse, peut au contraire s'allier de la manière la plus touchante à la sensibilité, dont elle augmente l'intérêt en la rendant plus noble. Bossuet, dit un célèbre écrivain, obtint le plus grand et le plus rare des succès, celui de faire verser des larmes à la cour dans l'*Oraison funèbre de la duchesse d'Orléans*, Henriette d'Angleterre; il se troubla lui-même et fut interrompu par ses sanglots, lorsqu'il prononça ces paroles si foudroyantes à la fois et si lamentables, que tout le monde sait par cœur, et qu'on ne craint jamais de trop répéter : « O nuit désastreuse, nuit effroyable, « où retentit tout-à-coup, comme un éclat de ton-« nerre, cette accablante nouvelle, Madame se « meurt, Madame est morte! » On trouve une sensibilité plus douce, mais non moins sublime, dans les dernières paroles de l'*Oraison funèbre du grand Condé*. Ce fut par ce beau discours que Bossuet termina sa carrière oratoire ; il finit par son chef-d'œuvre, comme auraient dû faire beaucoup de grands hommes, moins sages ou moins heureux que lui. « Prince, dit-il en s'adressant au héros « que la France venait de perdre, vous mettrez « fin à tous ces discours. Au lieu de déplorer la « mort des autres, je veux désormais apprendre « de vous à rendre la mienne sainte; heureux si, « averti par ces cheveux blancs du compte que je « dois rendre de mon administration, je réserve « au troupeau que je dois nourrir de la parole « de vie, les restes d'une voix qui tombe et d'une « ardeur qui s'éteint! » La réunion touchante que présente ce tableau d'un grand homme qui n'est plus, et d'un autre grand homme qui va bientôt disparaître, pénètre l'âme d'une mélancolie douce et profonde, en lui faisant envisager avec douleur l'éclat si vain et si fugitif des talents et de la renommée, le malheur de la condition humaine, et celui de s'attacher à une vie si triste et si courte.

La réputation brillante que Bossuet s'était acquise, fit désirer à l'Académie française de posséder un homme déjà si célèbre, et de qui elle compte aujourd'hui le nom parmi ceux dont elle s'honore le plus. Louis XIV lui confia dans le même temps une place bien plus importante. Il jugea que celui qui annonçait avec tant de force dans la chaire évangélique la grandeur divine et la misère humaine, était plus propre que personne à pénétrer de ces vérités, par une instruction solitaire et suivie, l'héritier de la couronne. Bossuet fut nommé précepteur du dauphin. Qu'on nous permette de nous livrer un moment à la réflexion naturelle que présente un choix si digne d'éloge. Le moyen le plus sûr peut-être d'apprécier les rois, c'est de les juger par les hommes à qui ils accordent leur confiance. Louis XIV donna pour gouverneurs à son fils et à son petit-fils les deux hommes les plus vertueux de la cour, et sur-tout les plus déclarés contre l'adulation et la bassesse, Montausier et Beauvilliers; pour précepteurs les deux plus illustres prélats de l'Église de France, Bossuet et Fénelon; et pour sous-précepteurs, Huet et Fleury, dont l'un était le plus savant, l'autre le plus sage et le plus éclairé des ecclésiastiques du second ordre. Qu'on joigne à tant d'excellents choix pour un seul objet, ceux de Turenne, de Condé, de Luxembourg, de Colbert et de Louvois; qu'on y joigne le goût exquis avec lequel le monarque sut apprécier par lui-même les talents si différents de Despréaux et de Racine, de Quinault et de Molière; qu'on y joigne enfin l'honneur qu'il eut d'avertir sa cour, et presque sa nation, du mérite de ces écrivains, et on en conclura, pour peu qu'on soit juste, que si Louis XIV a été trop encensé par la flatterie, il a été digne aussi de recevoir des éloges par la bouche de la justice et de la vérité. Bossuet, et les autres hommes de génie, dont ce prince sut mettre les talents en œuvre dans les jours brillants de sa gloire, doivent lui faire pardonner quelques choix moins heureux, auxquels il eut la faiblesse de se prêter sur la fin de sa vie; triste fruit du malheur de régner, et sur-tout de vieillir sur le trône!

L'instituteur du dauphin, persuadé que ceux qui sont chargés de la redoutable fonction d'élever un roi sont responsables du bonheur des peuples, et convaincu en même temps qu'il suffit à un prince d'être éclairé pour être vertueux, ne négligea rien pour orner l'esprit de son auguste élève de toutes les connaissances qu'il jugea propres à en faire un monarque instruit et juste. Résolu de se livrer tout entier à un objet si sacré pour lui, il remit l'évêché de Condom, et reçut en échange une abbaye très modique, mais suffisante à la modération de ses désirs. Il se prépara à l'éducation du dauphin, en recommençant, pour ainsi dire, la sienne. Il reprit ses premières études, que depuis long-temps il avait abandonnées. Il s'exerça même à écrire en langue latine, non qu'il se flattât de pouvoir bien parler une langue morte, mais parce qu'il voulait se la rendre plus familière ; à peu près comme ces amateurs, qui, pour apprendre à se connaître en peinture, n'hésitent pas à faire eux-mêmes des tableaux, qu'ils n'estiment que ce qu'ils valent. Enfin, il n'oublia rien pour se mettre à l'abri de tout reproche, si une éducation préparée par tant de soins n'avait pas tout le succès qu'il s'en promettait, et si le génie du précepteur n'était pas secondé par le disciple comme il méritait de l'être.

Quelques prélats courtisans, qui regardaient leur assiduité à Versailles comme un droit aux graces du souverain, étaient secrètement, mais profondément blessés de la préférence qu'on avait donnée à Bossuet pour remplir une place à laquelle leur orgueilleuse médiocrité ne rougissait pas de prétendre. Pour se venger de cette préférence si juste, ils publiaient que le précepteur poussait le zèle pour l'instruction du prince jusqu'à l'excéder d'ennui et de fatigue : M. le dauphin, disaient-ils avec une complaisance qui jouait l'intérêt, se plaignait qu'on voulût l'obliger à savoir *comment Vaugirard s'appelait du temps des druides.* Pour apprécier cette imputation ridicule, il suffit de lire l'ouvrage célèbre que Bossuet composa pour son disciple, le *Discours sur l'Histoire universelle.* On admire dans cette grande esquisse un génie aussi vaste que profond, qui, dédaignant de s'appesantir sur les détails frivoles, si chers au peuple des historiens, voit et juge d'un coup d'œil les législateurs et les conquérants, les rois et les nations, les crimes et les vertus des hommes, et trace d'un pinceau énergique et rapide le temps qui dévore et engloutit tout, la main de Dieu sur les grandeurs humaines, et les royaumes *qui meurent comme leurs maîtres*. Comment l'aigle qui a vu de si haut et de si loin, comment le peintre qui a traité d'une si grande manière l'histoire du monde, aurait-il pu descendre, dans le détail de l'éducation du prince, à des minuties également indignes du prince et de lui? Et quand l'élève même l'aurait pu désirer, comment le maître en aurait-il eu le courage?

Nous n'affaiblirons point par une répétition fastidieuse les éloges donnés à cet ouvrage; nous croyons plutôt devoir à l'auteur, sur un point essentiel et délicat, une apologie qui sera peut-être un nouvel éloge. On a accusé Bossuet d'avoir été dans ce chef-d'œuvre d'éloquence, plus orateur qu'historien, et plus théologien que philosophe; d'y avoir trop parlé des Juifs, trop peu des peuples qui rendent si intéressante l'histoire ancienne, et d'avoir en quelque sorte sacrifié l'univers à une nation que toutes les autres affectaient de mépriser. Il répondait à ce reproche, que s'il avait paru, dans un si grand tableau, négliger le reste de la terre pour le seul peuple à qui le vrai Dieu fût connu, c'est qu'il avait cru devoir non-seulement à ce Dieu, dont il était le ministre, mais encore à la France, dont le sort était confié à ses leçons, de montrer partout au jeune prince dans cette vaste peinture l'objet le plus propre à forcer les rois d'être justes, l'Être éternel et tout-puissant dont l'œil sévère les observe, et dont l'arrêt terrible doit les juger.

Bossuet se représentait avec frayeur à quel point l'humanité serait à plaindre, si ce petit nombre d'hommes auquel la Providence a soumis leurs semblables, et qui n'ont à redouter sur la terre que le moment où ils la quittent, ne voyaient au-dessus de leur trône un arbitre suprême, qui promet vengeance aux infortunés dont ils auront souffert ou causé les larmes. Ce prélat citoyen était persuadé que ceux même qui auraient le malheur de regarder la croyance d'un Dieu comme inutile aux autres hommes, commettraient un crime de *lèse-humanité* en voulant ôter cette croyance aux monarques. Il faut que les sujets *espèrent* en Dieu, et que les souverains *le craignent*.

L'éducation du dauphin étant finie, Bossuet, à qui le roi avait donné pour récompense l'évêché de Meaux, se consacra de nouveau et sans relâche à la défense et au service de la religion. Jusqu'ici nous ne l'avons presque pas envisagé comme théologien profond et zélé : il paraît néanmoins avoir encore été plus jaloux de ses succès dans la controverse que de ses talents pour l'éloquence, comme Descartes se croyait plus grand par ses méditations métaphysiques que par ses découvertes en géométrie. Mais les triomphes théologiques de Bossuet, quelque prix qu'on y doive attacher, sont la partie de son éloge à laquelle nous devons toucher avec le plus de réserve; ses victoires en ce genre appartiennent à l'histoire de l'Église, et non à celle de l'Académie, et méritent d'être appréciées par de meilleurs juges que nous. Le recueil immense de ses ouvrages déploie à cet égard toute l'étendue de ses richesses et toute la vigueur de ses forces. Là, on le voit sans cesse aux prises, soit avec l'incrédulité, soit avec l'hérésie, bravant et repoussant l'une et l'autre, et couvrant l'Église de son égide contre ce double ennemi qui cherche à l'anéantir. Son goût pour la guerre semble le poursuivre jusque dans les pièces qu'il a consacrées à l'éloquence; il oublie quelquefois qu'il est orateur, pour se livrer à cette controverse qu'il chérit tant; et du trône où il tonne, daignant descendre dans l'arène, il quitte, si on peut parler ainsi, la foudre pour le ceste : mais il reprend bientôt cette foudre, et le dieu fait oublier l'athlète.

Défenseur intrépide de la foi de l'Église, Bossuet n'était pas moins ardent pour en soutenir les droits; il fut l'âme de la fameuse assemblée du clergé, en 1682, où ces droits furent développés avec tant de force, et si vigoureusement maintenus. L'Église de France et celle de Rome étaient alors violemment divisées sur l'affaire des *franchises*, et principalement sur celle de la *régale*, pour laquelle le pape Innocent XI montrait un intérêt qu'il osait porter jusqu'aux menaces. Déjà ce pontife entreprenant, plus opiniâtre que politique, avait déclaré que, pour prévenir le mal funeste qui menaçait la religion, il aurait recours, s'il était nécessaire, aux remèdes violents dont la Providence divine lui avait confié l'emploi redoutable. Ce langage, qui aurait fait trembler le roi Robert dans le XIe siècle, n'était pas fait au XVIIe pour intimider Louis XIV, et encore moins l'évêque de Meaux. Mais la cour de Rome, malgré la fierté du monarque et la fermeté de Bossuet, montrait avec d'autant plus de confiance tout son mécontentement ou son zèle, que ses prétentions trouvaient de l'appui dans quelques-uns des plus dignes prélats de l'Église de France. On sait quelle résistance les respectables évêques d'Alet et de Pamiers opposèrent à Louis XIV sur ce droit de *régale*, qu'ils croyaient injurieux à l'épiscopat. Le monarque irrité voulait appeler à sa cour les deux prélats pour leur faire sentir tout le poids de son indignation : « Que Dieu vous en préserve, Sire, « lui dit l'évêque de Meaux, qui s'intéressait vraiment « à sa gloire; craignez que toute la route des deux « évêques, du fond du Languedoc jusqu'à Ver- « sailles, ne soit bordée d'un peuple immense qui « demandera à genoux leur bénédiction. » Louis XIV se rendit à un si sage conseil; il craignit de voir échouer l'autorité contre des armes si puissantes par l'apparence même de leur faiblesse, et d'opposer à l'éloquence foudroyante de Bossuet, cette éloquence populaire, mais pénétrante, de la vertu courageuse et persécutée.

Quoi qu'il en soit de cette querelle, aujourd'hui heureusement assoupie, nous lui sommes redevables d'un des plus célèbres ouvrages de Bossuet, la fameuse *Défense de l'Église gallicane*, regardée aujourd'hui par cette Église comme son rempart contre les attaques ultramontaines, et comme le *palladium* de ce qu'elle appelle ses *libertés;* dénomination précieuse, quoique assez impropre, puisque ces libertés ne sont réellement que le droit ancien et commun de toutes les Églises, conservé par celle de France, et oublié de presque toutes les autres. Cet ouvrage, en mettant le comble à la gloire épiscopale et théologique de l'évêque de Meaux, le priva d'un chapeau de cardinal, que lui avait offert le pape, s'il eût voulu, non pas défendre ouvertement les prétentions de la tiare, mais seulement ne pas s'y montrer trop contraire. Bossuet, aussi fidèle sujet que digne évêque, renonça sans peine à un honneur qui ne pouvait rien ajouter à la considération publique dont il jouissait dans l'Église : il eût plus illustré la pourpre que la pourpre ne l'eût décoré; et son nom manque bien plus au sacré collège, que le titre d'*éminence* à son nom. On peut seulement être étonné que Louis XIV, qui avait droit de nommer un cardinal parmi les évêques de son royaume, ait frustré de cette récompense le prélat qui avait si bien défendu l'indépendance et les droits du diadème; nous ignorons quelles raisons empêchèrent un prince si sensible à tous les genres de gloire, de s'illustrer par cet acte de grandeur et de justice; mais nous rejetterons avec autant de mépris que d'indignation, ce que les ennemis de ce grand roi ont osé dire, qu'il ne trouvait pas l'évêque de Meaux d'*assez bonne maison* pour le revêtir de cette dignité; comme s'il eût pu croire quelque dignité au-dessus de l'honneur qu'il avait fait à Bossuet, en lui confiant ses intérêts les plus sacrés et les plus chers; et comme s'il fallait être de meilleure maison pour s'appeler prêtre ou diacre de l'église de Rome, que pour être l'oracle de celle de

France, et l'instituteur de l'héritier d'un grand empire.

Avec une âme noble, active, pleine de force et de chaleur, avec un caractère ferme et impétueux, et sur-tout avec des talents éminents, on peut juger si Bossuet eut des ennemis. Peut-être avait-il le défaut de faire trop sentir aux talents médiocres cette supériorité qui les écrasait; trop sûr de terrasser pour se croire obligé de plaire, il négligeait de tempérer l'éclat de sa gloire par une modestie qui la lui aurait fait pardonner. Mais Bossuet, dont l'âme était assez grande pour être simple, réservait sans doute la simplicité pour le fond de son cœur, et croyait trop au-dessous de lui de se parer, aux yeux de ses ennemis, d'une vertu qu'ils auraient accusée de n'être que le masque de l'orgueil. Sa noble fierté reçut plus d'une fois à la cour, non des coups violents, que la calomnie n'eût osé lui porter, mais des attaques indirectes, moins hasardeuses pour la main lâche de l'envie. Il présentait un jour à Louis XIV le P. Mabillon, comme *le religieux le plus savant de son royaume.... Ajoutez, et le plus humble*, dit l'archevêque de Reims, Le Tellier, qui prétendait faire une épigramme bien adroite contre la modestie du prélat. Cependant le même archevêque, quelque humilié qu'il se sentît par la force et la grandeur du génie de Bossuet, était assez juste pour ne pas souffrir qu'on le méconnût. Un jour que de jeunes aumôniers du roi, dont l'un a depuis occupé de très grandes places, parlaient en sa présence, avec la légèreté française, des talents et des ouvrages de l'évêque de Meaux, qu'ils osaient vouloir rendre ridicules : *Taisez-vous*, leur dit Le Tellier, *respectez votre maître et le nôtre*.

La circonstance de la vie de Bossuet qui dût être la plus affligeante pour lui, est l'obligation qu'il crut devoir s'imposer de combattre dans la personne de Fénelon la vertu même, et la vertu qui s'égarait. Mais les opinions de l'archevêque de Cambrai sur le quiétisme lui parurent d'autant plus dangereuses, que celui qui les répandait était bien propre à séduire par la douceur de ses mœurs et par le charme de son éloquence : on disait de lui, en le comparant à l'évêque de Meaux, que ce dernier *prouvait la religion*, et que Fénelon *la faisait aimer*. Bossuet, inexorablement attaché à la saine doctrine, y sacrifia sans balancer l'amitié qu'il avait témoignée jusqu'alors à l'archevêque de Cambrai. Il écrivit contre lui avec toute la force que l'intérêt de la foi devait inspirer à son défenseur; peut-être même l'ardeur religieuse l'emporta-t-elle quelquefois à des expressions peu ménagées contre son vertueux adversaire; celui-ci du moins se crut offensé, et s'en plaignit avec cette douceur qui ne l'abandonnait jamais (*Voyez* son Éloge). Moins modérés et moins équitables que Fénelon, les ennemis de Bossuet osaient ajouter qu'il n'avait montré tant de chaleur dans cette querelle que par un motif de jalousie, et pour éloigner de la cour un concurrent aussi propre par ses talents à faire des enthousiastes, que digne par son caractère d'avoir des amis. En même temps les partisans de l'évêque de Meaux accusaient Fénelon de mauvaise foi, de manège et de fausseté. Ces imputations odieuses étaient bien plus l'ouvrage des deux partis que des deux chefs, trop grands l'un et l'autre pour s'attaquer avec tant de fiel et de scandale. Il faut mettre sur la même ligne toutes ces productions mutuelles de la passion et de la haine, et déplorer la méchanceté des hommes.

Les protestants, et sur-tout le fanatique Jurieu, dont les calomnies auraient déshonoré la meilleure cause, ont aussi taxé Bossuet de barbarie à leur égard, et d'avoir autorisé, par ses conseils, la persécution violente, si contraire au christianisme, à l'humanité, à la politique même, que Louis XIV eut le malheur d'ordonner ou de permettre contre les réformés. Personne n'ignore que des hommes alors très accrédités, et plus ennemis encore de Bossuet vivant que de Calvin qui n'était plus, furent les détestables auteurs de cette persécution, dont ils voulaient faire retomber la haine sur l'évêque de Meaux; mais il se défendit hautement d'être leur complice. Il ne craignit point de prendre les nouveaux convertis à témoin de ses réclamations contre ces expéditions militaires et cruelles, si connues sous le nom de *mission dragonne*. Accoutumé à ne soumettre que par les armes de la persuasion ses frères égarés, « il ne pouvait, disait-il, se résoudre « à regarder les baïonnettes comme des instruments « de conversion. »

Plein du désir sincère de réunir par la conciliation les protestants à l'Église, il eut un commerce de lettres avec le célèbre Leibnitz sur cet objet, si digne d'occuper ces deux grands hommes. Mais Leibnitz, plus tolérant que controversiste, et plus philosophe que protestant, traitait cette grande affaire de religion comme il eût traité une négociation entre des souverains. Peu instruit ou peu touché de la rigueur inflexible des principes catholiques en matière de foi, il croyait que chacune des parties belligérantes devait faire à la paix quelques sacrifices, et céder un point pour en obtenir un autre; Bossuet, inébranlable dans sa croyance, voulait, pour préliminaire, que les protestants commençassent par se soumettre à tout ce que le concile de Trente exigeait d'eux. On croira sans peine que le négociateur théologien ne put s'accorder avec le négociateur accommodant. En vain, dans un écrit public, un ministre réformé exhorta Bossuet à la condescendance. « C'est en bon français, disait Bayle, l'exhor« ter à se faire protestant; il n'en fera rien; on peut « l'assurer sans être prophète. »

On ne s'est pas borné à taxer de cruauté son zèle, on a voulu le rendre suspect de fausseté. On a dit qu'il avait des sentiments philosophiques différents de sa théologie : semblable à ces avocats qui, dans leurs déclamations au barreau, s'appuient sur une loi dont ils connaissent le faible ; ainsi la haine a voulu le rendre tout à la fois criminel et ridicule, en l'accusant, ce sont les termes de ses détracteurs, d'avoir consumé sa vie et ses talents à des disputes dont il sentait la futilité. La meilleure réponse à cette accusation est celle que Bossuet lui-même y a faite, par le ton dont il osa parler à Louis XIV dans le temps de ses démêlés avec l'archevêque de Cambrai. « Qu'auriez-vous fait, lui dit le monarque « étonné de son ardeur, si j'avais été pour Fénelon « contre vous? Sire, répondit Bossuet, j'aurais crié « vingt fois plus haut. » Il connaissait trop l'empire de la foi sur l'esprit du monarque pour craindre que cette réponse l'offensât; mais on a beau, dans ces occasions, être sûr de la piété du prince, il faut encore du courage pour oser la mettre à pareille épreuve. Bossuet était convaincu que la vraie pierre de touche d'un amour sincère pour la religion n'est pas toujours de déclamer avec violence contre ses ennemis, lorsqu'ils sont sans appui et sans pouvoir, mais de réclamer ses droits avec courage, lorsqu'il est dangereux de les rappeler à un roi qui les oublie. Il ne craignait point de dire que tout ministre de l'Être-Suprême, qui, placé près du trône, recule ou hésite dans ces circonstances redoutables, est indigne du Dieu qu'il représente par son caractère, et qu'il outrage par son silence. Il donna, dans une autre occasion, une preuve plus éclatante encore de sa grandeur d'âme épiscopale, par la force avec laquelle il s'éleva contre des moines, aussi vils que coupables, qui, dans la dédicace d'une thèse, avaient eu la basse impiété de mettre leur roi à côté de leur Dieu, de manière, dit madame de Sévigné, qu'on voyait clairement que Dieu n'était que la copie. Bossuet en porta ses plaintes au monarque même si indignement célébré : la pieuse modestie du roi rougit du parallèle, et il ordonna la suppression de la thèse.

L'évêque de Meaux était néanmoins trop éclairé pour compromettre la religion en outrant son zèle. Il savait que si la vérité ne doit pas redouter l'approche du trône, elle ne doit aussi s'en approcher qu'avec cette fermeté prudente qui prépare et assure son triomphe. Comme il avait écrit avec beaucoup de force contre les spectacles, il fut un jour consulté sur ce cas de conscience par Louis XIV, qui n'avait pas encore renoncé à voir les chefs-d'œuvre du théâtre, et à qui peut-être ce délassement si noble était nécessaire pour apprendre quelques unes de ces vérités qu'on n'ose pas toujours dire aux rois. « Sire, répondit Bossuet au « monarque, il y a de grands exemples pour, et de « fortes raisons contre. » Si la réponse n'était pas décisive, elle était du moins aussi adroite que noble. Ce prélat avait lui-même été au théâtre dans sa jeunesse, mais uniquement pour se former à la déclamation ; c'était une leçon qu'il se permettait de prendre, pour s'enrichir, disait-il, comme les Israélites, des dépouilles des Égyptiens ; mais il n'avait usé que rarement de ce dangereux moyen de s'instruire, et depuis qu'il fut dans les ordres il y renonça pour toujours. Il refusa même d'aller voir la tragédie d'*Esther*, à laquelle toutes les personnes pieuses de la cour briguaient l'honneur et le plaisir d'assister ; il fut plus rigide encore que ces spectateurs timorés et délicats qui, fort avides de ces dévots amusements, se trouvaient heureux de pouvoir en jouir sans scrupule.

Quoique l'évêque de Meaux, fidèle à ses principes, osât, dans les occasions importantes, parler à Louis XIV avec une liberté qui faisait trembler pour lui les courtisans, l'inflexible docteur Arnauld, faute de connaître les hommes, et sur-tout les rois, accusait le prélat de ne pas avoir le courage de dire au monarque les vérités qu'il avait le plus besoin d'entendre. On croira sans doute qu'Arnauld voulait parler des faiblesses de ce prince, de son goût pour le faste, et de son amour pour la guerre : mais le docteur se plaignait seulement du peu de zèle que Bossuet montrait au roi pour les intérêts des disciples de S. Augustin; c'est ainsi qu'Arnauld appelait les partisans de sa doctrine sur la signature du formulaire. Emporté et comme subjugué par ses opinions théologiques, il ne voyait rien dans l'univers au-delà des malheureuses disputes, trop nuisibles à son repos, et trop peu dignes de son génie.

Si les disciples de S. Augustin n'étaient pas contents de la tiédeur de Bossuet pour les défendre, leurs ennemis l'étaient encore moins de sa froideur à les persécuter, et ce double mécontentement fait son éloge. Il n'ignorait pas même qu'à l'occasion de sa prétendue indulgence pour les sectateurs de Jansénius, l'adroit P. de La Chaise lui rendait sourdement auprès du roi tous les services charitables que le patelinage insidieux peut rendre à la bonne foi sans intrigue, et qui néglige de se tenir sur ses gardes; mais, pour cette fois au moins, la malignité hypocrite et jalouse tendit à la cour ses filets en pure perte, et l'ascendant du prélat déconcerta le manège du confesseur.

Le jésuite Maimbourg, écrivain sans conséquence, mais vil instrument des ennemis de Bossuet, qui, pour lui porter leurs coups, se cachaient derrière cet enfant perdu, avait coutume de peindre sous des noms empruntés, dans ses lourdes et ennuyeuses histoires, ceux qui étaient l'objet de ses satires. Il fit, dans son *Histoire du Luthéranisme*, le portrait imaginaire de Bossuet, sous le nom du cardinal Contarini, dont il exposait la théologie et la conduite accommodante en termes qui indiquaient l'évêque de Meaux avec plus de clarté que de finesse. Un portrait si ressemblant eut le succès dont il était digne, personne n'y reconnut Bossuet; et Maimbourg, déjà misérable historien, fut de plus un calomniateur ridicule.

Nous ne perdrons point de temps à repousser le mensonge déjà réfuté plus d'une fois, sur le prétendu mariage d'un prélat si austère dans ses mœurs. Nous n'opposerons à cette calomnie qu'une courte réponse, qui suffira au lecteur impartial et philosophe. Bossuet était trop occupé de controverses, trop absorbé par ses spéculations théologiques, trop absolument livré à son cabinet, à l'Église et à la guerre, pour être forcé d'avoir recours aux consolations que peuvent chercher dans une union mutuelle les âmes tendres et paisibles. Il avait plus besoin de combat que de société domestique, et de gloire que d'attachements.

Loin d'avoir recours à cet adoucissement des maux de la vie, il négligeait jusqu'aux amusements les plus simples; il se promenait peu, et ne faisait jamais de visites. « Monseigneur, lui dit un jour son « jardinier, à qui il demandait par distraction des « nouvelles de ses arbres, si je plantais des saints « Augustins et des saints Jérômes, vous viendriez « les voir; mais pour vos arbres vous ne vous en « mettez guère en peine. »

Accablé de travaux et de triomphes, l'évêque de Meaux exécuta après la mort du grand Condé ce qu'il avait annoncé en terminant l'oraison funèbre de ce prince. Il se livra sans réserve au soin et à l'instruction du diocèse que la Providence avait confié à ses soins, et dans le sein duquel il avait résolu de finir ses jours. Dégoûté du monde et de la gloire, il n'aspirait plus, disait-il, qu'à être enterré *au pied de ses saints prédécesseurs*. Il ne monta plus en chaire que pour prêcher à son peuple cette même religion qui, après avoir si long-temps effrayé par sa bouche les souverains et les grands de la terre, venait consoler par cette même bouche la faiblesse et l'indigence. Il descendait même jusqu'à faire le catéchisme aux enfants, et sur-tout aux pauvres, et ne se croyait pas dégradé par cette fonction si digne d'un évêque. C'était un spectacle rare et touchant, de voir le grand Bossuet, transporté de la chapelle de Versailles dans une église de village, apprenant aux paysans à supporter leurs maux avec patience, rassemblant avec tendresse leurs jeunes familles autour de lui, aimant l'innocence des enfants et la simplicité des pères, et trouvant dans leur naïveté, dans leurs mouvements, dans leurs affections, cette vérité précieuse qu'il avait cherchée vainement à la cour, et si rarement rencontrée chez les hommes. Retiré dans son cabinet dès qu'il pouvait disposer de quelques instants, il continuait à y remplir les devoirs de pasteur et de père; et sa porte était toujours ouverte aux malheureux qui cherchaient ou des instructions, ou des consolations, ou des secours; jamais ils ne furent repoussés par cette réponse qu'un autre prélat très savant leur faisait faire : *Monseigneur étudie*. L'étude de l'Évangile, que ce prélat si studieux aurait dû préférer à toute autre, avait appris à Bossuet, que l'obligation de toutes les heures, pour celui qui doit annoncer aux hommes le Dieu de bonté et de justice, est d'ouvrir ses bras à ceux qui souffrent, et d'essuyer leurs larmes. Avec quelle satisfaction l'évêque de Meaux n'eût-il pas vu ces principes si éloquemment et si dignement exposés dans la lettre qu'un prélat *, notre confrère, écrivait à ses curés sur le fléau qui désolait alors la province du Languedoc, ouvrage dicté par l'humanité la plus tendre, la bienfaisance la plus active, et la religion la plus éclairée ?

Ce fut dans ces travaux de charité pastorale que Bossuet termina sa vie, le 12 avril 1704, honoré des regrets de toute l'Église, qui conservera une mémoire éternelle et chère de sa doctrine, de son éloquence et de son attachement pour elle. Aussi a-t-elle fait de lui une espèce d'apothéose, par le respect qu'elle témoigne pour ses ouvrages, par le poids qu'elle donne à son autorité dans les matières

---

* L'archevêque de Toulouse, en 1775.

de la foi, par l'hommage que tous les partis qui la divisent et la déchirent ont constamment rendu au nom de l'évêque de Meaux : la religion, dont il a été le plus courageux défenseur, semble avoir confirmé par son suffrage l'éloge que La Bruyère osa donner à ce grand homme en pleine académie *, lorsqu'en nommant Bossuet dans son discours de réception, il s'écria avec un transport que partagèrent ses auditeurs : « Parlons d'avance le langage « de la postérité, *un Père de l'Église.*

D'ALEMBERT, *Éloge de Bossuet.*

JUGEMENTS.

I.

Le *Discours sur l'Histoire universelle* est l'un des plus admirables ouvrages qui aient paru de notre temps, je ne dis pas seulement par la beauté et par la sublimité du style, mais encore plus par la grandeur des choses mêmes, par la solidité des réflexions, par la profonde connaissance du cœur humain, et par cette vaste étendue qui embrasse tous les siècles et tous les empires. On y voit avec un plaisir infini passer comme en revue tous les peuples et toutes les nations du monde avec leurs bonnes et mauvaises qualités; avec leurs mœurs, leurs coutumes, leurs inclinations différentes : Égyp-

---

* Bossuet avait été reçu à l'Académie française le 8 juin 1671, à la place de Daniel Hay du Chastelet, abbé de Chambon.

L'édition la plus estimée des *OEuvres complètes de Bossuet* est sans contredit celle qui a été publiée à Versailles, 1815—1819, 47 volumes in-8°, y compris l'*Histoire de Bossuet* par M. de Bausset. Nous devons à M. Delestre-Boulage une édition très soignée des *OEuvres choisies de Bossuet*, 21 vol in-8°.   F.

tiens, Assyriens, Perses, Mèdes, Grecs, Romains. On y voit tous les royaumes du monde sortir comme de terre, s'élever peu à peu par des accroissements insensibles, étendre ensuite de tous côtés leurs conquêtes, parvenir par différents moyens au faîte de la grandeur humaine, et par des révolutions subites tomber tout d'un coup de cette élévation, et aller, pour ainsi dire, se perdre et s'abîmer dans le même néant d'où ils étaient sortis. Mais ce qui est bien plus digne d'attention, on y voit dans les mœurs mêmes des peuples, dans leurs caractères, dans leurs vertus et dans leurs vices, la cause de leur agrandissement et de leur chute : on y apprend non-seulement à démêler ces ressorts secrets et cachés de la politique humaine, qui donnent le mouvement à toutes les actions et à toutes les entreprises, mais à y reconnaître partout un être souverain, qui veille et préside à tout, qui règle et conduit tous les évènements, qui dispose et décide en maître du sort de tous les royaumes et de tous les empires du monde.

ROLLIN, *Traité des Études.*

II.

Son *Discours sur l'Histoire universelle*, composé pour l'éducation du dauphin, n'a eu ni modèle ni imitateur. Si le système pour concilier la chronologie des Juifs avec celle des autres nations a trouvé des contradicteurs chez les savants, son style n'a trouvé que des admirateurs. On fut étonné de cette force majestueuse dont il décrit les mœurs, le gouvernement, l'accroissement et la chute des grands empires, et de ces traits rapides d'une vérité énergique, dont il peint et dont il juge les nations.

VOLTAIRE.

III.

Dans le *Temple du Goût*, presque tous les livres sont corrigés et retranchés de la main des Muses. *L'éloquent* Bossuet * voulait bien rayer quelques familiarités échappées à son génie vaste, impétueux et facile, lesquelles déparent un peu la sublimité de ses *Oraisons funèbres.*

VOLTAIRE, *Temple du Goût.*

IV.

Qui n'admire la majesté, la pompe, la magnificence, l'enthousiasme de Bossuet, et la vaste étendue de ce génie impétueux, fécond, sublime ? Qui conçoit, sans étonnement, la profondeur incroyable de Pascal, son raisonnement invincible, sa mémoire surnaturelle, sa connaissance universelle et prématurée ? Le premier élève l'esprit, l'autre le confond et le trouble. L'un éclate comme un tonnerre dans un tourbillon orageux, et par ses soudaines hardiesses échappe aux génies trop timides ; l'autre presse, étonne, illumine, fait sentir despotiquement l'ascendant de la vérité ; et, comme si c'était un être d'une autre nature que nous, sa vive intelligence explique toutes les conditions, toutes les affections, toutes les pensées des hommes,

---

* M. de Voltaire, dont les décisions sur toutes les choses de goût sont admirables, n'accorde qu'au seul Bossuet le mérite d'être éloquent.

VAUVENARGUES, *suppl. Réflex et Max.*

et paraît toujours supérieure à leurs conceptions incertaines. Génie simple et puissant, il assemble des choses qu'on croyait être incompatibles, la véhémence, l'enthousiasme, la naïveté, avec les profondeurs les plus cachées de l'art : mais d'un art qui, bien loin de gêner la nature, n'est lui-même qu'une nature plus parfaite, et l'original des préceptes. Que dirai-je encore? Bossuet fait voir plus de fécondité, et Pascal a plus d'invention; Bossuet est plus impétueux, et Pascal plus transcendant. L'un excite l'admiration par de plus fréquentes saillies; l'autre, toujours plein et solide, l'épuise par un caractère plus concis et plus soutenu.

Mais toi (Fénelon), qui les as surpassés en aménité et en graces, ombre illustre, aimable génie; toi qui fis régner la vertu par l'onction et par la douceur, pourrais-je oublier la noblesse et le charme de ta parole, lorsqu'il est question d'éloquence? Né pour cultiver la sagesse et l'humanité dans les rois, ta voix ingénue fit retentir au pied du trône les calamités du genre humain foulé par les tyrans, et défendit contre les artifices de la flatterie la cause abandonnée des peuples. Quelle bonté de cœur! quelle sincérité se remarque dans tes écrits! quel éclat de paroles et d'images! qui sema jamais tant de fleurs dans un style si naturel, si mélodieux et si tendre? qui orna jamais la raison d'une si touchante parure? ah! que de trésors, d'abondance, dans ta riche simplicité!

. . . .

Si l'on pouvait mêler des talents si divers, peut-être qu'on voudrait penser comme Pascal, écrire comme Bossuet, parler comme Fénelon. Mais, parce que la différence de style venait de la différence de leurs pensées et de leur manière de sentir les choses, ils perdraient beaucoup tous les trois si l'on voulait rendre les pensées de l'un par les expressions de l'autre. On ne souhaite pas cela en les lisant; car chacun d'eux s'exprime dans les termes les plus assortis au caractère de ses sentiments et de ses idées, ce qui est la véritable marque du génie.

Vauvenargues, *Les Orateurs*.

V

Au seul nom de Démosthène, mon admiration me rappelle celui de ses émules avec lequel il a le plus de ressemblance, l'homme le plus éloquent de notre nation. Que l'on se représente donc un de ces orateurs que Cicéron appelle véhéments, et en quelque sorte tragiques, qui, doués par la nature de la souveraineté de la parole, et emportés par une éloquence toujours armée de traits brûlants comme la foudre, s'élèvent au-dessus des règles et des modèles, et portent l'art à toute la hauteur de leurs propres conceptions; un orateur qui, par ses élans monte jusqu'aux cieux, d'où il descend avec ses vastes pensées, agrandies encore par la religion, pour s'asseoir sur les bords d'un tombeau, et abattre l'orgueil des princes et des rois devant le Dieu qui, après les avoir distingués sur la terre, durant le rapide instant de la vie, les rend tous à leur néant, et les confond à jamais dans la poussière de notre commune origine; un orateur qui a montré dans tous les genres qu'il invente ou qu'il féconde, le premier et le plus beau génie qui ait jamais illustré les lettres, et qu'on peut placer avec une juste confiance à la tête de tous les écrivains anciens et modernes qui ont fait le plus d'honneur à l'esprit humain; un orateur qui se crée une langue aussi neuve et aussi originale que ses idées, qui donne à ses expressions un tel caractère d'énergie, qu'on croit l'entendre quand on le lit, et à son style une telle majesté d'élocution, que l'idiome dont il se sert semble changer de caractère et se diviniser, en quelque sorte, sous sa plume; un apôtre qui instruit l'univers en pleurant et en célébrant les plus illustres de ses contemporains, qu'il rend eux-mêmes, du fond de leurs cercueils, les premiers instituteurs et les plus imposants moralistes de tous les siècles; qui répand la consternation autour de lui, en rendant, pour ainsi dire, présents les malheurs qu'il raconte, et qui, en déplorant la mort d'un seul homme, montre à découvert tout le néant de la nature humaine; enfin un orateur dont les discours inspirés ou animés par la verve la plus ardente, la plus originale, la plus véhémente et la plus sublime, sont, en ce genre, des ouvrages absolument à part : des ouvrages où, sans guides et sans modèles, il atteint la limite et la perfection des ouvrages classiques, consacrés, en quelque sorte, par le suffrage unanime du genre humain, et qu'il faut étudier sans cesse, comme dans les arts on va former son goût et son talent à Rome, en méditant les chefs-d'œuvre de Raphaël et de Michel-Ange. Voilà le Démosthène français! voilà Bossuet! On peut appliquer à ses écrits oratoires l'éloge mémorable que faisait Quintilien du Jupiter de Phidias, lorsqu'il disait que cette statue avait ajouté à la religion des peuples.

Maury, *Essai sur l'Eloquence de la Chaire.*

VI.

On a dit[*] que c'était le seul homme vraiment éloquent sous le siècle de Louis XIV. Ce jugement paraîtra sans doute extraordinaire ; mais si l'éloquence consiste à s'emparer fortement d'un sujet, à en connaître les ressources, à en mesurer l'étendue, à enchaîner toutes les parties, à faire succéder avec impétuosité les idées aux idées, et les sentiments aux sentiments, à être poussé par une force irrésistible qui vous entraîne, et à communiquer ce mouvement rapide et involontaire aux autres; si elle consiste à peindre avec des images vives, à agrandir l'âme, à l'étonner, à répandre dans le discours un sentiment qui se mêle à chaque idée, et qui donne la vie; si elle consiste à créer des expressions profondes et vastes qui enrichissent les langues, à enchanter l'oreille par une harmonie majestueuse, à n'avoir ni un ton ni une manière fixes, mais à prendre toujours et le ton et la loi du moment, à marcher quelquefois avec une grandeur imposante et calme, puis tout-à-coup à s'élancer, à s'élever, à descendre, s'élever encore, imitant la nature, qui est irrégulière et grande, et qui

[*] Voltaire.

embellit quelquefois l'ordre de l'univers par le désordre même ; si tel est le caractère de la sublime éloquence, qui parmi nous a jamais été aussi éloquent que Bossuet? voyez dans l'*Oraison funèbre de la reine d'Angleterre,* comme il annonce avec hauteur qu'il va instruire les rois; comme il se jette ensuite à travers les divisions et les orages de cette île; comme il peint le débordement des sectes, le fanatisme des indépendants; au milieu d'eux Cromwel, actif et impénétrable, hypocrite et hardi, dogmatisant et combattant, montrant l'étendart de la liberté, et précipitant les peuples dans la servitude ; la reine luttant contre le malheur et la révolte, cherchant partout des vengeurs, traversant neuf fois les mers, battue par les tempêtes, voyant son époux dans les fers, ses amis sur l'échafaud, ses troupes vaincues, elle-même obligée de céder, mais, dans la chute de l'état, restant ferme parmi ses ruines, telle qu'une colonne qui, après avoir long-temps soutenu un temple ruineux, reçoit, sans être courbée, ce grand édifice qui tombe et fond sur elle sans l'abattre.

Cependant l'orateur, à travers ce grand spectacle qu'il déploie sur la terre, nous montre toujours Dieu présent au haut des cieux, secouant et brisant les trônes, précipitant les révolutions, et par sa force invincible enchaînant ou domptant tout ce qui lui résiste. Cette idée, répandue dans le discours d'un bout à l'autre, y jette une terreur religieuse qui en augmente encore l'effet, et en rend le pathétique plus sublime et plus sombre.

L'éloge funèbre d'Henriette d'Angleterre ne présente ni de si grands intérêts, ni un tableau si vaste : c'est un pathétique plus doux, mais qui n'en est pas moins touchant. Peut-être même que le sort d'une jeune princesse, fille, sœur et belle-sœur de roi, jouissant de tous les avantages de la grandeur et de tous ceux de la beauté, morte en quelques heures, à l'âge de vingt-six ans, par un accident affreux, et avec toutes les marques d'un empoisonnement, devait faire sur les âmes une impression encore plus vive que la chute d'un trône et la révolution d'un état. On sait que les malheurs imprévus nous frappent plus que les malheurs qui se développent par degrés; il semble que la douleur s'use dans les détails. D'ailleurs les hommes ordinaires n'ont point de trône à perdre; mais leur intérêt ajoute à leur pitié, quand un exemple frappant les avertit que leur vie n'est rien. On dirait qu'ils apprennent cette vérité pour la première fois; car tout ce qu'on sent fortement est une espèce de découverte pour l'âme.

On ne peut douter que Bossuet, en composant cet éloge funèbre, ne fût profondément affecté, tant il y parle avec éloquence et de la misère et de la faiblesse de l'homme. Comme il s'indigne de prononcer encore les mots de grandeur et de gloire! Il peint la terre sous l'image d'un débris vaste et universel; il fait voir l'homme cherchant toujours à s'élever et la puissance divine poussant l'orgueil de l'homme jusqu'au néant, et, pour égaler à jamais les conditions, ne faisant de nous tous qu'une même cendre. Cependant Bossuet, à travers ces idées générales, revient toujours à la princesse, et tous ses retours sont des cris de douleur. On n'a point encore oublié, au bout de cent ans, l'impression terrible qu'il fit, lorsqu'après un morceau plus calme, il s'écria tout-à-coup : « O nuit désastreuse! ô nuit « effroyable! où retentit comme un éclat de ton-« nerre, cette étonnante nouvelle : Madame se meurt, « Madame est morte! » Et quelques moments après, ayant parlé de la grandeur d'âme de cette princesse, tout-à-coup il s'arrête, et montrant la tombe où elle était renfermée : « La voilà, malgré son grand cœur, « cette princesse si admirée et si chérie, la voilà « telle que la mort nous l'a faite! encore ce reste « tel quel va-t-il disparaître. Nous l'allons voir dé-« pouillé même de cette triste décoration : elle va « descendre à ces sombres lieux, à ces demeures « souterraines, pour y dormir dans la poussière avec « les grands de la terre, avec ces rois et ces princes « anéantis, parmi lesquels à peine peut-on la placer, « tant les rangs y sont pressés, tant la mort est « prompte à remplir ces places! » Puis tout-à-coup il craint d'en avoir trop dit. Il remarque que la mort ne nous laisse pas même de quoi occuper une place, et que l'espace n'est occupé que par les tombeaux. Il suit les débris de l'homme jusque dans sa tombe : là il fait voir une nouvelle destruction au-delà de la destruction. L'homme dans cet état devient un je ne sais quoi qui n'a plus de nom dans aucune langue. « Tant il est vrai, s'écrie l'orateur, que tout « meurt en lui, jusqu'à ces termes funèbres par les-« quels on exprimait ses malheureux restes. » Il est difficile, je crois d'avoir une éloquence et plus forte et plus abandonnée, et qui, avec je ne sais quelle familiarité noble, mêle autant de grandeur.

L'éloge funèbre de la princesse Palatine, quoique bien moins intéressant, nous offre aussi quelques grands traits, mais d'un autre genre. Tel est un morceau sur la cour; sur ce mélange éternel qu'on y voit des plaisirs et des affaires; sur ces jalousies sourdes au dedans, et cette brillante dissipation au dehors; sur les apparences de gaieté, qui cachent une ambition si ardente, des soins si profonds, et *un sérieux*, dit l'orateur, *aussi triste qu'il est vain*. On peut encore citer le tableau des guerres civiles de la minorité, et sur-tout un morceau sublime sur les conquêtes de Charles-Gustave, roi de Suède. On dirait que l'orateur suit la marche du conquérant qu'il peint, et se précipite avec lui sur les royaumes. Mais si jamais il parut avoir l'enthousiasme et l'ivresse de son sujet, et s'il le communiqua aux autres, c'est dans l'éloge funèbre du prince de Condé. L'orateur s'élance avec le héros, il en a l'impétuosité comme la grandeur. Il ne raconte pas; on dirait qu'il imagine et conçoit lui-même les plans. Il est sur le champ de bataille, il voit tout, il mesure tout. Il a l'air de commander aux évènements, il les appelle, il les prédit; il lie ensemble et peint à la fois le passé, le présent, l'avenir: tant les objets se succèdent avec rapidité! tant ils s'entassent et se pressent dans son imagination! Mais la partie la plus éloquente de cet éloge, c'est la fin. Les six dernières pages sont un mélange continuel de pathétique et de sublime. Il invite tous ceux qui sont présents, princes, peuples, guerriers, et sur-tout les amis de ce prince, à environner son monument, et à venir pleurer sur la cendre d'un grand homme; « Jetez les yeux de toutes parts : « voilà tout ce qu'a pu faire la magnificence et la « piété pour honorer un héros ; des titres, des ins- « criptions, vaines marques de ce qui n'est plus ; « des figures qui semblent pleurer autour d'un tom- « beau, et de fragiles images d'une douleur que le « temps emporte avec le reste; des colonnes qui « semblent vouloir porter jusqu'au ciel le magnifique « témoignage de notre néant; et rien enfin ne man- « que dans tous ces honneurs, que celui à qui on « les rend. Pleurez donc sur ces faibles restes de la « vie humaine; pleurez sur cette triste immortalité « que nous donnons aux héros ! »

Enfin, il ajoute ces mots si connus, et éternellement cités: « Pour moi, s'il m'est permis, après tous « les autres, de venir rendre les derniers devoirs à ce « tombeau ; ô prince! le digne sujet de nos louan- « ges et de nos regrets, vous vivrez éternellement « dans ma mémoire..... agréez ces derniers efforts « d'une voix qui vous fut connue ; vous mettrez fin « à tous ces discours. Au lieu de déplorer la mort « des autres, grand prince! dorénavant je veux ap- « prendre de vous à rendre la mienne sainte. Heu- « reux si, averti par ces cheveux blancs du compte « que je dois rendre de mon administration, je ré- « serve au troupeau que je dois nourrir de la parole « de vie, les restes d'une voix qui tombe, et d'une « ardeur qui s'éteint! »

Dans cette péroraison touchante, on aime à voir l'orateur paraître et se mêler lui-même sur la scène. L'idée imposante d'un vieillard qui célèbre un grand homme, ces cheveux blancs, cette voix affaiblie, ce retour sur le passé, ce coup d'œil ferme et triste sur l'avenir, les idées de vertus et de talents, après les idées de grandeur et de gloire; enfin la mort de l'orateur jetée par lui-même dans le lointain, et comme aperçue par les spectateurs, tout cela forme dans l'âme un sentiment profond qui a quelque chose de doux, d'élevé, de mélancolique et de tendre. Il n'y a pas jusqu'à l'harmonie de ce morceau qui n'ajoute au sentiment, et n'invite l'âme à se recueillir et à se reposer sur sa douleur.

Après avoir admiré les beautés générales, et sur-tout le grand caractère de l'éloquence qui se trouve dans ces éloges funèbres, on est fâché d'avoir des défauts à y relever; mais, malgré ces taches, Bossuet n'en est pas moins sublime. C'est ici qu'il faut se rappeler le mot de Henri IV à un ambassadeur: « Est-ce que « votre maître n'est pas assez grand pour avoir des « faiblesses? » Il est vrai qu'il ne faut point abuser de ce droit. On a dit, il y a long-temps, que Bossuet était inégal; mais on n'a point dit assez combien il est long et froid, et vide d'idées dans quelques parties de ses discours. Personne ne saisit plus fortement ce que son sujet lui présente; mais quand son sujet l'abandonne, personne n'y supplée moins que lui. Ce sont alors des paraphrases et des lieux communs de la morale la plus commune : on croit voir un grand homme qui fait le catéchisme à des enfants; à la vérité il se relève, mais il faut attendre. Ce genre d'éloquence ressemble au mouvement d'un vaisseau dans la tempête, qui tour à tour monte, retombe et disparaît, jusqu'à ce qu'une autre vague vienne le reprendre, et le repousse encore plus haut qu'il n'était d'abord. Ce défaut, comme on voit, tient à de grandes beautés; car l'esprit humain est borné par ses perfections même. On souhaiterait cependant qu'un si grand orateur fût quelquefois plus soutenu, ou du moins, lorsqu'il descend, qu'il remplaçât son élévation par des beautés d'un autre genre. Il y a, comme on sait, une sorte de philosophie mâle et forte qui applique à des vérités politiques ou morales toute la vigueur de la raison; et c'était celle qu'avait souvent Corneille. Il y en a une autre qui est à la fois profonde et sensible, qui instruit en même temps qu'elle attendrit et qu'elle élève, et c'était celle de Fénelon. Il faut convenir que Bossuet, dans ses éloges, a trop peu de l'une et de l'autre. En général il a bien plus de mouvement que d'idées; et l'on dirait presque de lui, comme un reproche, qu'il ne sait être qu'éloquent et sublime.

Malgré ces imperfections, il a été, dans le siècle de Louis XIV, et reste encore aujourd'hui à la tête de nos orateurs. Il est dans la classe des hommes éloquents, ce que sont Homère et Milton dans celle des poètes. Une seule beauté de ces grands écrivains fait pardonner vingt défauts. Jamais, sur-tout, orateur sacré n'a parlé de Dieu avec tant de dignité et de hauteur. Bossuet semble déployer aux hommes l'intérieur de la divinité, et la secrète profondeur de ses plans. La divinité est dans ses discours comme dans l'univers, remuant tout, agitant tout; cependant l'orateur suit de l'œil cet ordre caché. Dans son éloquence sublime, il se place entre Dieu et l'homme;. il s'adresse à eux tour à tour; souvent il offre le contraste de la fragilité humaine et de l'immutabilité de Dieu, qui voit s'écouler les générations et les siècles comme un jour; souvent il nous réveille par le rapprochement de la gloire et de l'infortune, de l'excès des grandeurs et de l'excès de la misère; il traîne l'orgueil humain sur les bords des tombeaux; mais, après l'avoir humilié par ce spectacle, il le relève tout-à-coup par le contraste de l'homme mortel et de l'homme entre les bras de la divinité.

Qui mieux que lui a parlé de la vie, de la mort, de l'éternité, du temps? Ces idées, par elles-mêmes, inspirent à l'imagination une espèce de terreur qui n'est pas loin du sublime. Elles ont quelque chose d'indéfini où de vaste, où l'imagination se perd; elles réveillent dans l'esprit une multitude innombrable d'idées; elles portent l'âme à un recueillement austère qui lui fait mépriser les objets de ses passions, comme indignes d'elle, et semble la détacher de l'univers. Bossuet s'arrête tantôt sur ces idées, tantôt à travers une foule de sentiments qui l'entraînent; il ne fait que prononcer de temps en temps ces mots, et ces mots alors font frissonner, comme les cris interrompus que le voyageur entend quelquefois pendant la nuit, dans le silence des forêts, et qui l'avertissent d'un danger qu'il ne connaît pas.

Bossuet n'a presque jamais de route certaine, ou plutôt il la cache. Il va, il vient, il retourne sur lui-même; il a le désordre d'une imagination forte et d'un sentiment profond; quelquefois il laisse échapper une idée sublime, et qui, séparée, en a plus d'éclat; quelquefois il réunit plusieurs grandes idées qu'il jette avec la profusion de la magnificence et l'abandon de la richesse. Mais ce qui le distingue le plus, c'est l'ardeur de ses mouvements, c'est son âme qui se mêle à tout. Il semble que, du sommet d'un lieu élevé, il découvre de grands évènements qui se passent sous ses yeux, et qu'il les raconte à des hommes qui sont en bas. Il s'élance, il s'écrie, il s'interrompt; c'est une scène dramatique qui se passe entre lui et les personnes qu'il voit, et dont il partage ou les dangers ou les malheurs : quelquefois même le dialogue passionné de l'orateur s'étend jusqu'aux êtres inanimés, qu'il interroge comme complices ou témoins des évènements qui le frappent.

Comme le style n'est que la représentation des mouvements de l'âme, son élocution est rapide et forte : il crée ses expressions comme ses idées; il force impérieusement la langue à le suivre, et, au lieu de se plier à elle, il la domine et l'entraîne; elle devient l'esclave de son génie, mais c'est pour acquérir de la grandeur. Lui seul a le secret de sa langue; elle a je ne sais quoi d'antique et de fier, et d'une nature inculte, mais hardie. Quelquefois il attire même les choses communes à la hauteur de son âme, et les élève par la vigueur de l'expression : plus souvent il joint une expression familière à une idée grande, et alors il étonne davantage, parce qu'il semble même au-dessus de la hauteur de ses pensées. Son style est une suite de tableaux ; on pourrait peindre ses idées, si la peinture était aussi féconde que son langage. Toutes ses images sont des sensations vives ou terribles ; il les emprunte des objets les plus grands de la nature, et presque toujours d'objets en mouvement.

Il faut que les hommes ordinaires veillent sur eux ; il faut que, dans l'impuissance d'être grands, ils soient du moins toujours nobles : ils se voient sans cesse en présence des spectateurs, ils n'osent se fier à la nature, et craignent le repos. Bossuet a la familiarité des grands hommes qui ne redoutent pas d'être vus de près ; il est sûr de ses forces, et saura les retrouver au besoin. Il ne s'aperçoit ni qu'il s'élève ni qu'il s'abaisse, et dans sa négligence, jointe à sa grandeur, il semble se jouer même de l'admiration qu'il inspire.

Tel est cet orateur célèbre qui, par ses beautés et ses défauts, a le plus grand caractère du génie, et avec lequel tous les orateurs anciens et modernes n'ont rien de commun.

THOMAS, *Essai sur les Éloges.*

VII.

Si les orateurs doivent étudier les règles de l'art dans les ouvrages des hommes éloquents, où pourraient-ils trouver des modèles plus propres à inspirer le génie, que les discours de l'évêque de Meaux? Ce qui m'a le plus frappé dans ses sermons, c'est cette vigueur constante qui caractérise le style de Bossuet, et qui vaut bien, ce me semble, l'élégance continue, tant vantée dans nos écrits modernes. Dès son exorde, dès sa première phrase, vous voyez son génie en action, vous ne rencontrez ni formules triviales, ni commentaires des pensées d'autrui, ni lenteur, ni stérilité, ni redondances; il ne marche pas, il court, il vole dans un sentier nouveau que lui ouvre son imagination; il se précipite vers son but, et vous emporte avec lui. Lorsqu'une soudaine véhémence entraîne ce grand homme, on se sent transporté dans une région inconnue: on ne sait plus où il prend ses expressions et ses pensées : son style, toujours original et toujours naturel, se passionne et s'enflamme : son enthousiasme répand de toutes parts la lumière et la terreur; et alors il n'est plus possible de le lire, il faut qu'on le déclame : voilà le triomphe de l'éloquence écrite!

On a besoin de revenir plusieurs fois sur ces morceaux sublimes, et de les décomposer, en quelque sorte, pour en sentir tout le prix. Il faut que le lecteur, ému, troublé, hors de lui-même, laisse refroidir son imagination et retourne ensuite sur ses pas, s'il veut respirer quand Bossuet lui a fait perdre haleine. Mais qu'il contracte par l'analyse une certaine familiarité avec les élans impétueux de l'orateur, et il maniera, pour ainsi dire, tous les ressorts qui ont produit de si grands mouvements. Ces effets extraordinaires dérivent toujours des traits véhéments et rapides qui partent du génie de Bossuet. Que voit-on lorsqu'on observe de près le mécanisme de son éloquence? il expose, il établit d'abord son sujet, il s'empare de votre attention par la nouveauté ou par l'intérêt de son plan: c'est le moment de la raison. Il pose ensuite ses principes: il donne de l'autorité à ses preuves; vous êtes bientôt convaincu. Tout-à-coup son génie prend l'essor; et un grand tableau, tiré soit de l'histoire sainte, soit de la peinture des mœurs, soit des agitations de la conscience, accable votre admiration, et fait fermenter vos remords. Votre imagination, fécondée par la sienne, voit, devance, et croit, en quelque sorte, avoir créé tout ce qu'on lui présente. L'orateur écarte tout raisonnement abstrait, toute discussion réfléchie : il n'aspire alors qu'à vous émouvoir; bientôt il s'arrête à une maxime grande et neuve; et cette sentence, gravée fortement dans votre esprit, ne vous paraît à vous-même que le résultat de vos propres pensées; je dis les vôtres, parce que tout ce que l'orateur doit faire quand il vous a touché, c'est de vous interpréter ce qu'il vous suggère, de vous raconter ce qu'il vous inspire, et de faire passer dans votre âme tout l'enthousiasme dont il était transporté lui-même au moment de la composition.

C'est cet art, ce grand art de se confondre, de s'identifier avec l'assemblée à laquelle on parle, qui ramène tous les esprits à cette unité de pensées, dont le premier effet est de les forcer de réagir les uns sur les autres, et qui, semblable à un vent impétueux, pousse tous ces flots d'auditeurs de l'espérance à la crainte, de l'abattement à la joie, de la commisération à la terreur. J'ai éprouvé toutes ces agitations en lisant Bossuet. Jamais ce grand homme ne cherche le sublime : il le trouve dans je ne sais quel admirable abandon qui le caractérise ; et l'on croit, quand on l'entend, converser avec soi-même sur un sujet qu'on a profondément médité. Son expression, presque toujours métaphorique, bien que souvent elle soit simple jusqu'à la familiarité, réveille fortement l'attention : c'est un levier dont se sert l'orateur pour ébranler et pour abattre tout ce qui lui résiste. Quelquefois son éloquence paraît épuisée; vous vous délassez pendant quelques instants, vous admirez en liberté une idée sublime, et vous savez gré à Bossuet de ne vous avoir point distrait en appelant ailleurs vos regards. S'aperçoit-il que vous vous séparez de lui, tandis qu'il semble s'arrêter à des détails communs, tout-à-coup son imagination s'allume, et de nouvelles beautés donnent de vives secousses à votre âme : c'est alors qu'après avoir développé un grand tableau des misères de l'homme, il s'élève au-dessus de lui-même, en s'écriant avec un air de triomphe : *Oh! que nous ne sommes rien!* C'est alors que, pour peindre les erreurs de l'ambition, il nous présente cette image si effrayante et si vraie : « Nous arrivons « enfin au tombeau, traînant sans cesse après nous « la longue chaîne de nos espérances trompées. » C'est alors qu'en instruisant les rois, il leur adresse, avec une imposante simplicité, ces frappantes pa-

roles, pour les exhorter à punir le crime : « Étendez
« vos longs bras qui vont chercher les méchants,
« et qui peuvent les atteindre jusqu'aux extrémités
« de votre empire. » C'est alors que, conduisant
l'homme à l'école du tombeau, il dit, avec l'accent
de la consternation : « O mort ! je te rends graces
« des lumières que tu nous donnes ! » C'est alors que
soulevant le poids des graces rejetées : « D'où pensez-
« vous, continue-t-il *, que Jésus-Christ fera partir
« les flammes pour dévorer les chrétiens ingrats ?
« de ses autels, de ses sacrements, de ses plaies, de
« ce côté ouvert sur la croix pour nous être une
« source d'amour infini. C'est de là que sortira l'in-
« dignation de sa juste fureur, et d'autant plus im-
« placable qu'elle aura été détrempée dans la source
« même des graces. » C'est alors qu'en parlant de
l'entrée de Jésus-Christ à Jérusalem, il enrichit d'une
majestueuse comparaison ce tableau si difficile à
ennoblir : « J'ai appris de Tertullien que, lorsque ces
« illustres triomphateurs de l'ancienne Rome mar-
« chaient avec tant de pompe, de peur qu'ils ne s'é-
« levassent au-dessus de la condition humaine, un
« esclave qui les suivait, avait charge de les avertir
« qu'ils étaient hommes. Mais le triomphe de mon
« sauveur est bien éloigné de cette gloire. Au lieu
« de l'avertir qu'il est homme, je me sens bien plutôt
« pressé de le faire souvenir qu'il est Dieu : il me
« semble en effet qu'il l'a oublié **, etc. » C'est alors

* Vers la fin du second point de son troisième sermon pour le premier
dimanche de l'avent.

** Cette allusion est admirable pour ennoblir les détails de l'entrée de enfin que le sublime début du premier livre des *Machabées*, souvent exalté sans qu'on lui ait jamais fait honneur d'en avoir le premier senti les beautés, fournit à son éloquence* un autre contraste encore plus magnifique entre Alexandre et Jésus-Christ, et tel que Démosthène et Cicéron n'ont rien de si beau dans ce genre: « Écoutez, dit-il, comme parle « l'Histoire-Sainte de ce grand roi de Macédoine, « dont le nom même semble respirer les victoires « et les triomphes : En ce temps, Alexandre, fils « de Philippe, défit des armées presque invincibles, « prit des forteresses imprenables, triompha des « rois, subjugua les peuples; et toute la terre se tut « devant sa face, saisie d'étonnement et de frayeur. « Que ce commencement est superbe, auguste ! « Mais voyez la conclusion : Et après cela, poursuit « l'historien sacré, il tomba malade, se sentit dé- « faillir; il vit sa mort assurée, partagea ses états « que la mort lui allait ravir; et ayant régné douze « ans, il mourut. C'est à quoi aboutit toute cette « gloire : là se termine l'histoire du grand Alexandre. « L'histoire de Jésus-Christ ne commence pas, à la « vérité, d'une manière si pompeuse; mais elle ne « finit pas non plus par cette nécessaire décadence.

Jésus-Christ à Jérusalem. Après avoir ainsi exalté la gloire du fils de Dieu, Bossuet ne craint plus qu'elle puisse être ternie en représentant ce nouveau triomphateur monté sur une ânesse, au moment où il vient prendre possession du trône de David. Sans cette préparation oratoire, il eût été impossible de traduire avec bienséance en chaire, à cause de la superbe délicatesse de notre langue, ces paroles de l'Évangile: *Sedens super asinam* (Math. XXI, 5.)

* Voyez le second exorde de son second sermon pour le premier dimanche de l'Avent.

« Il est vrai qu'il y a des chutes : il est comme tombé
« du sein de son père dans celui d'une femme mor-
« telle, de là dans une étable, et de là encore, par
« divers degrés d'abjection, jusqu'à l'infamie de la
« croix, jusqu'à l'obscurité du tombeau. J'avoue qu'on
« ne pouvait tomber plus bas : aussi n'est-ce pas
« là le terme où il aboutit, mais celui d'où il com-
« mence à se relever. Il ressuscite, il monte aux
« cieux, il y entre en possession de sa gloire; et afin
« que cette gloire qu'il y possède soit déclarée à tout
« l'univers, il en viendra un jour avec une grande
« puissance juger les vivants et les morts. »

MAURY, *Discours sur les Sermons de Bossuet.*

VIII.

Que dirons-nous de Bossuet comme orateur? à qui le comparerons-nous? et quels discours de Cicéron et de Démosthène ne s'éclipsent point devant ses Oraisons funèbres ? C'est pour l'orateur chrétien que ces paroles d'un roi semblent avoir été écrites :
« L'or et les perles sont assez communes, mais les
« lèvres savantes sont un vase rare et sans prix. »
Sans cesse occupé du tombeau, et comme penché sur les gouffres d'une autre vie, Bossuet aime à laisser tomber de sa bouche ces grands mots de *temps* et de *mort*, qui retentissent dans les abîmes silencieux de l'éternité. Il se plonge, il se noie dans des tristesses incroyables, dans d'inconcevables douleurs. Les cœurs, après plus d'un siècle, retentissent encore du fameux cri : *Madame se meurt! Madame est morte!* Jamais les rois ont-ils reçu de pareilles

leçons? jamais la philosophie s'exprima-t-elle avec autant d'indépendance? Le diadème n'est rien aux yeux de l'orateur; par lui le pauvre est égalé au monarque, et le potentat le plus absolu du globe est obligé de s'entendre dire, devant des milliers de témoins, que ses grandeurs ne sont que vanité, que sa puissance n'est que songe, et qu'il n'est lui-même que poussière.

Trois choses se succèdent continuellement dans les discours de Bossuet, le trait de génie ou d'éloquence; la citation, si bien fondue avec le texte, qu'elle ne fait plus qu'un avec lui; enfin, la réflexion, ou le coup d'œil d'aigle sur les causes de l'évènement rapporté. Souvent aussi cette lumière de l'Église porte la clarté dans les discussions de la plus haute métaphysique, ou de la théologie la plus sublime; rien ne lui est ténèbres. L'évêque de Meaux a créé une langue que lui seul a parlée, où souvent le terme le plus simple et l'idée la plus relevée, l'expression la plus commune et l'image la plus terrible, servent, comme dans l'Écriture, à se donner des dimensions énormes et frappantes . . . .

Les Oraisons funèbres de Bossuet ne sont pas d'un égal mérite; mais toutes sont sublimes par quelque côté. Celle de la reine d'Angleterre est un chef-d'œuvre de style, et un modèle d'écrit philosophique et politique.

Celle de la duchesse d'Orléans est la plus étonnante, parce qu'elle est entièrement créée de génie. Il n'y avait là ni ces tableaux des troubles des nations, ni ces développements des affaires publiques, qui soutiennent la voix de l'orateur. L'intérêt que peut inspirer une princesse expirant à la fleur de son âge, semble se devoir épuiser vite. Tout consiste en quelques oppositions vulgaires de la beauté, de la jeunesse, de la grandeur et de la mort; et c'est pourtant sur ce fond stérile que Bossuet a bâti un des plus beaux monuments de l'éloquence; c'est de là qu'il est parti pour montrer la misère de l'homme par son côté périssable, et sa grandeur par son côté immortel. Il commence par le ravaler au-dessous des vers qui le rongent au sépulcre, pour le peindre ensuite glorieux avec la vertu dans des royaumes incorruptibles.

On sait avec quel génie, dans l'*Oraison funèbre de la princesse Palatine*, il est descendu, sans blesser la majesté de l'art oratoire, jusqu'à l'interprétation d'un songe, en même temps qu'il a déployé dans ce discours sa haute capacité pour les abstractions philosophiques.

Si pour Marie-Thérèse et pour le chancelier de France, ce ne sont plus les mouvements des premiers éloges, les idées du panégyriste sont-elles prises dans un cercle moins large, dans une nature moins profonde ? « Et maintenant, dit-il, ces deux âmes « pieuses (Michel Le Tellier et Lamoignon), touchées « sur la terre du désir de faire régner les lois, con- « templent ensemble à découvert les lois éternelles, « d'où les nôtres sont dérivées; et si quelque légère « trace de nos faibles distinctions paraît encore dans « une si simple et si claire vision, elles adorent Dieu « en qualité de justice et de règle. »

Au milieu de cette théologie, combien d'autres genres de beautés, ou sublimes, ou gracieuses, ou tristes, ou charmantes. Voyez le tableau de la Fronde
« La monarchie ébranlée jusqu'aux fondements, la
« guerre civile, la guerre étrangère; le feu au dedans
« et au dehors.... Était-ce là de ces tempêtes par où
« le ciel a besoin de se décharger quelquefois ?..... ou
« bien était-ce comme un travail de la France, prête
« à enfanter le règne miraculeux de Louis ? »

Viennent des réflexions sur l'illusion des amitiés de la terre, qui *s'en vont avec les années et les intérêts*, et sur l'obscurité du cœur de l'homme, « qui ne sait
« jamais ce qu'il voudra, qui souvent ne sait pas
« bien ce qu'il veut, et qui n'est pas moins caché
« ni moins trompeur à lui-même qu'aux autres. »

Mais la trompette sonne et Gustave paraît : « Il
« paraît à la Pologne surprise et trahie, comme un
« lion qui tient sa proie dans ses ongles, tout prêt
« à la mettre en pièces. Qu'est devenue cette redou-
« table cavalerie qu'on voit fondre sur l'ennemi avec
« la vitesse d'un aigle ? Où sont ces âmes guerrières,
« ces marteaux d'armes tant vantés, et ces arcs qu'on
« ne vit jamais tendus en vain ? Ni les chevaux ne
« sont vites, ni les hommes ne sont adroits que pour
« fuir devant le vainqueur. »

Je passe, et mon oreille retentit de la voix d'un prophète. Est-ce Isaïe, est-ce Jérémie qui apostrophe l'Ile de la conférence et les pompes nuptiales de Louis ?

« Fêtes sacrées, mariage fortuné, voile nuptial,
« bénédiction, sacrifice, puis-je mêler aujourd'hui

« vos cérémonies et vos pompes avec ces pompes
« funèbres, et le comble des grandeurs avec leurs
« ruines! »

Le poète (on nous pardonnera de donner à Bossuet un titre qui fait la gloire de David), le poète continue de se faire entendre; il ne touche plus la corde inspirée, mais, baissant sa lyre d'un ton, jusqu'à ce mode dont Salomon se servit pour chanter les troupeaux du Mont Galaad, il soupire ces paroles paisibles :

« Dans la solitude de sainte Fare, autant éloignée
« des voies du siècle, que sa bienheureuse situation
« la sépare de tout commerce du monde : dans cette
« sainte montagne que Dieu avait choisie depuis
« mille ans; où les épouses de Jésus-Christ faisaient
« revivre la beauté des anciens jours ; où les joies
« de la terre étaient inconnues; où les vestiges des
« hommes du monde, des curieux et des vagabonds
« ne paraissaient pas; sous la conduite de la sainte
« abbesse, qui savait donner le lait aux enfants aussi
« bien que le pain aux forts, les commencements
« de la princesse Anne étaient heureux. »

Cette page, qu'on dirait extraite du livre de Ruth, n'a point épuisé le pinceau de Bossuet; il lui reste encore assez de cette antique et douce couleur pour peindre une mort heureuse : « Michel Le Tellier, dit-il,
« commença l'hymne des divines miséricordes : *Mise-*
« *ricordias Domini æternum cantabo* : Je chanterai
« éternellement les miséricordes du Seigneur. Il ex-
« pire en disant ces mots, et il continue avec les
« anges le sacré cantique. »

Nous avions cru pendant quelque temps que l'*Oraison funèbre du prince de Condé*, à l'exception du mouvement qui la termine, était généralement trop louée : nous pensions qu'il était plus aisé, comme il l'est en effet, d'arriver aux formes d'éloquence du commencement de cet éloge, qu'à celles de l'*Oraison de madame Henriette*; mais quand nous avons lu ce discours avec attention ; quand nous avons vu l'orateur emboucher la trompette épique pendant une moitié de son récit, et donner, comme en se jouant, un chant d'Homère ; quand, se retirant à Chantilly avec Achille en repos, il rentre dans le ton évangélique, et retrouve les grandes pensées, les vues chrétiennes qui remplissent les premières oraisons funèbres; lorsqu'après avoir mis Condé au cercueil, il appelle les peuples, les princes, les prélats, les guerriers au catafalque du héros; lorsque enfin, s'avançant lui-même avec ses cheveux blancs, il fait entendre les accents du cygne, montre Bossuet un pied dans la tombe, et le siècle de Louis, dont il a l'air de faire les funérailles, prêt à s'abîmer dans l'éternité, à ce dernier effort de l'éloquence humaine, les larmes de l'admiration ont coulé de nos yeux, et le livre est tombé de nos mains.

CHATEAUBRIAND, *Génie du Christianisme*.

IX.

C'est dans le *Discours sur l'Histoire universelle*, que l'on peut admirer l'influence du génie du christianisme sur le génie de l'histoire. Politique comme Thucydide, moral comme Xénophon, éloquent comme Tite-Live, aussi profond et aussi grand peintre que Tacite, l'évêque de Meaux a de plus une parole grave et un tour sublime dont on ne trouve ailleurs aucun exemple, hors dans le début du livre des Machabées.

Bossuet est plus qu'un historien; c'est un Père de l'Église, c'est un prêtre inspiré, qui souvent a le rayon de feu sur le front comme le législateur des Hébreux. Quelle revue il fait de la terre! il est en mille lieux à la fois. Patriarche sous le palmier de Tophel, ministre à la cour de Babylone, prêtre à Memphis, législateur à Sparte, citoyen à Athènes et à Rome, il change de temps et de place à son gré; il passe avec la rapidité et la majesté des siècles. La verge de la loi à la main, avec une autorité incroyable, il chasse pêle-mêle devant lui et juifs et gentils au tombeau; il vient enfin lui-même à la suite du convoi de tant de générations, et, marchant appuyé sur Isaïe et sur Jérémie, il élève ses lamentations prophétiques à travers la poudre et les débris du genre humain.

La première partie du *Discours sur l'Histoire universelle* est admirable par la narration; la seconde par la sublimité du style et la haute métaphysique des idées; la troisième par la profondeur des vues morales et politiques. Tite-Live et Salluste ont-ils rien de plus beau sur les anciens Romains, que ces paroles de l'évêque de Meaux?

« Le fond d'un Romain, pour ainsi parler, était
« l'amour de sa liberté et de sa patrie; une de ces
« choses lui faisait aimer l'autre; car, parce qu'il

« aimait sa liberté, il aimait aussi sa patrie comme
« une mère qui le nourrissait dans des sentiments
« également généreux et libres.

« Sous ce nom de liberté, les Romains se figu-
« raient, avec les Grecs, un état où personne ne fût
« sujet que de la loi, et où la loi fût plus puissante
« que personne. »

A nous entendre déclamer contre la religion, on croirait qu'un prêtre est nécessairement un esclave, et que nul, avant nous, n'a su raisonner dignement sur la liberté : qu'on lise donc Bossuet à l'article des Grecs et des Romains.

Quel autre a mieux parlé que lui et des vices et des vertus? quel autre a plus justement estimé les choses humaines? Il lui échappe de temps en temps quelques-uns de ces traits qui n'ont point de modèle dans l'éloquence antique, et qui naissent du génie même du christianisme. Par exemple, après avoir vanté les pyramides d'Égypte, il ajoute : « Quelque
« effort que fassent les hommes, leur néant paraît
« partout. Ces pyramides étaient des tombeaux; en-
» core ces rois qui les ont bâties, n'ont-ils pas eu le
« pouvoir d'y être inhumés, et ils n'ont pu jouir de
« leur sépulcre. »

On ne sait qui l'emporte ici de la grandeur de la pensée ou de la hardiesse de l'expression. Ce mot *jouir* appliqué à un *sépulcre*, déclare à la fois la magnificence de ce sépulcre, la vanité des Pharaons qui l'élevèrent, la rapidité de notre existence, enfin l'incroyable néant de l'homme, qui, ne pouvant posséder pour bien réel ici-bas qu'un tombeau, est encore privé quelquefois de ce stérile patrimoine.

Remarquons que Tacite a parlé des pyramides, et que sa philosophie ne lui a rien fourni de comparable à la réflexion que la religion a inspirée à Bossuet; influence bien frappante du génie du christianisme sur la pensée d'un grand homme.

Le plus beau portrait historique dans Tacite est celui de Tibère; mais il est effacé par le portrait de Cromwel, car Bossuet est encore historien dans ses Oraisons funèbres. Que dirons-nous du cri de joie que pousse Tacite en parlant des Bructaires, qui s'égorgeaient à la vue d'un camp romain? « Par la
« faveur des dieux, nous eûmes le plaisir de contem-
« pler ce combat sans nous y mêler. Simples spec-
« tateurs, nous vîmes, ce qui est admirable, soixante
« mille hommes s'égorger sous nos yeux pour notre
« amusement. Puissent, puissent les nations, au
« défaut d'amour pour nous, entretenir ainsi dans
« leur cœur les unes contre les autres une haine
« éternelle ! »

Écoutons Bossuet : « Ce fut après le déluge que
« parurent ces ravageurs de provinces que l'on a
« nommés conquérants, qui, poussés par la seule
« gloire du commandement, ont exterminé tant
« d'innocents..... Depuis ce temps, l'ambition s'est
« jouée, sans aucune borne, de la vie des hommes;
« ils en sont venus à ce point, de s'entretuer sans
« se haïr; le comble de la gloire et le plus beau de
« tous les arts a été de se tuer les uns les autres. »

Il est difficile de s'empêcher d'adorer une religion

qui met une telle différence entre le moral d'un Bossuet et d'un Tacite.

L'historien romain après avoir raconté que Thrasylle avait prédit l'empire à Tibère, ajoute : « D'après « ces faits et quelques autres, je ne sais si les choses « de la vie sont assujetties aux lois d'une immuable « nécessité, ou si elles ne dépendent que du hasard. »

Suivent les opinions des philosophes, que Tacite rapporte gravement, donnant assez à entendre qu'il croit aux prédictions des astrologues.

La raison, la saine morale et l'éloquence semblent encore du côté du prêtre chrétien :

« Ce long enchaînement des causes particulières « qui font et défont les empires, dépend des ordres « secrets de la divine Providence. Dieu tient, du « plus haut des cieux, les rênes de tous les royaumes; « il a tous les cœurs en sa main. Tantôt il retient « les passions, tantôt il leur lâche la bride, et par là « il remue tout le genre humain.... Il connaît la sa- « gesse humaine, toujours courte par quelque en- « droit ; il l'éclaire, il étend ses vues, et puis il » l'abandonne à ses ignorances. Il l'aveugle, il la « précipite, il la confond par elle-même : elle s'en- « veloppe, elle s'embarrasse dans ses propres sub- « tilités, et ses précautions lui sont un piège.... C'est « lui (Dieu) qui prépare ces effets dans les causes « les plus éloignées et qui frappe ces grands coups « dont le contre-coup porte si loin.... Mais que les « hommes ne s'y trompent pas : Dieu redresse, quand « il lui plaît, le sens égaré; et celui qui insultait à « l'aveuglement des autres, tombe lui-même dans

« des ténèbres plus épaisses, sans qu'il faille souvent
« autre chose pour lui renverser le sens, que de
« longues prospérités. »

Que l'éloquence de l'antiquité est peu de chose auprès de cette éloquence chrétienne.

      CHATEAUBRIAND, *Génie du Christianisme.*

X

Le *Discours sur l'Histoire universelle*, composé pour l'éducation du dauphin, avait paru à la fin de cette éducation, en 1681, et l'auteur de la *Politique de l'Écriture-Sainte*, du *Traité de la connaissance de Dieu et de soi-même*, de l'*Exposition de la Doctrine catholique*, de l'*Histoire des Variations*, et de tant d'autres ouvrages marqués du cachet de sa supériorité, semblait s'être surpassé lui-même dans ce grand chef-d'œuvre, où il se montre à la fois annaliste savant et exact, théologien du premier ordre, politique profond, écrivain d'une éloquence au-dessus de tout éloge. Quelle vive et pittoresque rapidité dans la première partie de ce livre! Quel prodigieux enchaînement de tout le système religieux dans la seconde! Quelle haute intelligence des choses humaines dans la troisième! Et comme partout l'énergie et l'originalité de l'expression répondent à la force des pensées! Comme les créations du style sont d'accord avec la vigueur des conceptions! On sent que l'auteur possédait et dominait tout l'ensemble de son sujet, avant de prendre la plume pour en fixer et en exposer les détails : c'est la marque et le procédé du vrai génie; aussi le livre semble-t-il être sorti tout entier, pour ainsi dire, de la tête de l'écrivain, par l'activité continue d'une seule et même inspiration, comme les poètes, dans une allégorie moins noble peut-être qu'ingénieuse et sensée, nous peignent la sagesse s'élançant toute complète du cerveau de Jupiter.

Telles paraissent également les Oraisons funèbres, depuis la première ligne de l'exorde jusqu'à la dernière de la péroraison ; l'orateur, dans chacune de ces compositions, est comme emporté par un enthousiasme non interrompu, qui exclut au premier coup d'œil toute idée d'art, d'arrangement, de préméditation ; son sujet le tourmente, et l'échauffe, et l'entraîne, il ne lui permet pas de prendre haleine. C'est beaucoup pour les autres orateurs d'obtenir, dans la durée d'un discours, quelques moments d'une heureuse inspiration ; ce n'est rien pour Bossuet : les élans de sa verve oratoire semblent naître les uns des autres ; tout est mouvement, tout est chaleur, tout est vie ; et dans les instants où redouble son ardeur, où cet aigle déploie ses ailes avec plus d'audace, les limites de l'éloquence proprement dite deviennent pour lui trop étroites : il les franchit ; il entre dans la sphère de la poésie ; il monte jusqu'aux régions les plus élevées de cette sphère ; il s'y soutient au niveau des poètes les plus audacieux ; ce n'est plus le rival de Démosthène, c'est celui de Pindare. Quelques endroits de ses Oraisons funèbres sont vraiment des morceaux lyriques. Le don de l'inspiration, on peut l'affirmer, ne fut accordé à aucun orateur aussi pleinement qu'à Bossuet ; et quand on songe que son enthousiasme, dans des ouvrages d'une assez grande étendue, ne connaît ni langueur ni repos, on est frappé de ce privilège extraordinaire comme d'un de ces phénomènes qui étonnent la nature et qui déconcertent ses lois.

On chercherait vainement à saisir et à développer toutes les causes de ce prodige. Elles resteront pour la plupart éternellement cachées dans les profondeurs du génie ; mais on peut en apercevoir quelques-unes : c'est l'abondance de ses idées qui produit dans Bossuet l'abondance de ses mouvements et la riche variété de ses expressions. Ses Oraisons funèbres ne sont pas seulement des discours théologiques et religieux : les plus grandes vues de la politique s'y mêlent aux instructions du christianisme ; on y reconnaît toujours l'auteur du *Discours sur l'Histoire universelle*. Bossuet n'était pas seulement un Père de l'Église ; ce titre, qui lui fut décerné par un de ses plus illustres contemporains, dans la solennité d'une séance publique de l'Académie française, ne le représente pas tout entier. Cet esprit vaste et perçant, qui embrassait toute la théorie de la religion chrétienne, et qui en sondait tous les abîmes, avait aussi pénétré dans tous les mystères du gouvernement des états. Voyez de quels traits, de quelles couleurs il peint les personnages qui se sont montrés avec éclat dans l'administration des empires, ou dans les factions, les cabales, et les troubles civils. La religion et la politique sont les deux grands pivots sur lesquels roulent principalement toutes les choses humaines : ce sont les deux intérêts qui touchent le plus puissamment les hommes; et ces deux intérêts, étroitement rapprochés entre eux, et se fortifiant en quelque façon l'un par l'autre, sont les ressorts toujours agissants de l'éloquence de Bossuet : ils animent sans cesse ses discours; sans cesse ils lui fournissent des considérations contrastées qui répondent à toutes les oppositions du cœur, et qui sont bien supérieures à ces antithèses de l'art, propres uniquement à flatter l'esprit, ou à séduire l'oreille. Marchant à grands pas, comme l'exprime saint Chrysostome, sur les hauteurs de la religion, tantôt il lève ses regards vers le ciel, tantôt il les reporte et les rabaisse vers la terre; il semble tantôt converser avec les puissances célestes, tantôt interroger les destinées du monde visible; tout à la fois prophète, Père de l'Église, grand politique, historien sublime, Bossuet est un des hommes qui ont le mieux compris tout ensemble et les affaires humaines et les choses divines, et le christianisme et la politique; cette double science est sans contredit une des sources de cette éloquence singulière qui le caractérise, et qui se place hors de toute comparaison, comme elle s'élève au-dessus de toute rivalité.

L'inspiration perpétuelle qui l'agite, et qui semble le troubler, cet enthousiasme qui se communique au lecteur, et qui l'enivre lui-même, a pu faire croire que la marche oratoire de Bossuet était beaucoup plus impétueuse que régulière, et qu'il a mis dans ses discours moins de méthode que de génie. Sa méthode en effet est peu sensible, mais elle n'en est pas moins réelle. . . . .

Les plans de Bossuet, dans ses Oraisons funèbres, sont simples aussi bien que ses textes; mais si l'on veut y faire attention, on reconnaîtra qu'il les suit avec scrupule, qu'il en remplit toutes les divisions, qu'il en creuse également toutes les parties, et que jamais dans les mouvements les plus inattendus de son essor, il ne perd de vue la route qu'il s'est tracée. Cette espèce de découverte est même une satisfaction tranquille que la lecture réfléchie de ses chefs-d'œuvre ajoute au ravissement qu'ils causent d'abord, et au charme tumultueux des premières impressions. On aime à voir que, dans cette tourmente du génie, il est toujours sûr de sa marche, il reste toujours maître de lui-même. L'idée de sa puissance s'en accroît, et il semble que l'ascendant qu'il exerce en soit plus légitime et plus doux.

Quelques amateurs du *fini*, qui le confondent avec la perfection, parce que ces deux mots, au premier coup d'œil, présentent à peu près la même idée, voudraient faire à Bossuet un reproche sérieux de plusieurs défauts qu'ils remarquent dans son élocution; mais le concevrait-on avec une élégance plus soutenue, avec une correction plus sévère, avec une harmonie plus scrupuleuse? Tout ce qui paraîtrait appartenir plus particulièrement à l'art, ne semblerait-il pas en quelque sorte pris sur son génie? Où serait cet air d'improvisation, d'inspiration soudaine qui lui est propre, et qu'on retrouve toujours avec tant de plaisir dans ses ouvrages même les plus travaillés?

La médiocrité soigneuse peut atteindre au fini;

mais elle est toujours loin de la perfection; le génie même avec des fautes, peut en être voisin, parce qu'il réunit un plus grand nombre des conditions qui la constituent; à peine s'aperçoit-on de ce qui manque à Bossuet; on n'est frappé que des beautés extraordinaires qui de toutes parts éclatent dans ses compositions, et ce que son style peut quelquefois offrir de défectueux semble même concourir à l'effet et à l'illusion oratoires : ce sont les choses qui occupent cet esprit grave, sublime, et dominateur; le soin minutieux des mots paraîtrait le dégrader; plus il travaillerait à contenter l'oreille, moins il serait sûr de l'empire qu'il veut et qu'il doit exercer sur l'âme. Quelle richesse d'ailleurs, quelle énergie dans ce style, qui n'emprunte qu'à la pensée dont il est l'image la plus vive et la plus naturelle, ses teintes et ses parures! quelle variété de mouvements! quelle abondance et quelle magnificence de tableaux! quel trésor d'expressions fortes, pittoresques, animées, et, pour ainsi dire, vivantes! quelle franche et mâle harmonie! Sans les chefs-d'œuvre de Bossuet, connaîtrions-nous toute la puissance de notre langue? Ce grand orateur n'en a-t-il pas révélé les ressources, découvert tous les moyens, montré toute l'étendue? Qu'elle est belle, cette langue, dans les monuments d'une telle éloquence! qu'elle a de majesté! mais c'est un fond dont le génie de Bossuet n'a fait qu'exploiter les richesses : il n'eût pas à ce degré fertilisé un idiome stérile et pauvre; s'il semble s'être approprié, par le droit d'une sorte de création, tout ce qu'il a su y trouver; si l'on dit qu'il s'est fait une langue particulière qu'on nomme la langue de Bossuet, il est vrai de dire aussi que ce langage qui lui appartient n'est qu'un résultat des combinaisons merveilleuses auxquelles pouvait se plier avec succès l'heureuse nature de notre commun idiome. Il a tiré l'or de la mine; mais la mine existait : il a couvert le sol de moissons brillantes; mais le champ était fécond; et le sentiment de l'orgueil national est doublé, quand on réfléchit que si notre langue dut beaucoup à Bossuet, le génie et la gloire de cet homme prodigieux doivent également beaucoup à notre langue, accusée de faiblesse par quelques étrangers qui ne la connaissent pas, et même par quelques Français qui l'écrivent mal.

Dussault, *Notice sur Bossuet.*

XI.

Un homme s'est rencontré, qui a rehaussé la gloire des lettres françaises[*]; supérieur à tous par

[*] Vir quidem unus gallicarum litterarum decus exornavit, spiritûs magnificentiâ præcellentissimus, grandis, elatus, et hanc liberiorem audaciam præ se ferens, ut aliénis insistere vestigiis minimè posse videatur ; ille, inquam, Bossuetius, vel Tullio vel Demosthene animosior et sublimior, electus in quo christiana religio ostenderet quantùm posset ad promovendas ingenii vires, et ardorem oratoris inflammandum. Te præsertim, clarissimum galliæ nostræ lumen, Græcis et Romanis opponere non dubitamus, ultrò interrogantes quis contrà sisteretur. Nam tibi singularis et unica quædam concessa est vis eloquentiæ, sive calamitosos populorum casus, et indignissimam regnarum fortunam enarras, regesque commonefactos suspicere in cœlum nubes, horrendasque rerum mutationes ex alto peragentem agnoscere cœli regnatorem ; sive regum filiæ, immaturo interitu præreptæ illacrymaris et omnia luctu et comploratione misces, perturbatus ipse et inopino malo perculsus; sive bellicum canens erumpis in prælia, orationem ab ipsâ velutì exorsus victoriâ, immortalemque Condæi celeritatem, quodam igne volucrem, pari velocitate consequeris ardens et incitatus, donec paulatim restinctis animorum incendiis placidior, christiani bellatoris pietatem constantissimam-

le génie; grand, majestueux, sublime; doué de cette audace indépendante qui dédaigne de se traîner sur des traces étrangères : c'est ce Bossuet, plus véhément, plus élevé que Démosthène, que Cicéron, et en qui la religion chrétienne semble avoir montré quelle est sa puissance pour accroître les forces de l'esprit humain, pour échauffer l'orateur. O toi, qui fais la gloire de notre patrie, nous ne craignons pas de t'opposer à tout ce qu'ont produit Rome et la Grèce, et nous demandons avec confiance qui l'on oserait te comparer ; car c'est à toi, à toi seul qu'a été donnée tant d'éloquence : soit que tu peignes les déplorables calamités qui affligent les peuples, et les indignes traitements faits à la majesté des reines, et qu'instruisant les maîtres de la terre par d'augustes enseignements, tu leur fasses lever les yeux vers le ciel, et que tu leur montres le Roi de l'univers conduisant du haut de son trône ces terribles révolutions ; soit que tu répandes des larmes sur le sort de la fille des rois, enlevée à la fleur de l'âge par une mort prématurée, et qu'au milieu des sanglots et des gémissements qui éclatent de toutes parts, tu paraisses toi-même pénétré d'une profonde affliction, et troublé d'un accident si étrange ; soit qu'embouchant la trompette, et paraissant célébrer la victoire au sortir du combat, tu t'élances

<small>que mortem exhibeas, omnibusque vocatis, tu quoque desideratissimi principis ad tumulum accedas lacrymabundus, ac de propriâ morte cogitans. Salve igitur gallicæ facundiæ parens veræ sapientiæ magister, christianæ religionis assertor; tu solus apud nos veterum eloquentiam virilem illam et oratoriam repræsentavisti, tu solus effecisti ut quorum bellicas laudes adæquavimus, illorum non vinceremur ingenio.</small>

au milieu du fracas des armes, et que tu égale,
par l'incroyable vivacité de tes transports, les mouvements rapides et impétueux du prince de Condé;
tant qu'enfin cette ardeur s'éteigne, et que, devenu
plus tranquille, tu nous représentes la mort résignée du héros chrétien, et qu'à la suite de tout ce
cortège que tu appelles à ses funérailles, tu viennes
enfin, après tous, rendre les derniers devoirs au
tombeau d'un prince si regretté, laissant couler tes
larmes, et songeant à ta propre mort. Je te salue,
ô toi, le père de l'éloquence française, le docteur
de la vraie sagesse, l'appui de la religion chrétienne! toi seul nous as donné le modèle de cette
éloquence mâle et nerveuse des anciens; c'est à toi
seul que nous devons de ne pas le céder en génie
à ceux dont nous avons égalé les hauts faits.

<p style="text-align:right">Villemain, <i>Discours prononcé en 1812 à la
distribution des prix des quatre lycées
de Paris.</i> (Traduit par H. Patin.)</p>

XII.

Les philosophes de la Grèce énoncèrent, dans
l'enceinte de leurs écoles, quelques grandes vérités
morales; et Platon avait eu de sublimes pressentiments sur les destinées humaines. Mais ces idées,
mêlées d'erreurs et enveloppées de ténèbres, divulguées à voix basse depuis la mort de Socrate, ne
s'adressaient pas à la foule du peuple; et, dans ces
gouvernements si favorables en apparence à la
dignité de l'homme, on ne faisait rien pour lui
apprendre ses devoirs et ses immortelles espérances. Le christianisme élevait une tribune où

les plus sublimes vérités étaient annoncées hautement pour tout le monde, où les plus pures leçons de la morale étaient rendues familières à la multitude ignorante ; tribune formidable, devant laquelle s'étaient humiliés les empereurs souillés du sang des peuples ; tribune pacifique et tutélaire qui, plus d'une fois, donna refuge à ses mortels ennemis ; tribune où furent long-temps défendus des intérêts partout abandonnés, et qui, seule, plaidait éternellement la cause du pauvre contre le riche, du faible contre l'oppresseur, et de l'homme contre lui-même.

Là, tout s'ennoblit et se divinise ; l'orateur, maître des esprits qu'il élève et qu'il consterne tour à tour, peut leur montrer quelque chose de plus grand que la gloire, et de plus effrayant que la mort ; il peut faire descendre du haut des cieux une éternelle espérance sur ces tombeaux où Périclès n'apportait que des regrets et des larmes. Si, comme l'orateur romain, il célèbre les guerriers de la légion de Mars tombés au champ de bataille, il donne à leurs âmes cette immortalité que Cicéron n'osait promettre qu'à leur souvenir ; il charge Dieu lui-même d'acquitter la reconnaissance de la patrie. Veut-il se renfermer dans la prédication évangélique ? cette science de la morale, cette expérience de l'homme, ces secrets des passions, étude éternelle des philosophes et des orateurs anciens, doivent être dans sa main. C'est lui, plus encore que l'orateur de l'antiquité, qui doit connaître tous les détours du cœur humain, toutes les vicissitudes des émotions, toutes les parties sensibles de l'âme, non pour exciter ces affections violentes, ces animosités populaires, ces grands incendies des passions, ces feux de vengeance et de haine où triomphait l'antique éloquence, mais pour apaiser, pour adoucir, pour purifier les âmes. Armé contre toutes les passions, sans avoir le droit d'en appeler aucune à son secours, il est obligé de créer une passion nouvelle, s'il est permis de profaner par ce nom le sentiment profond et sublime qui, seul, peut tout vaincre et tout remplacer dans les cœurs, l'enthousiasme religieux qui doit donner à son accent, à ses pensées, à ses paroles, plutôt l'inspiration d'un prophète que le mouvement d'un orateur.

A cette image de l'éloquence apostolique, n'avez-vous pas reconnu Bossuet? Grand homme, ta gloire vaincra toujours la monotonie d'un éloge tant de fois entendu. Le privilège du sublime te fut donné; et rien n'est inépuisable comme l'admiration que le sublime inspire. Sois que tu racontes les renversements des états, et que tu pénètres dans les causes profondes des révolutions; soit que tu verses des pleurs sur une jeune femme mourante au milieu des pompes et des dangers de la cour; soit que ton âme s'élance avec celle de Condé et partage l'ardeur qu'elle décrit; soit que, dans l'impétueuse richesse de tes sermons à demi préparés, tu saisisses, tu entraînes toutes les vérités de la morale et de la religion, partout tu agrandis la parole humaine, tu surpasses l'orateur antique; tu ne lui ressembles pas. Réunissant une imagination plus hardie, un enthousiasme plus élevé, une fécondité plus originale, une vocation plus haute, tu sembles ajouter l'éclat de ton génie à la majesté du culte public, et consacrer encore la religion elle-même.

VILLEMAIN, *Discours d'ouverture du cours d'Éloquence française.*

XIII.

Le *Discours sur l'Histoire universelle* avait un dessein particulier : Bossuet ne prenait pas la plume pour le public ; il ne venait pas, comme le font chaque jour nos historiens, apporter à des lecteurs le fruit de ses recherches, et en échange demander la renommée. Instituteur du fils d'un roi, c'était pour lui qu'il écrivait. De là naissait évidemment une condition d'historien toute particulière : il fallait que les leçons qui sortent du récit des évènements s'appliquassent à une fin entièrement spéciale; il fallait que le narrateur fût bref, et que sa brièveté fût féconde ; sur-tout, au milieu d'une telle étendue et d'une telle diversité de faits, il fallait que partout régnât la rigoureuse unité d'un système. Cette unité était toute trouvée pour Bossuet. D'autres sont allés chercher dans les intrigues des cours le secret des révélations du monde, et ont laborieusement exhumé des scandales pour expliquer des grandeurs et des ruines; quelques-uns, mieux avisés, ont demandé les causes de la force ou de la faiblesse des états à leur constitution intérieure; d'autres enfin, donnant toute leur attention, soit à la prospérité commerciale, soit à la puissance militaire, en ont fait un principe universel d'après lequel ils ont tout jugé dans l'histoire. Le point de vue où se place Bossuet est bien différent; c'est celui de l'orateur chrétien. Le sort des empires et de toutes les affaires humaines se subordonnant aux desseins de Dieu sur la religion : les choses de la terre uniquement faites pour celles du ciel; voilà sa croyance de tous les jours ; voilà pour lui le fait qui domine toute l'histoire. Quelle plus haute vue que de se placer au sein même des conseils de l'Éternel, et de nous faire voir toute la suite de nos révolutions, réglée dans l'ordre immuable de ses volontés, pour l'édification et la gloire de son Église? Et quelle leçon pouvait mieux apprendre au fils d'un si puissant monarque, que les princes, *pour être assis sur le trône, n'en sont pas moins sous la main de ce grand Dieu, et sous son influence suprême?* Ainsi, Bossuet orateur et Bossuet historien est toujours le même homme : c'est toujours de Dieu qu'il nous entretient; et, inspiré de lui, il révèle le passé, comme les prophètes hébreux révélaient l'avenir.

A. Trognon.

XIV.

Un prêtre, qui s'est toujours renfermé dans son saint ministère, que le monde n'a jamais vu dans ses rangs frivoles, qui, vivant dans le sanctuaire, n'a jamais fait entendre d'autres paroles que la parole de Dieu, doit atteindre mieux que tout autre à la plus sublime éloquence. Comme les orateurs anciens, c'est aussi sa vraie pensée, celle du fond de son cœur, qu'il veut persuader aux hommes. Mais combien elle est plus grande et plus touchante que toutes celles qui se rapportent aux intérêts humains! Quels mots à prononcer, que la mort et l'éternité! l'honneur, la liberté, la patrie, les plus nobles idées des hommes, se voient abaissées quand on songe à l'abîme où elles vont se perdre. Qu'ils ont été heureux ceux qui ont pu voir Bossuet orné de ses cheveux blancs et du souvenir de ses vertus, s'élever dans la chaire, en face du cercueil du grand Condé, et consacrer les louanges de la gloire périssable, en les associant aux louanges de la gloire éternelle! Jamais sans doute la parole humaine n'a été aussi grande, et nous ne pensons pas que l'imagination puisse se créer un plus sublime spectacle.

DE BARANTE, *De la Littérature française pendant le XVIIIe siècle.*

XV.

Ainsi, quand, défenseur d'Athène,
Au plus redoutable des rois,
Jadis l'impétueux et libre Démosthène
Lançait, brûlant d'éclairs, les foudres de sa voix;
Ou quand, par l'art et la vengeance,
Armé d'une double puissance,
Il réclamait le prix de la couronne d'or,
Et pressant son rival du poids de son génie,
Sous son éloquence infinie,
L'accablait, plus terrible encor:

Bouillant de verve et de pensée,
Et fort de ses expressions,
L'orateur, sur la foule, autour de lui pressée,

BOSSUET.

Promenait à son gré toutes les passions.
A la Grèce entière assemblée,
Muette, et ravie et troublée,
De sa foudre il faisait sentir les traits vainqueurs,
Et de l'art agrandi redoublant les miracles,
Tonnait, renversait les obstacles,
Et triomphait de tous les cœurs :

Tel, et plus éloquent encore,
Bossuet parut parmi nous,
Quand, s'annonçant au nom du grand Dieu qu'il adore,
De sa parole aux rois il fit sentir les coups.
Dès qu'à la tribune sacrée,
De ses vieux défauts épurée,
Il monte étincelant de génie et d'ardeur;
Des grands talents soudain la palme ceint sa tête,
Et l'art dont il fait sa conquête
Luit d'une plus vive splendeur.

Toujours sublime et magnifique,
Soit que, plein de nobles douleurs,
Il nous montre un abîme où fut un trône antique,
Et d'une grande reine étale les malheurs;
Soit lorsque, entr'ouvrant le ciel même,
Il peint le monarque suprême
Courbant tous les états sous d'immuables lois;
Et de sa main terrible ébranlant les couronnes,
Secouant et brisant les trônes,
Et donnant des leçons aux rois !

Mais de quelle mélancolie
Il frappe et saisit tous les cœurs,
Lorsque attristant notre âme et sombre et recueillie,
Au cercueil d'Henriette il convoque nos pleurs!
Et comme il peint cette princesse,

Riche de grace et de jeunesse,
Tout-à-coup arrêtée au sein du plus beau sort ;
Et des sommets riants d'une gloire croissante,
Et d'une santé florissante,
Tombant dans les bras de la mort.

Voyez à *ce coup de tonnerre* *,
Comme il méprise nos grandeurs,
De ce qu'on crut pompeux sur notre triste terre
Comme il voit en pitié les trompeuses splendeurs !
Du plus haut des cieux élancée
Sa vaste et sublime pensée
Redescend, et s'assied sur les bords d'un cercueil ;
Et là, dans la muette et commune poussière,
D'une voix redoutable et fière,
Des rois il terrasse l'orgueil.

Castillan ! si fier de tes armes,
Quoi ! tu fuis aux champs de Rocroi !
Ton intrépide cœur, étranger aux alarmes,
Vient donc aussi d'apprendre à connaître l'effroi !
Quel précoce amant de la gloire,
Dans ses yeux portant la victoire,
Rompt tes vieux bataillons jusqu'alors si vaillants ;
Et de tant de soldats, en ce combat funeste,
Laisse à peine échapper un reste
Qu'il promet aux plaines de Lens ** ?

C'est Condé qui, dans la carrière,
Entre pour la première fois ;
C'est lui dont Bossuet peint la fougue guerrière,
Couronnée à vingt ans par les plus hauts exploits.
Oh ! comme l'orateur s'enflamme !
Du jeune Enghien à la grande âme

* Expression même de Bossuet.
** *Oraison funèbre* du grand Condé.

Comme il suit tous les pas, de carnage fumants!
Ce n'est plus un tableau, c'est la bataille même,
    Bossuet! dont ton art suprême
    Reproduit tous les mouvements.

    Comme une aigle aux ailes immenses,
    Agile habitante des cieux,
Franchit, en un instant, les plus vastes distances,
Parcourt tout de son vol et voit tout de ses yeux;
    Tel, à son gré changeant de place,
    Bossuet à notre œil retrace
Sparte, Athènes, Memphis aux destins éclatants;
Tel il passe, escorté de leurs grandes images,
    Avec la majesté des âges
    Et la rapidité du temps*.

    Oui, s'il parut jamais sublime,
    C'est lorsqu'armé de son flambeau,
Interprète inspiré des siècles qu'il ranime,
Des états écroulés il sonde le tombeau;
    C'est lorsqu'en sa douleur profonde,
    Pour fermer le convoi du monde,
Il scelle le cercueil de l'empire romain;
Et qu'il élève alors ses accents prophétiques
    A travers les débris antiques
    Et la poudre du genre humain**.

              CHÊNEDOLLÉ, *Études poétiques.*

XVI.

Bossuet, ce nom nous rappelle un de ces hommes rares que le siècle de Louis XIV a réunis dans le vaste domaine de sa gloire; et je ne parle pas ici du théologien profond, de l'infatigable controversiste,

---

* *Discours sur l'Histoire universelle*, 3ᵉ part., intitulée *des Empires.*
** Expression de M. de Châteaubriand, dans le portrait de Bossuet historien.

dont la plume féconde et victorieuse était tour à tour l'épée et le bouclier de la religion : ses travaux apostoliques n'entrent point dans la classe des objets qui nous occupent.

Quatre discours, qui sont quatre chefs-d'œuvre d'une éloquence qui ne pouvait pas avoir de modèles dans l'antiquité, et que personne n'a depuis égalée; les Oraisons funèbres *de la reine d'Angleterre, de Madame, du grand Condé et de la princesse palatine*, sur-tout les trois premières, ont placé Bossuet à la tête de tous les orateurs français, non pas, comme on voit, par le nombre, mais par la supériorité des compositions. On les met sous les yeux de tous les jeunes rhétoriciens, et c'est peut-être ce qui fait qu'on les lit moins dans la suite. On croit connaître assez ce qu'on a eu long-temps entre les mains : on ne songe pas que ce n'est pas trop de toutes les connaissances que donne la maturité de l'esprit pour bien goûter et bien apprécier ces inimitables morceaux. Qu'un homme de goût les relise, qu'il les médite, il sera terrassé d'admiration : je ne saurais autrement exprimer la mienne pour Bossuet. Si quelque chose, indépendamment de leur mérite propre, pouvait d'ailleurs les faire valoir encore plus, ce serait le contraste qui se présente de soi-même entre cette éloquence si simple et si forte, toujours naturelle et toujours originale, et la malheureuse rhétorique qui de nos jours en prend si souvent la place. Dans Bossuet, pas la moindre apparence d'effort ni d'apprêt; rien qui vous fasse songer à l'auteur; il vous échappe entièrement et ne vous attache qu'à ce qu'il dit. C'est là sur-tout, on ne saurait trop le répéter, la différence essentielle du grand talent et de la médiocrité, du bon goût et du mauvais; c'est que tout effet est manqué, si je vous vois trop vous arranger pour en produire; c'est que vous n'êtes plus rien, si vous ne vous faites pas oublier : c'est que vos efforts, trop visibles, ne montrent que votre faiblesse ; c'est qu'on ne se guinde que parce qu'on est petit. Au contraire, si vous êtes emporté par un élan naturel et comme involontaire, vous m'entraînez à votre suite : si votre imagination vous domine, vous dominez la mienne; si votre imagination vous commande, vous me commandez; et, dans ce cas, je ne verrai rien dans vous qui démente cette impression; je ne vous verrai rien chercher, rien affecter, rien contourner. Suivez de l'œil l'aigle au plus haut des airs, traversant toute l'étendue de l'horizon : il vole, et ses ailes semblent immobiles; on croirait que les airs le portent : c'est l'emblème de l'orateur et du poète dans le genre sublime : c'est celui de Bossuet.

Que cet homme est un puissant orateur! En vérité, il ne se sert point de la langue des autres hommes; il fait la sienne, il la fait telle qu'il la lui faut pour la manière de penser et de sentir qui est à lui: expressions, tournures, mouvements, constructions, harmonie, tout lui appartient. D'autres écrivains, et même d'un grand mérite, font sans cesse du langage l'ornement de leur pensée, la relèvent par l'expression : la pensée de Bossuet, au contraire, est d'un ordre si élevé, qu'il est obligé de modifier la langue d'une manière nouvelle, et de la rehausser jusqu'à lui. Mais comme elle semble être à sa disposition ! comme il en fait ce qu'il veut! quel caractère il lui donne! Nulle part, sans exception, elle n'est ni plus vigoureuse, ni plus hardie, ni plus fière que dans les beaux vers de Corneille et dans la prose de Bossuet. C'est ce qui distinguera toujours ces deux écrivains, à qui notre langue a tant d'obligations; c'est ce qui soutiendra toujours Corneille en présence de ceux de nos poètes qui ont eu sur lui d'autres avantages, et Bossuet contre ceux qui se rendent détracteurs de son talent, parce qu'ils le sont de sa croyance. J'ai vu de durs mécréants, et sur-tout des athées, dégoutés de ses écrits et de ceux de Massillon, et tout près d'effacer leurs titres, qui sont les nôtres. Incrédules, laissez-nous nos grands hommes, car vous ne les remplacerez pas.

De quel ton il débute dans l'Oraison funèbre de la reine d'Angleterre, femme de l'infortuné Charles Ier! A la vérité, quel sujet! Mais comme il est exposé dans cet exorde qui le contient tout entier! Bossuet parlait dans l'église de Sainte-Marie de Chaillot, où reposait le cœur de cette reine. Il prend pour son texte : *Et nunc, reges, intelligite; erudimini, qui judicatis terram.* (Ps. II, 10.)

« Celui qui règne dans les cieux, et de qui relè-
« vent tous les empires, à qui seul appartient la
« gloire, la majesté et l'indépendance, est aussi le
« seul qui se glorifie de faire la loi aux rois, et de
« leur donner, quand il lui plaît, de grandes et ter-

« ribles leçons. Soit qu'il élève les trônes, soit qu'il
« les abaisse, soit qu'il communique sa puissance
« aux princes, soit qu'il la retire à lui-même, et ne
« leur laisse que leur propre faiblesse, il leur ap-
« prend leurs devoirs d'une manière souveraine et
« digne de lui; car en leur donnant sa puissance,
« il leur commande d'en user, comme il le fait lui-
« même, pour le bien du monde, et il leur fait voir,
« en la retirant, que toute leur majesté est em-
« pruntée, et que, pour être assis sur le trône, ils
« n'en sont pas moins sous sa main et sous son au-
« torité suprême. C'est ainsi qu'il instruit les princes,
« non-seulement par des discours et par des pa-
« roles, mais encore par des effets et par des exem-
« ples: *Et nunc, reges, intelligite; erudimini, qui*
« *judicatis terram*. Chrétiens, que la mémoire d'une
« grande reine, fille, femme, mère de rois si puis-
« sants et souverains de trois royaumes, appelle de
« tous côtés à cette triste cérémonie, ce discours
« vous fera paraître un de ces exemples redoutables
« qui étalent aux yeux du monde sa vanité tout
« entière. Vous verrez dans une seule vie toutes
« les extrémités des choses humaines: la félicité sans
« bornes, aussi bien que les misères; une longue
« et paisible jouissance d'une des plus nobles cou-
« ronnes de l'univers; tout ce que peuvent donner
« de plus glorieux la naissance et la grandeur ac-
« cumulées sur une tête qui ensuite est exposée à
« tous les outrages de la fortune; la bonne cause
« d'abord suivie de bons succès, et depuis, des re-
« tours soudains, des changements inouïs; la re-

« bellion long-temps retenue, et à la fin tout-à-fait
« maîtresse; nul frein à la licence; les lois abolies;
« la majesté violée par des attentats jusqu'alors in-
« connus; l'usurpation et la tyrannie sous le nom de
« liberté; une reine fugitive qui ne trouve aucune
« retraite dans trois royaumes, et à qui sa propre
« patrie n'est plus qu'un triste lieu d'exil; neuf
« voyages sur mer, entrepris par une princesse mal-
« gré les tempêtes; l'Océan étonné de se voir tra-
« versé tant de fois en des appareils si divers et pour
« des causes si différentes; un trône indignement
« renversé et miraculeusement rétabli; voilà les en-
« seignements que Dieu donne aux rois; ainsi fait-il
« voir au monde le néant de ses pompes et de ses
« grandeurs. Si les paroles nous manquent, si les
« expressions ne répondent pas à un sujet si vaste
« et si relevé, les choses parleront assez d'elles-
« mêmes. Le cœur d'une grande reine, autrefois
« élevée par une si longue suite de prospérités, et
« puis plongée tout-à-coup dans un abîme d'amer-
« tumes, parlera assez haut; et s'il n'est pas permis
« aux particuliers de faire des leçons aux princes
« sur des évènements si étranges, un roi me prête
« ses paroles pour leur dire: *Et nunc, reges*, etc. En-
« tendez, ô grands de la terre : instruisez-vous, ar-
« bitres du monde! »

Est-ce là entrer, dès les premières paroles, au milieu de son sujet, et y transporter tout de suite l'auditeur? Que cet exorde est majestueux, sombre et religieux! Notre âme n'est-elle pas déjà troublée de ce fracas d'évènements sinistres, de révolutions désastreuses, remplie d'une grande scène d'infortunes? Pourquoi? C'est qu'en effet il a fait parler les choses mêmes. Pas un mot qui ne porte, pas un qui ne soit une image ou une idée, un tableau ou une leçon; et au milieu de cet assemblage si imposant, la grande idée de Dieu qui domine tout? Qu'on se représente, après un semblable exorde, des auditeurs dans un temple qui ajoute encore à son effet, et qu'on se demande si quelqu'un d'eux pouvait songer à Bossuet! Non; l'imagination, assaillie par tant d'objets de douleur et de réflexion, n'a vu, n'a pu voir que le renversement des trônes, les coups de la fortune, les tempêtes, l'Océan. Le lecteur même est entraîné, quoique avec bien moins de moyens pour l'être, et ce n'est qu'après avoir été tout d'une haleine jusqu'au bout de ce discours, qui est à peu près partout de la même force, qu'il peut revenir à lui-même, et s'interroger sur tant de beaux détails et sur toutes les ressources de l'orateur. Observons encore que la plupart, empruntées depuis par de nombreux imitateurs, ont dû perdre, avec le temps, quelque chose de leur effet; mais qu'alors elles avaient toutes un caractère de nouveauté, et que personne avant Bossuet n'avait parlé de ce ton, ni écrit de ce style. Avec quelle noblesse il exprime tout ce qui est relatif à la religion, même ce qu'un usage journalier a rendu vulgaire! Veut-il dire que les catholiques ne pouvaient, en Angleterre, ni se confesser, ni entendre la messe avec sûreté; rien ne paraît plus simple. Vous allez voir comment Bossuet, qui connaît le ton de l'oraison

funèbre sait agrandir tout ce qu'il traite : « Les en-
« fants de Dieu étaient étonnés de ne voir plus ni
« l'autel, ni le sanctuaire, ni ces tribunaux de mi-
« séricorde qui justifient ceux qui s'accusent. O dou-
« leur! il fallait cacher la pénitence avec le même
« soin qu'on eût fait les crimes; et Jésus-Christ même
« se voyait contraint, au grand malheur des hommes
« ingrats, de chercher d'autres voiles et d'autres té-
« nèbres que ces voiles et ces ténèbres mystiques
« dont il se couvre volontairement dans l'Eucha-
« ristie. » Voilà sans doute du sublime d'expression ;
mais il tient à celui des idées : ailleurs vous trouverez cette précision énergique de Tacite et de Salluste : « Dans la plus grande fureur des guerres
« civiles, jamais on n'a douté de sa parole ni déses-
« péré de sa clémence. » En parlant de la mort si
subite et si horrible de madame Henriette, il dit :
« Que d'années la mort va ravir à cette jeunesse!
« que de joie elle enlève à cette fortune! que de gloire
« elle ôte à ce mérite! » Veut-il tirer de l'instabilité
des choses humaines un motif de conversion : « Quoi!
« le charme de sentir est-il si fort que nous ne puis-
« sions rien prévoir? Les adorateurs du monde se-
« ront-ils satisfaits de leur fortune, quand ils verront
« que dans un moment leur gloire passera à leur
« nom, leurs titres à leurs tombeaux, leurs biens à
« des ingrats, et leurs dignités peut-être à leurs
« envieux? »

On ne peut dire plus de choses en moins de mots,
ni donner à sa phrase une plus grande force de
sens. La même observation se présente sur ce mor-

ceau concernant Charles Ier, terminé par le mouvement le plus pathétique que l'orateur sait tirer de la circonstance de ce cœur, dont il a déjà fait un des plus beaux endroits de son exorde : « Poursuivi à
« toute outrance par l'implacable malignité de la
« fortune, trahi de tous les siens, il ne s'est pas
« manqué à lui-même. Malgré les mauvais succès
« de ses armes infortunées, si on a pu le vaincre,
« on n'a pas pu le forcer; et comme il n'a jamais
« refusé ce qui était raisonnable étant vainqueur, il
« a toujours rejeté ce qui était faible et injuste étant
« captif. J'ai peine à contempler son grand cœur dans
« ces dernières épreuves; mais certes, il a montré
« qu'il n'est pas permis aux rebelles de faire perdre
« la majesté à un roi qui sait se connaître; et ceux
« qui ont vu de quel front il a paru dans la salle
« de Westminster, et dans la place de Whitehall,
« peuvent juger aisément combien il était intrépide
« à la tête de ses armées, combien il était auguste et
« majestueux au milieu de son palais et de sa cour.
« Grande reine, je satisfais à vos plus tendres désirs
« quand je célèbre ce monarque; et ce cœur, qui
« n'a jamais vécu que pour lui, se réveille, tout
« poudre qu'il est, et devient sensible, même sous
« ce drap mortuaire, au nom d'un époux si cher. »

Sont-ce là des figures pleines de chaleur et de vie? Et quel nerf de diction! A quelle sagacité de vues, à quelle étendue de pensées il se joint dans la peinture des caractères! Voyez ceux de Turenne et de Condé en parallèle, celui du cardinal de Retz, celui de Cromwel : on les a cités trop souvent, et

ils sont trop connus pour les rapporter ici. Je ne remarquerai que la première expression du dernier, parce qu'elle contient un des secrets particuliers du style de Bossuet : *Un homme s'est rencontré*. Un autre écrivain aurait pu dire : Cromwel était un de ces prodiges de scélératesse qui apparaissent de temps en temps dans l'univers comme d'effrayants phénomènes, etc. Il aurait bien dit, mais comme tout le monde peut bien dire. Bossuet dit tout cela d'un seul mot. *Un homme s'est rencontré*, et de plus, il dit mieux, parce qu'il fait entendre avec ce seul mot ce qu'il y a de plus extraordinaire, et qu'il y monte l'imagination. Voilà ce que j'appelle la langue de Bossuet : on en trouverait des traits à toutes les pages, et souvent en foule et pressés les uns sur les autres : témoin ce morceau sur la mort de Madame : « Rien n'a jamais égalé la fermeté de son
« âme ni ce courage paisible qui, sans faire effort
« pour s'élever, s'est trouvé par sa naturelle situa-
« tion au-dessus des accidents les plus redoutables.
« Oui, Madame fut douce envers la mort, comme
« elle l'était envers tout le monde. Son grand cœur
« ni ne s'aigrit, ni ne s'emporta contre elle. Elle ne
« la brave pas non plus avec fierté, contente de
« l'envisager sans émotion, et de la recevoir sans
« trouble. Triste consolation, puisque, malgré ce
« grand courage, nous l'avons perdue ! C'est la
« grande vanité des choses humaines : après que,
« par le dernier effet de notre courage, nous avons
« pour ainsi dire surmonté la mort, elle éteint en
« nous jusqu'à ce courage par lequel nous semblions

« la défier. La voilà, malgré ce grand cœur, cette
« princesse si admirée et si chérie; la voilà telle que
« la mort nous l'a faite *! Encore ce reste tel quel,
« va-t-il disparaître; cette ombre de gloire va s'éva-
« nouir, et nous l'allons voir dépouillée même de
« cette triste décoration. Elle va descendre à ces
« sombres lieux, à ces demeures souterraines, pour
« y dormir dans la poussière avec les grands de
« la terre, comme parle Job, avec ces rois et ces
« princes anéantis, parmi lesquels à peine peut-on
« la placer, tant les rangs y sont pressés, tant la
« mort est prompte à remplir ces places! Mais ici
« notre imagination nous abuse encore: la mort ne
« nous laisse pas assez de corps pour occuper quelque
« place, et on ne voit là que des tombeaux qui
« fassent quelque figure. Notre chair change bientôt
« de nature; notre corps prend un autre nom; même
« celui de cadavre, dit Tertullien, parce qu'il nous
« montre encore quelque forme humaine, ne lui
« demeure pas long-temps; il devient un je ne sais
« quoi qui n'a plus de nom dans aucune langue;
« tant il est vrai que tout meurt en lui, jusqu'à ces
« termes funèbres par lesquels on exprimait ses
« malheureux restes **.

« C'est ainsi que la puissance divine, justement
« irritée contre notre orgueil, le pousse jusqu'au

---

* Henriette-Anne d'Angleterre, duchesse d'Orléans. (*Voyez* ci-dessus les remarques de d'Alembert sur le récit de sa mort.)   F.

** Voici la pensée de Tertullien bien embellie par Bossuet: « Cadit in origi-
« nem terram et cadaveris nomen, ex isto quoque nomine perituro, in nullum
« inde jam nomen, in omnis jam vocabuli mortem. » *De Resurr. carnis*.   F.

« néant, et que, pour égaler à jamais les conditions,
« elle ne fait de nous tous qu'une même cendre. Peut-
« on bâtir sur ces ruines ? Peut-on appuyer quelque
« grand dessein sur ces débris inévitables des choses
« humaines*? »

Nul écrivain n'a tiré un plus grand parti que Bossuet de ces idées de mort, de destruction, d'anéantissement, fréquentes chez les anciens, qui connaissaient le pouvoir qu'elles ont sur notre imagination, sur cette étrange faculté qui règne dans nous si impérieusement, qu'elle nous rend avides des impressions mêmes qui effraient notre raison et qui humilient notre orgueil. Mais ces idées lugubres ont ici un autre résultat que chez les anciens : ils appelaient la pensée de la mort comme un avertissement de jouir du moment qui passe et qui peut être le dernier. On conçoit au contraire qu'une religion qui ne considère le temps que comme un passage à l'éternité peut fournir à l'éloquence des instructions d'un ordre bien plus relevé, et nulle part elles ne sont plus frappantes que dans Bossuet. On pourrait dire de lui, si l'on osait hasarder des expressions qui se présentent quand on le lit, et qui semblent dans son goût, que nul homme ne s'est avancé plus loin dans l'éternité, et ne s'est enfoncé plus avant dans les profondeurs de notre néant. Écoutez-le dans l'Oraison funèbre de la princesse palatine, qui, avant sa conversion, avait joué

---

* On retrouve une partie de ces idées et même de ces expressions dans l'admirable sermon de Bossuet sur *la Mort et l'Immortalité de l'Ame.*

H. P.

un si grand rôle dans les intrigues de la Fronde :
« Que lui servirent ses rares talents ? Que lui servit
« d'avoir mérité la confiance intime de la cour,
« d'en soutenir le ministre deux fois éloigné, contre
« sa mauvaise fortune, contre ses propres frayeurs,
« contre la malignité de ses ennemis, et enfin contre
« ses amis, ou partagés, ou irrésolus, ou infidèles ?
« Que ne lui promit-on pas dans ses besoins ! Mais
« quel fruit lui en revint-il, sinon de connaître
« par expérience le faible des grands politiques,
« leurs volontés changeantes ou leurs paroles trom-
« peuses, la diverse face des temps, les amusements
« des promesses, l'illusion des amitiés de la terre,
« qui s'en vont avec les années et les intérêts, et la
« profonde obscurité du cœur de l'homme, qui ne
« sait jamais ce qu'il voudra, qui souvent ne sait
« pas bien ce qu'il veut, et qui n'est pas moins
« caché ni moins trompeur à lui-même qu'aux autres?
« O éternel roi des siècles, qui possédez seul l'im-
« mortalité ! voilà ce qu'on vous préfère ! voilà ce
« qui éblouit les âmes qu'on appelle grandes ! »

Toutes ces idées, je le sais, ont été depuis ré-
pétées mille fois : mais que cette façon de les concevoir et de les rendre est hors de toute comparaison !
Ce sont des lieux communs dans les imitateurs, je le
veux ; mais aussi ont-ils, comme Bossuet, ce sentiment intime, cette pitié si sincèrement dédaigneuse,
ce mépris atterrant qui semble flétrir à chaque mot
toutes les jouissances temporelles ? Et quelle plénitude de sens ! Je m'en rapporte à vous, Messieurs ;
vous venez de l'entendre ; et sûrement ce que vous

avez éprouvé est au-dessus de tout ce que j'en pourrais dire.

Que de mouvements heureux et oratoires lui a fournis ce sentiment, qui a chez lui une force toute particulière! Il vient de relever les grandes qualités de la reine d'Angleterre; il s'écrie: « O mère! ô « femme! ô reine admirable et digne d'une meilleure « fortune! » Jusqu'ici ce n'est qu'une apostrophe, une figure ordinaire; mais il ajoute: « Si les fortunes « de la terre étaient quelque chose! » Et ce trait jeté en passant porte dans l'âme une réflexion triste et religieuse.

Bossuet, comme tous les grands orateurs, abonde en mouvements de toute espèce: il n'a presque point d'autres transitions. « Les malheurs de sa maison « (dit-il en parlant de Madame) n'ont pu l'accabler « dans sa première jeunesse; et dès lors on voyait « en elle une grandeur qui ne devait rien à la for- « tune. Nous disions avec joie que le ciel l'avait « arrachée, comme par miracle, des mains des en- « nemis du roi son père, pour la donner à la France; « don précieux, inestimable présent, si seulement « la possession en avait été plus durable! Mais pour- « quoi ce souvenir vient-il m'interrompre? Hélas! « nous ne pouvons un moment arrêter les yeux sur « la gloire de la princesse sans que la mort s'y mêle « aussitôt pour tout offusquer de son ombre. O « mort! éloigne-toi de notre pensée, et laisse-nous « tromper pour un peu de temps la violence de notre « douleur par le souvenir de notre joie. Souvenez- « vous donc, Messieurs, de l'admiration que la prin-

« cesse d'Angleterre donnait à toute la cour. Votre
« mémoire vous la peindra mieux avec tous ses traits
« et son incomparable douceur que ne pourront
« jamais faire toutes mes paroles. Elle croissait au
« milieu des bénédictions de tous les peuples, et
« les années ne cessaient de lui apporter de nou-
« velles graces. »

Après avoir représenté Madame, l'idole de la cour, enlevée aux adorations publiques à la fleur de son âge, et au retour d'un voyage d'Angleterre, où elle avait entre ses mains le secret de l'état, confidence honorable pour une si jeune princesse: « La con-
« fiance de deux rois, dit-il, l'élevait au comble de
« la grandeur et de la gloire. » Il s'arrête à ces mots :
« La grandeur et la gloire! Pouvons-nous encore
« entendre ces noms dans ce triomphe de la mort?
« Non, Messieurs, je ne puis plus soutenir ces grandes
« paroles par lesquelles l'arrogance humaine tâche
« de s'étourdir elle-même pour ne pas apercevoir
« son néant. » Quel caractère de style! Il est vrai que jamais sujet ne s'y prêta davantage. Dix mois auparavant il avait prononcé devant cette même princesse l'oraison funèbre de sa mère, la reine d'Angleterre. On sait quel exorde il tira de cette circonstance, et quel fut l'effet de ses premières paroles sur une assemblée encore étourdie de ce coup affreux, de cette perte imprévue et effrayante d'une princesse qui ne mit entre la santé la plus florissante et la mort que l'intervalle de quelques heures: « J'étais donc encore destiné à rendre ce
« devoir à très haute et très puissante princesse

« Henriette-Anne d'Angleterre, duchesse d'Orléans!
« Elle que j'avais vue si attentive pendant que je
« rendais le même devoir à la reine sa mère, de-
« vait être sitôt après le sujet d'un discours sembla-
« ble! et ma triste voix était réservée à ce déplorable
« ministère! O vanité! ô néant! ô mortels ignorants
« de leurs destinées! L'eût-elle cru il y a dix mois?
« Et vous, Messieurs, eussiez-vous pensé, pendant
« qu'elle versait tant de larmes en ce lieu, qu'elle
« dût sitôt vous y rassembler pour la pleurer elle-
« même? Princesse, le digne objet de l'admiration
« de deux grands royaumes, n'était-ce pas assez que
« l'Angleterre pleurât votre absence, sans être en-
« core réduite à pleurer votre mort? Et la France,
« qui vous revit avec tant de joie environnée d'un
« nouvel éclat, n'avait-elle plus d'autres pompes et
« d'autres triomphes pour vous, au retour de ce
« voyage fameux, d'où vous aviez remporté tant de
« gloire et de si belles espérances? *Vanité des va-*
« *nités, et tout est vanité*. C'est la seule parole qui
« me reste; c'est la seule réflexion que me permet,
« dans un accident si étrange, une si juste et si sen-
« sible douleur. Aussi n'ai-je point parcouru les
« livres sacrés pour y trouver quelque texte que je
« pusse appliquer à cette princesse. J'ai pris, sans
« étude et sans choix, les premières paroles que me
« présente *l'Ecclésiaste* (I, 2) où, quoique la vanité
« ait été si souvent nommée, elle ne l'est pas en-
« core assez à mon gré pour le dessein que je me
« propose. Je veux dans un seul malheur déplorer
« toutes les calamités du genre humain, et dans une

« seule mort faire voir la mort et le néant de toutes
« les grandeurs humaines. Ce texte, qui convient
« à tous les états et à tous les évènements de notre
« vie, par une raison particulière, devient propre
« à mon lamentable sujet, puisque jamais les va-
« nités de la terre n'ont été si clairement décou-
« vertes et si hautement confondues. Non, après
« ce que nous venons de voir, la santé n'est qu'un
« nom, la vie n'est qu'un songe, la gloire n'est
« qu'une apparence, les graces et les plaisirs ne
« sont qu'un dangereux amusement : tout est
« vain en nous, excepté le sincère aveu que nous
« faisons devant Dieu de nos vanités, et le jugement
« arrêté qui nous fait mépriser tout ce que nous
« sommes. »

Mais de la même main dont il abat l'orgueil des hommes dans les choses du monde, voyez comme il les relève aussitôt dans les choses du ciel. « Mais
« dis-je la vérité ? L'homme, que Dieu a fait à son
« image, n'est-il qu'une ombre ?..... Il ne faut pas
« permettre à l'homme de se mépriser tout entier,
« de peur que, croyant avec les impies que notre
« vie n'est qu'un jeu où règne le hasard, il ne marche
« sans règle et sans mesure au gré de ses aveugles
« désirs. »

Tout son discours est fondé sur cette distinction philosophique autant que chrétienne, et qu'ailleurs il developpe ainsi :

« Il faut donc penser, Chrétiens, qu'outre le rap-
« port que nous avons du côté du corps avec la
« nature changeante et mortelle, nous avons d'un

« autre côté un rapport intime avec Dieu, parce
« que Dieu même a mis quelque chose en nous
« qui peut confesser la vérité de son être, en adorer
« la perfection, en admirer la plénitude; quelque
« chose qui peut se soumettre à sa souveraine puis-
« sance, s'abandonner à sa haute et incompréhen-
« sible sagesse, se confier en sa bonté, craindre sa
« justice, espérer son éternité. De ce côté, Messieurs,
« si l'homme croit avoir en lui de l'élévation, il ne
« se trompera pas ; car comme il est nécessaire que
« chaque chose soit réunie à son principe, et que
« c'est pour cette raison, dit *l'Ecclésiaste, que le*
« *corps retourne à la terre dont il a été tiré*, il faut,
« par la suite du même raisonnement, que ce qui
« porte en nous la marque divine, ce qui est ca-
« pable de s'unir à Dieu, y soit aussi rappelé. Or,
« ce qui doit retourner à Dieu, qui est la grandeur
« primitive et essentielle, n'est-il pas grand et élevé?
« C'est pourquoi, quand je vous ai dit que la gran-
« deur et la gloire n'étaient parmi nous que des
« noms pompeux, vides de sens et de choses, je
« regardais le mauvais usage que nous faisons de
« ces termes. Mais pour dire la vérité dans toute
« son étendue, ce n'est ni l'erreur ni la vanité qui
« ont inventé ces noms magnifiques; au contraire,
« nous ne les aurions jamais trouvés, si nous n'en
« avions porté le fond en nous-mêmes. Car où prendre
« ces nobles idées dans le néant? La faute que nous
« faisons n'est donc pas de nous être servis de ces
« noms, c'est de les avoir appliqués à des choses
« indignes. »

Qu'on me permette ici encore une remarque, et toujours pour faire connaître de plus en plus le caractère du style de Bossuet. Avez-vous pris garde, Messieurs, à cette expression dont il se sert pour établir la seule élévation de l'homme dans son rapport intime avec Dieu? « Il y a, dit-il, quelque chose « en nous qui peut se soumettre à sa souveraine « puissance. » Ne paraît-il pas singulier d'énoncer comme un titre de grandeur une faculté de soumission? Non-seulement ce contraste d'idées et d'expressions est vraiment sublime, mais il y a ici un mérite propre à Bossuet; c'est de jeter rapidement des idées étendues sans s'arrêter à les développer. Il y a ici un grand fond de vérités philosophiques, indiqué en peu de mots. En effet, quoiqu'il y ait infiniment moins de distance de la bête à l'homme que de l'homme à Dieu, cependant l'instinct de la bête ne va pas jusqu'à connaître la prodigieuse supériorité de la raison humaine; et la raison humaine, tout imparfaite qu'elle est, s'est élevée jusqu'à l'idée de l'intelligence divine, c'est-à-dire jusqu'à l'idée de l'infini; et comme la conséquence nécessaire de cette idée est un sentiment de soumission, il est rigoureusement vrai que ce sentiment tient à ce qu'il y a de plus grand dans l'homme, à sa raison qui a conçu l'infini.

Rousseau a exprimé précisément la même idée que Bossuet, mais d'une manière toute différente : « Être des êtres, le plus digne usage de ma raison, « c'est de s'anéantir devant toi : c'est mon ravis- « sement d'esprit, c'est le charme de ma faiblesse,

« de me sentir accablé de ta grandeur. » L'un aperçoit une idée grande et vaste, l'indique et passe; l'autre s'en saisit avec vivacité et en fait un sentiment.

On a souvent admiré dans Bossuet cette hauteur des pensées; mais ce que peut-être on n'a pas assez remarqué, c'est son expression, qui souvent dans les plus petites choses anime et colorie tout. Veut-il parler de la discrétion de madame Henriette : « Ni « la surprise, ni l'intérêt, ni la vanité, ni l'appât « d'une flatterie délicate ou d'une douce conversa-« tion, qui souvent épanchant le cœur en fait échap-« per le secret, n'était capable de lui faire découvrir « le sien. » A quoi tient le mérite de cette phrase? A cette image si naturelle et si juste qui semble placée là d'elle-même, qui représente le cœur humain, qui s'ouvre quand on le séduit, sous la figure d'un vase qui se répand quand on l'a penché. Voilà des images douces; il est encore bien plus abondant en images fortes, et c'est une des propriétés de son style : « Charles-Gustave parut à la Pologne surprise « et trahie comme un lion qui tient sa proie dans « ses ongles, tout prêt à la mettre en pièces. Qu'est « devenue cette redoutable cavalerie qu'on voyait « fondre sur l'ennemi avec la vitesse d'une aigle? « Où sont ces âmes guerrières, ces marteaux d'armes « tant vantés, et ces arcs qu'on ne vit jamais tendus « en vain? Ni les chevaux ne sont vites, ni les « hommes ne sont adroits que pour fuir devant le « vainqueur. »

Dans l'oraison funèbre du grand Condé, de quels

traits il peint son activité, sa vigilance, sa célérité !
« A quelque heure et de quelque côté que viennent
« les ennemis, ils le trouvent toujours sur ses gardes,
« toujours prêt à fondre sur eux et à prendre ses
« avantages. Comme une aigle qu'on voit toujours,
« soit qu'elle vole au milieu des airs, soit qu'elle se
« pose sur le haut de quelque rocher, porter de
« tous côtés des regards perçants, et tomber si sûre-
« ment sur sa proie, qu'on ne peut éviter ses ongles
« non plus que ses yeux : aussi vifs étaient les re-
« gards, aussi vite et impétueuse était l'attaque,
« aussi fortes et inévitables étaient les mains du prince
« de Condé. »

Aucun des genres du style oratoire ne lui était étranger, pas même ceux qui sont d'un ordre secondaire et communément au-dessous de la trempe de son génie. Dans celui que les rhéteurs appellent tempéré, qui consiste principalement dans les ornements de la diction et dans les figures brillantes de l'amplification, dans ce genre qui est celui de Fléchier, il ne lui est pas moins supérieur que dans tout le reste. Je n'en veux pour exemple que l'apostrophe à l'île de la Conférence, où s'était conclu le mariage de l'infante Marie-Thérèse d'Autriche avec Louis XIV. L'oraison funèbre de cette reine et celle du chancelier Le Tellier ne sont pas en général de la même force que les quatre autres. Le sujet n'en était ni aussi riche ni aussi intéressant : il convenait de le relever autant qu'il était possible par les ornements de l'art : c'est là qu'ils étaient bien placés. L'île de la Conférence à l'époque du mariage de Louis XIV,

l'entrevue de Mazarin et de Louis de Haro, étaient des accessoires importants pour l'orateur : ils donnent lieu à un morceau où les figures ont autant d'éclat qu'il soit possible: « Ile pacifique où se
« doivent terminer les différends de deux grands
« empires à qui tu sers de limite ; île éternellement
« mémorable par les conférences de deux grands
« ministres, où l'on vit développer toutes les
« adresses et tous les secrets d'une politique si dif-
« férente, où l'un se donnait du poids par sa len-
« teur, et l'autre prenait l'ascendant par sa péné-
« tration : auguste journée, où deux fières nations
« long-temps ennemies, et alors réconciliées par
« Marie-Thérèse, s'avancent sur leurs confins, leurs
« rois à leur tête, non plus pour se combattre,
« mais pour s'embrasser ; où ces deux rois avec
« leur cour, d'une grandeur, d'une politesse et
« d'une magnificence, aussi bien que d'une con-
« duite si différente, furent l'un à l'autre et à tout
« l'univers un si grand spectacle ; fêtes sacrées,
« mariage fortuné, voile nuptial, bénédiction, sa-
« crifice, puis-je mêler aujourd'hui vos cérémonies
« et vos pompes avec ces pompes funèbres, et le
« comble des grandeurs avec leurs ruines? »

Quant à ce pathétique noble qui vient de l'âme, et qu'il faut distinguer de ce pathétique doux qui vient du cœur, vous en avez vu des traits dans presque tout ce que j'ai cité : il est essentiel à l'oraison funèbre, et Bossuet en est rempli. Mais c'est sur-tout dans celle du grand Condé, et dans la péroraison qui la termine, qu'il s'est surpassé en cette

partie. C'était aussi celle où triomphait Cicéron ; mais il n'a aucune péroraison supérieure à celle-ci, qui réunit, ce me semble, toutes les sortes de beautés : « Venez, peuples, venez maintenant ; mais
« venez plutôt, princes et seigneurs, et vous qui
« jugez la terre, et vous qui ouvrez aux hommes
« les portes du ciel; et vous, plus que tous les
« autres, princes et princesses, nobles rejetons de
« tant de rois, lumières de la France, mais aujour-
« d'hui obscurcies et couvertes de votre douleur
« comme d'un nuage, venez voir le peu qui nous
« reste d'une si auguste naissance, de tant de
« grandeur, de tant de gloire. Jetez les yeux de
« toutes parts : voilà tout ce qu'a pu faire la magni-
« ficence et la piété pour honorer un héros : des
« titres, des inscriptions, vaines marques de ce
« qui n'est plus ; des figures qui semblent pleurer
« autour d'un tombeau, et de fragiles images d'une
« douleur que le temps emporte avec tout le reste;
« des colonnes qui semblent vouloir porter jusqu'au
« ciel le magnifique témoignage de notre néant[*]; et
« rien enfin ne manque dans tous ces honneurs que
« celui à qui on les rend. Pleurez donc sur ces faibles
« restes de la vie humaine, pleurez sur cette triste
« immortalité que nous donnons aux héros. Mais
« approchez en particulier, ô vous qui courez
« avec tant d'ardeur dans la carrière de la gloire,

---

[*] Racine le fils a ainsi rendu cette pensée de Bossuet :

Que de riches tombeaux élevés en tous lieux,
Superbes monuments, qui *portent jusqu'aux cieux*
Du néant des humains l'orgueilleux témoignage.

« âmes guerrières et intrépides ! quel autre fut plus
« digne de vous commander? Mais dans quel autre
« avez-vous trouvé le commandement plus honnête?
« Pleurez donc ce grand capitaine, et dites tous en
« gémissant : Voilà celui qui nous menait dans les
« hasards; sous lui se sont formés tant de renommés
« capitaines que ses exemples ont élevés aux pre-
« miers honneurs de la guerre; son ombre eût pu
« encore gagner des batailles, et voilà que dans son
« silence son nom même nous anime; et ensemble
« il nous avertit que, pour trouver à la mort quelque
« reste de nos travaux, et n'arriver pas sans res-
« sources à notre éternelle demeure, avec les rois
« de la terre il faut encore servir le roi du ciel.
« Servez donc ce roi immortel et si plein de misé-
« ricorde, qui vous comptera un soupir et un verre
« d'eau donné en son nom, plus que tous les autres
« ne feront jamais pour tout votre sang répandu,
« et commencez à compter le temps de vos utiles
« services du jour que vous vous serez donnés
« à un maître si bienfaisant. Et vous, ne vien-
« drez-vous pas à ce triste monument, vous,
« dis-je, qu'il a bien voulu metttre au rang de
« ses amis? Tous ensemble, à quelque degré de
« sa confiance qu'il vous ait reçus, environnez ce
« tombeau, versez des larmes avec des prières; et
« admirant dans un si grand prince une amitié si
« *commode* et un commerce si doux, conservez le
« souvenir d'un héros dont la bonté avait égalé le
« courage. Ainsi puisse-t-il toujours vous être un
« cher entretien ! ainsi puissiez-vous profiter de ses

« vertus! et que sa mort que vous déplorez vous
« serve à la fois de consolation et d'exemple! Pour
« moi, s'il m'est permis, après tous les autres, de
« venir rendre les derniers devoirs à ce tombeau,
« ô prince! le digne sujet de nos louanges et de
« nos regrets, vous vivrez éternellement dans ma
« mémoire; votre image y sera tracée, non point
« avec cette audace qui promettait la victoire; non,
« je ne veux rien voir en vous de ce que la mort
« y efface : vous aurez dans cette image des traits
« immortels : je vous y verrai tel que vous y étiez à
« ce dernier jour, sous la main de Dieu, lorsque
« sa gloire commença à vous apparaître. C'est là
« que je vous verrai plus triomphant qu'à Fribourg
« et à Rocroi; et, ravi d'un si beau triomphe, je
« dirai en actions de graces ces belles paroles du
« bien-aimé disciple : *Et hæc est victoria quæ vin-*
« *cit mundum, fides nostra.* (I. Joan. *Epist.* V,.4.)
« *La véritable victoire, celle qui met sous nos pieds*
« *le monde entier, c'est notre foi.* Jouissez, prince,
« de cette gloire; jouissez-en éternellement par l'im-
« mortelle vertu de ce sacrifice. Agréez ces derniers
« efforts d'une voix qui vous fut connue, vous met-
« trez fin à tous ces discours. Au lieu de déplorer la
« mort des autres, grand prince, dorénavant je
« veux apprendre de vous à rendre la mienne sainte:
« heureux si, averti par ces cheveux blancs du
« compte que je dois rendre de mon administration,
« je réserve au troupeau que je dois nourrir de la
« parole de vie les restes d'une voix qui tombe et
« d'une ardeur qui s'éteint! »

Quel mélange de douceur et d'onction, de noblesse et de simplicité! Avouons que l'éloquence ne peut pas aller plus loin; avouons que la renommée, qui a consacré depuis un siècle le nom de Bossuet, n'a pas été une infidèle dispensatrice de la gloire. Figurons-nous ce grand homme, aussi vénérable par son âge et sa belle figure que par ses talents et ses dignités, prononçant ces dernières paroles devant une cour accoutumée à recueillir avec respect toutes celles qui sortaient de sa bouche, et mêlant l'idée de sa mort prochaine à celle du héros qu'il venait de célébrer : combien ce retour sur lui-même dut paraître touchant! Sans m'arrêter à toutes les beautés de cette sublime péroraison, je ne puis m'empêcher du moins d'en observer une qui peut-être n'est pas très frappante par elle-même, mais qui pourtant me paraît digne de remarque par la place où elle est: c'est, je l'avouerai, ce *verre d'eau donné* au pauvre, mis en opposition avec toute la gloire du grand Condé. Jamais, ce me semble, un homme ordinaire n'eût osé risquer, même en chaire, ce contraste hasardeux; mais Bossuet a senti que cette citation, toute vulgaire qu'elle pouvait être, était non-seulement autorisée par l'Évangile, mais encore ennoblie par l'humanité, à qui l'on ne pouvait rendre un plus bel hommage que de la mettre au-dessus de toute la grandeur de Condé; et j'avoue que je ne saurais me défendre d'en savoir gré à l'auteur.

On a beaucoup parlé de ses prétendues inégalités; et sur-tout ceux qui ont affecté de poser en principe que le génie était *essentiellement inégal*, parce qu'au fond ils auraient bien voulu que leurs fautes de toute espèce fussent regardées comme des *inégalités de génie*, ont été jusqu'à rapprocher sous ce point de vue Corneille et Bossuet, qui ont entre eux d'autres rapports que j'ai indiqués, mais qui n'ont pas celui-là : il s'en faut de tout que Bossuet tombe jamais aussi bas que Corneille, et même il tombe très rarement. On ne peut pas donner le nom de chutes à quelques morceaux moins élevés que les autres, mais dont la simplicité n'a rien de répréhensible. En général, son éloquence est aussi saine qu'elle est forte; et que peut-on y reprendre, qu'un petit nombre d'expressions un peu familières, ou qui même ne le sont devenues qu'avec le temps? Par exemple, vous trouverez chez lui que la France commençait à donner *le branle* aux affaires de l'Europe. Ce mot qui est bas aujourd'hui ne l'était nullement alors. Il était employé en prose et en vers par les écrivains les plus élégants. Boileau disait en parlant de la fortune :

On me verra dormir au branle de sa roue.

Ce mot est fréquent dans Massillon même, qui écrivit long-temps après cette époque, et dans les vingt premières années de notre siècle. Ce n'est que de nos jours que, dans le style noble, ce terme a été remplacé par celui de *mouvement*, qui en lui-même ne vaut pas mieux pour la prose, et beaucoup moins pour la poésie : c'est un caprice de l'usage: « Le juste ne peut pas même ob-
« tenir que le monde le laisse en repos dans ce

« sentier solitaire et rude, où il *grimpe* plutôt
« qu'il ne marche. » Le mot propre était *gravit*,
qui est même plus expressif, puisque gravir c'est
grimper avec effort. Au sujet des troubles d'Angleterre, il s'exprime ainsi avec son énergie ordinaire : « Ces disputes n'étaient encore que de
« faibles commencements, par où des esprits turbu-
« lents faisaient comme un essai de leur liberté.
« Mais quelque chose de plus violent se remuait
« au fond des cœurs : c'était un dégoût secret de
« tout ce qui a de l'autorité, et une *démangeaison*
« d'innover sans fin. » *Démangeaison* est du style
familier : on pouvait mettre *et un besoin d'innover* *.

Il y a une autre sorte d'expressions familières
qui choqueraient dans un écrivain médiocre, parce
qu'elles tiendraient de la faiblesse, et qui plaisent
chez lui, d'abord parce qu'elles ne peuvent paraître une impuissance de dire mieux dans un
homme dont l'élocution est ordinairement si élevée ; ensuite parce qu'elles sont de nature à faire
sentir que leur extrême simplicité est ce qu'il y a
de mieux pour la force du sens et le dessein de

---

* N'y a-t-il pas un excès de délicatesse dans ces critiques, sur-tout dans la dernière ? le mot *démangeaison* n'est-il pas relevé par l'emploi qu'en fait Bossuet ? doit-il plus choquer que le mot *chatouiller*, par exemple, si heureusement employé par Corneille et par Racine dans les vers suivants :

L'aise de voir la terre à son pouvoir soumise
Chatouillait malgré lui son âme avec surprise.
(*Pompée*, act. III, sc. 1.)

Chatouillaient de mon cœur l'orgueilleuse faiblesse.
(*Iphigénie*, act. I, sc. 1.) H. P.

l'auteur. Un exemple me fera comprendre : *La voilà telle que la mort nous l'a faite*. Cette phrase en elle-même est du style familier : placez-la dans un discours faiblement écrit, elle fera rire. Dans Bossuet, elle est frappante de vérité et d'énergie. Pourquoi? c'est qu'après avoir dit sur le même sujet ce qu'il y a de plus relevé, il finit par ne trouver rien de plus expressif que cette locution vulgaire, il est vrai, mais qui rend si bien en un seul mot tout ce que la mort a fait de Madame, que les termes les plus choisis n'en diraient pas autant [*]. C'est ainsi que la valeur des termes dépend souvent de celle de l'auteur qui les emploie; et l'on pourrait dire, comme un proverbe de goût : Tant vaut l'homme, tant vaut la parole.

L'on a vu combien les taches sont légères et faciles à effacer : elles sont, je le répète, très clairsemées, même dans les deux oraisons funèbres qui, par la nature du sujet, devaient être inférieures aux autres, celles de Marie-Thérèse et de Le Tellier. Quant à la première, Louis XIV, au moment où elle mourut, en avait fait en une seule phrase le plus grand éloge possible : « Voilà, dit-il, le

---

[*] Pourquoi frissonne-t-on à ce mot si simple, *telle que la mort nous l'a faite*? C'est par l'opposition qui se trouve entre *ce grand cœur, cette princesse si admirée*, et cet accident inévitable de la mort, qui lui est arrivé comme à la plus misérable des femmes ; c'est parce que ce verbe *faire*, appliqué à la mort qui *défait* tout, produit une contradiction dans les mots et un choc dans les pensées qui ébranlent l'âme ; comme si, pour peindre cet événement malheureux, les termes avaient changé d'acception, et que le langage fut bouleversé comme le cœur.

CHATEAUBRIAND, *Génie du Christianisme*.

« premier chagrin qu'elle m'ait donné. » Le discours de Bossuet ne pouvait être que le développement de ce beau mot qui renferme le panégyrique le plus complet qu'un époux, et sur-tout un époux roi, puisse jamais faire de sa femme. Mais on sait que les vertus domestiques et modestes ne sont pas celles qui prêtent le plus à la grande éloquence, à celle qui s'adresse aux hommes rassemblés. Dans tout ce qui prétend aux grands effets, il faut quelque chose qui se rapproche du dramatique : des désastres, des révolutions, des scènes, des contrastes, voilà ce qui sert le mieux le poète, l'orateur, l'historien ; il semble que l'homme aime mieux être ému que d'être instruit : l'éloge de la simple vertu ressemble à un beau portrait : quelque parfaite qu'en soit l'exécution, il frappera beaucoup moins qu'une physionomie passionnée dans un tableau d'histoire ; et c'est encore là un des principes généraux par lesquels tous les arts se rapprochent les uns des autres.

A l'égard du chancelier Le Tellier, l'ouvrage de Bossuet offre ici un de ces exemples de l'exagération du panégyrique, contredite par la sévérité de l'histoire. Ce magistrat eut certainement des qualités estimables, et rendit des services au gouvernement dans le temps de la Fronde ; mais il ne sera jamais regardé comme un modèle de justice et de vertu. La part qu'il eut à la révocation de l'édit de Nantes pouvait, je l'avoue, n'être chez lui qu'une erreur, puisque ce fut celle de presque toute la France, et même de Bossuet, qui n'y voyait que le triomphe de la religion dominante. La postérité a pensé autrement, et l'on convient aujourd'hui que cette grande faute contre la politique en était une aussi contre le véritable esprit du christianisme, qui n'en reste pas moins ce qu'il est, même quand des chrétiens s'y trompent.

La France peut se vanter d'avoir en Bossuet son Démosthène, comme dans Massillon elle a son Cicéron; ainsi c'est à la religion que nous devons ce que la langue française a de plus parfait dans l'éloquence ; c'est à elle que nous devons *Athalie*, ce qu'il y a de plus parfait dans notre poésie; c'est à elle que nous devons le *Discours sur l'Histoire universelle*, le plus beau monument historique dans toutes les langues; c'est à elle que nous devons *les Provinciales*, le chef-d'œuvre de la critique; c'est à elle enfin que nous devons *les Œuvres philosophiques* de Fénelon, ce que nous avons de plus éloquent en philosophie. Voilà ce qu'a produit le siècle de la religion, qui a été celui du génie : que le nôtre avoue qu'il lui a été plus facile d'en être le détracteur que le rival, ou qu'il ose nous produire en concurrence les chefs-d'œuvre de l'impiété.

Bossuet, si supérieur dans ses Oraisons funèbres, ne l'est pas moins dans son *Discours sur l'Histoire universelle*, d'autant plus admirable, que l'éloquence de l'orateur ne prend jamais la place de celle de l'historien; mais il possède l'une comme l'autre. Nous n'avons en français rien de mieux écrit que cet ouvrage, qui n'avait point de modèle.

Voltaire a dit très ridiculement que Bossuet *n'a été que l'historien du peuple juif.* Non, il a été celui de la Providence, et personne n'en était plus digne que lui. Personne, sans exception, n'a mieux saisi l'enchaînement des causes secondes, quoiqu'il les rapporte toujours à la cause première. Chez lui tout est conséquent, et ses résultats moraux tirent leur évidence des faits. Sa pensée marche avec le temps et les évènements, depuis la naissance du monde jusqu'à nous, et jette à tout moment des traits de lumière qui éclairent tout et font tout voir, les siècles, les hommes et les choses.

La Harpe, *Cours de Littérature.*

MORCEAUX CHOISIS.

I. Cromwel.

Un homme s'est rencontré d'une profondeur d'esprit incroyable; hypocrite raffiné autant qu'habile politique; capable de tout entreprendre et de tout cacher; également actif et infatigable dans la paix et dans la guerre; qui ne laissait rien à la fortune de ce qu'il pouvait lui ôter par conseil et par prévoyance; mais au reste si vigilant et si prêt à tout, qu'il n'a jamais manqué les occasions qu'elle lui a présentées; enfin, un de ces esprits remuants et audacieux qui semblent être nés pour changer le monde.

Que le sort de tels esprits est hasardeux, et qu'il en paraît dans l'histoire à qui leur audace a été funeste! Mais aussi que ne sont-ils pas, quand il plaît à Dieu de s'en servir! Il fut donné à celui-ci de tromper les peuples, et de prévaloir contre les rois. Car, comme il eut aperçu que, dans ce mélange infini de sectes qui n'avaient plus de règles certaines, le plaisir de dogmatiser, sans être repris ni contraint par aucune autorité ecclésiastique ni séculière, était le charme qui possédait les esprits, il sut si bien les concilier par là, qu'il fit un corps redoutable de cet assemblage monstrueux.

Quand une fois on a trouvé le moyen de prendre la multitude par l'appât de la liberté, elle suit en aveugle, pourvu qu'elle en entende seulement le nom. Ceux-ci, occupés du premier objet qui les avait transportés, allaient toujours, sans regarder qu'ils allaient à la servitude; et leur subtil conducteur, qui, en combattant, en dogmatisant, en mêlant mille personnages divers, en faisant le docteur et le prophète, aussi bien que le soldat et le capitaine, vit qu'il avait tellement enchanté le monde, qu'il était regardé de toute l'armée comme un chef envoyé de Dieu pour la protection de l'indépendance, commença à s'apercevoir qu'il pouvait encore les pousser plus loin. C'était le conseil de Dieu d'instruire les rois. Quand ce grand Dieu a choisi quelqu'un pour être l'instrument de ses desseins, rien n'en arrête le cours; ou il enchaîne, ou il aveugle, ou il dompte tout ce qui est capable de résistance.

Oraison funèbre de la reine d'Angleterre.

II. Turenne et Condé.

Ça été, dans notre siècle, un grand spectacle de voir, dans le même temps et dans les mêmes campagnes, ces deux hommes que la voix commune de toute l'Europe égalait aux plus grands capitaines des siècles passés, tantôt à la tête de corps séparés, tantôt unis, plus encore par le concours des mêmes pensées, que par les ordres que l'inférieur recevait de l'autre; tantôt opposés front à front, et redoublant, l'un dans l'autre, l'activité et la vigilance, comme si Dieu, dont souvent, selon l'Écriture, la sagesse se joue dans l'univers, eût voulu nous les montrer en toutes les formes, et nous montrer ensemble tout ce qu'il peut faire des hommes. Que de campements, que de belles marches, que de hardiesse, que de précautions, que de périls, que de ressources! Vit-on jamais en deux hommes les mêmes vertus, avec des caractères si divers, pour ne pas dire si contraires?

L'un paraît agir par des réflexions profondes, et l'autre par de soudaines illuminations : celui-ci par conséquent plus vif, mais sans que son feu eût rien de précipité; celui-là d'un air froid, sans jamais avoir rien de lent, plus hardi à faire qu'à parler, résolu et déterminé au dedans, lors même qu'il paraissait embarrassé au dehors. L'un, dès qu'il paraît dans les armées, donne une haute idée de sa valeur, et fait attendre quelque chose d'extraordinaire, mais toutefois s'avance par ordre, et vient comme par degrés aux prodiges qui ont fini le cours de sa vie; l'autre, comme un homme inspiré, dès sa première bataille, s'égale aux maîtres les plus consommés. L'un, par de vifs et continuels efforts, emporte l'admiration du genre humain, et fait taire l'envie; l'autre jette d'abord une si vive lumière, qu'elle n'osait l'attaquer. L'un enfin, par la profondeur de son génie et les incroyables ressources de son courage, s'élève au-dessus des plus grands périls, et sait même profiter de toutes les infidélités de la fortune; l'autre, et par l'avantage d'une si haute naissance, et par ces grandes pensées que le Ciel envoie, et par une espèce d'instinct admirable dont les hommes ne connaissent pas le secret, semble né pour entraîner la fortune dans ses desseins et forcer les destinées.

Et afin que l'on vît toujours dans ces deux hommes de grands caractères, mais divers, l'un, emporté d'un coup soudain, meurt pour son pays, comme un Judas le Machabée ; l'armée le pleure comme un père, et la cour et tout le peuple gémissent; sa piété est louée comme son courage, et sa mémoire ne se flétrit point par le temps: l'autre, élevé par les armes au comble de la gloire comme un David, comme lui meurt dans son lit, en publiant les louanges de Dieu et instruisant sa famille, et laisse tous les cœurs remplis tant de l'éclat de sa vie que de la douceur de sa mort. Quel spectacle de voir et d'étudier ces deux hommes, et d'apprendre de chacun d'eux toute l'estime que méritait l'autre !

Oraison funèbre du prince de Condé.

III. Bataille de Rocroi.

A la nuit qu'il fallut passer en présence des ennemis, comme un vigilant capitaine, le duc d'Enghien reposa le dernier ; mais jamais il ne reposa plus paisiblement. A la veille d'un si grand jour, et dès la première bataille, il est tranquille, tant il se trouve dans son naturel; et on sait que le lendemain, à l'heure marquée, il fallut réveiller d'un profond sommeil cet autre Alexandre. Le voyez-vous comme il vole ou à la victoire ou à la mort? Aussitôt qu'il eut porté de rang en rang l'ardeur dont il était animé, on le vit presque en même temps pousser l'aile droite des ennemis, soutenir la nôtre ébranlée, rallier les Français à demi vaincus, mettre en fuite l'Espagnol victorieux, porter partout la terreur et étonner de ses regards étincelants ceux qui échappaient à ses coups.

Restait cette redoutable infanterie de l'armée d'Espagne, dont les gros bataillons serrés, semblables à autant de tours, mais à des tours qui sauraient réparer leurs brèches, demeuraient inébranlables au milieu de tout le reste en déroute, et lançaient des feux de toutes parts. Trois fois le jeune vainqueur s'efforça de rompre ces intrépides combattants, trois fois il fut repoussé par le valeureux comte de Fontaines, qu'on voyait porté dans sa chaise, et, malgré ses infirmités, montrer qu'une âme guerrière est maîtresse du corps qu'elle anime; mais enfin il faut céder. C'est en vain qu'à travers des bois, avec sa cavalerie toute fraîche, Beck précipite sa marche pour tomber sur nos soldats épuisés: le prince l'a prévenu; les bataillons enfoncés demandent quartier; mais la victoire va devenir plus terrible pour le duc d'Enghien que le combat.

Pendant qu'avec un air assuré il s'avance pour

recevoir la parole de ces braves gens, ceux-ci toujours en garde, craignent la surprise de quelque nouvelle attaque; leur effroyable décharge met les nôtres en furie. On ne voit plus que carnage; le sang enivre le soldat, jusqu'à ce que ce grand prince, qui ne put voir égorger ces lions comme de timides brebis, calma les courages émus, et joignit au plaisir de vaincre celui de pardonner. Quel fut alors l'étonnement de ces vieilles troupes et de leurs braves officiers, lorsqu'ils virent qu'il n'y avait plus de salut pour eux que dans les bras du vainqueur! De quels yeux regardèrent-ils le jeune prince, dont la victoire avait relevé la haute contenance, à qui la clémence ajoutait de nouvelles graces! Qu'il eût encore volontiers sauvé la vie au brave comte de Fontaines! Mais il se trouva par terre, parmi ces milliers de morts dont l'Espagne sent encore la perte. Elle ne savait pas que le prince qui lui fit perdre tant de ses vieux régiments à la journée de Rocroi, en devait achever les restes dans les plaines de Lens. Ainsi la première victoire fut le gage de beaucoup d'autres. Le prince fléchit le genou; et, dans le champ de bataille, il rendit au Dieu des armées la gloire qu'il lui envoyait. Là, on célébra Rocroi délivrée, les menaces d'un redoutable ennemi tournées à sa honte, la régence affermie, la France en repos; et un règne qui devait être si beau, commencé par un si heureux présage.

Ibid.

IV. La France sous le règne de la Fronde.

Que vois-je durant ce temps? quel trouble, quel affreux spectacle se présente ici à mes yeux? La monarchie ébranlée jusqu'aux fondements ; la guerre civile, la guerre étrangère, a lieu au dedans et au dehors; les remèdes de tous côtés plus dangereux que les maux ; les princes arrêtés avec grand péril, et délivrés avec un péril plus grand encore ; ce prince, que l'on regardait comme le héros de son siècle, rendu inutile à sa patrie dont il avait été le soutien, et ensuite; je ne sais comment, contre sa propre inclination, armé contre elle ; un ministre persécuté et devenu nécessaire, non-seulement par l'importance de ses services, mais encore par les malheurs où l'autorité souveraine était engagée. Que dirai-je? étaient-ce là de ces tempêtes par où le ciel a besoin de se décharger quelquefois ? Et le calme profond de nos jours devait-il être précédé par de tels orages? ou bien étaient-ce les derniers efforts d'une liberté remuante qui avait cédé la place à l'autorité légitime? ou bien était-ce comme un travail de la France, prête à enfanter le règne miraculeux de Louis? Non, non, c'est Dieu qui voulait montrer qu'il donne la mort, et qu'il ressuscite ; qu'il plonge jusqu'aux enfers, et qu'il en retire ; qu'il secoue la terre et la brise, et qu'il guérit en un moment toutes ses brisures.

Oraison funèbre de la princesse Palatine.

V. La mort d'Alexandre.

Alexandre fit son entrée dans Babylone avec un éclat qui surpassait tout ce que l'univers avait jamais vu..... Pour rendre son nom plus fameux que celui de Bacchus, il entra dans les Indes, où il poussa ses conquêtes plus loin que ce célèbre vainqueur; mais celui que les déserts, les fleuves et les montagnes n'étaient pas capables d'arrêter, fut contraint de céder à ses soldats rebutés qui lui demandaient du repos : réduit à se contenter des superbes monuments qu'il laissa sur les bords de l'Araspe, il ramena son armée par une autre route que celle qu'il avait tenue, et dompta tous les pays qu'il trouva sur son passage.

Il revint à Babylone craint et respecté, non pas comme un conquérant, mais comme un dieu; mais cet empire formidable qu'il avait conquis ne dura pas plus long-temps que sa vie, qui fut courte ; à l'âge de trente-trois ans, au milieu des plus vastes desseins qu'un homme eût jamais conçus, et avec les plus justes espérances d'un heureux succès, il mourut sans avoir eu le loisir d'établir ses affaires, laissant un frère imbécile, et des enfants en bas âge incapables de soutenir un si grand poids.

Mais ce qu'il y avait de plus funeste pour sa maison et pour son empire, est qu'il laissait des capitaines à qui il avait appris à ne respirer que l'ambition de la guerre. Il prévit à quels excès ils se porteraient quand il ne serait plus au monde; pour les retenir, ou de peur d'en être dédit, il n'osa nommer ni son successeur, ni le tuteur de ses enfants. Il prédit seulement que ses amis célébreraient ses funérailles par des batailles sanglantes, et il expira à la fleur de son âge, plein des tristes images de la confusion qui devait suivre sa mort. Son empire fut partagé, toute sa maison fut exterminée, et la Macédoine, l'ancien royaume de ses ancêtres, passa à une autre famille. Ainsi ce conquérant, le plus renommé et le plus illustre qui fut jamais, a été le dernier roi de sa race. S'il fût demeuré paisible dans la Macédoine, la grandeur de son empire n'aurait pas tenté ses capitaines, et il aurait pu laisser à ses enfants le royaume de ses pères ; mais, parce qu'il avait été trop puissant, il fut la cause de la perte des siens. *Et voilà le fruit glorieux de tant de conquêtes !*

Discours sur l'Histoire universelle, IIIe partie.

VI. La majesté royale.

Je n'appelle pas majesté cette pompe qui environne les rois, ou cet éclat extérieur qui éblouit le vulgaire : c'est le rejaillissement de la majesté, et non pas la majesté elle-même. La majesté est l'image de la grandeur de Dieu dans le prince. Le prince, en tant que prince, n'est pas regardé comme un homme particulier, c'est un personnage public ; tout l'état est en lui ; la volonté de tout le peuple est renfermée dans la sienne. Quelle grandeur, qu'un seul homme en contienne tant ! La puissance de Dieu se fait sentir, en un instant, de l'extrémité du monde à l'autre. La puissance royale agit en même temps dans tout le royaume ; elle tient tout le royaume en état, comme Dieu y tient tout le monde. Que Dieu retire sa main, le monde retombera dans le néant. Que l'autorité cesse dans le royaume, tout sera en confusion. Ramassez tout ce qu'il y a de grand et d'auguste; voyez un peuple immense réuni en une seule personne; voyez cette puissance sacrée, paternelle et absolue; voyez la raison secrète qui gouverne tout le corps de l'état, renfermée dans une seule tête; vous voyez l'image de Dieu, et vous avez l'idée de la majesté royale. Oui, Dieu l'a dit: VOUS ÊTES DES DIEUX; mais, ô dieux de chair et de sang! ô dieux de boue et de poussière, vous mourrez comme des hommes! O rois! exercez donc hardiment votre puissance, car elle est divine et salutaire au genre humain; mais exercez-la avec humilité, car elle vous est appliquée par le dehors; au fond, elle vous laisse faibles, elle vous laisse mortels, et elle vous charge devant Dieu d'un plus grand compte.

Éducation de Mgr. le dauphin.

VII. Rapidité de la Vie.

La vie humaine est semblable à un chemin dont l'issue est un précipice affreux : on nous en avertit dès les premiers pas; mais la loi est prononcée, il faut avancer toujours. Je voudrais retourner sur mes pas : *marche, marche.* Un poids invincible, une force invincible nous entraîne; il faut sans cesse avancer vers le précipice. Mille traverses, mille peines nous fatiguent et nous inquiètent dans la route : encore si je pouvais éviter ce précipice affreux! Non, non, il faut marcher, il faut courir, telle est la rapidité des années. On se console pourtant, parce que de temps en temps on rencontre des objets qui nous divertissent, des eaux courantes, des fleurs qui passent. On voudrait arrêter : *marche, marche*. Et cependant on voit tomber derrière soi tout ce qu'on avait passé : fracas effroyable, inévitable ruine ! On se console, parce qu'on emporte quelques fleurs cueillies en passant, qu'on voit se faner entre ses mains du matin au soir, quelques fruits qu'on perd en les goûtant. Enchantement ! Toujours entraîné, tu approches du gouffre. Déjà tout commence à s'effacer; les jardins moins fleuris, les fleurs moins brillantes, leurs couleurs moins vives, les prairies moins riantes, les eaux moins claires, tout se ternit, tout s'efface. L'ombre de la mort se présente ; on commence à sentir l'approche du gouffre fatal. Mais il faut aller sur le bord : encore un pas. Déjà l'horreur trouble les sens, la tête tourne, les yeux s'égarent : il faut marcher. On voudrait retourner en arrière, plus de moyen, tout est tombé, tout est évanoui, tout est échappé.

Sermon pour le jour de Pâques.

VIII. Dieu considéré comme créateur.

Dieu dit : Que la lumière soit, et la lumière fut. Le roi dit qu'on marche, et l'armée marche; qu'on fasse telle évolution, et elle se fait : toute une armée se remue au seul commandement d'un prince, c'est-à-dire à un seul petit mouvement de ses lèvres. C'est, parmi les choses humaines, l'image la plus excellente de la puissance de Dieu; mais au fond, que cette image est défectueuse! Dieu n'a point de lèvres à remuer; Dieu ne frappe point l'air avec une langue pour en tirer quelque son; Dieu n'a qu'à vouloir en lui-même, et tout ce qu'il veut éternellement s'accomplit comme il l'a voulu, et au temps qu'il l'a marqué.

Il dit donc * : Que la lumière soit, et elle fut ; qu'il y ait un firmament, et il y en eut un ; que les eaux s'assemblent, et elles furent assemblées; qu'il s'allume deux grands luminaires, et ils s'allumèrent; qu'il sorte des animaux, et il en sortit : et ainsi du reste. Il a dit, et les choses ont été faites; il a commandé, et elles ont été créées. Rien ne résiste à sa voix, et l'ombre ne suit pas plus vite le corps, que tout suit au commandement du Tout-Puissant. Mais les corps jettent leur ombre nécessairement; le soleil envoie de même ses rayons; les eaux bouillonnent d'une source comme d'elles-mêmes, sans que la source les puisse retenir; la chaleur, pour ainsi parler, force le feu à la produire; car tout cela est soumis à une loi et à une cause qui les domine. Mais vous, ô loi suprême, ô cause des causes! supérieur à vos ouvrages, maître de votre action, vous n'agissez hors de vous qu'autant qu'il vous plaît. Tout est également rien devant vos yeux : vous ne devez rien à personne, vous n'avez besoin de personne; vous ne produisez nécessairement que ce qui vous est égal; vous produisez tout le reste par pure bonté, par un commandement libre; non

* *Voyez le premier chapitre de la Genèse.*

de cette liberté changeante et irrésolue, qui est le partage de vos créatures, mais par une éternelle supériorité que vous exercez sur les ouvrages qui ne vous font ni plus grand ni plus heureux, et dont aucun, ni tous ensemble, n'ont droit à l'être que vous leur donnez.

Connaissance de Dieu et de soi-même.

IX. La Providence.

Que je méprise ces philosophes qui, mesurant les conseils de Dieu à leurs pensées, ne le font auteur que d'un certain ordre général, d'où le reste se développe comme il peut! comme s'il avait, à notre manière, des vues générales et confuses, et comme si la souveraine intelligence pouvait ne pas comprendre dans ses desseins les choses particulières qui seules subsistent véritablement. N'en doutons pas, Dieu a préparé dans son conseil éternel les premières familles qui sont la source des nations, et, dans toutes les nations, les qualités dominantes qui devaient en faire la fortune. Il a aussi ordonné dans les nations les familles particulières dont elles sont composées, mais principalement celles qui devaient gouverner ces nations, et en particulier dans ces familles, tous les hommes par lesquels elles devaient ou s'élever, ou se soutenir, ou s'abattre : jusqu'à quel degré, et jusqu'à quel temps? Il le sait, et nous l'ignorons.

Ce long enchaînement des causes particulières qui font et défont les empires, dépend des ordres secrets de la divine Providence. Dieu tient, du plus haut des cieux, les rênes de tous les royaumes ; il a tous les cœurs en sa main ; tantôt il retient les passions, tantôt il leur lâche la bride, et par là il remue tout le genre humain. Veut-il faire des conquérants, il fait marcher l'épouvante devant eux, et il inspire à eux et à leurs soldats une hardiesse invincible. Veut-il faire les législateurs, il leur envoie son esprit de sagesse et de prévoyance; il leur fait prévenir les maux qui menacent les états, et poser les fondements de la tranquillité publique. Il connaît la sagesse humaine, toujours courte par quelque endroit : il l'éclaire, il étend ses vues, et puis il l'abandonne à ses ignorances : il l'aveugle, il la précipite, il la confond par elle-même : elle s'enveloppe, elle s'embarrasse dans ses propres subtilités, et ses précautions lui sont un piège. Dieu exerce par ce moyen ses redoutables jugements selon les règles de sa justice toujours infaillible. C'est lui qui prépare les effets dans les causes les plus éloignées, et qui frappe ces grands coups dont le contre-coup porte si loin [*].

Oraisons funèbres.

BOUFFLERS (Stanislas, chevalier de), poète et littérateur, membre de l'Académie française, naquit à Lunéville, en 1737. Issu d'une des plus anciennes familles de Picardie, fils et petit-fils de Ma-

---

[*] Voyez l'exorde de l'*Oraison funèbre de la reine d'Angleterre*, ci-dessus, p. 348. Voyez encore la mort d'Henriette d'Angleterre, p 354; la péroraison de l'*Oraison funèbre du prince de Condé*, p. 367, et d'autres passages cités par La Harpe.

réchaux de France, le chevalier de Boufflers a imprimé à son nom un nouvel éclat d'un genre bien différent, mais non moins glorieux, dans un pays où l'esprit est aussi une puissance. La marquise de Boufflers, célèbre par ses agréments, et plus encore par les vers que Voltaire lui a consacrés, inspira de bonne heure à son fils ce goût recherché, ce ton d'aisance qui la caractérisaient; et, tandis que le jeune Boufflers s'essayait auprès d'elle dans tous ces arts aimables, qui sont, si j'ose le dire, la fleur de la civilisation; tandis que lancé, au milieu d'une société brillante, il y puisait ce qu'elle a de plus exquis, l'abbé Porquet, son instituteur, homme instruit et judicieux, lui donnait des notions plus exactes, le dirigeait vers des études moins superficielles. Très jeune encore, le chevalier de Boufflers était peintre, musicien et poète : il avait tout effleuré; avec de la naissance, de la fortune, beaucoup d'esprit, il n'en fallait pas tant pour réussir dans le monde; aussi obtint-il promptement tous les succès de la mode. Il devait, suivant le vœu de sa famille, embrasser l'état ecclésiastique; mais, avec la tournure quelque peu licencieuse de son imagination, il était plus apte à commander une compagnie de hussards : il quitta donc la robe pour l'épée, et fit la guerre de sept ans, après quoi il eut le commandement de Saint-Louis, au Sénégal. Rendu aux cercles de Paris, son véritable élément, la littérature des boudoirs trouva en lui son coryphée. Une foule de chansons, de légers madrigaux, de contes en vers et en prose, de jolis riens jaillirent de sa plume inépuisable. Il n'est personne qui ne relise avec intérêt son charmant conte d'*Aline*, mis en scène par Vial et Favières, musique de Berton. Parmi les plus aimables productions de Boufflers, on se plaît à citer son *Voyage à Genève et à Ferney*, écrit en vers et en prose. Si, dans quelques badinages de cet auteur, il se rencontre çà et là des traits trop libres, assez d'autres font aimer sa muse enjouée et féconde.

La révolution française surprit le chevalier de Boufflers au milieu des beaux esprits et des femmes. Nommé, en 1789, député aux états-généraux, et peu fait pour la gravité d'une telle époque, il s'attira quelquefois la plaisanterie qu'il avait si souvent déversée sur les autres. Toutefois, si ses talents ne furent pas à la hauteur d'une assemblée délibérante, sa conduite au moins fut celle d'un homme sage et conciliateur. Après la fatale journée du 10 août, il émigra en Prusse, et vécut à Berlin, où le prince Henri le fit recevoir de l'Académie. En 1800, il rentra en France, où il dut se trouver fort désorienté : ce n'était plus la France de nos rois; un petit nombre d'années avaient suffi pour changer totalement les habitudes de la nation; et l'élégant Boufflers eut à transiger avec le temps. Un séjour de huit années en Allemagne avait modifié le cours de ses idées ; son esprit flexible s'était empreint d'un germanisme qu'il répandit dans un ouvrage sur *le Libre Arbitre*, sorte d'élucubration métaphysique qui forme le plus bizarre contraste avec tous ses antécédents : pour la première fois Boufflers ennuya ses lecteurs. On doit d'ailleurs regretter que ce poète recommandable ait payé à la famille qui régnait alors un tribut déplacé de flatterie, dont l'anecdote suivante offre un exemple fâcheux. Le prince Jérôme étant de retour d'une expédition maritime assez insignifiante, M. de Boufflers le rencontra chez une des sœurs de Napoléon, et lui adressa ces vers impromptu :

Sur le front couronné de ce jeune vainqueur
J'admire ce qu'ont fait deux ou trois mois de guerre;
Je l'avais vu partir ressemblant à sa sœur,
Je le vois revenir ressemblant à son frère.

En 1804, M. de Boufflers fut admis à l'Institut, et y prononça, en 1805, l'*Éloge du maréchal de Brunswick*. Il publia depuis divers morceaux littéraires dans des feuilles périodiques. La mort l'a enlevé en 1815; il était âgé de soixante-dix-huit ans. On a publié les *OEuvres du chevalier de Boufflers*, en 8 vol. in-12, Paris, 1805.

H. Lemonnier.

JUGEMENTS.

I.

Le genre du chevalier de Boufflers est de n'en pas avoir. Il n'a jamais fait de vers pour en faire ; mais il a saisi le trait, le sel, le mot, le piquant et le côté plaisant dans les vers de société dont il est le dieu. Comment peut-on le comparer avec Voiture, guindé, entortillé, sec, froid et pointu, lui qui a une négligence charmante, de la gaieté dans chaque vers, des bêtises pleines d'esprit; et le meilleur ton, même dans le mauvais ton, qui ne se fait pas sentir?

Enfin il a une manière à lui tout seul de dire, et de ne dire que ce qu'il veut.

Le Prince de Ligne, *Anecdotes littéraires.*

II.

Quel homme a jeté plus d'éclat que M. de Boufflers? Qui jamais eut une jeunesse plus brillante? Les fleurs semblaient naître sous ses pas; les productions les plus agréables furent presque des jeux de son enfance; personne n'a réuni un plus grand nombre de ces talents aimables qui embellissent la société : la musique, la peinture, la poésie, tous les arts à la fois lui servaient de cortège; tous semblaient empressés à parer les caprices de l'esprit le plus vif et le plus enjoué. Ses vers légers étincellent; sa muse badine avec grace; il est le seul homme de nos jours qui n'ait pas dû craindre en ce genre la concurrence de Voltaire. La prose de ses petits contes ne le cède point à ses vers : toujours ingénieux, toujours piquant, il sait unir les graces de l'atticisme aux charmes du ton familier.

Mais plus on excelle dans un genre, plus il est difficile de réussir dans un autre : Gresset n'est plus reconnaissable quand il veut composer des discours académiques : le chantre de *Vert-Vert* n'est qu'un mauvais écrivain dans le *Discours sur l'Harmonie.* Sa Dissertation sur les changements de la langue, prononcée à l'Académie, parut tout-à-fait indigne d'un auteur si plein de goût. M. de Boufflers se soutient mieux dans l'essor philosophique qu'il a pris depuis quelque temps : on reconnaît toujours dans ces nouveaux essais un esprit délicat, une imagination féconde; mais on pourrait y reprendre une métaphysique un peu subtile, une profusion de lieux communs, qui semblent toujours accuser le vide ou la faiblesse des idées; un style trop fleuri, trop recherché, trop peu naturel.

DUSSAULT, *Annales littéraires*.

MORCEAUX CHOISIS.

I. Épître à Voltaire.

Je fus, dans mon printemps, guidé par la Folie,
Dupe de mes désirs et bourreau de mes sens:
    Mais s'il en était encor temps,
    Je voudrais bien changer de vie.
Soyez mon directeur ; donnez-moi vos avis ;
    Convertissez-moi, je vous prie :
    Vous en avez tant pervertis !
    Sur mes fautes je suis sincère,
Et j'aime presqu'autant les dire que les faire.

    Je demande grace aux Amours;
    Vingt beautés à la fois trahies,
    Et toutes assez bien servies,
En beaux moments, hélas ! ont changé mes beaux jours.
    J'aimais alors toutes les femmes ;
    Toujours brûlé de feux nouveaux,
Je prétendais d'Hercule égaler les travaux,
    Et sans cesse, auprès de ces dames,
Être l'heureux rival de cent heureux rivaux.
Je regrette aujourd'hui mes petits madrigaux,
Je regrette les airs que j'ai faits pour mes belles ;
    Je regrette vingt bons chevaux,
    Que, courant par monts et par vaux,
    J'ai, comme moi, crevés pour elles ;
    Et je regrette encore plus

Les utiles moments qu'en courant j'ai perdus.
Les neuf Muses ne suivent guère
Ceux qui suivent l'Amour. Dans le métier galant
Le corps est bientôt vieux, l'esprit long-temps enfant.
Mon esprit et mon corps, chacun pour son affaire,
Viennent chez vous, sans compliment,
L'esprit pour se former, le corps pour se refaire;
Je viens dans ce château voir mon oncle et mon père.
Jadis les chevaliers errants
Sur terre, après avoir long-temps cherché fortune,
Allaient retrouver dans la lune
Un petit flacon de bon sens :
Moi, je vous en demande une bouteille entière;
Car Dieu mit en dépôt chez vous
L'esprit dont il priva tous les sots de la terre,
Et toute la raison qui manque à tous les fous *.

<small>* Réponse de Voltaire :
  Croyez qu'un vieillard cacochyme,
  Chargé de soixante et dix ans,
  Doit mettre, s'il a quelque sens,
  Son corps et son âme au régime.
  Dieu fit la douce illusion
  Pour les heureux fous du bel âge,
  Pour les vieux fous l'ambition,
  Et la retraite pour le sage.
  Vous me direz qu'Anacréon,
  Que Chaulieu même et Saint-Aulaire,
  Tiraient encor quelque chanson
  De leur cervelle octogénaire :
  Mais ces exemples sont trompeurs;
  Quand les derniers jours de l'automne
  Laissent éclore quelques fleurs,
  On ne leur voit point les couleurs
  Et l'éclat que le printemps donne;
  Les bergères et les pasteurs
  N'en forment point une couronne
  La Parque, de ses vilains doigts,</small>

II. Les deux Pinçons. (Fable.)

Certain petit pinçon, né natif de sa cage,
  Du mieux qu'il pouvait, consolait
  Un de ses pareils, d'un autre âge,
  Que l'on avait pris au filet,
Et logé depuis peu sous le même grillage.
« Mon père, je vous plains, disait le jeune oiseau ;
« Mais de tant de regrets je ne vois pas la cause :
  « Manque-t-il ici quelque chose ?
« Ne nous donne-t-on pas notre millet, notre eau,
« Et le matin du sucre, et le soir du gâteau ?
  « La fille du logis nous aime,
  « On en juge à ses petits soins ;
  « Essayez de l'aimer de même ;
  « Alors qu'on aime on souffre moins.
  « Je sais, moi, qu'elle ne désire
  « Rien tant qu'adoucir votre ennui :

    Marquait d'un sept avec un trois
    La tête froide et peu pensante
    De Fleury, qui donna des lois
    A notre France languissante ;
    Il porta le sceptre des rois,
    Et le garda jusqu'à nonante.
    Régner est un amusement
    Pour un vieillard triste et pesant,
    De tout autre chose incapable :
    Mais vieux bel-esprit, vieux amant,
    Vieux chanteur est insupportable.
    C'est à vous, ô jeune Boufflers,
    A vous, dont notre Suisse admire
    Les crayons, la prose et les vers,
    Et les petits contes pour rire ;
    C'est à vous de chanter Thémire,
    Et de briller dans un festin,
    Animé du triple délire
    Des vers, de l'amour et du vin

« Elle vous parle, parlez-lui.
« De nos maux la crainte est le pire;
« Toute fille a d'ailleurs un ramage si doux,
« Qu'on la prendrait pour un de nous,
« Et c'est comme une sœur à qui l'on peut tout dire.
« Celle-ci prend soin de m'instruire,
« Et, grace à ses leçons, sans avoir voyagé,
« Vous n'imaginez pas la science que j'ai.
« Dès que j'ai sur mes flancs senti battre mes ailes,
« Voilà que le désir me prend
« De fuir vers ces forêts que vous dites si belles,
« Et qui doivent prêter leurs ombres maternelles
« A mille et mille oiseaux dont je me crois parent.
« Je fis ma confidence à ma seconde mère,
« Qui me répondit en pleurant :
« Pauvre petit ami ! quoi ! vous prétendez faire
« Dans les airs le métier de chevalier errant?
« Je sens, lui dis-je, en moi quelque chose de grand
« Qui n'annonce rien moins qu'un pinçon ordinaire;
« Je veux tenter fortune, et m'abandonne au sort.
« Des pinçons, mes aïeux, je veux voir la patrie :
« On se plaît au berceau de ceux de qui l'on sort.
« Pauvre petit ami ! dit encor mon amie,
« Vous allez en terre ennemie,
« Hélas ! pour y trouver la mort.
« Connaissez mieux les bois; la paix en est bannie :
« Le plus fort y domine, et le plus faible à tort;
« Et que peut espérer un pinçon, je vous prie,
« Dans le domaine du plus fort?
« Ces discours, j'en rougis, ont vaincu mon courage,
« Et j'ai fait, non sans quelque effort,
« Vœu de clôture dans ma cage.
« En effet, dans nos bois on ne vit qu'à demi;

« Là, jamais de vos ans la trame n'est complète,
« Et la race pinçonne, à l'escrime peu faite,
« A toute heure y rencontre un nouvel ennemi.
« Vers minuit sous la feuille êtes-vous endormi,
« Gare le chat-huant, et gare la belette !
« Au lever du soleil, l'oiseleur a son tour :
« Si vous vous éloignez des pièges qu'il vous dresse,
« Au chasseur échappé, vous trouvez le vautour.....
« Toujours fuir ! A ce prix la vie est par trop chère.
« Mais c'est peu du péril auprès de la misère :
  « Tantôt la soif, tantôt la faim ;
« Point d'eau dans les chaleurs, en hiver point de grain ;
  « Et puis le grand air est mal sain,
  « A ce que dit Mademoiselle.
« On change de climat du soir au lendemain ;
« Samedi l'on brûlait, et dimanche l'on gèle.....
« Dites si l'on m'a fait un rapport infidèle ;
  « Et croyez-vous, d'après cela,
  « Qu'on soit plus mal ici que là ?
« Mais vous restez muet : répondez donc, mon maître.
« Ami, dit le captif encor plus attristé,
  « Sois heureux, puisque tu peux l'être
  « Dans la prison qui t'a vu naître ;
  « Moi, j'ai connu la liberté. »

III. Le Fils naturel.
Romance élégiaque.

O toi qui n'eus jamais dû naître,
Gage trop cher d'un fol amour,
Puisses-tu jamais ne connaître
L'erreur qui te donna le jour !
  Que ton enfance
  Goûte en silence
Le bonheur qui pour elle est fait,

BOUFFLERS.

      Et que l'envie
      Toute sa vie
Ignore ou taise ton secret.

La nature, au nom de ta mère,
Va t'offrir ses premiers bienfaits;
Un air pur, un lait salutaire,
De doux fruits, un ombrage frais.
    Que ton enfance, etc.

Renonce au nom, à l'opulence;
C'est l'honneur qui t'en fait la loi.
Ne crains pourtant pas l'indigence;
L'Amour l'écartera de toi.
    Que ton enfance, etc.

Souvent une main inconnue
T'offrira quelque don nouveau;
En secret une mère émue
Viendra pleurer sur ton berceau.
      Connais ta mère,
      L'honneur sévère
Lui défend de se découvrir.
      Mais par tendresse,
      Ou par faiblesse,
Une mère aime à se trahir.

D'un air plus touchant et plus tendre
Peut-être un jour tu la verras
Tour à tour dans ses bras te prendre,
Et te remettre entre mes bras.
    Connais ta mère, etc.

IV. Madrigal.

Le premier jour que je la vis,
J'aperçus sa beauté, mais je n'aperçus qu'elle;
Et le jour que je l'entendis,

Je la trouvai bien plus que belle :
J'admirai son esprit, je louai ses attraits,
Sans penser que mon âme en serait enflammée.
Si j'avais su d'abord combien je l'aimerais,
Je ne l'aurais jamais aimée.

V. Vers impromptu, donnés au prince Henri de Prusse pendant l'opéra de *Castor et Pollux*, par un enfant à qui ce prince demandait s'il était né d'un œuf, comme les deux personnages de cet opéra.

Ma naissance n'a rien de neuf ;
J'ai suivi la commune règle :
Je me croirais sorti d'un œuf,
Si comme vous j'étais un aigle.

VI. Épigramme.

Ami, si tu n'as rien, n'attends rien de personne :
Les riches sont ici les gueux à qui l'on donne.

Trad. de MARTIAL.

VII. Merveilles de la Nature, même dans les plus petits objets.

Prenez une loupe, et voyez la nature redoubler, pour ainsi dire, de soins à mesure que ses ouvrages diminuent de volume. Voyez l'or, la pourpre, l'azur, la nacre et tous les émaux dont elle embellit quelquefois la cuirasse du plus vil insecte. Voyez le réseau chatoyant dont elle tapisse l'aile du ciron. Voyez cette multitude d'yeux, ce diadème clairvoyant dont elle s'est plu à ceindre la tête de la mouche. Il semble à qui contemple la création sous tous ses rapports, que la délicatesse essaie partout de l'emporter sur la magnificence. L'œil de la baleine ou de l'éléphant présente à l'examen des détails que leur petitesse dérobe à l'œil de l'observateur ; et ces détails ne sont pas, à beaucoup près, les derniers où le travail s'arrête; et ces mêmes parties, et celles dont elles se composent, se retrouvent dans la rétine, dans la cornée du moucheron, que dis-je? de l'animalcule, dont avant les inventions de l'optique on n'avait pas soupçonné l'existence!

A mesure que le microscope s'est perfectionné, on a vu la vie poindre de toutes parts. Les moindres atomes sont devenus des mondes habités, et les moindres gouttes de liqueur, des mers poissonneuses, et tous ces êtres imprévus ont des organes dont les moindres pièces sont à leurs masses totales dans les mêmes proportions que chez les animaux gigantesques : car enfin ils ont leurs besoins, leurs intérêts, leur instinct, leurs mœurs, leurs amours, leurs guerres; ils s'agitent, ils se nourrissent, ils se conservent, ils se reproduisent. C'est un monde aussi réel que le nôtre, aussi ancien que le nôtre; un monde qui a peut-être au-dessous de lui d'autres mondes qui lui sont ce qu'il est pour nous.

Oserez-vous croire, après cela, que la nature néglige quelque chose? Non, elle est la même en tout; et un tourbillon d'atomes confusément agités au gré du moindre souffle, n'est pas plus indifférent pour la puissance qui les régit, que tout un tourbillon solaire; un grain de poussière est pesé aussi rigoureusement dans le devis de la création que l'astre qui roule dans les cieux; il presse, il cède, il résiste, il influe sur ce qui l'entoure; il exerce, en raison de sa masse, tous les attributs qui appartiennent à la masse totale de la matière; la nature ne l'abandonnera pas plus au hasard que le globe de Jupiter ou de Saturne. En effet, supposez-le, ce grain, de plus ou de moins dans la somme totale des choses, tout s'en ressent, tout est changé, et l'univers cesse d'être ce qu'il est.

Le Libre Arbitre.

VIII. Lettre du chevalier de Boufflers à sa mère.

Me voici dans le charmant pays de Vaud; je suis au bord du lac de Genève, bordé d'un côté par les montagnes du Valais et de la Savoie, et de l'autre par de superbes vignobles dont on fait à cette heure la vendange. Les raisins sont énormes et excellents; ils croissent depuis le bord du lac jusqu'au sommet du mont Jura : en sorte que, d'un même coup d'œil, je vois des vendangeurs les pieds dans l'eau, et d'autres juchés sur des rochers à perte de vue. C'est une belle chose que le lac de Genève! il semble que l'Océan ait voulu donner à la Suisse son portrait en miniature. Imaginez une jatte de quarante lieues de tour, remplie de l'eau la plus claire que vous ayez jamais bue, qui baigne d'un côté les châtaigniers de la Savoie, et de l'autre les raisins du pays de Vaud. Du côté de la Savoie, la nature étale toutes ses horreurs, et de l'autre toutes ses beautés; le mont Jura est couvert de villes et de villages, dont la vigne couvre les toits et dont le lac mouille les murs; enfin, tout ce que je vois me cause une surprise qui dure encore pour les gens du pays. Mais ce qu'il y a de plus intéressant, c'est la simplicité des mœurs de la ville de Vevay. On ne m'y connaît que comme un peintre, et j'y suis traité partout comme à Nancy. Je vais dans toutes les sociétés; je suis écouté et admiré de beaucoup de gens qui ont plus de sens que moi; et j'y reçois des politesses, que j'aurais tout au plus à attendre de la Lorraine : l'âge d'or dure encore pour ces gens-là. Ce n'est pas la peine d'être grand seigneur pour se présenter chez eux, il suffit d'être homme. L'humanité est pour ce bon peuple-ci tout ce que la parenté serait pour un autre.

Il vient de m'arriver une aventure qui tiendrait sa place dans le meilleur roman. J'ai été chez une femme qu'on m'avait indiquée, pour lui demander de vouloir bien me procurer de l'ouvrage. Son mari l'a engagée, quoique vieille, à se faire peindre : j'ai parfaitement réussi. Pendant le temps du portrait, j'ai toujours mangé chez elle, et elle m'a fort bien traité. Ce matin, quand j'ai donné les derniers coups à l'ouvrage, le mari m'a dit: Monsieur, voilà un portrait parfait; il ne me reste plus qu'à vous satisfaire et à vous demander votre prix.

Je lui ai dit : Monsieur, on ne se juge jamais bien soi-même, le grand mérite se voit en petit, et le petit se voit en grand. Personne ne s'apprécie, et il est plus raisonnable de se laisser juger par les autres: nos yeux ne nous sont pas donnés pour nous regarder.

Monsieur, m'a-t-il dit, votre façon de parler m'embarrasse autant que la bonté de votre portrait. Je trouve que, quelque chose que vous me demandiez, vous ne sauriez me demander trop.

Et moi, Monsieur, quelque peu que vous me donniez, je ne trouverai point que ce soit trop peu;

je vous prie de n'avoir de ce côté-là aucune honte, et de compter pour beaucoup les bons traitements que j'ai reçus de vous, dont je suis plus content que je ne le serai de quelque argent que je reçoive.

Monsieur, je vous devais au-delà des politesses que je vous ai faites, mais je vous dois encore infiniment pour le plaisir que vous m'avez fait.

Monsieur, si j'avais l'honneur d'être connu de vous, je hasarderais de vous en faire un présent, et ce n'est que pour vous obéir que je recevrai le prix que vous voudrez bien y mettre ; mais conformez-vous s'il vous plaît aux circonstances du pays qui n'est pas riche, et du peintre qui est plus reconnaissant qu'intéressé.

Monsieur, puisque vous ne voulez rien dire, je vais hasarder d'acquitter en partie ce que je vous dois.

A l'instant le pauvre homme va à son bureau, et revient la main pleine d'argent, me disant : Monsieur, c'est en tâtonnant que je cherche à satisfaire ma dette. Et en même temps il me remit 36 livres.

Monsieur, lui dis-je, souffrez que je vous représente que c'est trop pour un ouvrage de cinq heures au plus, fait en aussi bonne compagnie que la vôtre ; permettez que je vous en remette les deux tiers, et qu'en échange je donne à Madame votre portrait en pur don.

Le pauvre homme et la pauvre femme tombèrent des nues. J'ai ajouté beaucoup de choses honnêtes, et je m'en suis allé, emportant leurs bénédictions et leurs 12 livres que je leur rendrai à mon départ.

Il y a pourtant ici quelqu'un qui me connaît; c'est M. de Courvoisier, colonel-commandant du régiment d'Anhalt, qui était à Metz, sous les ordres de mon frère, et qui m'y a vu. Quand j'ai su qu'il était ici, j'ai été le chercher, et il m'a donné sa parole d'honneur du secret; il le garde même dans sa famille.

Il a un vieux père et une vieille mère, de cette ancienne pâte dont on a perdu la composition. Il a deux sœurs, dont l'une a quarante ans et l'autre vingt; la cadette est belle comme un ange; je la peins à cette heure, et elle n'est occupée qu'à me chercher des pratiques pour me faire gagner de l'argent.

Nous allons, M. Belpré et moi, dans toutes les assemblées sous le même nom, et nous voyons plus d'honnêtes gens dans une ville de trois mille habitants, qu'on n'en trouverait dans toutes les villes des provinces de la France. Sur trente ou quarante jeunes filles ou femmes, il ne s'en trouve pas quatre de laides.

Adieu, Madame; voilà une assez longue lettre. Si j'y ajoutais ce que j'ai toujours à vous dire de mon adoration pour vous, vous mourriez d'ennui. Mettez-moi aux pieds du roi; contez-lui mes folies, et annoncez-lui une de mes lettres où je voudrais bien lui manquer de respect, afin de ne le pas ennuyer. Les princes ont plus besoin d'être divertis qu'adorés.

BOUGEANT.

BOUGEANT (Guillaume-Hyacinthe), né à Quimper le 24 novembre 1690, reçu jésuite en 1706, professa successivement les humanités et l'éloquence à Caen, à Nevers et au collège de Louis-le-Grand, à Paris. En 1739, la publication d'un ouvrage, intitulé *Amusement philosophique sur le langage des bêtes*, le força d'abandonner cette retraite pour s'exiler à la Flèche. Cet agréable badinage, qui n'était au fond que l'exposition d'une fable indienne, scandalisa tous les esprits, ce qui n'empêcha pas l'Angleterre et l'Allemagne de lui accorder les honneurs de la traduction : et Ramsay, dans ses *Philosophical principes*, imprimés à Glascow en 1749, adopta comme un système vrai cette opinion que *les démons animent les brutes*, spirituellement avancée par le P. Bougeant dans sa débauche d'imagination. Elle lui causa bien des chagrins, et pour apaiser les critiques et les consciences alarmées, il se rétracta dans une lettre écrite à l'abbé de Savalette. Une édition de l'*Amusement philosophique*, précédé de la rétractation et de la critique, a été donnée par M. Née de la Rochelle en 1783. Bougeant était né avec des talents pour la politique. Il le prouva dans son *Histoire des Guerres et des Négociations* qui précédèrent le traité de Westphalie, sous le ministère de Richelieu et de Mazarin, 2 vol. in-12. On y remarque des faits curieux, de l'élégance et de la noblesse dans le style ; mais il se mit au rang de nos meilleurs historiens, par son *Histoire du Traité de Westphalie*, 1744, 2 vol. in-4° ou 4 vol. in-12. Il s'aida beaucoup dans la rédaction des *Mémoires du comte d'Avaux*, l'un des plénipotentiaires français. Le prince Eugène s'étonnait qu'un religieux eût pu si bien parler de l'art militaire et de la politique : cette histoire n'est cependant pas à l'abri de la critique ; on désirerait plus de clarté et de précision dans les narrations ; le détail des intrigues est souvent fastidieux. Cet ouvrage et le précédent ont été réunis et réimprimés en 6 vol. in-12, 1751. Les travaux et les chagrins abrégèrent les jours du P. Bougeant, qui mourut le 7 janvier 1743, âgé de 53 ans. L'enjouement de son caractère et ses profondes connaissances firent rechercher son amitié. On a encore de lui l'*Exposition de la Doctrine chrétienne, par demandes et par réponses*, divisée en trois catéchismes, l'historique, le dogmatique et le pratique, in-4°, et en 4 vol. in-12, 1741 ; un *Traité théologique sur la forme de l'Eucharistie*, in-12 ; le *Voyage merveilleux du prince Fanfédédin dans la Romancie*, Paris, 1735, in-12 ; critique du livre de l'*Usage des Romans*, de l'Englet-Dufresnoy. Il fut l'éditeur des *Mémoires de François-de-Paule de Clermont, marquis de Montglas*, Paris, 1727, 4 vol. in-12, et l'auteur d'*Anacréon et Sapho*, dialogue en vers grecs, Caen, 1712, in-8°. Enfin il a écrit contre les jansénistes trois comédies en prose : *la Femme docteur* ou *la Théologie en quenouille*, 1730, in-12 : *le Saint déniché* ou *la Banqueroute des marchands de miracles*, la Haye, 1732, in-12 ; *les Quakers français* ou *les Nouveaux Trembleurs*, Utrecht, 1732, in-12. On trouve dans ces pièces de la gaieté, des scènes piquantes et des intentions dramatiques.

BOUHOURS (Dominique) naquit à Paris en 1628. Jésuite à l'âge de seize ans, il acheva de bonne heure son noviciat et ses études de philosophie, et, après avoir professé les humanités à Paris et la rhétorique à Tours, il fut chargé de veiller à l'éducation des deux jeunes princes de Longueville. Il fut un des deux jésuites, demandés par la cour, pour aider les officiers du roi à rendre les habitants de Dunkerque un peu plus français qu'ils ne paraissaient l'être. Ses réponses sur la situation de la ville maritime au cardinal de Richelieu lui firent beaucoup d'honneur, et le jeune marquis de Seignelay, fils de Colbert, fut confié à ses soins. De retour dans la capitale il se retira du monde, et, tout entier à l'étude, composa plusieurs ouvrages fort estimés. Sa santé devint de plus en plus chancelante, et les violents maux de tête auxquels il avait été exposé toute sa vie abrégèrent ses jours. Il mourut au collège de Louis-le-Grand, en 1702, âgé de soixante et onze ans. On a écrit et répété qu'étant à l'extrémité il dit aux assistants, en grammairien qui veut jouer son rôle jusqu'à la fin : « Je vais ou je vas « mourir : l'un et l'autre se disent ; » mais il faut mettre cette froide plaisanterie au nombre des platitudes débitées de tout temps sur le compte des gens de mérite. Comme il était assez dans l'habitude de faire paraître alternativement un ouvrage de littérature et de piété, on lui fit cette épitaphe :

Ci-gît un bel-esprit qui n'eut rien de terrestre;
Il donnait un tour fin à ce qu'il écrivait.

La médisance ajoute qu'il servait
Le monde et le ciel par semestre.

C'était, dit l'abbé Longueville, un homme poli, ne condamnant personne, et cherchant à excuser tout le monde. Il avait l'air doux et agréable, une physionomie spirituelle, une affabilité et une obligeance extraordinaires : on en eut la preuve dans ses querelles littéraires avec Ménage et Mainbourg.

Bouhours s'était annoncé avantageusement par la *Relation de la Mort de Henri II, duc de Longueville*, Paris, 1663, in-4°. Depuis, il publia ses *Entretiens d'Ariste et d'Eugène*, 1671, in-12. Ils avaient pour sujet *la Mer, la Langue française, le Secret, le Bel-Esprit, le Je ne sais quoi, les Devises*. La diversité des matières valurent à l'auteur beaucoup d'éloges, et au libraire un grand débit : la nation allemande fut choquée qu'il eût mis en question : *Si un Allemand peut être bel-esprit* : cette question, faite avant lui par le cardinal du Perron, peut sembler d'abord une injure; mais, en songeant que les Allemands entreprennent plus souvent des ouvrages laborieux que des ouvrages d'esprit, on ne peut trouver mauvais que l'auteur ait fait entendre que les Allemands ne visaient pas à l'esprit, ou du moins au bel-esprit. Barbier d'Aucour fit une critique fort ingénieuse de cet ouvrage dans ses *Sentiments de Cléanthe*. En 1674, il fit paraître ses *Remarques et Doutes sur la Langue française*, 3 vol. in-12. Son exactitude minutieuse et son peu de naturel lui méritèrent le nom d'*empeseur des-Muses*, que lui donna l'abbé de La Chambre; et Voltaire, dans son *Temple du Goût*, le plaça derrière Pascal et Bourdaloue, qui s'entretiennent du grand art de joindre l'éloquence au raisonnement, et marquant sur des tablettes toutes les négligences qui leur échappent. L'ouvrage qui fait le plus d'honneur au P. Bouhours est sans contredit celui qui est intitulé : *Manière de bien penser dans les ouvrages d'esprit*, in-12, Paris, 1687; in-4°, 1691, et 1715, in-12. Il juge avec équité les écrivains anciens et modernes, relève les *concetti* du Tasse et de quelques auteurs italiens. Cet ouvrage, écrit avec pureté et élégance, résista aux attaques dirigées contre lui, et fut regardé comme un des meilleurs guides pour conduire la jeunesse dans l'étude pénible de la littérature. Basnage disait que « les pensées des anciens « et des modernes y étaient cousues avec des fils « d'or et de soie » : et Bussy-Rabutin écrivait à l'auteur : « La France vous aura plus d'obligations « qu'à l'Académie; elle ne redresse que les paroles, « et vous redressez le sens. » Ses *Pensées ingénieuses des anciens et des modernes*, Paris, in-12, 1689, sont les débris des matériaux qu'il avait amassés pour l'ouvrage précédent. Il avait extrait les *Pensées ingénieuses des Pères de l'Église*, Paris, 1700, in-12, pour faire taire les propos de ses ennemis, qui l'accusaient de ne lire que Voiture, Sarrazin, Molière, et de recueillir les pointes qui échappaient aux dames; mais loin de détruire cette assertion, il ne fit que la confirmer. On pensa que l'auteur n'avait pas beaucoup lu les saints Pères, puisqu'il y avait trouvé si peu de pensées ingénieuses. On a encore de lui l'*Histoire du grand-maître d'Aubusson*, in-4°, 1677 ; *les Vies de saint Ignace* et *de saint François-Xavier*, et *Relation de la Mort de Henri II, duc de Longueville*.

De 1697 à 1703, Bouhours donna *le Nouveau Testament, traduit en français selon la Vulgate*, 2 vol. in-12. (Le P. Le Tellier et le P. Bernier y travaillèrent aussi.) La dureté et l'obscurité qui règnent dans le style de cet ouvrage réveillèrent la critique. On lui reprocha d'y faire parler les évangélistes à la *Rabutine* : Bouhours voulait s'en venger. « Gardez-vous-en bien, lui dit Boileau, « c'est alors qu'ils auraient raison de dire que « vous n'avez pas entendu le sens de votre ori-« ginal, qui prêche sur-tout le pardon des injures. » Malgré ces défauts, le P. Lallemant a adopté cette version dans ses *Réflexions sur le Nouveau Testament* *.

JUGEMENT.

Jetons un coup-d'œil sur le livre du P. Bouhours intitulé : *De la Manière de bien penser dans les ouvrages d'esprit*, livre où l'auteur a donné beaucoup de développement à ses principes littéraires. Quelques réflexions sur un ouvrage qu'on a regardé long-temps comme un modèle de goût, ne seront pas inutiles dans un moment où nous nous efforçons

---

Voyez l'Éloge du P Bouhours dans les *Mémoires de Trévoux*, dans le *Journal des Savants*, en juillet 1702, et dans le P. Niceron.

de revenir aux règles qui ont dirigé les écrivains du siècle de Louis XIV.

Le P. Bouhours, dans cet ouvrage, semble avoir pris pour modèle les Dialogues de Cicéron sur l'Orateur. La liberté de la conversation permet de discuter à fond les questions littéraires et oratoires; et ce cadre fait éviter la monotonie qui se fait sentir dans les préceptes, quand ils sont rangés dans un ordre trop méthodique. Une autre raison peut avoir engagé le P. Bouhours à préférer cette manière à toute autre : il obtenait de grands succès dans la société par son élocution facile et polie; habitué aux applaudissements que l'on donnait à ses discours, ne devait-il pas présumer qu'on accorderait la même faveur à des entretiens dont il serait l'auteur? Ce motif, qui décida peut-être Platon, Xénophon et Cicéron, renommés tous par leur éloquence dans la conversation, à donner à leurs préceptes la forme du dialogue, a pu engager le P. Bouhours à marcher sur les traces de ces grands maîtres, dont il avait étudié avec soin le génie et les écrits.

Mais cette espèce de talent a ses écueils. Les succès de société habituent souvent à faire briller son esprit aux dépens du bon sens et de la raison. A l'abri de quelques phrases sonores et bien tournées, on peut faire passer les plus grandes absurdités; le cercle indulgent dont on est entouré, ne cherchant que le plaisir, est peu scrupuleux sur les moyens par lesquels on le lui procure ; et il arrive qu'un beau parleur devient un mauvais écrivain, quand il veut mettre ses productions au grand jour.

Le P. Bouhours, doué d'un esprit juste et solide, a évité une grande partie des écueils auxquels les applaudissements exagérés qu'il recevait pouvaient l'entraîner. Cependant, il ne s'est pas préservé d'une certaine abondance de mots que l'habitude d'improviser donne presque toujours : on voit que, dans les moments où le style le plus familier serait préférable, il court après la phrase, et fait ses efforts pour donner de l'harmonie à la période. On croit toujours entendre un homme dont la conversation charme une société choisie, sans effort, il est vrai, mais avec une recherche d'expression qui provoque l'applaudissement; presque jamais on ne voit l'écrivain pesant ses paroles dans le silence du cabinet, et négligeant de vains ornements pour chercher à réunir à la plus grande justesse la plus exacte précision. Il est à remarquer que le P. Bouhours, qui s'étend avec complaisance sur les historiens éloquents, tels que Tite-Live et Salluste, ne dit pas un mot de Plutarque, ce modèle de naturel et de simplicité que doivent se proposer tous ceux qui écrivent des vies particulières. C'est dans ce dédain pour un des plus grands écrivains de l'antiquité que l'on peut trouver le germe des défauts que l'on observe dans l'*Histoire de Pierre d'Aubusson*. Le P. Bouhours, recherchant trop l'éloquence et les tours nombreux, ne donne point à cette histoire le caractère qu'elle devait avoir. S'étant trompé dans la théorie de son art, il n'est pas étonnant qu'il se soit égaré dans la pratique.

D'autres causes encore contribuèrent à donner au

style de l'auteur un peu d'affectation et de faux brillant. Quoiqu'il s'élevât avec beaucoup de force, comme on le verra par la suite, contre les *concetti* italiens et espagnols, il ne dédaignait pas de faire une étude particulière d'un écrivain qui ne pouvait que lui faire prendre une mauvaise route, si son bon sens et son talent naturel ne s'y fussent opposés. Il y avait plus d'un rapport entre la position de Voiture et celle du P. Bouhours dans la société : tous deux faisaient les délices des cercles dans lesquels ils étaient admis. Voiture, paraissant à une époque où le goût n'était pas encore formé, avait eu le mérite de donner à la phrase française une légèreté, une élégance et une finesse qui lui avaient été jusqu'alors inconnues; mais son bel-esprit perçait trop dans ses lettres, ses plaisanteries étaient trop travaillées, et sa légèreté n'était pas dépourvue d'une certaine affectation. Méritant de grands éloges pour avoir su donner un nouveau caractère à la langue française, il n'en était pas moins un modèle dangereux à suivre. Le P. Bouhours s'était distingué dans un temps beaucoup plus heureux : les chefs-d'œuvre de Racine et de Boileau avaient obtenu les applaudissements de tous les connaisseurs éclairés ; les *Lettres Provinciales* avaient fixé la prose française. Il devenait alors beaucoup plus facile à un écrivain d'obtenir des succès littéraires. On ne saurait révoquer en doute que le P. Bouhours n'ait puissamment contribué à perfectionner la langue française par l'urbanité qu'il sut répandre dans ses écrits; mais les rapports qui existaient entre Voiture et lui se firent toujours sentir; il avait tant de goût pour cet auteur, qu'il le portait toujours sur lui; dans ses moments de récréation, comme il le dit lui-même, il le lisait et le relisait sans cesse. On doit attribuer à cette étude habituelle l'envie de briller qui se trouve trop fréquemment dans les ouvrages du P. Bouhours.

L'urbanité et une politesse raffinée, portées très loin par le jésuite, étaient aussi produites par une rivalité dont il est utile de faire ici une courte mention. Les ouvrages de Port-Royal produisaient alors le plus grand effet : on employait dans les maisons particulières et dans quelques collèges, les *Méthodes* et les *Grammaires* de Lancelot, d'Arnauld et de Nicole ; Boileau et Racine témoignaient le plus vif enthousiasme pour ces excellents maîtres. Les jésuites craignaient avec raison l'influence de ces nouveaux systèmes ; chargés de l'enseignement dans presque toutes les provinces, il était de leur intérêt d'opposer à leurs adversaires des ouvrages propres à maintenir du moins la balance. La *Logique de Port-Royal*, dont les éditions se multipliaient, se faisait surtout distinguer par une raison solide, par une méthode sévère, par une dialectique exacte et claire, mais ne présentait aucun ornement déplacé. Le P. Bouhours composa, pour balancer le succès de cet ouvrage, le livre dont nous nous occupons : il ne négligea rien pour charmer le lecteur par une instruction amusante, légère et dépouillée de tout appareil sérieux. Le contraste ne pouvait être plus marqué ; mais, comme chacun de ces ouvrages, composé dans des vues si différentes, présente des qualités essentielles, tous deux ont obtenu le suffrage des connaisseurs. Cependant le livre du P. Bouhours, faisant de trop fréquentes allusions aux circonstances du moment, ne s'est pas soutenu comme la *Logique* ; et, malgré les défauts qu'on peut lui reprocher, nous ne craignons pas de dire qu'on l'a beaucoup trop négligé. Peu de *Rhétoriques* sont aussi bonnes : en supprimant quelques passages qui n'ont plus d'intérêt, en rectifiant quelques jugemens erronés, il n'est pas douteux qu'on en pourrait faire un excellent livre classique. C'est ce qui nous engage à en parler encore avec quelque détail.

Voltaire, dans l'*Histoire du siècle de Louis XIV*, a rendu justice à cet ouvrage du père Bouhours. « *La Manière de bien penser*, dit-il, sera toujours « utile aux jeunes gens qui voudront se former le « goût : l'auteur leur enseigne à éviter l'enflure, « l'obscurité, le recherché et le faux ; s'il juge trop « sévèrement en quelques endroits le Tasse et « d'autres auteurs italiens, il les condamne souvent « avec raison; son style est pur et agréable. » Mais Voltaire met une restriction à cette louange : il se moque du P. Bouhours, sur ce qu'il compare saint Ignace à César, et saint Xavier à Alexandre. Il est sûr que le jésuite avait trop de goût pour les rapprochements, et qu'en les multipliant, il lui arrivait d'en faire de forcés.

Mais Voltaire aussi se garde bien de dire à quelle occasion le P. Bouhours parle de ce rapprochement. On ne voit pas pourquoi l'auteur du *siècle de Louis XIV*, qui court tant après les anecdotes, garde le silence sur celle-ci qui est assez curieuse.

Le grand Condé aimait beaucoup la société des gens de lettres, et le P. Bouhours était quelquefois admis à son intimité. La conversation tomba un jour sur saint Ignace et sur saint Xavier. On cherchait en vain à caractériser ces deux héros du christianisme, dont l'un avait fondé la société de Jésus, et dont l'autre avait porté la lumière de l'Évangile dans les pays les plus éloignés. La conversation s'animant, le prince dit, sans y attacher d'autre intention que celle de jeter quelque lumière sur l'objet de la discussion : « Saint Ignace est César, qui ne fait jamais rien que « pour de bonnes raisons ; saint Xavier est Alexandre, « que son courage emporte quelquefois. » Il était tout naturel que le P. Bouhours rapportât dans son ouvrage ce mot si glorieux pour les jésuites. Le petit commentaire qu'il en donne ne sert qu'à expliquer les raisons qui avaient pu porter le prince à faire ce singulier rapprochement. On ne voit pas, d'après cette explication, ce que Voltaire a pu trouver de si ridicule dans ce passage de l'ouvrage du P. Bouhours. Il est faux que ce soit l'auteur qui ait fait le parallèle ; mais Voltaire savait qu'il était plus facile de tourner en ridicule un jésuite que le grand Condé.

Le P. Bouhours fait quelquefois d'excellentes réflexions sur le Tasse. Les plus curieuses sont celles où le critique examine les passages que le poète italien a imités des anciens. Ces parallèles intéressants donnent lieu à des discussions très instructives sur le génie des différents siècles, relativement à la lit-

térature. En voici un exemple : Dans *l'Eunuque*, de Térence, Cherea, jeune homme amoureux d'une femme qu'il n'a fait qu'entrevoir, la demande de tous côtés. « Où la puis-je chercher, dit-il? quel che-
« min prendrai-je? Je suis dans une incertitude
« cruelle. Mais une chose me donne de l'espérance,
« c'est qu'en quelque lieu qu'elle soit, elle ne peut
« être long-temps cachée*. » Cette dernière pensée est délicate et passionnée, sans avoir aucune espèce d'affectation. A l'époque où écrivait le Tasse, on était plus raffiné : la pensée de Térence aurait paru trop simple. Le Tasse, en la développant, la rend moins agréable et moins naturelle. Nous nous servirons de la traduction de La Harpe, qui joint l'élégance à beaucoup de fidélité.

Ah! la beauté jamais peut-elle se cacher?
Nos yeux sont-ils en vain ardents à la chercher?
Tu ne le permis pas, Amour. D'une main sûre
Tu sais ouvrir pour toi la plus chaste clôture,
Et dans l'ombre des murs fermés à tout danger,
Introduis les larcins d'un regard étranger.
Argus aux yeux voilés, il n'est rien sur la terre
Que ton bandeau ne couvre, et que ton feu n'éclaire **.

* Ubi quæram ? ubi investigem ? Quem perconter ? Quâ insistam viâ ?
Incertus sum : una spes est ; ubi, ubi est, diù celari non potest.

** Pur guardia esser non può, che'n tutto celi
Beltà degna ch' appaia, e che s'ammiri :
Nè tu il consenti Amor, ma la riveli
D'un giovinetto a i cupidi desiri.
Amor c'hor cieco, hor Argo, hora ne veli
Di benda gli occhi, hora cegli apri, e giri ;
Tu per mille custodie entro a i piu casti
Virginei alberghi, il guardo altrui portasti.
(Chant II, strophe 15.)

On voit que le Tasse, en voulant renchérir sur Térence, a été beaucoup trop loin. Quoique ce défaut soit adouci dans la traduction de La Harpe, comme on peut s'en convaincre en examinant le texte, la comparaison avec Argus a quelque chose d'affecté. On a reproché au P. Bouhours d'être trop sévère envers le Tasse; mais jamais il ne lui conteste le mérite de ses conceptions épiques, de ses caractères et de ses descriptions de combats. Il ne lui reproche que des défauts de style, séduisants pour la plupart des lecteurs, et qui n'en sont que plus dangereux. Il a raison de trouver mauvais que le poète italien, dans les endroits les plus sérieux, se permette des ornements superflus et des bagatelles brillantes, *nugæ canoræ*, qui ne conviennent point au ton de l'épopée. Dans toute cette critique, les leçons du P. Bouhours, conformes à celles de Boileau, mais plus développées, sont des modèles de goût.

Cette manie de renchérir sur les beautés simples des anciens a été portée très loin par les poètes du XVIIIe siècle.

Dans la tragédie sur-tout, les poètes modernes se sont livrés à beaucoup d'exagération. Ce défaut se fait remarquer principalement dans leurs imitations des anciens. Il suffit, pour s'en convaincre, de comparer l'*Iphigénie en Tauride* de Guimond de La Touche à celle d'Euripide, l'*Oreste* de Voltaire à l'*Électre* de Sophocle, etc.

Les réflexions du P. Bouhours ne se bornent pas à la poésie et à l'éloquence. Il donne aussi de fort bons préceptes sur la manière d'écrire l'histoire générale. On a vu que, dans la préface de son *Histoire de Pierre d'Aubusson*, il regarde Tite-Live et Salluste comme les meilleurs modèles. Il n'est pas aussi favorable à Tacite; et son jugement sévère n'est pas sans quelque fondement. En effet, comme nous l'observerons quand nous aurons l'occasion de parler de ce grand écrivain, Tacite a le défaut de vouloir pénétrer trop avant dans les mystères de la cour : il a la prétention de découvrir les plus secrets sentiments de ceux dont il parle; et cette prétention ne peut manquer de l'égarer souvent. Sur quels titres, sur quels mémoires fonde-t-il ses conjectures? Quand il aurait été le confident intime des princes, il lui aurait été impossible de lire aussi profondément dans leurs cœurs. La propension de l'historien à considérer toutes les actions sous les rapports les plus défavorables, était une des causes qui portaient les directeurs des études à ne point mettre ce livre entre les mains des jeunes gens : à cet âge, il est dangereux de voir ainsi la société; et l'idée qu'on puise dans un ouvrage de ce genre, conduit ou à la haine ou au mépris des hommes, deux sentiments également funestes quand on entre dans le monde : ils ne peuvent produire que la misanthropie ou la dépravation. Ce ne fut qu'à la fin du XVIIIe siècle que *Tacite* fut introduit dans les écoles. A l'époque de la révolution, on put facilement apercevoir quelle influence la lecture de cet auteur avait exercée sur les jeunes gens. Combien de fois les phrases de Tacite ne servirentelles pas d'épigraphes et de textes aux pamphlets dirigés contre les chefs du gouvernement? Le P. Bouhours, qui, heureusement pour lui, n'avait pas l'expérience de l'effet qu'un historien comme Tacite peut produire sur les jeunes gens, lui reproche seulement son défaut de simplicité et ses conjectures hasardées.

« C'est, à la vérité, dit-il, un grand politique et
« un bel-esprit que Tacite, mais ce n'est point, à
« mon avis, un excellent historien. Il n'a ni la sim-
« plicité, ni la clarté que l'histoire demande : il
« raisonne trop sur les faits*; il devine les inten-
« tions des princes plutôt qu'il ne les découvre : il
« ne raconte point les choses comme elles ont été,
« mais comme il s'imagine qu'elles auraient pu être;
« enfin, ses réflexions sont souvent trop fines, et
« peu vraisemblables. Par exemple, y a-t-il de l'ap-
« parence qu'Auguste n'eût préféré Tibère à Agrippa
« et à Germanicus que pour s'acquérir de la gloire
« par la comparaison qu'on ferait d'un prince ar-
« rogant et cruel, comme était Tibère, avec son
« prédécesseur? Car quoique Tacite mette cela dans
« la bouche des Romains, on ne voit que trop que
« la réflexion est de lui, aussi bien que celle qu'il
« fait sur ce que ce même Auguste avait mis dans
« son testament, au nombre de ses héritiers, les
« principaux Romains, dont la plupart lui étaient

---

* « On s'est gâté par la lecture de Justin, de Florus, de Velleius Paterculus, etc.; *je dirai même de Tacite, car, quoiqu'il ait écrit avec plus de sens que ces autres, ce sont plutôt ses raisonnements que l'histoire.* » (*Discours sur l'Écriture-Sainte*, par M. l'abbé Fleury.)

« odieux ; qu'il les y ait mis, dis-je, par vanité,
« et pour se faire estimer des siècles suivants. »

Le P. Bouhours, en donnant des principes de naturel et de clarté, a parfaitement défini les défauts opposés. Cette définition du *galimatias* et du *phébus* mérite d'être conservée, parce qu'elle peut en préserver :

« Le galimatias, dit-il, renferme une obscurité
« profonde, et n'a de soi-même nul sens raisonnable.
« Le phébus, qui n'est pas si obscur, a un brillant
« qui signifie ou semble signifier quelque chose : le
« soleil y entre d'ordinaire, et c'est peut-être ce qui
« a donné lieu, dans notre langue, au nom de
« *Phébus*. Ce n'est pas quelquefois que le phébus
« ne devienne obscur, jusqu'à n'être pas entendu ;
« mais alors le galimatias s'y joint : ce ne sont que
« brillants et que ténèbres de tous côtés. »

Le P. Bouhours donne des exemples de phébus et de galimatias tirés des orateurs de son temps. Ses exemples très ridicules, le sont beaucoup moins que ceux que l'on pourrait puiser dans quelques auteurs modernes ; Diderot, sur-tout, en fournirait un grand nombre. Nous nous bornerons à en citer quelques-uns. En parlant de Thomas, qu'il trouve trop froid dans son *Essai sur les Femmes*, Diderot s'exprime ainsi : « Quand on écrit sur les femmes, il
« faut tremper sa plume dans l'arc-en-ciel, et jeter
« sur la ligne la poussière des ailes du papillon. » Il ajoute ensuite : « Comme le petit chien du pèlerin, à
« chaque fois qu'on secoue la patte, il faut qu'il en
« tombe des perles, et il n'en tombe pas de celle

« de Thomas. » Voilà du phébus, s'il en fut jamais. Veut-on voir du galimatias? « On est, dit l'auteur, « naïvement héros, naïvement scélérat, naïvement « dévot, naïvement beau, naïvement orateur, naï- « vement philosophe; sans naïveté, point de vraie « beauté : on est un arbre, une fleur, une plante, « un animal naïvement. Je dirais presque que de « l'eau est naïvement de l'eau, sans quoi elle visera « à de l'acier poli et au cristal. La naïveté est une « grande ressemblance de l'imitation avec la chose ; « c'est de l'eau prise dans le ruisseau et jetée sur « la toile. » Mais ce galimatias n'approche point d'une définition *du beau*, par laquelle nous terminerons nos citations: « Le théorème qui dira que « les asymtotes d'une courbe s'en rapprochent sans « cesse, sans jamais se rencontrer, et que les espaces « formés par une portion de l'axe, une portion de « la courbe, l'asymtote et le prolongement de l'or- « donnée, sont entre eux, comme tel nombre est « à tel nombre, sera beau. » Jamais les pédants de Molière ne se sont exprimés d'une manière si extraordinaire. Cet emploi de termes scientifiques dans un sujet purement littéraire, est encore plus ridicule que l'emphase et l'affectation de Trissotin et de Vadius.

L'interlocuteur du P. Bouhours finit par revenir aux bons principes de la littérature. Jusque-là, il avait en quelque sorte méprisé les anciens, et n'avait accordé son suffrage qu'aux auteurs espagnols et italiens. Son ami, après l'avoir convaincu de ses erreurs, ajoute : « Vous serez comme ces

« gens qui sont détrompés du monde, et qui, dans
« le commerce de la vie, n'ont pas tant de plaisir
« que les autres ; mais assurez-vous que c'en un
« grand d'être détrompé ; et ne vous avisez pas
« d'imiter ce fou qui s'imaginait être toujours au
« théâtre et entendre d'excellents comédiens ; mais
« qui, étant guéri de son erreur par un breuvage
« que ses amis lui firent prendre, se plaignait de
« ses amis comme s'ils l'eussent assassiné. »

Les partisans décidés du mauvais goût ont toujours été très difficiles à persuader : aussi, ce n'est point parmi eux que le P. Bouhours a choisi un adversaire. Il a pris un homme empressé de s'instruire, et se défiant beaucoup de lui-même. Il y a loin de ce caractère à celui des sophistes qui jouissent de leurs erreurs, et ne veulent pas en guérir. Quoiqu'ils s'emportent souvent contre les critiques qui cherchent en vain à dissiper leurs illusions, ils n'ont pas à redouter le sort du fou dont parle le P. Bouhours, d'après Horace. Qu'ils laissent donc en paix les aristarques dont ils blâment la sévérité. La critique, ainsi que l'observe le P. Bouhours, ne s'adresse qu'à ceux qui sont en état d'en profiter ; et si elle ne dédaigne pas de s'appesantir quelquefois sur de mauvais ouvrages, ce n'est point dans l'espoir de corriger les auteurs, mais dans l'intention de prémunir les lecteurs contre la contagion du faux goût.

Picot.

BOUQUET. On nomme ainsi une petite pièce de vers adressée à une personne le jour de sa fête. C'est le plus souvent un madrigal ou une chanson. Le caractère de cette sorte de poésie est la délicatesse ou la gaieté. La fadeur en est le défaut le plus ordinaire, comme de toute espèce de louange.

Les anciens, en célébrant la fête de leurs amis, avaient un avantage que nous n'avons pas : ce jour était l'anniversaire de la naissance, et l'on sent bien que c'était un beau jour pour l'amour et pour l'amitié; au lieu que parmi nous c'est la fête du saint dont on porte le nom, et il est rare de trouver d'heureux rapports entre le saint et la personne. Cette relation fortuite, et souvent bizarre, n'a pas laissé de donner lieu, par sa singularité même, à des comparaisons et à des allusions ingénieuses et piquantes.

Les personnages les plus pittoresques sont communément les plus poétiques; et sous ces deux rapports Antoine et Madelaine sont ce que le calendrier a de mieux. Antoine, parmi les poètes, a trouvé un Calot. Madelaine n'a pas trouvé un Lebrun. Elle était digne d'occuper la dévotion de Racine. L'imagination grotesque du P. Lemoine a dénaturé ce tableau. La grace et la noblesse dont il était susceptible sont indiquées dans ce bouquet de M. de Voltaire à Madame L. D. D. B. (Madame de Boufflers.)

> Votre patronne, au milieu des apôtres,
> Baisait les pieds à son divin époux :
> Belle B......., il eût baisé les vôtres;
> Et saint Jean même en eût été jaloux.

Mais dans un bouquet on n'est point assujetti à ces sortes de parallèles, et communément on se donne la liberté de louer la personne sans faire mention du saint. Voici, dans ce genre, un faible hommage offert aux graces, aux talents et à la beauté.

Bouquet présenté à Madame la C. de S. le jour de Sainte-Adélaïde :

    Adélaïde
Paraît faite exprès pour charmer ;
Et, mieux que le galant Ovide,
Ses yeux enseignent l'art d'aimer
    Adélaïde.

    D'Adélaïde
Ah! que l'empire semble doux !
Qu'on me donne un nouvel Alcide,
Je gage qu'il file aux genoux
    D'Adélaïde.

    D'Adélaïde
Fuyez le dangereux accueil :
Tous les enchantements d'Armide
Sont moins à craindre qu'un coup d'œil
    D'Adélaïde.

    Qu'Adélaïde
Met d'âme et de goût dans son chant !
Aux accents de sa voix timide,
Chacun dit : rien n'est plus touchant
    Qu'Adélaïde.

    D'Adélaïde
Quand l'Amour eut formé les traits,
« Ma foi, dit-il, la cour de Gnide

« N'a rien de pareil aux attraits
   D'Adélaïde.

« Adélaïde,
« Lui dit-il, ne nous quittons pas :
« Je suis aveugle, sois mon guide :
« Je suivrai partout pas à pas
   « Adélaïde. »
MARMONTEL, *Eléments de Littérature.*

BOURDALOUE (Louis), né à Bourges, le 20 août 1632, entra en 1648 dans la compagnie de Jésus, à la gloire de laquelle il a tant coopéré. Ses supérieurs, habiles à discerner le mérite, ne tardèrent pas à reconnaître dans leur nouvel adepte les plus hautes dispositions à l'éloquence de la chaire : cependant le talent de l'orateur resta long-temps enfoui en province; les jésuites prenaient soin de ne confier leurs postes éminents qu'après de longues épreuves, et Bourdaloue avait trente-six ans quand il vint dans la capitale. A peine y parut-il qu'il eut un concours prodigieux d'auditeurs. La chaire évangélique était à peine encore dégagée du style amphigourique et du goût détestable qui ont précédé nos grands orateurs chrétiens : « Enfin, dit Voltaire, on entendit « dans la chaire la raison éloquente. » Les sermons de Bourdaloue, inspirés par le sentiment d'une conviction intime, et secondés d'une dialectique insinuante, obtinrent un succès extraordinaire. Bourdaloue avait triomphé à la ville; il lui restait à faire retentir la cour de ses mâles accents. Louis XIV voulut l'entendre : le monarque fut ému ; les courtisans pâlirent, et le nouveau prédicateur eut la gloire d'étonner Bossuet. Louis XIV avait tellement goûté Bourdaloue, que ce dernier fut appelé dix fois à Versailles, pour y prêcher soit l'avent, soit le carême. Louis XIV lui dit un jour : « J'aime mieux « vos redites, mon père, que les choses nouvelles « des autres. » A l'époque de la révocation de l'édit de Nantes, Bourdaloue fut envoyé dans les provinces méridionales, pour y propager les vérités de la religion catholique. L'éloquence et sur-tout la conduite pure du vertueux missionnaire eurent tout l'effet qu'elles pouvaient avoir, et ramenèrent bien des cœurs aliénés.

Animé d'un zèle sans cesse renaissant, Bourdaloue, après avoir donné trente-quatre années de sa vie à la prédication, n'abandonna la chaire que pour se livrer à des fonctions plus humbles, mais non moins dignes d'un bon pasteur. Le reste de ses jours se consuma dans des œuvres d'une ardente charité, soit parmi les prisonniers qu'il consolait, soit au lit des malades qu'il soulageait de ses secours spirituels. Peu d'hommes ont fourni une carrière aussi laborieuse. Bourdaloue mourut le 13 mai 1704, admiré de son siècle, et respecté même des ennemis de son ordre. Un de ses contemporains a dit de lui, « que sa conduite était la meilleure réponse « qu'on pût faire aux *Lettres provinciales.* »

Le jésuite Bretonneau, sermonaire peu lu maintenant, recueillit les *OEuvres de Bourdaloue*, et en publia deux éditions; l'une en 14 vol. in-8°, Paris 1707 (sortie de l'imprimerie royale; c'est la meilleure et la plus recherchée); l'autre, en 15 volumes in-12, qui a servi aux éditions de Toulouse et d'Amsterdam. Elles comprennent: 1° *Deux Avents prêchés devant le Roi;* 2° *Carême;* 3° *Mystères;* 4° *Fêtes des saints, Vêtures, Professions, Oraisons funèbres;* 5° *Dominicales;* 6° *Exhortations et instructions chrétiennes;* 7° *Retraite spirituelle;* à quoi l'on peut joindre les *Pensées*, qui forment deux et trois vol. M. l'abbé Sicard a publié des *Sermons inédits de Bourdaloue*, Paris, 1812, in-12 et in-8°. Une belle édition plus nouvelle des ouvrages du P. Bourdaloue est celle de Versailles, 1813, 16 vol in-8°. Il y a une vie de ce célèbre prédicateur, écrite par madame de Pringy, in-4°, Paris, 1705. Les Sermons de Bourdaloue, parmi lesquels il faut distinguer, comme chefs-d'œuvre, la *Passion* et la *Résurrection*, ont été traduits en plusieurs langues.

JUGEMENTS.

I.

Il est nécessaire de joindre aux modèles que les anciens nous ont laissés dans leur langue, ceux que nous trouvons dans la nôtre, en s'attachant toujours aux meilleurs et à ceux qui approchent le plus de notre âge. Tels sont les ouvrages de M. Fléchier, de M. Bossuet, du P. Bourdaloue: et sans vouloir faire ici des comparaisons toujours odieuses entre ceux qui ont excellé, chacun dans leur genre, le dernier est peut-être celui qu'on peut lire avec le plus de fruit, quand on se destine à parler pour prouver et pour convaincre. La beauté des plans généraux, l'ordre et la distribution qui règnent dans chaque partie du discours; la clarté, et, si l'on peut parler ainsi, la popularité de l'expression, simple sans bassesse, et noble sans affectation, sont des modèles qu'il est plus aisé d'appliquer à l'éloquence du barreau, que le sublime ou le pathétique de M. Bossuet, et que la justesse, la mesure ou la cadence peut-être trop uniformes de M. Fléchier.

D'AGUESSEAU, *IVe Instruction.*

II.

Un des premiers qui étala dans la chaire une raison toujours éloquente, fut le P. Bourdaloue, vers l'an 1668. Ce fut une lumière nouvelle. Il y a eu après lui d'autres orateurs de la chaire, comme le P. Massillon, évêque de Clermont, qui ont répandu dans leurs discours plus de graces, des peintures plus fines et plus pénétrantes des mœurs du siècle; mais aucun ne l'a fait oublier. Dans son style plus nerveux que fleuri, sans aucune imagination dans l'expression, il paraît vouloir plutôt convaincre que toucher, et jamais il ne songe à plaire.

VOLTAIRE.

III.

« Le premier, dit Voltaire, *qui fit entendre dans « la chaire une raison toujours éloquente*, ce fut « Bourdaloue. » Peut-être faut-il un peu restreindre cet éloge en l'expliquant. Bourdaloue fut le premier qui eut toujours dans la chaire l'éloquence de la raison : il sut la substituer à tous les défauts de ses contemporains. Il leur apprit le ton convenable à la gravité d'un saint ministère, et le soutint constamment dans ses nombreuses prédications. Il mit de côté l'étalage des citations profanes et les petites recherches du bel-esprit. Uniquement pénétré de l'esprit de l'Évangile et de la substance des livres saints, il traite solidement un sujet, le dispose avec méthode, l'approfondit avec vigueur. Il est concluant dans ses raisonnements, sûr dans sa marche, clair et instructif dans ses résultats. Mais il a peu de ce qu'on peut appeler les grandes parties de l'orateur, qui sont les mouvements, l'élocution, le sentiment. C'est un excellent théologien, un savant catéchiste, plutôt qu'un savant prédicateur. En portant toujours avec lui la conviction, il laisse trop désirer cette onction précieuse qui rend la conviction efficace.

. . . .

J'ai parlé trop succinctement de Bourdaloue, lorsque j'ai traité de l'éloquence du dernier siècle. Ce n'est pas que j'aie rien à rétracter dans l'article qui concerne ce célèbre prédicateur ; tout ce que j'y ai énoncé me paraît encore vrai ; mais je n'y ai pas dit tout ce que je devais dire. J'ai pu, en considérant Massillon et lui sous des rapports purement littéraires, ceux d'orateur et d'écrivain, ne mettre aucune comparaison entre eux ; et en effet je ne pense pas que, sous ce point de vue, Bourdaloue puisse la soutenir. Mais il n'en est pas moins vrai qu'en parlant d'orateurs chrétiens, je ne devais pas régler mon jugement entier sur le seul plaisir que je cherchais alors dans leurs ouvrages, celui d'une lecture agréable : j'étais tenu d'examiner ce que l'un et l'autre étaient et devaient être pour des chrétiens, puisque c'est pour des chrétiens qu'ils ont écrit et parlé. J'avais alors beaucoup lu Massillon et fort peu Bourdaloue, et cette différence était en raison du plus ou moins d'attrait dans l'élocution. Cet attrait seul ne devait pas tout décider ; il était de l'équité de voir à quel point Bourdaloue avait atteint les différents résultats du ministère de la parole évangélique, puisqu'il y en a de plus d'une espèce, tous essentiels et peut-être même tous d'une égale efficacité, à proportion de la diversité des esprits. Tous ces effets étant également l'objet du prédicateur, sont également pour lui, dès qu'il les obtient, les palmes de son art ; et il en est deux où j'ai trouvé Bourdaloue supérieur à tout, depuis que je l'ai lu comme j'aurais dû toujours le lire. Ces deux mérites, qui lui sont particuliers, sont l'instruction et la conviction, portées chez lui seul à un tel degré, qu'il ne me semble pas moins rare et moins difficile de penser et de prouver comme Bourdaloue que de plaire et de toucher comme Massillon. Bourdaloue est donc aussi une de ces couronnes du grand siècle, qui n'appartiennent qu'à lui ; un de ces hommes privilégiés que la nature avait, chacun dans son genre, doués d'un génie qu'on n'a pas égalé depuis. Son *Avent*, son *Carême*, et particulièrement ses Sermons sur les Mystères, sont d'une supériorité de vues dont rien n'approche, sont des chefs-d'œuvre de lumière et d'instruction auxquels on ne peut rien comparer. Comme il est profond dans la science de Dieu ! Qui jamais est entré aussi avant dans les mystères du salut ? Quel autre en a fait connaître, comme lui, la hauteur, la richesse et l'étendue ? Nulle part le christianisme n'est plus grand aux yeux de la raison que dans Bourdaloue : on pourrait dire de lui, en risquant d'allier deux termes qui semblent s'exclure, qu'il est sublime en profondeur comme Bossuet en élévation. Certes, ce n'est pas un mérite vulgaire qu'un recueil de sermons que l'on peut appeler un cours complet de religion, tel que, bien lu et bien médité, il peut suffire pour en donner une connaissance parfaite. C'est donc pour des chrétiens une des meilleures lectures possibles; rien n'est plus attachant pour le fond des choses ; et la diction, sans les orner beaucoup, du moins ne les dépare nullement. Elle est toujours naturelle, claire et correcte ; elle est peu animée, mais sans vide, sans langueur, et relevée quelquefois par des traits de force : quelquefois aussi, mais rarement, elle approche trop du familier. Quant à la solidité des preuves, rien n'est plus irrésistible ; il promet sans cesse de démontrer, mais c'est qu'il est sûr de son fait, car il tient toujours parole. Je ne serais pas surpris que, dans un pays comme l'Angleterre, où la prédication est toute en preuves, Bourdaloue ne parût le premier des prédicateurs ; et il le serait partout, s'il avait les mouvements de Démosthène comme il en a les moyens de raisonnement. En total, je croirais que Massillon vaut mieux pour les gens du monde, et Bourdaloue pour les chrétiens. L'un attirera le mondain à la religion par tout ce qu'elle a de douceur et de charme ; l'autre éclairera et affermira le chrétien dans sa foi par tout ce qu'elle a de plus haut en conceptions et de plus fort en appuis.

La Harpe, *Cours de Littérature.*

IV.

Ce qui me ravit, ce qu'on ne saurait assez préconiser dans les sermons de l'éloquent Bourdaloue, c'est qu'en exerçant le ministère apostolique, cet orateur plein de génie se fait presque toujours oublier lui-même, pour ne s'occuper que de l'instruction et des intérêts de ses auditeurs; c'est que, dans un genre trop souvent livré à la déclamation, il ne se permet pas une seule phrase inutile à son sujet, n'exagère jamais aucun des devoirs du christianisme, ne change point en préceptes les simples conseils évangéliques; et que sa morale, constamment réglée par la sagesse, éclairée de ses principes, peut et doit toujours être réduite en pratique; c'est la fécondité inépuisable de ses plans qui ne se ressemblent jamais, et l'heureux talent de disposer ses raisonnements avec cet ordre savant dont parle Quintilien, lorsqu'il compare l'habileté d'un grand écrivain qui règle la marche de son discours, à la tactique d'un général qui range son armée en bataille ; c'est cette puissance de dialectique, cette marche didactique et ferme, cette force toujours croissante, cette logique exacte et serrée, disons mieux, cette éloquence continue du raisonnement qui dévoile et combat les sophismes, les contradictions, les paradoxes, et forme de l'ordonnance de ses preuves un corps d'instruction où tout est également plein, lié, soutenu, assorti; où chaque pensée va au but de l'orateur qui tend toujours en grand moraliste au vrai et au solide, plutôt qu'au brillant et au sublime du sujet; c'est cette véhémence accablante et néanmoins pleine d'onction dans la bouche d'un accusateur qui, en plaidant contre vous au tribunal de votre conscience, vous force à chaque instant de prononcer en secret le jugement qui vous condamne; c'est la perspicacité avec laquelle il fonde tous nos devoirs sur nos intérêts, et cet art si persuasif qu'on ne voit guère que dans ses sermons, de convertir les détails des mœurs en preuves de la vérité qu'il veut établir; c'est cette abondance de génie qui ne laisse rien à imaginer au lecteur par-delà chacun de ses discours, quoiqu'il en ait composé au moins deux, souvent trois, quelquefois quatre sur la même matière, et qu'on ne sache souvent, après les avoir lus, auquel de ces sermons il faut donner la préférence; c'est cette sûreté et cette opulence de doctrine qui font de chacune de ses instructions un traité savant et oratoire de la matière dont elles sont l'objet; c'est la simplicité d'un style nerveux et touchant, naturel et noble, lumineux et concis, où rien ne brille que par l'éclat de la pensée, où règne toujours le goût le plus sévère et le plus pur, et où l'on n'aperçoit jamais aucune expression ni emphatique, ni rampante, c'est cette pénétrante sagacité qui creuse, approfondit, féconde, épuise chaque sujet; c'est cette compréhension vaste et profonde qu'il ne partage qu'avec saint Augustin et Bossuet, pour saisir dans l'Évangile, et y embrasser d'un coup d'œil les lois, l'ensemble, l'esprit et tous les rapports de la morale chrétienne; c'est la série de ses tableaux, de ses preuves, de ses mouvements; la connaissance la plus étendue et la plus exacte de la religion, l'usage imposant qu'il fait de l'Écriture, l'à-propos des citations non moins frappantes que naturelles qu'il emprunte des pères de l'Église, et dont il tire un parti plus neuf, plus concluant, plus heureux, que n'a jamais fait aucun autre orateur chrétien.

Enfin, je ne puis lire les ouvrages de ce grand homme sans me dire à moi-même, en y désirant quelquefois, j'oserai l'avouer avec respect, plus d'élan à sa sensibilité, plus d'ardeur à son génie, plus de ce feu sacré qui embrasait l'âme de Bossuet, sur-tout plus d'éclat et de souplesse à son imagination. Voilà donc, si l'on y ajoute ce beau idéal, jusqu'où le génie de la chaire peut s'élever, quand il est fécondé et soutenu par un travail immense.

MAURY, *Essai sur l'Éloquence.*

V.

On s'est accoutumé à comparer Bourdaloue à Démosthène; mais il est très rare que ces comparaisons soient aussi justes qu'elles sont séduisantes. Ce qui distingue Démosthène, c'est le sublime;

c'est par là que, suivant Longin, il s'élève si fort au-dessus d'une foule d'orateurs qui l'emportent sur lui par d'autres genres de mérite; car il ne réunissait pas toutes les perfections de l'éloquence. Or, le sublime n'est point le caractère de Bourdaloue ; il n'a de commun avec Démosthène que la vigueur de la logique et la sévérité du style; ils marchent l'un et l'autre vers leur but, d'un pas ferme et rapide, sur la ligne la plus directe, et jamais ils ne s'amusent à cueillir les fleurs que la route peut leur offrir. Mais Bourdaloue se tient, pour ainsi dire, toujours près de la terre, et Démosthène s'élance souvent jusqu'aux cieux. L'orateur grec, comme l'orateur français, comptent les mots et ne donnent rien à la phrase : ils se servent tous deux de la parole, suivant l'expression de Fénelon, comme un homme modeste se sert de son habit, pour la seule utilité, pour se couvrir : ils semblent manquer l'un et l'autre de cette imagination qui colore chaque expression; mais Démosthène prodigue les mouvements de l'éloquence, tandis que Bourdaloue ne prodigue que les formules de la dialectique. Les apostrophes, les exclamations, les prosopopées, se pressent dans les discours de l'orateur athénien; toutes les figures de pensées lui sont familières : les formes du raisonnement sont toujours chez lui des élans de l'âme, et les argumentations les plus réfléchies ressemblent à des inspirations soudaines. L'orateur français est presque toujours de sang-froid ; il argumente dans la tribune comme on disserte sur les bancs de l'école; et, satisfait de pousser à bout

la raison de l'auditeur, il semble craindre d'ébranler son imagination et de toucher son cœur.
Dussault, *Annales littéraires*.

VI. Oraison funèbre du prince de Condé par Bourdaloue, comparée à celle du même prince par Bossuet

Bourdaloue prouve méthodiquement la grandeur de son héros, tandis que l'âme enflammée de Bossuet la fait sentir; l'un se traîne, et l'autre s'élance. Toutes les expressions de l'un sont des tableaux; l'autre, sans coloris, donne trop peu d'éclat à ses idées. Son génie austère, et dépourvu de sensibilité comme d'imagination, était trop accoutumé à la marche didactique et forte du raisonnement, pour en changer; et il ne pouvait répandre sur une oraison funèbre cette demi-teinte de poésie qui, ménagée avec goût, et soutenue par d'autres beautés, donne plus de saillie à l'éloquence*.
Thomas, *Essai sur les Éloges*.

* Bossuet marche comme les dieux d'Homère, qui en trois pas sont au bout du monde. Bourdaloue se traîne avec effort dans une carrière étroite qu'il peut à peine fournir. Si l'on cherche, par l'examen attentif des deux ouvrages, à se rendre compte de cette prodigieuse inégalité, on la trouve encore plus étonnante, et le génie de Bossuet paraît plus inconcevable. Car, il ne faut pas s'y tromper, le discours de Bourdaloue renferme des beautés nombreuses et d'un ordre supérieur : la pensée est forte et grave ; le style, sans l'orner beaucoup, la soutient par une expression énergique et simple. Il y a peu d'images, mais souvent cette brièveté pleine de vigueur est le premier mérite de l'écrivain, après le talent de peindre. Il faut dire avec Fénelon : « C'est l'ouvrage d'un grand homme qui n'est pas orateur. »
M. Villemain, *Essai sur l'Oraison funèbre*.

Voyez dans les *Dialogues sur l'Éloquence* (IIe dial.), ce jugement de Fénelon sur Bourdaloue, et dans les *Lettres de madame de Sévigné*, l'analyse de quelques-uns de ses discours et les témoignages fréquents de l'admiration qu'ils inspiraient à cette femme célèbre. H. P.

MORCEAUX CHOISIS.

1 C'est dans le mystère de sa mort que Jésus-Christ a fait paraître toute l'étendue de sa puissance.

Qu'un Dieu, comme Dieu, agisse en maître et en souverain, qu'il ait créé d'une parole le ciel et la terre, qu'il fasse des prodiges dans l'univers, et que rien ne résiste à sa puissance, c'est une chose, Chrétiens, si naturelle pour lui, que ce n'est presque pas un sujet d'admiration pour nous. Mais qu'un Dieu souffre, qu'un Dieu expire dans les tourments, qu'un Dieu, comme parle l'Écriture, goûte la mort, lui qui possède seul l'immortalité, c'est ce que ni les anges, ni les hommes ne comprendront jamais. Je puis donc bien m'écrier avec le prophète : *Obstupescite, cœli* (*Jerem.* II, 12)! « O cieux! soyez saisis d'étonnement! » car voici ce qui passe toutes nos vues, et ce qui demande toute la soumission et toute l'obéissance de notre foi : mais aussi est-ce dans ce grand mystère que notre foi a triomphé du monde : *Et hæc est victoria quæ vincit mundum, fides nostra* (*I. Joan.* V, 4). Il est vrai, Chrétiens, Jésus-Christ a souffert, et il est mort ; mais en vous parlant de sa mort et de ses souffrances, je ne crains pas d'avancer une proposition, que vous traiteriez de paradoxe, si les paroles de mon texte ne vous avaient disposés à l'écouter avec respect; et je prétends que Jésus-Christ a souffert, et qu'il est mort en Dieu; c'est-à-dire d'une manière qui ne pouvait convenir qu'à un Dieu ; d'une manière tellement propre de Dieu, que saint Paul, sans autre raison, a cru pouvoir dire aux juifs et aux gentils : « Oui, mes Frères, ce cru-« cifié que nous vous prêchons, cet homme dont la « mort vous scandalise, ce Christ qui vous a paru « au Calvaire frappé de la main de Dieu, et réduit « dans la dernière faiblesse, est la vertu de Dieu « même. Ce que vous méprisez en lui, c'est ce qui « nous donne de la vénération pour lui. Il est « notre Dieu, et nous n'en voulons point d'autre « marque ni d'autre preuve que sa croix. » Voilà le précis de la théologie de saint Paul, que vous n'avez peut-être jamais bien comprise, et que j'entreprends de vous développer. Entrons, Chrétiens, dans le sens de ces divines paroles : *Christum crucifixum Dei virtutem*; et tirons-en tout le fruit qu'elles doivent produire dans nos ames pour notre édification.

Je dis que Jésus-Christ est mort d'une manière qui ne pouvait convenir qu'à un homme-Dieu. La seule exposition des choses va vous en convaincre. En effet, un homme qui meurt, après avoir prédit lui-même clairement et expressément toutes les circonstances de sa mort; un homme qui meurt en faisant actuellement des miracles, et les plus grands miracles, pour montrer qu'il n'y a rien que de surhumain et de divin dans sa mort; un homme dont la mort bien considérée est elle-même le plus grand de tous les miracles, puisque bien loin de mourir par défaillance comme le reste des hommes, il meurt au contraire par un effort de sa toute-puissance ; mais ce qui surpasse tout le reste, un homme qui, par l'infamie de sa mort, parvient à la plus haute gloire, et qui, expirant sur la croix, triomphe par sa croix même du prince du monde, dompte par sa croix l'orgueil du monde, érige sa croix sur les ruines de l'idolâtrie et de l'infidélité du monde; n'est-ce pas un homme qui meurt en Dieu, ou, si vous voulez, en homme-Dieu?

Carême, Sermon sur la Passion.

II. Exorde d'un sermon sur la Résurrection.

Qui dixit illis : Nolite expavescere : Jesum quæritis Nazarenum, crucifixum ; surrexit, non est hic; ecce locus ubi posuerunt eum. « L'ange dit aux « femmes : Ne craignez point; vous cherchez Jésus « de Nazareth qui a été crucifié ; il est ressuscité, « il n'est point ici; voici le lieu où on l'avait mis. »

Sire, ces paroles sont bien différentes de celles que nous voyons communément gravées sur les tombeaux des hommes. Quelque puissants qu'ils aient été, à quoi se réduisent ces magnifiques éloges qu'on leur donne, et que nous lisons sur ces superbes mausolées que leur érige la vanité humaine? A cette inscription : *hic jacet ;* ce grand, ce conquérant, cet homme tant vanté dans le monde, est ici couché sous cette pierre, et enseveli dans la poussière, sans que tout son pouvoir et toute sa puissance l'en puissent tirer. Mais il en va bien autrement à l'égard de Jésus-Christ. A peine a-t-il été enfermé dans le sein de la terre qu'il en sort, dès le troisième jour, victorieux et tout brillant de lumière; en sorte que ces femmes dévotes qui le viennent chercher, et qui, ne le trouvant pas, en veulent savoir des nouvelles, n'en apprennent rien autre chose, sinon qu'il est ressuscité et qu'il n'est plus là : *non est hic.* Voilà, selon la prédiction et l'expression d'Isaïe, ce qui rend son tombeau glorieux : *et erit sepulchrum ejus gloriosum.* Au lieu donc que la gloire des grands du siècle se termine au tombeau, c'est dans le tombeau que commence la gloire de ce Dieu-homme. C'est là, c'est, pour ainsi dire, dans le centre même de la faiblesse, qu'il fait éclater toute sa force, et jusqu'entre les bras de la mort, qu'il reprend par sa propre vertu une vie bienheureuse et immortelle. Admirable changement, Chrétiens, qui doit affermir son Église, qui doit consoler ses disciples et les rassurer, qui doit servir de fondement à la foi et à l'espérance chrétienne : car tels sont, ou tels doivent être les effets de la résurrection du Sauveur, comme j'entreprends de vous le montrer dans ce discours.

Oui, Chrétiens, un des plus solides fondements et de notre foi et de notre espérance, c'est la glorieuse résurrection de Jésus-Christ. Je le dis après saint Augustin; et, m'attachant à sa pensée, je trouve en deux paroles de ce Père le partage le plus juste et le dessein le plus complet. Car, selon la belle remarque de ce saint docteur, le fils de Dieu dans sa résurrection nous présente tout à la fois et un grand miracle et un grand exemple: *In hâc resurrectione et miraculum et exemplum ;* un grand miracle pour confirmer notre foi, *miraculum ut credas;* et un grand exemple pour animer notre espérance, *exemplum ut speres.* En effet, c'est sur cette résurrection du sauveur des hommes que sont établies les deux plus importantes vérités du christianisme, dont l'une est comme la base de toute la religion, savoir, que Jésus-Christ est Dieu ; et l'autre est le principe de toute la morale évangélique, savoir, que nous ressusciterons un jour nous-mêmes, comme Jésus-Christ. Ainsi, mes chers auditeurs, sans une plus longue préparation, voici ce que j'ai aujourd'hui à vous faire voir : Miracle de la résurrection de Jésus-Christ, preuve incontestable de sa divinité : c'est par là qu'il confirme notre foi, et ce sera la première partie. Exemple de la résurrection de Jésus-Christ, gage assuré de notre résurrection future : c'est par là qu'il anime notre espérance, et ce sera la seconde partie ; deux points d'une extrême conséquence : dans le premier, Jésus-Christ, par sa résurrection, nous apprendra ce qu'il est : dans le second, Jésus-Christ, par cette même résurrection, nous apprendra ce que nous serons. L'un et l'autre renferment ce qu'il y a dans le christianisme de plus sublime et de plus relevé. Plaise au ciel qu'ils servent également à votre instruction et à votre édification !

III. L'Hypocrisie.

Quand je parle de l'hypocrisie, ne pensez pas que je la borne à cette espèce particulière qui consiste dans l'abus de la piété, et qui fait les faux dévots; je la prends dans un sens plus étendu, et d'autant plus utile à votre instruction, que peut-être, malgré vous-mêmes, serez-vous obligés de convenir que c'est un vice qui ne vous est que trop commun; car j'appelle hypocrite quiconque, sous de spécieuses apparences, a le secret de cacher les désordres d'une vie criminelle. Or, en ce sens, on ne peut douter que l'hypocrisie ne soit répandue dans toutes les conditions, et que parmi les mondains il ne se trouve encore bien plus d'imposteurs et d'hypocrites que parmi ceux que nous nommons dévots.

En effet, combien dans le monde de scélérats travestis en gens d'honneur! combien d'hommes corrompus et pleins d'iniquité, qui se produisent avec tout le faste et toute l'ostentation de la probité! combien de fourbes, insolents à vanter leur sincérité! combien de traîtres, habiles à sauver les dehors de la fidélité et de l'amitié! combien de sensuels, esclaves des passions les plus infâmes, en possession d'affecter la pureté des mœurs, et de la pousser jusqu'à la sévérité! combien de femmes libertines, fières sur le chapitre de leur réputation, et quoique engagées dans un commerce honteux, ayant le talent de s'attirer toute l'estime d'une exacte et d'une parfaite régularité! Au contraire, combien de justes faussement accusés et condamnés! combien de serviteurs de Dieu, par la malignité du siècle, décriés et calomniés! combien de dévots de bonne foi traités d'hypocrites, d'intrigants et d'intéressés! combien de vraies vertus contestées ! combien de bonnes œuvres censurées ! combien d'intentions droites mal expliquées ! et combien de saintes actions empoisonnées !

Sermon sur le Jugement de Dieu.

IV. Ce qui fait les héros.

J'appelle le principe de ses grands exploits *(du prince de Condé)* cette ardeur martiale qui, sans témérité ni emportement, lui faisait tout oser et tout entreprendre; ce feu qui, dans l'exécution, lui rendait tout possible et tout facile; cette fermeté d'âme que jamais nul obstacle n'arrêta, que jamais nul péril n'épouvanta, que jamais nulle résistance ne lassa ni ne rebuta; cette vigilance que rien ne surprenait; cette prévoyance à laquelle rien n'échappait; cette étendue de pénétration avec laquelle, dans les plus hasardeuses occasions, il envisageait d'abord tout ce qui pouvait ou troubler, ou favoriser l'évènement des choses : semblable à un aigle dont la vue perçante fait en un moment la découverte de tout un vaste pays; cette promptitude à prendre son parti, qu'on n'accusa jamais en lui de précipitation, et qui, sans avoir l'inconvénient de la lenteur des autres, en avait toute la maturité; cette science qu'il pratiquait si bien, et qui le rendait si habile à profiter des conjonctures, à prévenir les desseins des ennemis presque avant qu'ils fussent conçus, et à ne pas perdre en vaines délibérations ces moments heureux qui décident du sort des armées; cette activité que rien ne pouvait égaler, et qui, dans un jour de bataille, le partageant, pour ainsi dire, et le multipliant, faisait qu'il se trouvait partout, qu'il suppléait à tout, qu'il ralliait tout, qu'il maintenait tout : soldat et général tout à la fois, et, par sa présence, inspirant à tout le corps d'armée, jusqu'aux plus vils membres qui le composaient, son courage et sa valeur, ce sang-froid qu'il savait si bien conserver dans la chaleur du combat, cette tranquillité dont il n'était jamais plus sûr que quand on en venait aux mains, et dans l'horreur de la mêlée; cette modération et cette douceur pour les siens, qui redoublaient à mesure que sa fierté contre l'ennemi était émue; cet inflexible oubli de sa personne, qui n'écouta jamais la remontrance, et auquel, constamment déterminé, il se fit toujours un devoir de prodiguer sa vie, et un jeu de braver la mort ; car tout cela est le vif portrait que chacun de vous se fait, au moment que je parle, du prince que nous avons perdu ; et voilà ce qui fait les héros.

Oraison funèbre du prince de Condé.

V L'Ambition.

L'ambition montre à celui qu'elle aveugle, pour terme de ses poursuites, un état florissant où il n'aura plus rien à désirer, parce que ses vœux seront accomplis, où il goûtera le plaisir le plus doux pour lui, et dont il est le plus sensiblement touché : savoir, de dominer, d'ordonner, d'être l'arbitre des affaires et le dispensateur des graces, de briller dans un ministère, dans une dignité éclatante ; d'y recevoir l'encens du public et ses soumissions ; de s'y faire craindre, honorer, respecter.

Tout cela rassemblé dans un point de vue lui trace l'idée la plus agréable, et peint à son imagination l'objet le plus conforme aux vœux de son cœur; mais dans le fond ce n'est qu'une idée, et voici ce qu'il y a de plus réel: c'est que, pour atteindre jusque-là, il y a une route à tenir, pleine d'épines et de difficultés : mais de quelles épines et de quelles difficultés! C'est que, pour parvenir à cet état où l'ambition se figure tant d'agréments, il faut prendre mille mesures toutes également gênantes, et toutes contraires à ses inclinations; qu'il faut se miner de réflexions et d'étude; rouler pensées sur pensées, desseins sur desseins, compter toutes ses paroles, composer toutes ses démarches; avoir une attention perpétuelle et sans relâche, soit sur soi-même, soit sur les autres. C'est que, pour contenter une seule passion, qui est de s'élever à cet état, il faut s'exposer à devenir la proie de toutes les passions; car y en a-t-il une en nous que l'ambition ne suscite contre nous?

Et n'est-ce pas elle qui, selon les différentes conjonctures et les divers sentiments dont elle est émue, tantôt nous aigrit des dépits les plus amers, tantôt nous envenime des plus mortelles inimitiés, tantôt nous enflamme des plus profondes colères, tantôt nous accable des plus violentes tristesses, tantôt nous dessèche des mélancolies les plus noires, tantôt nous dévore des plus cruelles jalousies, qui font souffrir à une âme comme une espèce d'enfer, et qui la déchirent par mille bourreaux intérieurs et domestiques? C'est que, pour se pousser à cet état, et pour se faire jour au travers de tous les obstacles qui nous en ferment les avenues, il faut entrer en guerre avec des compétiteurs qui y prétendent aussi bien que nous, qui nous éclairent dans nos intrigues, qui nous dérangent dans nos projets, qui nous arrêtent dans nos voies; qu'il faut opposer crédit à crédit, patron à patron, et pour cela s'assujettir aux plus ennuyeuses assiduités, essuyer mille rebuts, digérer mille dégoûts, se donner mille mouvements, n'être plus à soi, et vivre dans le tumulte et la confusion. C'est que, dans l'attente de cet état, où l'on n'arrive pas tout d'un coup, il faut supporter des retardements capables non-seulement d'exercer, mais d'épuiser toute la patience; que, durant de longues années, il faut languir dans l'incertitude du succès, toujours flottant entre l'espérance et la crainte, et souvent, après des délais presque infinis, ayant encore l'affreux déboire de voir toutes ses prétentions échouer, et ne remportant, pour récompense de tant de pas malheureusement perdus, que la rage dans le cœur et la honte devant les hommes.

Je dis plus : c'est que cet état, si l'on est enfin assez heureux pour s'y ingérer, bien loin de mettre des bornes à l'ambition et d'en éteindre le feu, ne sert au contraire qu'à la piquer davantage et qu'à l'allumer; que d'un degré on tend bientôt à un autre, tellement qu'il n'y a rien où l'on ne se porte, ni rien où l'on se fixe; rien que l'on ne veuille avoir, ni rien dont on jouisse; que ce n'est qu'une perpétuelle succession de vues, de désirs, d'entreprises, et, par une suite nécessaire, qu'un perpétuel tourment. C'est que, pour troubler toute la douceur de cet état, il ne faut souvent que la moindre circonstance et le sujet le plus léger, qu'un esprit ambitieux grossit, et dont il se fait un monstre.

VI. L'oubli et l'abandon des pauvres.

Combien de pauvres sont oubliés! combien demeurent sans secours et sans assistance! Oubli d'autant plus déplorable, que, de la part des riches, il est volontaire, et par conséquent criminel. Je m'explique : combien de malheureux réduits aux dernières rigueurs de la pauvreté et que l'on ne soulage pas, parce qu'on ne les connaît pas, et qu'on ne veut pas les connaître! Si l'on savait l'extrémité de leurs besoins, on aurait pour eux, malgré soi, sinon de la charité, au moins de l'humanité. A la vue de leur misère, on rougirait de ses excès, on aurait honte de ses délicatesses, on se reprocherait ses folles dépenses, et l'on s'en ferait avec raison des crimes. Mais parce qu'on ignore ce qu'ils souffrent, parce qu'on ne veut pas s'en instruire, parce qu'on craint d'en entendre parler, parce qu'on les éloigne de sa présence, on croit en être quitte en les oubliant; et, quelque extrêmes que soient leurs maux, on y devient insensible.

Combien de véritables pauvres, que l'on rebute comme s'ils ne l'étaient pas, sans qu'on se donne et qu'on veuille se donner la peine de discerner s'ils le sont en effet ! Combien de pauvres dont les gémissements sont trop faibles pour venir jusqu'à nous, et dont on ne veut pas s'approcher pour se mettre en devoir de les écouter ! Combien de pauvres abandonnés ! combien de désolés dans les prisons ! combien de languissants dans les hôpitaux ! combien de honteux dans les familles particulières ! Parmi ceux qu'on connaît pour pauvres, et dont on ne peut ni ignorer, ni même oublier le douloureux état, combien sont négligés ! combien sont durement traités ! combien manquent de tout, pendant que le riche est dans l'abondance, dans le luxe, dans les délices ! S'il n'y avait point de jugement dernier, voilà ce que l'on pourrait appeler le scandale de la Providence, la patience des pauvres outragés par la dureté et par l'insensibilité des riches.

BOURSAULT (Edme), naquit à Muci-l'Évêque, en octobre 1638. Fils d'un ancien militaire, qui préférait le plaisir à l'étude, il ne reçut aucune éducation dans ses premières années, et ne parlait encore que le patois bourguignon, lorsqu'il vint à Paris à l'âge de treize ans; mais ses heureuses dispositions et son application à s'instruire le mirent bientôt en état de parler et d'écrire le français avec autant de pureté que d'élégance. En peu d'années ses talents furent assez connus pour qu'on le chargeât de composer un livre destiné à l'éducation du dauphin. Ce livre intitulé : *La véritable Étude des Souverains*

(Paris, 1671), plut tellement au roi qu'il voulut nommer Boursault sous-précepteur de son fils. Boursault refusa cet emploi par la raison qu'il ne savait pas le latin. Plus tard il fit la même objection à son ami Thomas Corneille, qui l'engageait à demander une place à l'Académie française. « Que « ferait l'Académie, dit-il, d'un sujet ignare et non « lettré, qui ne sait ni latin ni grec? Il n'est pas « question, répondit Corneille, d'une académie « grecque ou latine, mais d'une académie française. « Eh! qui sait mieux le français que vous? » Cette raison, toute bonne qu'elle était, ne put vaincre la modestie de Boursault.

Encouragé par le succès qu'avait eu son ouvrage pour le dauphin, il se mit à faire une gazette en vers, qui d'abord amusa beaucoup le roi et la cour, et qui lui valut une pension de 2000 fr.; mais s'étant un jour égayé dans ses vers aux dépens de l'ordre de Saint-François, la gazette et la pension furent supprimées, et il fallut même tout le crédit du grand Condé, qui le protégeait, pour le sauver d'être envoyé à la Bastille. Quelques années après, il entreprit une autre gazette qui eut le même sort que la première, à cause de deux méchants vers qu'il fit contre le roi Guillaume, avec lequel on voulait alors traiter de la paix. Boursault fut plus heureux au théâtre: plusieurs de ses pièces y obtinrent du succès, et sont encore applaudies; entre autres *le Mercure galant*, *Ésope à la ville*, et *Ésope à la cour*. Celle-ci ne fut jouée qu'après sa mort. A la première représentation on en fit retrancher plusieurs vers qui pouvaient donner lieu à des allusions injurieuses pour Louis XIV, qui vivait encore à cette époque. Ant. Zaniboni a traduit cette pièce en italien. Lorsque Boursault voulut faire jouer *le Mercure galant*, Visé, auteur du journal qui avait le même titre, obtint que la pièce ne le porterait pas, et, par cette raison, Boursault trouva plaisant de la nommer *la Comédie sans titre*.

Ce poète comique s'essaya aussi, mais avec moins de bonheur, dans la tragédie: il fit *Marie Stuart* et *Germanicus* qui sont aujourd'hui entièrement oubliés, quoique Pierre Corneille ait dit de la dernière, en pleine Académie, qu'il n'y manquait que le nom de Racine pour que ce fût un ouvrage achevé.

Boursault s'étant brouillé avec Molière et Boileau, fit une méchante critique de *l'École des Femmes*, sous le titre du *Portrait du Peintre*, dont Molière le punit dans *l'Impromptu de Versailles*; et pour se venger de Boileau, qui l'avait mis dans ses *Satires*, il fit aussi contre lui une comédie intitulée : *la Satire des Satires*, dont le crédit de Boileau empêcha la représentation. Quelques années après, Boursault tira du satirique une vengeance beaucoup plus noble: ayant appris à Montluçon, où il était receveur des tailles, que Boileau se trouvait sans argent aux eaux de Bourbonne, il se rendit sur-le-champ auprès de lui et le força d'accepter un prêt de deux cents louis. Touché de ce procédé généreux, Boileau lui accorda son amitié et retrancha son nom de ses *Satires*. Boursault mourut à Montluçon, le 15 septembre 1701, âgé de soixante-trois ans. Son théâtre, composé de seize pièces, a été imprimé plusieurs fois. La meilleure édition est celle de Paris, 1725, 3 vol. in-12. On a encore de lui *le Prince de Condé*, 1675, 1691 et 1792, 2 vol. in-12; *le Marquis de Chavigny*, 1670; *Artémise et Poliante*, 1670, 2 vol. in-12; *Ne pas croire ce qu'on voit*, 1670, 2 vol. in-12. Plusieurs de ses nouvelles sont bien écrites et se lisent avec intérêt. *Lettres de respect, d'obligation et d'amour*, connues sous le nom de *Lettres à Babet*, 1666, in-12; et des *Lettres nouvelles accompagnées de fables, de contes, d'épigrammes, de remarques et de bons mots*, Paris, 1709, 3 vol. in-12, réimprimées plusieurs fois.

AUGER.

JUGEMENT.

Il ne faut pas parler des tragédies de Boursault, qui sont entièrement oubliées, et qui doivent l'être, quoique son *Germanicus* ait eu d'abord un si grand succès, que Corneille l'égalait aux tragédies de Racine. Ce jugement, encore plus étrange que le succès, puisqu'un homme de l'art doit s'y connaître mieux que les autres, ne servit qu'à offenser Racine, et ne sauva pas *Germanicus* de l'oubli; mais Boursault fut plus heureux dans la comédie. Ce n'est pas que ses pièces soient régulières, il s'en faut de beaucoup; ce ne sont pas même de véritables drames, puisqu'il n'y a ni plan ni action; ce sont des scènes détachées qui en font tout le mérite, et ce mérite a suffi pour les faire vivre. Dans ce genre de pièces, qu'on appelle improprement *épisodiques*, et qui seraient mieux nommées *pièces à épisodes*, le

Mercure galant était un des sujets les mieux choisis : aucun autre ne pouvait lui fournir un plus grand nombre d'originaux faits pour un cadre comique. Tous cependant ne sont pas également heureux; on en a successivement retranché plusieurs, entre autres, la scène du voleur de la gabelle, qui avait quelque chose de trop patibulaire. Elle n'est pas mal faite, mais il ne faut pas mettre sur le théâtre un homme qui peut en sortant être mené au gibet. On a supprimé aussi quelques scènes un peu froides; par exemple, celle qui roule sur une housse de lit dont une femme a fait une robe, et plusieurs autres scènes qui ne valent pas mieux; mais il ne fallait pas en retrancher une fort jolie, celle où M. Michaut vient demander qu'on l'anoblisse dans *le Mercure*. Ces suppressions ont réduit la pièce à quatre actes, de cinq qu'elle avait. Elle fit en naissant une fortune prodigieuse; on assure, dans les *Recherches sur le Théâtre*, de Beauchamps, qu'elle fut jouée quatre-vingts fois. Si le fait est vrai, ce nombre extraordinaire de représentations ne lui a pas porté malheur comme à *Timocrate*, qui n'a jamais reparu; au contraire, il est peu de pièces qu'on joue aussi souvent que *le Mercure galant*. Il est vrai que le talent rare de l'acteur, qui la jouait à lui seul presque tout entière, a pu contribuer à cette grande vogue; mais on ne peut disconvenir qu'il n'y ait beaucoup de scènes d'une exécution parfaite, plaisamment inventées et remplies de vers heureux. Ce qui le prouve, c'est qu'ils sont dans la mémoire de tous ceux qui fréquentent le spectacle.

Boniface Chrétien, la Rissole, les deux procureurs et l'abbé Beaugénie sont excellents dans leur genre. L'invention des billets d'enterrement, qui sont la ressource d'*un malheureux libraire qu'un livre in-folio a mis à l'hôpital;* l'idée singulière de mettre dans la bouche d'un soldat ivre la critique des irrégularités de notre langue, et de faire de cette critique de grammaire un dialogue très comique; l'importance que l'abbé Beaugénie met à son énigme; la satisfaction qu'il en a, et l'analyse savante qu'il en fait; la querelle de maître Sangsue et de maître Brigandeau, la supériorité que l'un affecte sur l'autre: tout cela est fort divertissant; et sur-tout la scène des procureurs, est si exactement conforme au style du palais, et d'une tournure de vers si aisée, si naturelle et si adaptée au vrai ton de la comédie, que j'oserai dire (sous ce rapport seul) qu'elle rappelle la versification de Molière. Elle est si connue, que je n'en citerai qu'un seul exemple, uniquement pour soumettre mon opinion au jugement des connaisseurs:

Au mois de juin dernier, un mémoire de frais
Pensa dans un cachot te faire mettre au frais.
Tu l'avais fait monter à sept cent trente livres,
Et ton papier volant, tel que tu le délivres,
Étant vu de messieurs, trois des plus apparents
Firent monter le tout à trente quatre francs;
Encore dirent-ils que, dans cette occurrence,
Ils te passaient cent sous contre leur conscience.

Cela est très gai; mais ce qui l'est un peu moins,

c'est que des faits très attestés aient prouvé que ce n'est pas une plaisanterie.

Le sort d'*Ésope à la ville* fut aussi très brillant; il eut quarante-trois représentations; mais il ne s'est pas soutenu depuis, tant ce premier éclat d'une nouveauté est souvent un présage trompeur. Le style est bien inférieur à celui du *Mercure galant*, et la médiocrité des fables que débite Ésope est d'autant plus sensible, que la plupart avaient déjà été traitées par La Fontaine. On serait tenté d'en faire un reproche grave à l'auteur, si lui-même ne s'en était accusé avec cette franchise modeste et courageuse dont j'ai déjà cité plus d'un témoignage. Voici comme il s'exprime dans sa préface : « Ce qui « m'a paru le plus dangereux dans cette entreprise, « ç'a été d'oser mettre des fables en vers après l'il- « lustre M. de La Fontaine, qui m'a devancé dans « cette route, et que je ne prétends suivre que de « très loin. Il ne faut que comparer les siennes avec « celles que j'ai faites, pour voir que c'est lui qui « est le maître. Les soins inutiles que j'ai pris de « l'imiter, m'ont appris qu'il est inimitable, et c'est « beaucoup pour moi que la gloire d'avoir été souf- « fert où il a été admiré. »

Boursault, qui s'était bien trouvé des pièces à tiroir, et qui apparemment se sentait plus fait pour les détails que pour l'invention et l'ensemble, voulut mettre encore une fois Ésope sur la scène, et ne mit pas dans cette nouvelle pièce plus d'intrigue et de plan que dans l'autre. C'est un défaut d'autant plus blâmable, que rien ne l'empêchait de placer son Ésope dans un cadre dramatique, et de lui conserver son costume de philosophe et de fabuliste. *Ésope à la cour* ne fut représenté qu'après la mort de l'auteur : il fut d'abord médiocrement goûté ; mais à toutes les reprises il eut beaucoup de succès, et il est resté au théâtre. Cependant la critique, même en mettant de côté le vice du genre, peut y trouver des défauts très marqués : le plus grand est d'avoir fait Ésope amoureux et aimé, deux choses incompatibles, l'une avec sa sagesse, l'autre avec sa figure. Mais, à cet amour près, son caractère est aussi noble que son esprit est sensé, et la pièce offre tour à tour des scènes touchantes et des scènes comiques, toutes également morales* et instructives. On sait que le repentir de Rhodope, qui a méconnu sa mère un moment, a toujours fait verser des larmes : l'auteur a touché un des endroits du cœur humain les plus sensibles. Il a retrouvé son comique du *Mercure galant* dans le personnage du financier, M. Griffet, et dans la manière dont il explique ce que c'est que *le tour du bâton*. Enfin le dénouement est heureux : il l'a tiré d'une fable de La Fontaine, intitulée *le Berger et le Roi*, et l'usage qu'il en a fait est intéressant et théâtral. Je citerai encore une scène d'un ton très noble et d'une intention très morale, celle où un officier veut engager Ésope à le servir de son crédit pour

---

* Je me souviens qu'en sortant d'une pièce intitulée : *Ésope à la Cour*, je fus si pénétré du désir d'être plus honnête homme, que je ne sache pas avoir formé une résolution plus forte ; bien différent de cet ancien qui disait qu'il n'était jamais sorti des spectacles aussi vertueux qu'il y était entré.

MONTESQUIEU. *Pensées diverses ; des modernes.*

supplanter un concurrent. C'est là que se trouve ce mot si ingénieux qu'il adresse à cet officier, qui, très piqué de ce qu'Ésope, en parlant de lui, s'est servi du nom de soldat, lui dit avec hauteur:

Je ne suis point soldat, et nul ne m'a vu l'être;
Je suis bon colonel, et qui sert bien l'état.

Monsieur le colonel qui n'êtes point soldat,

répond Ésope. Il y a peu de reparties aussi heureuses. Si l'on n'était convaincu par des exemples très récents que des gens qui impriment journellement ne savent pas même de quels auteurs a parlé Boileau dans *l'Art poétique*, on ne concevrait pas que dans une feuille périodique on ait attribué tout à l'heure à un avocat de nos jours, comme une chose toute nouvelle, un trait si frappant d'une pièce aussi connue que l'*Ésope à la cour* de Boursault.

Je ne dois pas omettre ici une anecdote digne d'attention. Quand cet ouvrage fut représenté en 1701, on fit supprimer au théâtre quelques endroits du rôle de Crésus et de celui d'Ésope, comme trop hardis. Il faut croire qu'ils le parurent moins à l'impression; les voici: Crésus dit, à propos des hommages et des louanges qu'on lui prodigue:

.... Je m'aperçois, ou du moins je soupçonne,
Qu'on encense la place autant que la personne,
Que c'est au diadème un tribut que l'on rend,
Et que le roi qui règne est toujours le plus grand.

A la place des deux derniers vers, dont le second

est fort bon et dit ce qu'il doit dire, on en mit deux dont le second est fort mauvais :

> Qu'on me rend des honneurs qui ne sont pas pour moi,
> Et que *le trône enfin l'emporte sur le roi.*

Le trône qui l'emporte sur le roi est un plat-galimatias. Mais comme on avait beaucoup loué Louis XIV, on ne voulait pas qu'il entendît que *le roi qui règne est toujours le plus grand*. On ne voulut pas non plus qu'Ésope récitât devant lui les vers suivants, adressés à Crésus :

> Par des soins prévenants, votre âme bienfaisante
> En répand sur un seul de quoi suffire à trente ;
> Et, ce qu'un seul obtient, répandu sur chacun,
> Vous feriez trente heureux, et vous n'en faites qu'un.

Si Louis XIV avait été instruit de cette suppression, par qui se serait-il cru offensé, ou par le poëte, qui répétait après tant d'autres ces vieilles et utiles vérités, ou par ceux qui en faisaient évidemment à leur souverain une application si maligne ?

La Harpe, *Cours de Littérature.*

MORCEAUX CHOISIS.

I. Critique des irrégularités de la langue française.

LA RISSOLE, *ivre*.

Bonjour, mon camarade.
J'entre sans dire gare, et cherche à m'informer
Où demeure un monsieur que je ne puis nommer.
Est-ce ici ?

MERLIN.

Quel homme est-ce ?

LA RISSOLE.

Un bon vivant, allègre :

Qui n'est grand ni petit, noir ni blanc, gras ni maigre.
J'ai su de son libraire, où souvent je le vois,
Qu'il fait jeter en moule un livre tous les mois.
C'est un vrai juif errant, qui jamais ne repose.

MERLIN.

Dites-moi, s'il vous plaît, voulez-vous quelque chose?
L'homme que vous cherchez est mon maître.

LA RISSOLE.

Est-il là?

MERLIN.

Non.

LA RISSOLE.

Tant pis. Je voulais lui parler.

MERLIN.

Me voilà,
L'un vaut l'autre. Je tiens un registre fidèle
Où chaque heure du jour j'écris quelque nouvelle :
Fable, histoire, aventure, enfin quoi que ce soit
Par ordre alphabétique est mis en son endroit.
Parlez.

LA RISSOLE.

Je voudrais bien être dans *le Mercure* :
J'y ferais, que je crois, une bonne figure.
Tout à l'heure, en buvant, j'ai fait réflexion
Que je fis autrefois une belle action ;
Si le roi la savait, j'en aurais de quoi vivre;
La guerre est un métier que je suis las de suivre.
Mon capitaine, instruit du courage que j'ai,
Ne saurait se résoudre à me donner congé.
J'en enrage.

MERLIN.

Il fait bien : donnez-vous patience...

LA RISSOLE.

Mordié! je ne saurais avoir ma subsistance.

BOURSAULT.

MERLIN.

Il est vrai, le pauvre homme! il fait compassion.

LA RISSOLE.

Or donc pour en venir à ma belle action,
Vous saurez que toujours je fus homme de guerre,
Et brave sur la mer ainsi que sur la terre.
J'étais sur un vaisseau quand Ruyter fut tué,
Et j'ai même à sa mort le plus contribué :
Je fus chercher le feu que l'on mit à l'amorce
Du canon qui lui fit rendre l'âme par force.
Lui mort, les Hollandais souffrirent bien des mals :
On fit couler à fond les deux vice-amirals.

MERLIN.

Il faut dire des maux, vice-amiraux; c'est l'ordre.

LA RISSOLE.

Les vice-amiraux donc, ne pouvant plus nous mordre,
Nos coups aux ennemis furent des coups fataux ;
Nous gagnâmes sur eux quatre combats navaux.

MERLIN.

Il faut dire fatals et navals, c'est la règle.

LA RISSOLE.

Les Hollandais réduits à du biscuit de seigle,
Ayant connu qu'en nombre ils étaient inégals,
Firent prendre la fuite aux vaisseaux principals.

MERLIN.

Il faut dire inégaux, principaux, c'est le terme.

LA RISSOLE.

Enfin, après cela nous fûmes à Palerme.
Les bourgeois à l'envi nous firent des régaux :
Les huit jours qu'on y fut furent huit carnavaux.

MERLIN.

Il faut dire régals et carnavals.

LA RISSOLE.

Oh ! dame !
M'interrompre à tous coups, c'est me chiffonner l'âme,
Franchement.

MERLIN.

Parlez bien. On ne dit point navaux,
Ni fataux, ni régaux, non plus que carnavaux.
Vouloir parler ainsi, c'est faire une sottise.

LA RISSOLE.

Eh ! mordié, comment donc voulez-vous que je dise ?
Si vous me reprenez lorsque je dis des mals,
Inégals, principals, et des vice-amirals ;
Lorsqu'un moment après, pour mieux me faire entendre
Je dis fataux, navaux, devez-vous me reprendre ?
J'enrage de bon cœur quand je trouve un trigaud
Qui souffle tout ensemble et le froid et le chaud.

MERLIN.

J'ai la raison pour moi qui me fait vous reprendre,
Et je vais clairement vous le faire comprendre :
Al est un singulier dont le pluriel fait *aux ;*
On dit c'est mon *égal*, et ce sont mes *égaux*.
Par conséquent on voit par cette règle seule...

LA RISSOLE.

J'ai des démangeaisons de te casser la gueule.

MERLIN.

Vous ?

LA RISSOLE.

Oui, palsandié, moi : je n'aime point du tout
Qu'on me berce d'un conte à dormir tout debout ;
Lorsqu'on veut me railler, je donne sur la face.

MERLIN.

Et tu crois au *Mercure* occuper une place,
Toi ! tu n'y seras point, je t'en donne ma foi.

LA RISSOLE.

Mordié, je me bats l'œil du *Mercure* et de toi.
Pour vous faire dépit, tant à toi qu'à ton maître,
Je déclare à tous deux que je n'y veux pas être :
Plus de mille soldats en auraient acheté
Pour voir en quel endroit La Rissole eût été ;
C'était argent comptant, j'en avais leur parole.
Adieu, pays. C'est moi qu'on nomme la Rissole :
Ces bras te deviendront ou fatals ou fataux.

MERLIN.

Adieu, guerrier fameux par des combats navaux.
Mercure galant, act. IV, sc. 7.

II. Les deux procureurs Sangsue et Brigandeau.

SANGSUE, *à Oronte.*

Monsieur, votre très humble et très obéissant.
Ma personne, je crois, ne vous est pas connue?

ORONTE.

Non, monsieur, par malheur.

SANGSUE.

Je me nomme Sangsue,
Procureur de la cour, pour vous servir.

ORONTE.

Monsieur,
Je vous rends, sur ce point, grace de tout mon cœur.

SANGSUE.

Savez-vous quel dessein en ces lieux me fait rendre ?

ORONTE.

Non, Monsieur.

SANGSUE.

En trois mots je m'en vais vous l'apprendre.
Voici le fait. En l'an six cent quatre-vingt-deux,
Pour divertissement d'un théâtre fameux,

Contre les procureurs on fit une satire,
Où presque tout Paris pensa pâmer de rire :
Mais l'auteur qui l'a faite a dit publiquement
Qu'il n'entend point toucher à ceux du parlement ;
Et je viens tout exprès, pour braver l'imposture,
Vous en demander acte en un coin du *Mercure*.
En s'attaquant à nous, quel opprobre eût-ce été ?
C'était jouer la foi, l'honneur, la probité :
Mais ceux qu'on a choisis méritent qu'on les berne :
Ce sont des procureurs d'un ordre subalterne ;
Comme ceux des consuls, du Châtelet....

BRIGANDEAU.

Tout beau,
Maître Sangsue, ou bien.....

SANGSUE.

Quoi ! maître Brigandeau,
Prétendez-vous nier ce que je dis ?

BRIGANDEAU.

Sans doute.

SANGSUE.

Et moi, devant monsieur, qui tous deux nous écoute,
Je m'offre à le prouver, en cas de déni.

BRIGANDEAU.

Vous ?

SANGSUE.

Oui.

BRIGANDEAU.

Sauf correction, vous imposez.

ORONTE.

Tout doux,
Si vous voulez parler, point d'aigreur, je vous prie.

SANGSUE.

Entrons dans le détail de la friponnerie.
Souvent au Châtelet un même procureur

Est pour le demandeur et pour le défendeur :
Si quelqu'autre partie a part à la querelle,
A la sourdine encore il occupe pour elle.

BRIGANDEAU.

Combien au parlement, et des plus renommés,
Sont pour les appelants et pour les intimés,
Et savent les forcer par divers stratagèmes
A se manger les os pour les ronger eux-mêmes?

SANGSUE.

Et quand dans cette pièce on voit un procureur
Qui trouve le secret de voler un voleur,
Dis-moi qui de nous deux on prétend contrefaire?
C'était au Châtelet que pendait cette affaire.

BRIGANDEAU.

Et quand un scélérat, qui l'est avec excès,
Moyennant pension éternise un procès,
De qui veut-on parler? Dis-le moi, si tu l'oses.
Ce n'est qu'au parlement où sont ces grandes causes.

SANGSUE.

Lorsque d'un chapelier on attrape un chapeau,
Et que d'un pâtissier on extorque un gâteau,
Ne m'avoueras-tu pas, comme chacun l'avoue,
Que c'est un procureur du Châtelet qu'on joue?

BRIGANDEAU.

C'est à toi le premier à me faire un aveu,
Que ceux du parlement ne prennent point si peu;
Et que leur main crochue, à voler toujours prête,
Aime mieux écorcher que de tondre la bête.
Je vais, devant monsieur, dire ce que j'en crois:
On grappille chez nous, et l'on pille chez toi.

SANGSUE.

Ce que tu fais bâtir au faubourg Saint-Antoine,
Est-ce de grappiller, ou de ton patrimoine?

Ton père était aveugle, et jouait du hautbois.
BRIGANDEAU.
Et tes quatre maisons du quartier Quincampoix,
A-ce été tes aïeux qui les ont là plantées?
Du sang de tes clients elles sont cimentées.
Il n'entre aucune pierre en leur construction
Qui ne te coûte au moins une vexation :
Et quand tu seras mort, ces honteux édifices
Publieront après toi toutes tes injustices.
SANGSUE.
Au mois de juin dernier un mémoire de frais
Pensa dans un cachot te faire mettre au frais.
Tu l'avais fait monter à sept cent trente livres;
Et ton papier volant, tel que tu le délivres,
Étant vu de messieurs, trois des plus apparents
Réduisirent le tout à trente-quatre francs :
Encore dirent-ils que, dans cette occurence,
Ils te passaient cent sous contre leur conscience.
BRIGANDEAU.
Et l'hiver précédent, toi qui fais l'entendu,
Sans un peu de faveur n'étais-tu pas pendu?
Tu pris quinze cents francs, dont on a tes quittances,
Pour avoir obtenu deux arrêts de défenses.
ORONTE.
Eh! Messieurs, il sied mal, lorsque vous disputez,
De dire l'un de l'autre ainsi les vérités.
Pour rompre un entretien qui me fait de la peine,
Adieu. Je sais, Messieurs, quel dessein vous amène.
Votre voyage ici n'aura pas été vain ;
Vous aurez tous deux place au *Mercure* prochain.
SANGSUE.
Procureur de la cour, j'entends qu'on me discerne
D'un méchant procureur du Châtelet moderne.

ORONTE.
Je ferai mon devoir, je vous le promets.
SANGSUE.

Bon.
BRIGANDEAU.
Ne me confondez pas avec un tel fripon.
Tout Paris sait, Monsieur, de quel air je m'acquitte...
ORONTE.
Je prétends vous traiter selon votre mérite ;
Laissez-moi faire. Eh bien! vous avez tout ouï ?...
DE BOISLUISANT.
On se plaint de leurs tours, mais ils m'ont réjoui.
J'avais à les entendre une joie infinie.

Ibid, act. V, sc. 7.

III. Le tour du bâton.

M. GRIFFET.
On doit le mois prochain renouveler les fermes ;
Et si par votre appui j'y pouvais avoir part,
Jamais homme pour vous n'aurait eu plus d'égard.
Pour me voir élever à cette place exquise,
Je me crois le mérite et la vertu requise :
Il ne me manque rien qu'un patron obligeant.
ÉSOPE.
Et quelle est la vertu d'un fermier?
M. GRIFFET.

De l'argent.
Il ne fait point de cas des vertus inutiles,
Des soins infructueux et des veilles stériles.
D'une voix unanime et d'un commun accord,
Les vertus d'un fermier sont dans son coffre-fort ;
Et son zèle est si grand pour des vertus si belles
Qu'il en veut tous les jours acquérir de nouvelles.
La vertu toute nue a l'air trop indigent ;

Et c'est n'en point avoir que n'avoir point d'argent.
ÉSOPE.

Fort bien. Mais croyez-vous y trouver votre compte?
Avez-vous calculé jusques où cela monte?
Toute charge payée, y voyez-vous du bon?
Parlez en conscience.

M. GRIFFET.

En conscience, non.
Mais un homme d'esprit versé dans la finance,
Pour n'avoir rien à faire avec sa conscience,
Fait son principal soin, pour le bien du travail,
D'être sourd à sa voix, tant que dure le bail.
Quand il est expiré, tout le passé s'oublie ;
Avec sa conscience il se réconcilie,
Et libre de tous soins, il n'a plus que celui
De vivre en honnête homme avec le bien d'autrui.
Si vous me choisissez, et que le roi me nomme,
Je doute que la ferme ait un plus habile homme.
J'ai du bien, du crédit et de l'argent comptant ;
Quant au tour du bâton, vous en serez content :
Votre peine pour moi ne sera point perdue ;
Je sais trop quelle offrande à cette grace est due.
Quoi que vous ordonniez, tout me semblera bon.

ÉSOPE.

Qu'est-ce que c'est encor que le tour du bâton?
Je trouve cette phrase assez particulière.

M. GRIFFET.

Vous voulez m'avertir qu'elle est trop familière :
J'ai regret avec vous de m'en être servi.

ÉSOPE.

Vous en avez regret, et moi j'en suis ravi.
Pour familière, non ; je vous en justifie.
Dites-moi seulement ce qu'elle signifie.

M. GRIFFET.

Le tour du bâton?

ÉSOPE.

Oui.

M. GRIFFET.

C'est un certain appas...
Un profit clandestin... Vous ne l'ignorez pas !

ÉSOPE.

J'ai là-dessus, vous dis-je, une ignorance extrême.

M. GRIFFET.

Pardonnez-moi.

ÉSOPE.

Vraiment, pardonnez-moi vous-même.
C'est peut-être un jargon qu'on n'entend qu'en ces lieux?

M. GRIFFET.

C'est par tout l'univers ce qu'on entend le mieux.
Que l'on aille d'un grand implorer une grace,
Sans le tour du bâton je doute qu'il la fasse;
Pour avoir un emploi de quelque financier,
C'est le tour du bâton qui marche le premier :
On ne veut rien prêter, quelque gage qu'on offre,
Si le tour du bâton ne fait ouvrir le coffre;
Il n'est point de coupable un peu riche et puissant
Dont le tour du bâton ne fasse un innocent;
Point de femme qui joue, et s'en fasse une affaire,
Que le tour du bâton ne dispose à pis faire;
Ministres de Thémis et prêtres d'Apollon
Ne font quoi que ce soit sans le tour du bâton;
Et tel paraît du roi le serviteur fidèle
Dont le tour du bâton fait les trois quarts du zèle.
Vous êtes dans un poste à le savoir fort bien.

ÉSOPE.

Je vous jure pourtant que je n'en savais rien.
Je vois, par ses effets et ses métamorphoses,

Que le tour du bâton est propre à bien des choses ;
Mais je ne conçois point où l'on peut l'appliquer.
M. GRIFFET.
Pour vous faire plaisir, je vais vous l'expliquer.
Rien n'est plus nécessaire au commerce des hommes ;
Et pour ne point sortir de la ferme où nous sommes,
Lorsque l'on offre au roi la somme qu'il lui faut,
On ne biaise point, et l'on parle tout haut :
Cent millions, dit-on, plus ou moins, il n'importe.
On ajoute à cela, mais d'une voix moins forte,
D'un ton beaucoup plus bas, qu'on entend bien pourtant,
Et pour notre patron une somme de tant,
Soit par reconnaissance, ou soit par politique :
C'est l'usage commun qui partout se pratique.
Il n'est point d'intendant en de grandes maisons
Qui n'ait le même usage et les mêmes raisons.
Quand on y fait un bail, de quoi que ce puisse être,
Et qu'on a dit tout haut ce que l'on offre au maître,
On prend un ton plus bas pour le revenant-bon,
Et voilà ce que c'est que *le tour du bâton.*
Ésope à la cour, act. IV, sc. 6.

IV. Les deux rats.

Un rat de cour, ou, si tu veux, de ville,
  Voulant profiter du beau temps,
S'échappa du cellier qui lui servait d'asyle,
  Et fut se promener aux champs.
Comme il respire l'air dans un sombre bocage,
  Il rencontre un rat de village :
  D'abord bras dessus, bras dessous,
Après s'être bien dit : « Serviteur... — Moi, le vôtre. »
  Le rat campagnard pria l'autre
D'aller se rafraîchir dans quelqu'un de ses trous.
  Là, le villageois le régale

De raisins, de pommes, de noix;
Mais, quoi que son zèle étale,
Rien ne touche le bourgeois;
Et pour un rat d'un tel poids
Cette vie est trop frugale.
« Venez-vous-en, dit-il, me voir à votre tour;
« Je veux avoir ma revanche,
« Et vous régaler dimanche;
« Je loge en tel endroit, proche un tel carrefour. »
Le sobre rat des champs, qui du bout d'une rave
Dînait assez souvent, et ne dînait pas mal,
Trouve l'autre dans la cave
D'un gros fermier général.
Huile, beurre, jambon, petit salé, fromage,
Tout y regorge de bien;
Et ce qui pour le maître est un grand avantage,
Cela ne coûte guère, ou, pour mieux dire, rien.
Nos deux rats étant à même,
Avaient de quoi se soûler :
Mais un chat, par malheur, s'étant mis à miauler,
Ils se crurent tous deux dans un danger extrême.
Le péril étant passé,
Ils revinrent à leur proie;
Mais leur repas à peine était recommencé
Qu'on revient troubler leur joie :
Tantôt c'est un sommelier
Qui veut boire bouteille avec ses camarades,
Et tantôt un autre officier
Veut de l'huile pour ses salades.
Enfin le pauvre rat, qui, dans son cher hameau,
Passait ses heureux jours sans crainte et sans envie,
Las de voir qu'à chaque morceau
Il soit en danger de la vie,

Prend congé de son hôte en lui disant ces mots :
« Vos mets ne me touchent guère :
« Peut-on faire bonne chère
« Où l'on n'a point de repos ? »
Ne m'avoueras-tu pas que ce rat fut fort sage
De vouloir promptement regagner son village ?
De quoi sert l'abondance au milieu du danger ?
Il avait force mets et ne pouvait manger.
Ton sort sera pareil si tu prends une charge.

Ésope à la ville, act. II , sc. 6.

V. La Colombe et la Fourmi.

La colombe, qui s'égayait
Au bord d'une fontaine où l'onde était fort belle,
Vit se démener auprès d'elle
Une fourmi qui se noyait.
Sensible à son malheur, mais encor plus active
A lui prêter secours par quelque bon moyen,
Elle cueille un brin d'herbe, et l'ajuste si bien,
Que la fourmi l'attrape et regagne la rive.
Quand elle fut hors de danger,
Sur le mur le plus près la colombe s'envole.
Un manant à pieds nus, qui la vit s'y ranger,
Fait d'abord vœu de la manger,
Et ne croit pas son vœu frivole.
Assuré de l'arc qu'il portait,
De sa flèche la plus fidèle
Il allait lui donner une atteinte mortelle ;
Mais la fourmi, qui le guettait,
Voyant sa bienfaitrice en cet état réduite,
Le mord si rudement au pié ;
Que, se croyant estropié,
Il fait un si grand bruit que l'oiseau prend la fuite.

Par la faible fourmi ce service rendu
 A la colombe bienfaisante,
 Est une preuve suffisante
Qu'un bienfait n'est jamais perdu.

VI. Le Sage et le Fou.

  Cléon, marchand athénien,
Par beaucoup de travail et beaucoup d'industrie,
Trouva l'heureux secret d'amasser tant de bien,
Qu'aucun n'était plus riche en toute sa patrie.
  Pour son compte seul bien souvent
De cinq ou six vaisseaux la mer était couverte;
Si quelqu'un périssait par la fureur du vent,
Le reste avec usure en réparait la perte.
A la fin de son cours, heureusement venu,
Cléon meurt; on l'enterre avec magnificence :
  Les morts d'une telle importance
Aux ministres des dieux sont d'un grand revenu.
Son fils, seul héritier d'une richesse immense,
Non content que son père eût acquis tant de bien,
Pour en gagner encor par le même moyen,
Poursuivit son négoce, et n'eut pas sa prudence.
  On lui vit sur un seul vaisseau,
Après un sacrifice offert au dieu Neptune,
  Confier toute sa fortune
  A l'infidélité de l'eau.
 Il s'en trouva mal. Un corsaire
 (Ou, si l'on veut, un armateur ;
La question de nom ne fait rien à l'affaire,
Chacun également signifie un voleur),
  Un corsaire ardent à la proie,
Qui d'un vaisseau si riche épiait le retour,
De s'en rendre le maître ayant trouvé la voie,
Le travail de trente ans périt en un seul jour.

Rois, empereurs, républiques,
Le sens de cette fable est utile à savoir :
Jamais de savants politiques
Dans une seule main n'ont mis tout leur pouvoir.

VII. Le Lion et le Sanglier.

Le lion, seigneur d'un grand bois,
Circonstances et dépendances,
En visitant son bien, fut surpris une fois
De voir un sanglier aiguiser ses défenses :
« Pourquoi, demanda le lion,
« Cette vaine occupation ?
« Tu ne vois point ici de proie.
« Il est vrai, dit le sanglier,
« Mais en attendant que j'en voie,
« Puisque j'ai du loisir, je veux bien l'employer.
« D'ailleurs, étant nécessaire
« Que je me donne ce soin,
« Sera-t-il temps de le faire
« Lorsque j'en aurai besoin ? »

VIII. L'Excuse.

Certain intendant de province,
Qui menait avec lui l'équipage d'un prince,
En passant sur un pont, parut fort en courroux :
« Pourquoi, demanda-t-il au maire de la ville,
« A ce pont étroit et fragile
« N'avoir point mis de garde-fous ? »
Le maire, craignant son murmure :
« Pardonnez, Monseigneur, lui dit-il assez haut ;
« Notre ville n'était pas sûre
« Que vous y passeriez si tôt. »

BOUTERWEK (Frédéric), poète et philologue allemand, disciple de Kant, est né à Goslar le 15 avril 1766. Il fit ses études à l'université de Gœttingue, dont il fut nommé professeur adjoint, en 1791; six ans après, son mérite reconnu lui fit obtenir la chaire de professeur extraordinaire de philosophie; et en 1806, il fut revêtu de la charge de conseiller de cour. Ce littérateur, qui a rendu de grands services aux sciences et aux lettres en Allemagne, par ses recherches savantes et ses nombreux écrits, a porté la métaphysique dans la poésie, dans la critique et dans la morale. Il s'est livré avec succès à ces subtiles distinctions, à ces recherches sur la partie morale de la critique, et à ces analyses de la pensée, qui ont un attrait particulier pour les hommes de son pays. M. Bouterwek est l'un de ces professeurs de l'université de Gœttingue qui se réunirent, il y a quelques années, pour tracer le tableau de l'état des sciences et des arts à toutes les époques de l'Europe moderne. Il s'était, pour sa part, chargé de l'histoire de la poésie et de l'éloquence chez les nations de l'Europe occidentale; et la manière dont il s'est acquitté de cette tâche, lui assigne un rang honorable parmi ses collaborateurs. Les lecteurs français trouveront peut-être dans les jugements qu'il a portés quelques principes de goût qui ne s'accordent pas entièrement avec ceux que de grands modèles et d'habiles critiques ont consacrés en France. Mais chaque nation a son point de vue; quelles que soient les opinions de M. Bouterwek, il les énonce toujours avec autant de modération que de bonne foi.

Ses principaux ouvrages sont : *Parallèle entre le génie grec et le génie moderne*, Gœttingue 1790 ; *De sensu Veri*, 1797, in-8°; une tragédie très faible intitulée *Ménécée ou Thèbes sauvée*, Hanovre, 1788, in-8°; *Lettres à Théoclès*, Berlin, 1789, in-8°; *Le comte Donatmar*, Gœttingue 1791-93, 3 vol. in-8°, roman métaphysique, où Bouterwek a fort bien peint les mœurs de certaines classes de la société allemande; il en existe une traduction française; *Aphorismes, d'après la doctrine de Kant*, Gœttingue, 1793, in-8°; *Histoire de la poésie et de l'éloquence, depuis la fin du XIIIe siècle*, Gœttingue, 1801, 1807, 6 vol. in-8°, ouvrage estimé ; *Poésies*, 1802, in-8°. *L'Histoire de la Littérature espagnole* a été traduite en français, Paris, 1812, 2 vol in-8°. Bouterwek a inséré dans plusieurs recueils périodiques des Mémoires intéressants sur la philosophie et la littérature.

———

BRÉBEUF (Guillaume de), né en 1618 à Torigny, en Basse-Normandie, d'une famille ancienne et illustre qui est la tige des Arundel d'Angleterre, joignit à la connaissance du latin, de l'espagnol et de l'italien, celle de la philosophie et de la théologie. Son goût pour la poésie se déclara de bonne heure ; on raconte que, fortement épris de Virgile, il se trouva avec Ségrais, son compatriote, qui s'était passionné pour Lucain, et qui se proposait de le traduire. Brébeuf, dit-on, à force de lui vanter les beautés de Virgile, lui fit abandonner *la Pharsale* pour *l'Énéide;* et lui-même, entraîné par les louanges que Ségrais donnait à Lucain, quitta *l'Énéide* pour *la Pharsale.* Quoi qu'il en soit, le premier ouvrage de Brébeuf fut une *Parodie burlesque du VIIe livre de l'Énéide*, Paris, 1650, in-4°; quelques temps après, il donna sa *traduction en vers de la Pharsale*, in-4° et in-12, et publia ensuite le premier livre de ce poème, sous le titre de *Lucain travesti, ou les Guerres civiles de César et de Pompée, en vers enjoués*, Rouen et Paris, 1656, in-12. On a cru y voir une satire ingénieuse des grands et de ceux qui les flattent. Boileau, qui n'aimait pas Lucain, faisait encore moins de cas de son traducteur, qui en effet a exagéré les défauts de l'original. On a trouvé le jugement de Boileau trop sévère. Voltaire remarque qu'il y a toujours dans Brébeuf quelques vers heureux, et Boileau lui-même en convient:

>   Malgré son fatras obscur
>   Parfois Brébeuf étincelle.

Il a en général de l'enflure; mais quelquefois de la force, de la véritable élévation, et on ne peut nier qu'il n'y ait eu de l'analogie entre son talent et celui de Lucain.

Brébeuf ne vécut que quarante-trois ans, et en passa vingt dans les accès d'une fièvre opiniâtre qui lui ôtait la meilleure partie de ses forces. Il ne fut pas plus heureux du côté de la fortune; le cardinal Mazarin lui fit des promesses que, selon son usage, il ne tint pas. Après sa mort, Brébeuf se retira à

Vernoix, près de Caen, et y mourut en décembre 1661. Il passa les dernières années de sa vie dans des exercices de piété, et eut la satisfaction de convertir plusieurs calvinistes de sa province, où il était généralement aimé par la douceur et la modestie de son caractère. On peut remarquer comme une singularité qu'il n'ait pas été de l'Académie française. Brébeuf fit un nombre d'ouvrages qui peut paraître étonnant, si l'on considère ses longues et pénibles souffrances ; outre ses traductions, on a encore de lui des *Poésies diverses*, Paris, 1658, in-4°, dans lesquelles on voit une suite de cent cinquante épigrammes qu'il fit par gageure contre les femmes fardées, et qui ne sont nécessairement que la fastidieuse répétition d'une même idée ; des *Éloges poétiques*, des *Entretiens solitaires*, ou *Prières et méditations pieuses en vers français*, qui se font encore remarquer par des détails heureux ; enfin un *Traité de la défense de l'Église romaine*, et des *Lettres*, Paris, 1664, in-12.

AUGER.

JUGEMENT.

Si Brébeuf n'eût pas été enlevé par une mort prématurée, et si ses maladies lui avaient laissé le loisir de perfectionner son goût, nous osons croire qu'il eût été un des bons poètes du siècle de Louis XIV. On peut le mettre dans le petit nombre d'écrivains que Boileau paraît avoir jugés avec trop de rigueur ; mais on sait que ce célèbre satirique avait au fond moins d'éloignement pour Brébeuf que d'antipathie pour Lucain ; et véritablement la distance du style de Brébeuf à celui de Chapelain est très grande. On trouve souvent, dans la traduction de *la Pharsale*, des vers que Corneille lui-même n'eût pas désavoués. Les poésies morales du même auteur, rassemblées dans un petit volume intitulé: *Entretiens solitaires*, contiennent aussi quelques détails heureux (*Voyez* LUCAIN).

PALISSOT, *Mémoires sur la Littérature.*

BRET (ANTOINE), né à Dijon en 1717, mourut à Paris le 25 février 1792, âgé de soixante-quinze ans. Il exerça d'abord la profession d'avocat; mais son goût pour les belles-lettres le fit bientôt renoncer à cette carrière, et il préféra au tumulte du barreau une vie tranquille passée au milieu de ses amis. Bret voulut tenter presque tous les genres, et sa facilité naturelle lui fut quelquefois nuisible. Il a fait des poésies légères, des fables, des romans, des comédies et plusieurs écrits littéraires. On a de lui *Mémoires de Bussy-Rabutin*, 1774, 2 vol. in-12; *Vie de Ninon de Lenclos*, 1751, in-12; *Commentaire sur les Œuvres de Molière*, 1791, 6 vol. in-8°: c'est le plus estimé des ouvrages de l'auteur. Il a composé un *Essai de Contes moraux*, des *Fables orientales* et des *Poésies diverses*, qui ne sont pas sans fraîcheur. On cite parmi ses romans *Cythéride*, *la belle Allemande*, *Lycoris* et *la nouvelle Cléopâtre*, qui n'est qu'un abrégé de celle de La Calprenède. On a recueilli ses comédies en 2 vol. in-8°. *La double Extravagance* et *le faux Généreux* sont des pièces qui ne manquent pas d'intérêt. On lui attribue aussi les *Quatre Saisons*, poème de Bernis. Bret travailla au *Journal encyclopédique*, et dirigea la *Gazette de France* après l'abbé Aubert.

JUGEMENT.

Nous ne parlerons pas de ses comédies écrites sans verve, et d'un style beaucoup trop négligé. Cette négligence est, à la vérité, moins aperçue dans le ton familier de la comédie que dans les ouvrages d'un genre plus élevé ; mais il ne faut pas s'y méprendre : la comédie est un poème, et il n'est pas de poésie sans inspiration dans le style. Bret a tenté sur *Molière* ce que Voltaire a fait sur *Corneille* : il a donné une édition de ce poète comique avec des commentaires ; mais le mérite commun de l'esprit ne suffisait pas pour se charger d'une pareille entreprise. Pour dérober au génie de Molière quelques-uns de ses secrets, il fallait des yeux plus pénétrants, plus exercés à l'observation, enfin un caractère bien supérieur à celui que Bret a montré dans ses comédies.

PALISSOT, Mémoires sur la Littérature.

FIN DU CINQUIÈME VOLUME.

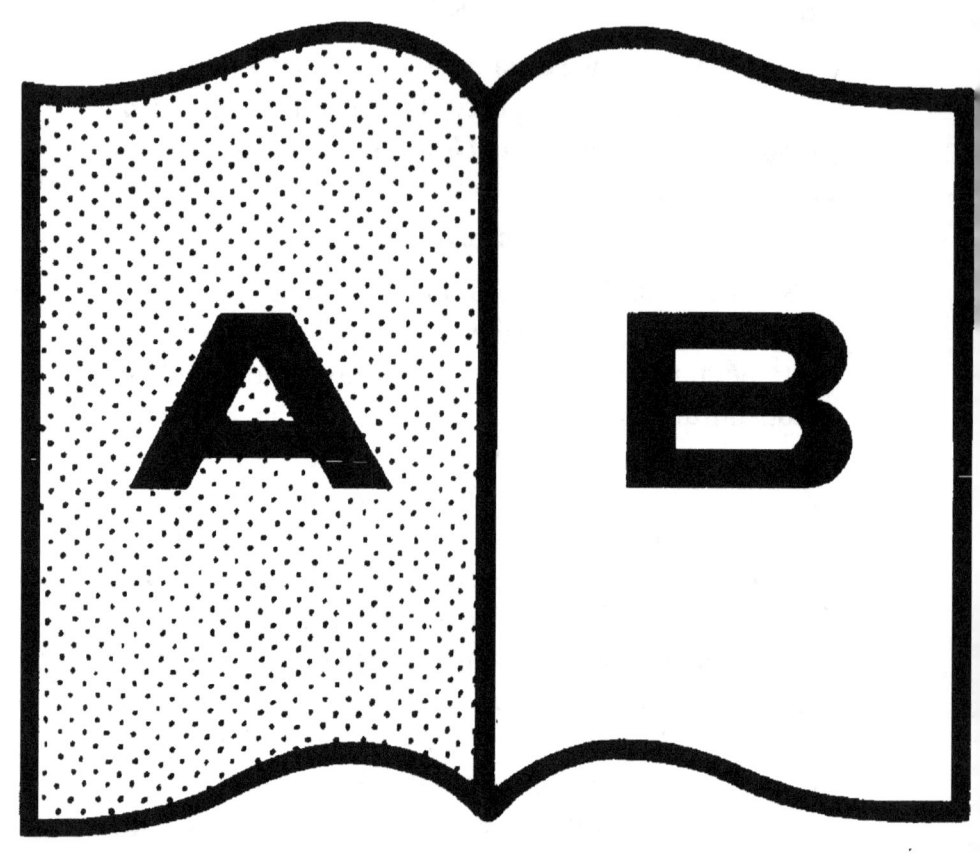

Contraste insuffisant

NF Z 43-120-14

www.ingramcontent.com/pod-product-compliance
Lightning Source LLC
Chambersburg PA
CBHW050245230426
43664CB00012B/1829